中大哲学文库

回归本觉
——净影寺慧远的真识心缘起思想研究

冯焕珍 著

图书在版编目（CIP）数据

　　回归本觉：净影寺慧远的真识心缘起思想研究 / 冯焕珍著. — 北京：商务印书馆，2021
　　（中大哲学文库）
　　ISBN 978-7-100-19375-7

　　Ⅰ.①回⋯　Ⅱ.①冯⋯　Ⅲ.①慧远（334—416）—思想评论　Ⅳ.①B949.92

　　中国版本图书馆CIP数据核字（2021）第006377号

　　　　　　　　权利保留，侵权必究。

中大哲学文库
回归本觉
——净影寺慧远的真识心缘起思想研究
冯焕珍　著

商　务　印　书　馆　出　版
（北京王府井大街36号　邮政编码 100710）
商　务　印　书　馆　发　行
三河市尚艺印装有限公司印刷
ISBN 978-7-100-19375-7

2021年3月第1版　　　开本 680×960　1/16
2021年3月第1次印刷　　印张 27 3/4

定价：128.00元

中大哲学文库编委会

主　编　张　伟
编　委（按姓氏笔画排序）
　　　　马天俊　方向红　冯达文　朱　刚　吴重庆
　　　　陈少明　陈立胜　赵希顺　倪梁康　徐长福
　　　　龚　隽　鞠实儿

总 序

中山大学哲学系创办于1924年，是中山大学创建之初最早培植的学系之一。1952年全国高校院系调整撤销建制，1960年复系，办学至今。先后由黄希声、冯友兰、杨荣国、刘嵘、李锦全、胡景钊、林铭钧、章海山、黎红雷、鞠实儿、张伟教授等担任系主任。

早期的中山大学哲学系名家云集，奠立了极为深厚的学术根基。其中，冯友兰先生的中国哲学研究、吴康先生的西方哲学研究、朱谦之先生的比较哲学研究、李达与何思敬先生的马克思主义哲学研究、陈荣捷先生的朱子学研究、马采先生的美学研究等，均在学界产生了重要影响，也奠定了中大哲学系在全国的领先地位。

复系五十多年来，中大哲学系同仁勠力同心，继往开来，各项事业蓬勃发展，取得了长足的进步。目前，我系是教育部确定的全国哲学研究与人才培养基地之一，具有一级学科博士学位授予权，拥有"国家重点学科"2个、"全国高校人文社会科学重点研究基地"2个。2002年教育部实行学科评估以来，我系稳居全国高校前列。2017年9月，中大哲学学科成功入选国家"双一流"建设名单，我系迎来了难得的发展良机。

近几年来，在中山大学努力建设世界一流大学的号召和指引下，中大哲学学科的人才队伍也不断壮大，而且越来越呈现出年轻化、国际化的特色。哲学系各位同仁研精覃思，深造自得，在各自的研究领域均取得了丰硕的成果，不少著述还产生了国际性的影响，中大哲学系已逐渐发展成为哲学研究的重镇。

"旧学商量加邃密，新知涵养转深沉。"为了向学界集中展示中大哲学学科的学术成果，我们正式推出这套中大哲学文库。中大哲学文库主要收录哲学系现任教师的代表性学术著作，亦适量收录本系退休前辈的学术论著，目的是为了更好地向学界请益，共同推进哲学研究走向深入。

承蒙百年名社商务印书馆的大力支持，中大哲学文库即将由商务印书馆陆续推出。"一元乍转，万汇初新"，我们愿秉承中山先生手订"博学、审问、慎思、明辨、笃行"的校训和哲学系"尊德问学"的系风，与商务印书馆联手打造一批学术精品，展现"中大气象"，并谨以此向2020年中大哲学系复办60周年献礼，向2024年中山大学百年校庆献礼！

中山大学哲学系

2018年1月6日

目 录

导论　佛学研究方法的选择与本书研究的问题 1
　　一、佛教、佛学与佛学研究 2
　　二、史学式研究 8
　　三、哲学式研究 20
　　四、经学式研究 24
　　五、走向平等的经学观 36
　　六、本书研究的问题与目的 39

第一章　慧远的思想背景、行持与著述 43
　　第一节　慧远的思想背景 43
　　第二节　慧远的行持 55
　　第三节　慧远的著述 72

第二章　归宗真识心的判教观 96
　　第一节　慧远的法界观与方法论 97
　　第二节　慧远对判教异说的评破 105
　　第三节　一佛乘与二藏四宗 120
　　第四节　慧远真识心缘起系统的衡定 150

第三章　如实空如实不空的真识心 161
　　第一节　真识心的名义及其体相 161

第二节　简滥与辨正 185

第四章　真识心受遮蔽的根源与过程 202
第一节　真与痴合的阿梨耶识 203
第二节　认实为虚的妄识 229
第三节　认虚为实的事识 243
第四节　众生流转过程总观 246

第五章　真识心开显的基础 249
第一节　法报二佛性 250
第二节　佛性的当现问题 261
第三节　慧远佛性论的价值与局限 275

第六章　真识心开显的过程 281
第一节　熏转三识的教证二行 281
第二节　三转成佛的三识观 307

第七章　真识心的朗现 316
第一节　德体无壅、妙用自在的无上菩提 317
第二节　体真、德圆、妙博的大般涅槃 327
第三节　妙色湛然的佛身 352
第四节　妙寂离相、随物应现的纯真净土 370

结语　慧远的遗产 385

主要参考文献 407

附录　《华严经》之开示节录 430

后记 434

修订版跋 436

导论　佛学研究方法的选择与本书研究的问题

如果以梁启超的《佛学研究十八篇》、沈曾植的《海日楼札丛》与罗振玉的《宋元释藏刊本考》等著作将现代学术理念以及文献学和历史学的方法援用于佛学研究视为现代佛学研究的开端，现代中国佛学研究已经历近百年历程了①，且已形成了新的佛学研究传统。这种佛学研究的成就有目共睹，但是其有限性也非常昭然。对其得失，有人已开始从方法论上加以反省②，香港浸会大学的吴汝钧先生曾撰《佛教研究方法论》③ 全面检视现代佛学研究的各种方法，最后归本于德奥学派所持文献与思想相结合的方法；华南师范大学的龚隽先生（现已供职于中山大学）亦以《近代中国佛学研究方法及其批判》④ 和《作为思想史的禅学写作》⑤ 两文分别反省了中国近代以来的佛学研究，尤其是禅学研究，提倡以思想史的方法研究佛学。虽然研究方法的反省并不能取

---

① 关于此问题的论述，参阅葛兆光：《论晚清佛学复兴》，载陈平原等主编：《学人》第10辑，南京：江苏文艺出版社1996年版；何建明先生的《佛法观念的近代调适》（广州：广东人民出版社1998年版。尤其是第二章第一节、第四章第三节）亦间接论及此问题。

② 吕澂先生1926年已在商务印书馆出版《佛学研究法》（1933年再版时更名为《佛教研究法》）的专书，但该书不是对当代佛学研究方法的反省，而是对内学院研究方法的阐明，且重在研究文献的开列和简介，故此略过不论。

③ 吴汝钧：《佛教研究方法论》（上、下册），台北：学生书局1983年版。

④ 龚隽：《近代中国佛学研究方法及其批判》，《二十一世纪》总第43期，香港：香港中文大学中国文化研究所，1997年10月。

⑤ 龚隽：《作为思想史的禅学写作》，《佛学研究中心学报》第5期，台北：台湾大学佛学研究中心，2000年。

代真正的问题研究，但这样的思考无疑对我们佛学研究者省察自身的有限性，乃至对我们拓宽佛学研究的视野、深化佛学研究的水准都深有启发，因为我们的任何研究都必须在适当的方法指导下进行。

本书虽然研究的是净影寺慧远的佛学思想，但也有必要首先对研究方法进行检讨，因为这涉及理解与诠释佛学思想水平的高下问题。在这方面，笔者所持立场与上述两位稍有差异，是传统佛学的经学立场，因此笔者的立论将从自己对佛学性质和内涵的理解入手。具体说，本导论试图分这样几个问题来讨论：什么是佛学？如何理解现代人的各种佛学研究方法？哪一种研究方法能更好地实现对佛学思想的理解和诠释？必须首先申明的是，对各种研究方法的理解和评价都是在笔者所把握的佛学思想基础上获得的诠释学意义上的论评，意在献出一管之见，并无入主出奴之意。

一、佛教、佛学与佛学研究

佛教、佛学与佛学研究是相互关联的三个概念，佛教指由佛（佛教创立者释迦牟尼）、法（此指佛及其弟子所传一切教法）、僧（依佛法修行的僧团）这佛教徒所谓"三宝"构成的统一体，佛学指其中的"法"这一部分[①]，佛学研究则指对"法"中所蕴涵的学理的探究。

依佛教经典记载，佛教创立者释迦牟尼佛（约公元前565—约公元前485）是彻证宇宙万法实相的正等正觉者，其所现证的空性与涅槃，从法（此指一切宇宙现象）的视角说，是"非识所测、唯证相应"的一切诸法的空性（又称为法性、实际、实相、真如等等）；从人的视

[①] 印顺法师即云："佛学只是佛法之学，佛教之学。"（释印顺：《谈入世与佛学》，《妙云集》下编之七《无诤之辩》，台北：正闻出版社1995年版，第205页）黄忏华先生亦云："佛学者，佛之学理，或佛之学说；而其所述者，宇宙之实相，人生之真义也。"（黄忏华：《佛学概论》，扬州：江苏广陵古籍刻印社1992年版，第13页）

角说，是人断尽烦恼、获得究竟解脱的涅槃（又称为菩提、法身、佛性等等）。此亦为方便之说，究极而言，空性与涅槃皆不可说，如《本事经》所说：

> 究竟清净，无戏论体，不可谓有，不可谓无，不可谓彼亦有亦无，不可谓彼非有非无，惟可说为不可施设究竟涅槃。①

这就是说，佛陀内证的涅槃具有强烈的实践性，它始终主要体现为一种生活方式和在这种生活方式中体证到的境界。不过，如果佛陀唯止于不可说的涅槃境，也就谈不上佛教和佛学了。据说佛陀确曾一度萌生不说法之心，因为在他看来，他所证得之法不但深奥难解，更难为众生身体力行：

> 我所得法，甚深微妙，难解难见，寂寞无为，智者所知，非愚所及。众生乐著三界窟宅，集此诸业，何缘能悟十二因缘甚深微妙难见之法！又复息一切行，截断诸流，尽恩爱源，无余涅槃，益复甚难！徒自疲劳，唐自枯苦。②

由于深深悲悯众生的愚迷和痛苦，佛陀才起而说法传教：

> 诸佛世尊唯以一大事因缘故出现于世。舍利弗！云何名诸佛世尊唯以一大事因缘故出现于世？诸佛世尊欲令众生开佛知见，使得清净故，出现于世；欲示众生佛之知见故，出现于世；欲令众生悟佛知见故，出现于世；欲令众生入佛知见道故，出现于世。

---

① （唐）释玄奘译：《本事经》卷三《二法品》，《大正藏》第17册，第678页上。
② （刘宋）佛陀什、（刘宋）竺道生译：《弥沙塞部和醯五分律》卷十五《第三初分受戒法上》，《大正藏》第22册，第103页下。

是为诸佛以一大事因缘故出现于世。①

佛陀传出佛法后,便不断有人依佛陀及其所传的教法修行,由是形成僧团组织,世间便有了佛教。

佛陀所传的教法,被学术界称为"原始"佛学,其内容限于"三法印"(诸行无常、诸法无我、涅槃寂静)、"四圣谛"(苦、集、灭、道)、"八正道"(正见、正思维、正语、正业、正命、正精进、正念、正定)、"十二因缘"(无明缘行、行缘识、识缘名色、名色缘六入、六入缘触、触缘受、受缘爱、爱缘取、取缘有、有缘生、生缘老死、老死缘无明……)与"三十七道品"(四念处、四正勤、四如意足、五根、五力、七觉支、八正道)②。实际上,佛陀所传教法并不局限于学者所说上述内容,是囊括人、天、声闻、缘觉与菩萨(佛)五乘无遗的完整系统。

佛学的核心教理是佛陀所说的三法印或实相印,而三法印是实相印的扩展,实相印是三法印的浓缩,两种法印无二无别③,因此我们可依三法印简述佛学思想。三法印即"诸行无常""诸法无我"与"涅槃寂静","诸行无常"谓一切有为法(宇宙间的一切现象)念念生灭,无常住性;"诸法无我"谓一切法(包括涅槃这样的无为法)皆无自性;"涅槃寂静"谓生死苦恼令人烦乱不安,众生证入涅槃则灭尽一切生死苦恼,不再受此苦恼侵扰,因而称为寂静。

---

① (后秦)鸠摩罗什译:《妙法莲华经》卷一《方便品》,《大正藏》第9册,第7页上至中。
② 参见释印顺:《印度佛教思想史》第一章,台北:正闻出版社1988年版;杨郁文:《阿含要略》,台北:法鼓文化事业股份有限公司1997年版;〔英〕渥德尔著,王世安译:《印度佛教史》第三、四章,北京:商务印书馆1987年版;〔日〕木村泰贤著,欧阳瀚存译:《原始佛教思想论》第二、四篇,台北:商务印书馆1968年版;〔英〕Rupert Gethin, *The Foundations of Buddhism*, Oxford University Press, 1998。
③ 参见冯焕珍:《论佛教本怀的佛陀圣教研究》,《经藏游意》,上海:上海古籍出版社2017年版,第62—63页。

三法印论述的无非缘起法,缘起法包括四层含义:

(一)作为诸法实相的缘起法(空性或涅槃)。此实相一方面"离四句、绝百非",同时它又具有"不生亦不灭,不常亦不断,不一亦不异,不来亦不出"①的特性,且此特性为佛陀亲身所证,故真实不虚:"缘起法者,非我所作,亦非余人作"②,"若佛出世,若不出世,是缘起法住法界"③。此即所谓"涅槃寂静"。

(二)如实描述实相的缘起法,即佛教教理意义上的缘起法则。此一法则亦在《杂阿含经》中得到了经典阐述:"如来说法,此有故彼有,此起故彼起。"④意谓宇宙间的一切现象都是因为各种条件的和合才得以产生和存在的,从时间上看是前后相续而"起"的缘起之流,从空间上看是同时相依而"有"的缘起之网。反过来,则是"此无故彼无,此灭故彼灭",即宇宙间的一切现象亦因各种条件的离散而消亡,从时间上看是新陈代谢之流,从空间上看是此起彼伏之网。诸法既是缘起缘灭的现象,就没有恒定不变的自性(本质、本体),此即所谓"诸行无常,诸法无我"。

(三)作为众生流转生死的缘起法。众生不能了达缘起实相,执著诸法有自性,便是无明,由此无明造业感苦,在"惑""业""苦"中流转,"谓无明缘行,行缘识……生缘老死,发生愁叹、苦忧、扰恼,如是便集纯大苦蕴"⑤。这是生死染污的缘起法。

(四)作为众生还灭解脱的缘起法。众生难忍苦受,便要寻找灭苦得乐的方法,佛即应此因缘教他们彻底灭苦得乐的佛法:

---

① 龙树造,(后秦)鸠摩罗什译:《中论》卷一《观因缘品》,《大正藏》第32册,第1页中。
② (刘宋)求那跋陀罗译:《杂阿含经》卷十二,《大正藏》第2册,第85页中。
③ 大目乾连造,(唐)释玄奘译:《阿毗达磨法蕴足论》卷十一《缘起品》,《大正藏》第26册,第505页上。
④ (刘宋)求那跋陀罗译:《杂阿含经》卷十二,《大正藏》第2册,第86页上至中。
⑤ 大目乾连造,(唐)释玄奘译:《阿毗达磨法蕴足论》卷十一《缘起品》,《大正藏》第26册,第505页上。

> 若于所取法随顺无常观，住生灭观，无欲观，灭观，厌观，心不顾念，无所缚著，识则不驱驰追逐名色则名色灭，名色灭则六入处灭，六入处灭则触灭，触灭则受灭，受灭则爱灭，爱灭则取灭，取灭则有灭，有灭则生灭，生灭则老死忧悲苦恼灭，如是如是则纯大苦聚灭。①

这就是还灭清净的缘起法。因为缘起理法来自缘起实相，它就不仅是一种理论，更是众生解脱的必由之路，故可以说"见（缘起）法即见佛"。但佛陀还是担心众生仅仅视其教法为不切实际的理论（名言），为要他们奉行而常常说："如来所说法，皆不可取不可说，非法非非法。"②

此后，一代代佛弟子依佛陀所传教法修行，成道之后再依自己的经验和理解阐扬佛教，尽管阐扬方式有所不同，但无不在教理和意趣的统一中立论，由此便形成了既契理（佛教宗趣）又契机（适合不同众生）的源远流长的佛学。

这样的佛学有些什么样的特点呢？笔者以为至少有如下特点：

一是指向解脱的宗教性。这是说，任何一个佛学体系或思想都是以追求众生的解脱为归宿的，所谓"十方薄伽梵，一路涅槃门"即指此而言。

二是侧重理论阐明的智慧性。佛学论宇宙实相，不依靠第一因，也不停留于单纯的直观，而是借重理性论说来开显；佛学讨论人对此实相的迷与悟，同样是借重理性而从世界观到价值观的进路来予以系统检讨。（佛学具备发达的逻辑理论——因明学，其来有自。）所以，佛学在面貌上又有类似哲学的一面。

---

① （刘宋）求那跋陀罗译：《杂阿含经》卷十二，《大正藏》第2册，第79页下。
② （后秦）鸠摩罗什译：《金刚般若波罗蜜经》，《大正藏》第8册，第749页中。

三是适应众生的随缘性。佛教的唯一目的（一大事因缘）就是要接引众生悟入佛之知见，获得解脱，解脱无二，众生心性不一，接受教化的角度不同，能接受教化的水平亦深浅各异，为使众生都能得度（普度众生），就必须随缘设教，这样，佛学也就体现出不同的系统来（所谓"八万四千法门"）。

四是相对于不同宗门对佛法究竟涅槃的不同理解而来的（教理上的）深浅、偏圆和权实性。流传于不同时空中的佛学系统，对当机众生而言都是究竟的解脱之道，但信受奉行任一系统的众生都存在着对其他系统在整个佛学世界中的地位的理解和评价问题，于是便出现了基于某一佛学系统进行的"判教"活动，使佛学由此在演进过程中体现出深浅、偏圆和权实的特性，如天台和贤首均称自宗为最契佛陀本怀的圆实教，其他宗则是深浅有差的偏权教。

五是相对于时空的历史性。在不同时空中演进的佛学系统，还有文字、社会文化背景的差异性，这就是佛学的历史性。①

这样的佛学，古代佛学家曾从不同角度加以归纳。如从实际修行的次第讲，则是闻（教）、思（理）、修（行）、证（果）或信（教）、解（理）、行（法）、证（果）的"四阶"，或戒（持守戒律）、定（进修禅定）、慧（显发智慧）的"三学"；如从教法的义理结构讲，则为教（能诠的三藏文献）、宗（三藏文献所诠义理）、趣（三藏义理的最后归宿）的"三分"（三个组成部分）或将教再分为三藏文献及其所存在的时空（历史），则成为史、教、宗、趣"四分"。②

---

① 此论是从近现代重要佛学家的思想中综合得出的。尤其参见释太虚：《我怎样判摄一切佛法》，《太虚大师选集》（下），台北：正闻出版社1993年版；释印顺：《谈入世与佛学》，《妙云集》下编之七《无诤之辩》；释印顺：《以佛法研究佛法》，《妙云集》下编之三《以佛法研究佛法》，台北：正闻出版社1992年版；释印顺：《印度佛教思想史》第一章；欧阳竟无：《今日之佛法研究》，载石峻等主编：《中国佛教思想资料选编》第三卷第四册，北京：中华书局1990年版。

② 华严宗三祖法藏说："语之所表曰宗，宗之所归曰趣。"［（唐）释法藏：《〈华严经〉探玄记》卷一，《大正藏》第35册，第120页］

笔者以为,所谓的佛学研究,首先就应当将佛学看成一个由史、教、宗、趣四部分互相关联而构成的纵贯的整体,而不能将其视为一堆可以任由宰割的毫无关联的现象。也许正是在这一意义上,欧阳竟无先生才说"佛法非宗教非哲学"[①]。以此为前提,我们才能在佛学的整体性中更加合理地理解和诠释其个别性,也才能够对各种研究方法的有效性及其限度保持清醒的认识。

现代中国佛学研究的方法主要有三大流:其一是史学式研究;其二是哲学式研究;其三是经学式研究。三种研究方法的理念、研究对象以及具体方法的运用各有侧重,其间又都可以作进一步分类。下面笔者就分别对这三种佛学研究方法的利弊进行初步反省,以为自己的选择奠定基础。

二、史学式研究

以史学方法研究佛学一流的理念,是将佛学视为可以从某侧面进行知性观察、分析和批判的知识,以为只要将历史中存在的佛学史实排比出来、贯通起来,就可以获得对于佛学的理解。因此,这种研究在方法上唯重文献、考古与田野考察意义上的经验证据,其目的是求得一种实证意义上的真实。这种研究方法的性质和特点,日本佛学研究者樱部建有过独具只眼的论述,他在论及"近代佛教学"与"传统佛教学"的差异时说:

> 所谓资料的差异,是指过去的佛学研究,几乎只凭从印度翻译的汉译佛典和根据汉译佛典撰述的日本著作,把这些书当做佛教研究对象,而近代佛教研究则在此之外,还加上梵文、巴利文

---

① 参见欧阳竟无:《佛法非宗教非哲学》,载石峻等主编:《中国佛教思想资料选编》第三卷第四册,第289—301页。

原典和藏文译本等等对日本人来说极新的文献；所谓方法的差别，是说过去的佛教学问，是以阐明各宗祖师的"宗义"为目的的，各宗各派立场不一，而近代佛教学则采取西方传来的学术观念，摆脱宗派性的制约，自由地采取批评立场，以历史学、文献学或宗教哲学的方法进行研究；所谓意图的差别，是说过去的佛教学是从内在的、宗教的层面求信仰，追求普遍的真理，而近代佛教学则是从学术的、客观的角度追求真实。①

这里的关键不在于具体方法的运用和文献的拓展，因为这是任何一种立场的研究都可以灵活运用来为其目的服务的；其关键在于与传统佛学研究相较，这种从欧洲传入的佛学研究是"从学术的、客观的角度追求真实"，正是这一特征使现代的佛学研究得以与传统佛学研究区别开来，樱部建也是因此而称这种研究为"近代佛教学"的。

在现代中国佛学研究中，这种立场指导下的研究有文献学、历史学、思想史、佛教人类学、佛教社会学、佛教心理学等支流，但是，由于这些研究的基本精神都是一致的，且以佛教文献学、佛教历史学和佛教思想史的研究成果最为丰硕，故笔者仅就这几门简要讨论其有效性和限度。

（一）文献学的研究

所谓文献学的研究，就是以佛学文献为核心而展开的佛学研究。据吴汝钧先生所说，文献学研究的"一般工作项目是校订整理资料的原典，把它出版。将原典与其他的译本作一文字上的比较研究。据原典或译本将之翻译成现代语文。又加上详尽的注释，这注释的内容，

---

① 〔日〕南条文雄：《怀旧录》附录，东洋文库本，东京：平凡社1979年版。转引自葛兆光：《论晚清佛学复兴》，载陈平原等主编：《学人》第10辑。

可以是多方面的,举凡字义、文法、历史、思想、文学等等无不可包括在内。又可造一原典语文与译本语文的字汇对照。最后则是造一索引,俾便查考"[①]。就研究对象而言,中国经学研究中的文字学、版本学、注释学与此类似,都以文献的版本(佛学还有译本)对勘、字义考训为核心。这种研究抱持的一个理念是:文本的含义只能从文字中求,文献的版本(译本)源流、异同与文献的字义的原初义及其流变弄清楚了,文献所传达的意义也就一目了然了。于是,解读文献,尤其是佛教原始语言的文献,追求原典语言的原初含义和这种含义的嬗变,就成了主要甚至唯一的任务。

应当说,这种佛学研究对研究者素质的要求是极高的,它要求研究者通晓多种语言,包括巴利语、梵语这类既古老又极难通晓的佛典原始语言,其研究成果对人们增加佛学知识也有重要价值。一般人无法见到和阅读的原始文献(对中国人来说是梵文和巴利文三藏,对西方人而言当然还有汉文三藏),经过他们的发掘、整理、翻译和注释而易于接触和理解;佛学中的名相,经过他们训诂和考释,其源流因而显豁;佛典版本的校勘亦使佛学典籍愈加精审;对文献成立时间、地点的研判,更使佛教三藏的一大问题逐渐被解决。

不过,依笔者浅见,这种研究主要是面对佛学的第二个层面(文献)解决问题,对其第三、四两个层面如无体察,往往就会堕入极端文献主义。极端文献主义无视或否认在佛学语言文字之外、之上还存在一个佛学的意义世界("理")和此"理"的最后归趋("趣"),每每被佛教中人贬为"名相之学"。"名相之学"的说法在传统佛学中屡见不鲜,禅宗二祖慧可就曾痛心地说,禅宗借以印心的《楞伽经》"四世之后变成名相,亦何可悲"[②]?晚明藕益大师(1599—1655)亦非议

[①] 吴汝钧:《佛教研究方法论》(上册),第97页。
[②] (唐)释道宣:《续高僧传》卷十六《释僧可传》,《大正藏》第50册,第552页中至下。

窥基大师（632—682）有偏于名相之嫌。① 虽如此，传统佛学中的名相之学始终是末流，其原因是佛陀在经中为佛学家们理解、研究和判决一切经典开示了一个终极的依据——"四依止"，即"依法不依人，依义不依语，依智不依识，依了义经不依不了义经"②，它促使绝大多数佛学家在理解、诠释经典时始终怀抱着一种指向解脱的超越追求③。

如今正相反，文献学的研究在佛学研究中蔚为大宗。这种研究由欧洲的穆勒（Friedrich Max Müller，1823—1900）和戴维斯（Thomas William Rhys David，1843—1922）等印度学、佛教学专家首开风气，经南条文雄（1849—1927）、高楠顺次郎（1866—1945）等人于十九世纪末传入日本，在日本形成了强大的佛教文献学研究传统，而后又渐渐深入中国佛学界。由于现代佛教文献学研究者刻意忽视佛学之理趣，所以更容易走向极端文献主义。日本大多数佛学研究者就认为，"读佛学而不懂梵文，会一无是处"④。这样的观念显然是无法让人接受的。设若此，中国、朝鲜和日本古代许多不通梵文而靠汉语佛典成就（这种成就中很重要的一部分即对佛学的研探和丰富）的大德，岂不都是在讲授歪门邪道？相反，由于文献学研究难以深入佛学的宗（教理）与趣（解脱），即便是在文献学层面厘清了佛学的字、词、句等各种问题，也很难在佛学的意义世界中呈显其内涵及其与其他问题的关系，

---

① 藕益大师说："唐玄奘法师遍游天竺，学唯识宗于戒贤法师，尽其所知，旁搜其所未知，广大精微，真弥勒、天亲之子，释迦文佛之远孙也。慈恩基师，虽实继之，然观所撰《〈法华〉赞玄》（原文如此，应为《〈法华〉玄赞》），灵山道法恐未全知，无怪乎《唯识》（指《成唯识论》）一书，本是破二执神剑，反流为名相之学，亦可悲矣。"[（明）释智旭：《儒释宗传窃议》，《灵峰宗论》卷五之三，金陵刻经处本] 藕益大师判窥基大师之《〈成唯识论〉述记》为"名相之学"，这种议论是否得当固可讨论，但他道出了佛学中的确有此一流。

② 这是许多大乘佛经都开示的原则，此处引自《大般涅槃经》卷六《如来性品》（《大正藏》第 8 册，第 404 页中）。

③ 这与传统儒学的演化很不相同，传统儒学中作为名相之学的汉代古文经学和清代乾嘉朴学都一度位居主流，最后成为淡化甚至消解儒学价值追求的主要内因。

④ 吴汝钧：《佛教研究方法论》（上册），第 164 页。他还在同处说："这种执著原典语文的重要性的心理，在日本佛学研究界，实在普遍得很。"

因为这需要研究者与作为其研究对象的意义世界的相互感通。熊十力先生曾说："通梵语者，虽能诵梵本佛书，要于学理，不必能通。"① 这对极端文献主义者不失为一剂醒脑药。

（二）历史学的研究

历史学的研究实际上是文献学研究的扩展，只不过这种研究不以文献为中心而以广泛的史事为对象，目的在于探明各种史事之间事实上（实际上只是记载于文献的事实）的时空关系。由此，历史学发展出了一整套完整的方法。这套方法，梁启超先生（1873—1929）在论及清代"朴学"的学风时曾作过概括。他在讨论清代史学时说，清代史学"正统派"学风的特色可指者略如下：

一、凡立一义，必凭证据。无证据而以臆度者，在所必摈。二、选择证据，以古为尚，以汉唐证据难宋明，不以宋明证据难汉唐。据汉魏可以难唐，据汉可以难魏晋，据先秦西汉可以难东汉……三、孤证不为定说。其无反证者姑存之，得有续证则渐信之，遇有力之反证则弃之。四、隐匿证据或曲解证据皆认为不德。五、最喜罗列事项之同类者，为比较的研究，而求得其公则。六、凡采用旧说，必明引之；剿说认为大不德。七、所见不合，则相辨诘，虽弟子驳难本师，亦所不避；受之者从不以为忤。八、辨诘以本问题为范围，词旨务笃实温厚，虽不肯枉自己意见，同时仍尊重别人意见；有盛气凌轹，或支离牵涉或影射讥笑者，认为不德。九、喜专治一业，为"窄而深"的研究。十、文体贵朴实简洁，最忌"言有枝叶"。②

---

① 熊十力：《佛家名相通释》，北京：中国大百科全书出版社 1985 年版，第 5 页。
② 梁启超：《清代学术概论》，《梁启超史学论著三种》，香港：三联书店（香港）有限公司 1980 年版，第 222—223 页。

此虽为论清代"朴学"学风,而实无异梁氏所倡"新史学"方法的夫子自道,他的《佛学研究十八篇》就是以此为方法做出来的。[①] 此中方法的要义是"无征不信""孤证不立",亦即胡适先生(1891—1962)所谓"大胆的假设,小心的求证""十字真言"的同调。

佛学的历史学研究具有非常重要的价值。佛教作为一种追求解脱的宗教,它始终视文字教门为方便,故凡有立说,皆注重佛法大义的彰显和阐扬,而不注重其历史;佛教大乘的无我利他精神,更使许多佛教典籍连作者名都不署。[②] 这无疑为我们了解佛学的来龙去脉带来了非常大的障碍。历史学的研究能逐步揭开这些谜底,确实功德无量。以早期中国禅宗史为例,在胡适之前,人们只能从《续高僧传》《宝林传》《祖堂集》《古尊宿语录》等僧人集录的史传或语录中去了解,而这些典籍的记载要么过分简略,要么就根本不关心历史的真实性,故得到的都是一些似是而非、不得落实的看法。胡适利用新发现唐以前的敦煌佛教文献,于二十世纪二三十年代写出了《菩提达磨考》《论禅宗史的纲领》《禅学古史考》《〈楞伽师资记〉序》《中国禅学的发展》《楞伽宗考》等论文,考出了早期中国禅宗史的大致历史面貌,使这段扑朔迷离的历史开始变成较为清晰可靠的历史,这不能不归功于其"大胆的假设,小心的求证"的历史研究方法。

胡适先生对自己使用方法的有效性极为自信,但对其限度则毫无觉察,甚至始终持守着一种"历史还原主义"的立场,他以为只有"通过训诂学的研究,吾人才能摆脱古人主观注疏的成见,而真正能了解古代典籍的原义"[③]。他更自信佛教史就是佛学研究的全部,除了历史

---

① 梁启超先生用哲学方法撰有与佛学相关的《近世第一大哲康德之学说》(《饮冰室文集》之十三,《饮冰室合集》第二册,北京:中华书局1989年版,第47—66页),但这并非他的主要成就所在。

② 许多在今人看来是作伪者,实际上正是佛教徒的这种利他精神的体现。知人论世之难,于此可见一斑。

③ 〔美〕唐德刚译注:《胡适口述自传》,上海:华东师范大学出版社1993年版,第127页。

的真实之外,其他一切都是谎话,直到二十世纪五十年代,他依旧说:"从敦煌所保留的语录看来,才晓得真正呵佛骂祖的时代,才知道以后的禅宗语录百分之九十九是假的。"① 这表明,他对佛学追求的"一落言诠,皆成粪土"的"离言真如"始终没有兴趣,也没有能力契会。② 今天,像胡适之类以佛教史事为佛学全部的研究者实不在少数。

不过,通达的史家并不会陷入这种"历史理性的傲慢"之中,他们深知在佛学的"史"与"教"之外尚有更深奥的意蕴不能在史事与文字中求,并对之怀有真诚的敬畏之心和同情的默应之感。譬如著名佛教史家汤用彤先生(1893—1964)就说:

> 中国佛教史未易言也。佛法,亦宗教,亦哲学。宗教情绪,深存人心,往往以莫须有之史实为象征,发挥神妙之作用。故如仅凭陈迹之搜讨,而无同情之默应,必不能得其真。哲学精微,悟入实相。古哲慧发天真,慎思明辨,往往言约旨远,取譬虽近,而见道深弘。故如徒于文字考证上寻求,而乏心性之体会,则所获者其糟粕而已。③

他自己虽写出了《汉魏两晋南北朝佛教史》这样的佛教史经典著作,但仍然谦虚地承认:"自知于佛法默应体会,有志未逮。"④ 享誉中外的历史学家陈寅恪先生(1890—1969)对此亦有清醒的认识,他在论及"天台五时判教"时说:

---

① 胡适:《禅宗史的一个新看法》,载姜义华主编:《胡适学术文集·中国佛学史》,北京:中华书局1997年版,第151页。
② 关于这个问题,可参看前揭龚隽《作为思想史的禅学写作》一文。
③ 汤用彤:《〈汉魏两晋南北朝佛教史〉跋》,《汤用彤全集》第一卷,石家庄:河北人民出版社2000年版,第655页。
④ 汤用彤:《〈汉魏两晋南北朝佛教史〉跋》,《汤用彤全集》第一卷,第655页。

> 就吾人今日佛教智识论,则五时判教之说,绝无历史事实之根据。其不可信,岂待详辨?然自中国哲学史方面论,凡南北朝五时四宗之说,皆中国人思想整理之一表现,亦此土自创佛教成绩之一,殆未可厚非也。尝谓世间往往有一类学说,以历史语言学论,固为谬妄,而以哲学思想论,未始非进步者。①

他们对历史、哲学、宗教之间界限的深切领悟,对史学研究在佛学整体世界中的限度的明确认识,反过来又成就了他们那通达、高明的史识,使他们在从事历史学的表达时不至仅仅停留于"罗列事象之同类者",而努力洞察那"事象"所指向的思想意趣和生活世界。可以说,他们的研究真正堪称以"教"(文献)与"史"(事象)为中心的佛学研究,与之相较,胡适之类的研究只算得上以佛教为题材的历史研究。

(三)思想史的研究

佛学中的思想史研究,是指用知识论的立场来处理佛学中各种思想素材的佛学研究,它致力于在佛学的意义世界中理解与诠释个别思想观念,或通过个别观念理解与诠释佛学的意义世界,主要运用逻辑分析方法对对象展开时空和思想上的逻辑关联性和合理性的考察。在理解对象的活动中,思想史研究者可依其对研究对象及其所属文本整体性的一致性理解提出有助于理解和诠释此对象的"理想类型",还可以站在"价值中立"的立场对价值对象展开"价值关联"的描述。②

---

① 陈寅恪:《〈大乘义章〉书后》,《金明馆丛稿二编》,上海:上海古籍出版社1980年版,第164—165页。

② 这是德国社会学家马克斯·韦伯提出的社会科学方法理论,在人文社会科学中已得到广泛应用,并且极有成效。韦伯集中讨论其方法理论的著作是《社会科学方法论》一书,该书已有几个汉译本。汉语世界对这一理论的研究,首推张志林、陈少明的《反本质主义与知识问题》(广州:广东人民出版社1995年版)。

就这种研究强调"理想类型"而言，它似乎应当属于笔者所谓的哲学式研究，其实不然。马克斯·韦伯（Max Weber, 1864—1920）这样论述"理想类型"的产生：

> 通过简单的"描述性的解析"而将那些概念分解为它们的成分这种做法是不存在的，或仅仅是表面的，因此关键的问题在于，这些成分的哪一些应当被看作根本的。如果我们应该尝试对概念内容做发生学的定义，那么剩下的唯一形式就是其意义在上面规定过的理想类型。①

因此，所谓"理想类型在本质上仅仅是有关联系的抽象概念，这些概念由我们设想为事件之流中的不变者，作为发展赖以实现的历史个体"②。由于研究者对对象"根本成分"的理解各不相同，理想类型在理论上也就可以多种多样，但无论如何它们都是从"事件之流"的"有关联系"中抽象出来帮助理解和诠释对象的理论结构，也可以说这些理想类型都是属于"事件的有关联系"的意义世界的。这与哲学式研究的理想类型大异其趣，尽管两者都应该在诠释的立场上得到理解。

如果对佛学的致思理路、教理系统和根本义趣有所契应的话，这种研究应当是能够很好地在佛学的意义世界中理解其个别思想观念的。反之，如果对佛学的致思理路、教理系统和根本义趣少有默契，则此类研究更容易堕入细枝末节的讨寻和隔山隔水的推论。个中缺憾，不必举中国佛学研究的例子，只要稍微浏览一下日本和欧美的相关研究，便不难明白了。日本佛学界的思想史研究遍及佛学各领域，大到整个佛学思想史，小到单一的佛学思想观念，无不涉猎。然而，如吴汝钧

---

① 〔德〕马克斯·韦伯著，韩水法、莫茜译：《社会科学方法论》，北京：中央编译出版社1999年版，第43页。
② 〔德〕马克斯·韦伯著，韩水法、莫茜译：《社会科学方法论》，第50页。

先生所言，这些研究"除了少部分例外，都有一个共同点，即是太注意史的发展，而忽略了对义理的阐释"。如忽滑谷快天的《禅学思想史》就存在前一种缺陷，吴先生就说："就内容的详尽与所收资料的丰富来说，目前恐仍无同类书能出其右。但此书亦有不少缺点，烦琐而外，更有不少叙述，是不相干的……作者对禅的本质、方法，及其思想演变，都未予以一概念的处理。"①

而美国Sallie B. King教授的《佛性论是地道的佛教》② 一文则未免于后一过失。King教授写作该文是为了回应日本松本史朗和袴谷宪昭两位教授对如来藏系学的责难③，她认为如来藏思想是佛教，并以世亲的《佛性论》为中心对其立论给予了有力辩护，总体上是一篇非常有分量的论文。但是，在回应松本和袴谷所谓"如来藏思想导致人们漠视社会不平等"一说时，她却这样说：

> 我们对佛性思想的作者们的社会状况一无所知，但他们不太可能像某些贵格会员（Quakers）那样因其宗教观遭到毒打、监禁乃至绞死。他们为什么偏要在其著作中强调对权威保持批判态度

---

① 吴汝钧：《佛教研究方法论》（上册），第124页。

② Sallie B. King, "The Doctrine of Buuddha-nature Is Impeccably Buddhist," in *Pruning the Bodhi Tree*, edited by Jamie Hubbard and Paul L. Swanson, University of Hawaii Press, 1997. 该书已由龚隽和笔者等人译为汉文（参见〔美〕杰米·霍巴德、〔美〕保罗·史万森主编，龚隽、冯焕珍、周贵华、刘景联等译：《修剪菩提树——"批判佛教"的风暴》，上海：上海古籍出版社2004年版）。

③ 松本史朗和袴谷宪昭都是日本驹泽大学的教授，十多年前他们喊出了"如来藏思想不是佛教"的口号，并著书立说以资证明，形成了一股影响颇大的"批判佛教"思潮。关于这一主题，松本史朗的代表作有：《缘起と空——如来藏思想批判》，东京：大藏出版株式会社1989年版；《禅思想の批判研究》，东京：大藏出版株式会社1994年版。袴谷宪昭的代表作则有：《本觉思想批判》，东京：大藏出版株式会社1989年版；《批判佛教》，东京：大藏出版株式会社1990年版。对这一思潮的简要而恰当的评价，见 Paul L. Swanson, "Why They Say Zen Is Not Buddhism: Recent Japanese Critiques of Buddha-Nature"（《他们为何说禅不是佛教：近期日本的佛性批判》）, in *Pruning the Bodhi Tree*, edited by Jamie Hubbard and Paul L. Swanson, 1997。本文已由笔者译为汉文（参见〔美〕杰米·霍巴德、〔美〕保罗·史万森主编，龚隽、冯焕珍、周贵华、刘景联等译：《修剪菩提树——"批判佛教"的风暴》）。

的重要性呢？①

King 教授不知，松本和袴谷的上述责难对佛教（无论小乘佛教还是大乘中观、唯识和如来藏）而言本来就是不着边际的。佛教作为一种以解脱为最后归趣的宗教，其戒律学（伦理学）由顺世间的戒律（止恶修善）和顺解脱的戒律（从有漏善到无漏善或从相对的善到绝对的善）两部分构成。就重要性而言，它是以顺解脱的戒律为主的，至于顺世间的部分，它更多取随历史时空的不同而灵活适应的态度。因此，它改善人类不平等的方式主要并不是去进行道德甚至意识形态批判，而是从深观缘起的空智中发起慈、悲、喜、舍四无量心（慈悲心）来拔众生苦、与众生乐。这只能说佛教救度社会的方式不同，而不能说佛教漠视社会不公。King 教授对此也没有契会，于是才提出了这种与佛学精神相去甚远的解释。这样的佛学思想史研究，对佛学性格的遮蔽远远甚于前两种理路的研究。类似这种情况，在此类研究中所在多有。

对佛学研究而言，如果要以思想史的方法实现对佛学问题的有效理解，研究者就有必要实现这样的范式转换——从"价值中立"的立场转向"价值同情"的立场。这种转向的关键一步，就是对古代理论与现代理论之间的不同性质具有清醒的认识。关于这个问题，中外都有思想家作出过精彩的论述。如著名解释学家伽达默尔（Hans-Georg Gadamer，1900—2003）在论及此一问题时就说："古代理论不仅观察现存的秩序，而且理论的含义还超出这种活动而指加入到秩序整体

---

① Paul L. Swanson, "Why They Say Zen Is Not Buddhism: Recent Japanese Critiques of Buddha-Nature," in *Pruning the Bodhi Tree*, edited by Jamie Hubbard and Paul L. Swanson, 1997, p. 191. 汉文本见〔美〕杰米·霍巴德、〔美〕保罗·史万森主编，龚隽、冯焕珍、周贵华、刘景联等译：《修剪菩提树——"批判佛教"的风暴》，第 187 页。

之中去。"① 金岳霖先生（1895—1984）谈到古代中国哲学的特征时也说，古代中国哲学中有人在，甚至可以说中国的哲学家就是其哲学的践履者。② 这意味着古代理论不仅仅是人的理性思考的结果，更是其生活方式的表达。毫无疑问，佛学也是这样的理论。那么今天的理论呢？除少数例外，几乎都是在所谓"价值中立"立场上成立起来而与人的生命价值取向没有关联的逻辑认知活动的结果。因此，如果我们以掌握现代理论的方式去理解古代理论，就会遭遇到托马斯·S.库恩（Thomas S. Kuhn，1922—1996）所谓"范式"间的不可通约性问题。理论的不同范式之间本身不可通约，此即所谓"道不能弘人"。要真正成功地理解古代理论，就要求我们转换范式。人人具有的来自传统的前理解结构，使人可以实现范式的转换，达到对于自身所属范式外的异质范式的理解，并从这种理解中转出新知，此即所谓"人能弘道"。库恩本人就坦言，他在接触亚里士多德的物理学时，起初很不理解如此伟大的智者却提出了在今人看来明显错谬的物理学理论："他那特有的才能为什么一用到运动问题上就一败涂地呢？他怎么会对运动发表那么多明明白白的谬论呢？"后来他才恍然大悟："可以一开始就一贯采取另一种方式阅读那些我一直与之纠缠的原著"，"领会了这种新读法，牵强附会的隐喻就成了自然主义的记录，许多明显的谬论也不见了"。③ 库恩所谓"采取另一种方式阅读"，就是范式的转换。具体地说，思想史的佛学只有尽量淡化现代人固有的"知性傲慢"，以同情的态度进入古代佛学的世界，按照它特有的世界观和价值观思考其理论问题，才能实现对佛学的成功解读。

---

① 〔德〕伽达默尔著，洪汉鼎译：《真理与方法》（下册），上海：上海译文出版社1999年版，第581页。
② 参见金岳霖：《中国哲学》，《哲学研究》1985年第9期。
③ 〔美〕托马斯·S.库恩著，纪树立、范岱年、罗慧生等译：《必要的张力》，福州：福建人民出版社1981年版，序言，第Ⅲ、Ⅳ页。

三、哲学式研究

哲学式的佛学研究即将佛学视为一种哲学思想来研究，其出发点是研究者对宇宙人生之理的理解（这与前述思想史的研究从研究对象中提取"理想类型"颇异其趣），其所致力者为佛学理论（理）的理性根据以及其中具体思想之间的逻辑一贯性。由于这种研究实际上是研究者基于其哲学立场对佛学义理系统的建构，故其对佛学思想的分析与评价都深深受制于哲学立场的选择。

现代中国佛学研究中，哲学式的研究一直是不大不小的一流。细查其史，又可分为三支：一支是以康德、柏格森等西方哲学解佛学者，此支前有梁启超、章太炎（1869—1936）、梁漱溟（1893—1988）等人，后有牟宗三（1909—1995）等人。梁启超在《近世第一大哲康德之学说》一义中，处处以佛学解康德（反过来即是以康德解佛学），明确说："以康德比诸东方古哲，则其言空理也近释迦。"① 章太炎、梁漱溟与牟宗三三人可归为同聚，但他们与梁启超有所不同，他们都深明两者的本质差异②，章、牟二人更持佛学胜于康德等哲学之论，章太炎说："取魏译《楞伽》《瑜伽》及《密严》诵之，参以近代康德、萧宾诃尔（即叔本华）之书，益信玄理无过《楞伽》《瑜伽》者。"③ 牟宗三先生在《现象与物自身》一书中阐发了天台圆教"无执的存有论"后

---

① 梁启超：《饮冰室文集》之十三，《饮冰室合集》第二册，第47页。
② 梁漱溟先生一方面说："柏格森之所成就的"，"与唯识学颇相密合"，"假使无柏格森开其先，或者唯识学还不好讲"；另一方面他反对将柏格森的直觉等同于佛学的现量："有人以为他的直觉即佛家现量，这是胡说乱猜。"（梁漱溟：《唯识述义》，《梁漱溟全集》第一卷，济南：山东人民出版社1989年版，第279页）
③ 章太炎：《自述学术次第》，载刘梦溪主编，陈平原编校：《中国现代学术经典·章太炎卷》，石家庄：河北教育出版社1996年版，第643页。太炎先生所谓《楞伽》《瑜伽》玄理之"无过"者，当他于另一处所说"佛法的高妙处，一方在理论极成，一方在圣智内证"，乃是"哲学之实证者"（章太炎：《论佛法与宗教、哲学以及现实之关系》，《中国哲学》第6辑，北京：生活·读书·新知三联书店1981年版，第300页）。这与此后种种仅视佛学为从某一逻辑预设开始演绎的哲理系统而不见其体证之维者，又迥然不同。

更明确断定：

> 这就是天台宗的"本体界的存有论"，无执的存有论。同一三千法，执即是现象界的存有论，不执就是本体界的存有论。执与不执是约迷悟说，故本体界的存有论可能，智的直觉亦可能，而"在其自己"之实相法亦可朗现也。"在其自己"之实相法底存有根本是在心寂三昧色寂三昧的智如不二下呈现。若脱离了此智如不二的三昧而仍说物自身，则物自身之存在仍是冥在，而冥在无在，物自身亦不可得而宝也。康德说物自身系属于上帝，又说实践理性可以近之，此即开一"非冥在"之门。唯不能朗现之，则对于人而言，它仍是冥在。故此，吾人须以中国哲学智慧为准而融摄康德。康德非究竟也。①

就成就而言，无疑以牟宗三先生的《佛性与般若》最为繁博与精深。第二支是以唯物主义解佛学者，支持这一支的学说大多出现于1949年之后，而以任继愈先生主编的多卷本《中国哲学史》（隋唐）以及方立天先生的《佛教哲学》、赖永海先生的《中国佛性论》等著作为代表。第三支是以儒解佛者，其中首屈一指者当为熊十力（1885—1968）的《新唯识论》。

哲学式的佛学研究直探佛理，往往能做出有系统、有层次、有深度、有广度的成就来，但就理解佛学而言，这类研究可能因为研究者立场的差异而走向"宰割以求通"的"非常可怪"之论。这里不妨以熊十力先生的《新唯识论》为例加以讨论。

熊十力先生是当代新儒家的开山祖师，他的思想一本于对易道的体悟，建构的是即体即用的"体用不二"哲学，其学问的生命取向

---

① 牟宗三：《现象与物自身》，台北：学生书局1996年版，第415页。

令人仰慕,其悟境的真切深邃非常俗可拟,其体系的圆通透脱也翘出同侪。有趣的是,他的代表作命名为《新唯识论》,并主要是以佛学资源证成其系统的。这就存在一个对佛学的理解问题。由于熊先生对佛学文献的理解和取舍主要采取一种为我所用的态度,所以《新唯识论》1932年面世后,就不断遭到中国佛教学者的诟病,吕澂(1896—1989)先生甚至"视《新唯识论》如无物"。①

吕先生的批评已有人做过专门研究②,这里仅围绕笔者后文关心的论题,就印顺法师对熊十力先生的批评予以简要讨论,以见此类型研究的限度。1948年,印顺法师(1905—2005)写了《评熊十力的〈新唯识论〉》一文,该文1950年刊于香港,后收编于其所著《妙云集》下编之七《无诤之辩》一书中。印顺法师在文中首先肯定熊先生的著作"发挥即寂即仁的体用无碍说。诱寻学者反求自证,识自本心。在玄学的领域里,自有他的独到处",然后就分"佛法与玄学""入世与出世""融会与附会""空宗与有宗""性相与体用""心与物"和"相似证与颠倒说"几个专题,力辨佛学与《新唯识论》之异,以及该论对佛学问题理解之非。印顺法师的结论是:《新唯识论》"掠取佛教皮毛,作为自家的创见,附会到儒家的古典里",构成"玄学的唯心论",著者所谓"《新论》实从佛学演变出来,如谓吾为新的佛家,亦无不可耳"的论断是佛家"万难同意"的。③

---

① 熊十力先生一九四三年四月十八日致函吕澂先生说:"足下前两函,吾觉甚奇怪……又何故于吾《新论》菲薄乃尔?今得此函,似已略识足下用心所在……此乃足下之所极不满,宜其视《新论》如无物也。"(《辨佛学根本问题》,《中国哲学》第11辑,北京:人民出版社1984年版,第190页)吕先生当月二十二日回函道:"尊函所谓视《新论》如无物,诚是也。"(《辨佛学根本问题》,《中国哲学》第11辑,第173页)

② 笔者所见有:江灿腾:《吕澂与熊十力论学函稿评议》,《明清民国佛教思想史论》(江氏自著),北京:中国社会科学出版社1996年版,第311—362页;王守常:《二十世纪儒佛之争——熊十力与吕澂的争论》,《学人》第11辑,南京:江苏文艺出版社1997年版,第289—310页。

③ 印顺法师说,《新论》以'即用显体'为宗,以为'万变不穷的宇宙,自有他的本体'",而"佛法的中心问题,不是本体论,而是因果相关的缘起论。不仅世间的因果如此,就是无为涅槃,也是从依彼而有必依彼而无的法则,指出'此无故彼无,此灭故彼灭'的",因此两者

对于印顺法师的批评，熊十力先生1949年专门撰写了《摧惑显宗记》①的长文予以回应。从文中看出，熊先生对佛学的理解确实存在着较大的问题，全面讨论这些问题有待来日，此处仅举一例明之。熊先生说："空宗真谛是无为之体，如何成用？俗谛则缘起法全是颠倒虚诳，又不可言用。《新论》谓空宗无法成立宇宙，诚哉其然！"②此说将无为有为截为二橛，殊违佛学之理，而其原因则是熊先生不知佛学并非抽象论真俗，而是从众生迷悟相对论真俗，谓同样的法，众生看去是实有故成俗谛，圣者看去本空故成真谛。若从法的存在本身论，

（接上页）在理论性质上就不一样；"佛法说涅槃，说空寂，不是以此为本体，以满足玄学者的求知欲，是深入缘起本性而自证的"，但《新论》却"离开了因果缘起，说本体，说势用，说转变，说生灭，以为'不可以常途的因果观念，应用于玄学中'"。如果这还只是宣明双方各自的立场，下面的专题就属于真正的学术批评了。关于"入世与出世"问题，《新唯识论》说："佛学原期断尽一切情见，然彼于无意中，始终有一情见存在，即出世的观念。"印顺法师批评这种根深蒂固的谬见，指出："在如实的自证中，世间与出世，都是闲话。在一般的心境，安于现实世间，不满现实的出世，都是情见。爱著世间是'有爱'，厌毁世间是'无有爱'。佛家从出世的情见——涅槃见中，开发出'空相应缘起'的智见。真能有所契合，应该不但是出世，而更是入世——不是恋世的。佛学说'缘起''缘生'，并不是歌颂生生不息的至德，生与灭是平等观的。"论及空宗，《新唯识论》以为空宗的精神"一言以蔽之曰：破相显性"，但印顺法师却截然说："'破相显性'，不是空宗的空，决非《般若经》与龙树的空义；反而是空宗的敌者——有宗。"空宗也不像《新论》所说的"要遮拨一切法"，"遮拨现象"，"依空宗说：空，不但不破一切法，反而是成立一切，这是空宗独到的深义"。《新论》对有宗有所了解，"但从根本体系上去说，《新论》的批评，并不正确"，因为"唯识宗是缘起论的，是以因能所成立一切的"，但《新论》却从玄学本体论的立场指责有宗之种子与现行说犯了"两重世界"的过失，显示其对唯识真义茫然不解。《新论》视佛教的性相为与其所论体用同样根本的范畴，并宣称佛教的"泯相证性"就是"离用言体"，实"不知性相的对立说明——以相为现象，以性为本体，在佛教经验中，不是一般的，惟有在'能所证知'——认识论中，才有'以相知性''泯相证性'的相对意义"，"佛法的'泯相证性'，决非'离用言体'"。论到"心与物"，《新论》说"中国哲学思想，要不外儒佛两大流，而两派又同是唯心论"，印顺法师指出这是对佛教所倡"'名色缘识，识缘名色'，心色平等的缘起论"的曲解，"纯正的佛家，即万难同意"。此外，印顺法师还一一评破了熊先生对佛教"禅定""刹那"以及唯识所立"功能""种子""无漏种现"等法义的错误理解。（详见释印顺：《评熊十力的〈新唯识论〉》，《妙云集》下编之七《无诤之辩》，第1—56页）

① 熊先生此文最初刊布于1949年《学原》杂志二卷第十一、十二期合刊，署名黄艮庸，又收入《十力语要初续》；1950年经增改后由大众书店出版单行本［参见景海峰、郭齐勇整理：《熊十力全集》第五卷，武汉：湖北教育出版社2001年版］。本人所用者，即是整理者据大众书店本收入《熊十力全集》第五卷的本子。另，感谢武汉大学郭齐勇教授为笔者提供相关信息。

② 熊十力：《摧惑显宗记》，景海峰、郭齐勇整理：《熊十力全集》第五卷，第406页。

唯有缘起性空之法，没有真俗可言。而从法的存在说，龙树恰恰以为"以有空义故，一切法得成；若无空义者，一切则不成"①。熊先生对龙树此颂是否成立毫不措意，就断定空宗无法成立宇宙，更显得独断。

　　熊先生这种为我所用的立场，导致他对经学的基本方法了无兴趣。例如，当吕先生批评熊先生的立论根据全属伪经伪论时，他就这么说："此等考据问题，力且不欲深论。"②而当吕先生指责熊先生对佛学义理的理解有鲁鱼亥豕之谬时，他也不愿像印顺法师那样根据佛教经典，从佛学义理的整体性和佛学设教的多样性来讲明道理，反斥吕先生的宗派之见（详见下文），而专意求助于自心的所见所信："你读书诚多于我，但吾于此理，自有真见处，岂无以自信者耶？"③这种基于生命体悟的回答固然信心十足，难以倾动，但很难从学术研究的意义上补自己之短，自然不能有效地应付来自学术立场的批评。

　　上述案例表明，即便是熊十力先生这样极具创造性与穿透力的思想家，在援用思想资源时也应当了解与尊重其所属文本的历史真实性和意义整体性，至少应当清醒地意识到文本的基本含义与研究者对此文本的阐释之间的差异。否则，就会陷进远离佛学意义世界的游谈。

四、经学式研究

　　这里的"经学式研究"，指同情或信仰佛学的世界观与价值观的佛教义理学研究，不包括那些丧失了价值取向的"名相之学"。

　　佛学中的经学研究是与佛教的产生同样久远的，可以说，凡是佛陀本人所传授的教理之外的一切经、律、论都是这种研究的产物，整

---

① 龙树造，（后秦）鸠摩罗什译：《中论》卷四《观四谛品》，《大正藏》第30册，第33页上。
② 《辨佛学根本问题》，《中国哲学》第11辑，第183页。
③ 《辨佛学根本问题》，《中国哲学》第11辑，第195页。

部佛学史也可以看成是一部释经学的历史①。印顺法师以"经验与知识相结合"的模式,将释迦牟尼佛圆寂后的佛学分为"重知识"与"重经验"两型②。以阿毗达磨论师为代表的是"重知识"型佛学,它侧重于对佛教法义的论究;而以中观、唯识、如来藏、天台、华严等宗派的创立者为代表的则是"重经验"型佛学,它侧重于从宗教实践中契入佛陀本怀,契合之后再开展为教理系统③。这两种类型的佛学侧重点有不同,尤其重经验型的佛学,它以修行者的实践经验为本,更显出各具特色的教说来,表现出佛学方便契机的特点,但同时它们都是佛学价值立场的持守者,它们都在佛陀教义自身的根本真理(缘起性空)和理论系统内来诠释和开展佛教教理,故又都是佛学之所以是佛学的传承者。就现代而言,"重经验"型的佛学以太虚大师(1889—1947)为代表,"重知识"型的佛学则以欧阳竟无(1871—1943)、吕澂师徒和印顺法师为两大重镇,印顺法师亦说,支那内学院和他自己的佛学都属于"重知识"型的佛学,这实际上是以"重经验"的佛学作为研究对象的佛学(当然,后起的"重知识"的佛学研究家也可以将此前同类的佛学作为研究对象)。④此处,笔者先从后一型经学入手进行讨论。

经学研究在研究方法上走的是"见性必由依经""解经必由解字"的解经家法。⑤他们都坚信经典是用来载道的,要明道就必须通晓经典

---

① 印顺法师已有这种思想,他说:"佛法在流传中,一直不断的集成圣典,一切都是适应众生的佛法。"(释印顺:《原始佛教圣典之集成》,台北:正闻出版社1994年版,序)。但是,当印顺法师无限扩展"圣典"的外延,断定大乘佛经为佛陀圆寂后佛弟子集结而成的典籍时,则陷进了"大乘非佛说"的谬论。
② 印顺法师说:"从这佛学的特性去看时,始终存有重知识的,重经验的不同类型。"(释印顺:《谈入世与佛学》,《妙云集》下编之七《无诤之辩》,第210页)
③ 参见释印顺:《谈入世与佛学》,《妙云集》下编之七《无诤之辩》,第215、225页。
④ 参见释印顺:《谈入世与佛学》,《妙云集》下编之七《无诤之辩》。
⑤ 《大般涅槃经·寿命品》中,摩诃迦叶问佛陀曰:"云何诸菩萨能见难见性?云何解满字及与半字义?"慧远释曰:"下问所依。所依有二:一、明见性必由依经;二、明解经必由解字。"[(隋)释慧远:《〈大般涅槃经〉义记》卷二,《大正藏》第37册,第654页下]

("通经");而经典是以文字的形式保存下来的,因此,要通晓经典必有赖于文字的考训("训诂")。清代经学家戴震(1724—1777)说:

> 经之至者道也,所以明道者其词也,所以成词者字也。由字以通其词,由词以通其道,必有渐。①

此语道尽了经学的奥义,它既宣示了经学研究的目的,又清晰地说明了这是一个次第渐进的过程。可以说,这是儒、道、佛三家经学研究的共法。欧阳竟无先生"自谓由文字历史求节节近真,不史不实,不真不至"②;印顺法师也说"用考证方法研究佛法这种治学方法,是不应该反对的"③,复谓"史的研究考证,以探求真实为标的"④,"求真实,不只希望了解各时代、各区域、各宗派……种种事理的真相,而是说:研究者要有探求佛法真实意趣的信念;将这种信念,融贯入研究之中"⑤。这都是经学立场的明确表达。

虽如此,印顺法师说他与内学院存在不同之处,他认为支那内学院的佛学是"宗派的佛学"⑥,而他自己的佛学则是"不拘一家一派的佛学"。我们可以称前者为"还原主义"的佛学,而称后者为"包容主义"的佛学。佛学经学研究中的"还原主义"立场指这样一种佛学观,它确信只有一种佛学系统才能正确地表显佛教真理(缘起性空)并化导众生走向解脱,此外的系统则不能完全正确地或根本不能正确地诠释佛教的真理,真正的解脱更谈不上。"包容主义"立场则指这样一种

---

① (清)戴震:《与是仲明论学书》,《戴东原集》卷九,北京:中华书局四部备要本。
② 吕澂:《亲教师欧阳先生事略》,原载《欧阳竟无大师纪念特刊》,此处引自石峻等主编:《中国佛教思想资料选编》第三卷第四册,第356页。
③ 释印顺:《〈大乘起信论〉讲记》,台北:正闻出版社1992年修订版,第6页。
④ 释印顺:《谈入世与佛学》,《妙云集》下编之七《无诤之辩》,第248、245—246页。
⑤ 释印顺:《谈入世与佛学》,《妙云集》下编之七《无诤之辩》,第248页。
⑥ 释印顺:《谈入世与佛学》,《妙云集》下编之七《无诤之辩》,第215页。

佛学观,他虽然确信佛学的根本真理是缘起性空观、其归趣在接引众生获得解脱,但却反对只有某家某派能实现这一目的,因为缘起本身即无任何恒定本质的宇宙实相(此实相亦不可以对象性的方式获得),对实相来说,任何诠表系统都不过是一种方便显示,而对求解脱的众生来说,只要法当其机(适合于某一部分众生),便无不是究竟的解脱之道;与此同时,它又坚持在众多佛学系统中有一最圆满的系统,其他系统都可以被统摄于该系统之下。

上述两种佛学观的差异,不在于佛学所诠之理、所归之趣,而在于能诠之教。但由于所诠之理与所归之趣因能诠之教而得开显,这一差异使得两家虽同属经学研究,而在研究的方法、重点以及对待不同教理系统的态度等方面都体现出很大差异来。

(一)内学院的"还原主义"立场

内学院所持守的立场的确具有浓厚的还原主义色彩。欧阳竟无说,佛教只有从反面说"一切俱非而显法性"的空宗和"从旁面说""二空所显""真如"的有宗[①],如果在"《般若》《瑜伽》之上别立一宗",则"理不可通,教其无据,是谓波旬,象恭滔天"[②]。这已将丰富多彩的佛学收缩成了空有两门。而在空有两门之间,他又主张"两宗既立,各极其至,不可以相犰,法法不相知;不可以相淆,法法不相到"[③]。从论究各自系统义理结构、所立名相在各自系统中的含义等方面来说,空有两宗确如欧阳先生所说有不容混淆之处,但说两宗"法法不相知","法法不相到",就无异于执有(唯识)不化了。试问,如后般若而起的唯识与般若"法法不相知","法法不相到"的话,唯识学从哪里开

---

① 欧阳竟无:《今日之佛法研究》,载王雷泉编选:《欧阳渐文选》,上海:上海远东出版社1996年版,第106页。
② 欧阳竟无:《辨二谛三性》,载王雷泉编选:《欧阳渐文选》,第90页。
③ 欧阳竟无:《辨二谛三性》,载王雷泉编选:《欧阳渐文选》,第90页。

展出来?这不明显违背佛教所谓"此有故彼有","此生故彼生"的缘起观了吗?由此再走一步,必然是独尊己宗的结局。

内学院的还原主义佛学观,在他们的具体研究中体现得淋漓尽致。他们的研究首先便是辟异端。吕澂先生曾说:"吾侪学佛,不可不先辟异端,以其讹传有损人天眼目之危险也。"①他们眼里的异端之尤是《大乘起信论》。《大乘起信论》是出现于梁陈之际的一部经典,对中国、朝鲜和日本佛教思想的开展具有深远影响,中国的华严宗、禅宗义根于该论,天台宗于本论亦深有所资。但是,自唐以来就有人怀疑该论非印度原典,而为中国人所造。近代以来,随着科学主义大盛,疑古之风遍及人文社会科学领域。《起信论》的历史真实性问题再度成为佛学界讨论的焦点。研究此一问题者,有的是进行纯粹的学术探求(如梁启超),有的是为了否定中国佛教(如日本的许多研究者),有的则是为了排拒他宗。欧阳竟无与吕澂师徒属于第三类。他们先考证《起信论》为中国人所作,属于伪论②,再以自己信守的教理判定其立论之妄③。自然,"义根《起信》"的天台、贤首也不过"反窃于外魔"之说而已④。不唯如此,在他们看来,"中观家说二谛,误落到对待上",也"实是大错"。⑤更有甚者,一代翻经大德法尊法师(1902—1980)因

---

① 吕澂:《禅学述原》,《吕澂佛学著作选集》第一卷,济南:齐鲁书社1991年版,第408页。
② 参见吕澂:《〈大乘起信论〉考证》,《吕澂佛学著作选集》第一卷。
③ 欧阳竟无谓:"盖《起信》之谬在立真如门而不立正智门,违二转依;《般若》说与生灭合者为菩提,不与生灭合者为涅槃,而《起信》说不生不灭与生灭合者为阿梨耶识;《瑜伽》熏习是识用边事,非寂灭边,而《起信》说无明、真如互相熏习。"[欧阳竟无:《杨仁山居士传》,载刘梦溪主编:《中国现代学术经典·杨文会、欧阳竟无、吕澂卷》,石家庄:河北教育出版社1996年版,第450页]吕澂在此基础上又补了一个判《起信论》为伪妄的义理根据:《起信论》倡心性本觉,但佛法中只说心性本寂,"如从本觉着力,犹之磨砖作镜",故"本觉绝不能立"(吕澂:《禅学述原》,《吕澂佛学著作选集》第一卷,第408、409页)。
④ 欧阳竟无:《杨仁山居士传》,载刘梦溪主编:《中国现代学术经典·杨文会、欧阳竟无、吕澂卷》,第450页。
⑤ 吕澂:《佛法与世间》,载刘梦溪主编:《中国现代学术经典·杨文会、欧阳竟无、吕澂卷》,第441页。

虑及汉传佛教典籍中没有慈氏（弥勒）五论之一的《辨法法性论》，便将它从藏文译本翻为汉文。欧阳竟无对此事极为不满，连篇累牍地大张挞伐，指《辨法法性论》非弥勒学①，理由是：（一）"论宗不合"；（二）"五论未决"；（三）"无梵可核"；（四）"译名有违"。其中最吃紧的是"论宗不合"和"译名有违"两项，关于前者，他说：

> 明分取义，则知《中边》所说虚妄分别，有无并举，始能尽概，义不倾动。《辨法法性论》非有无并举，乌乎可立？②

论及后者，他更宣称：

> 旧译名词，精严未逮，自奘师刊定而后，百世译宗，无可改辙……今译虚妄分别义，于总说分别之处，而以别说计度义译之，是则以别诠总，既异旧译之以总诠别，复异新译之以总诠总、以别诠别。新旧诸译皆无其例，颠倒解生，断乎不可，又何涉于学说之异同哉？③

法尊法师的翻译水准固可讨论，但欧阳竟无以译文义理不和玄奘所传弥勒学、译文概念与奘译文用语有异而大破《辨法法性论》及其译者，就是还原主义思想的流露。这样的驳难自然难服人，宜乎法尊法师回敬道：

> 说法之方便不同，立论之量式有异，则能诠所诠自别，此论

---

① 欧阳竟无在《法相辞典·叙》《辨虚妄分别》《辨二谛三性》等文中都力斥法尊所译《辨法法性论》。
② 欧阳竟无：《辩二谛三性》（附解惑四则），载王雷泉编选：《欧阳渐文选》，第91页。
③ 欧阳竟无：《辩二谛三性》（附解惑四则），载王雷泉编选：《欧阳渐文选》，第93页。

> 有此论之胜义，彼论有彼论之妙理，何必强同？又慈尊于余经论所说胜义，其不同《中边》者多矣，若皆曰非弥勒学，凝不笑煞人耶？①

法尊法师以为，要是按照欧阳竟无的逻辑，整个佛教就只剩下玄奘传唯识学了。熊十力先生曾对梁漱溟先生说："竟师之学，所得是法相唯识，其后谈《般若》与《涅槃》，时亦张孔，只是一种趋向耳，骨子里恐未甚越过有宗见地。"②此诚为的论。不唯欧阳，吕澂亦如此。

熊先生所谓"竟师之学，所得是法相唯识"指以欧阳竟无和吕澂为代表的内学院对本宗奥义的穷究，这与他们辟异端是一体的两面。在这一面，内学院严守欧阳竟无所传"圣言至教量，应以经解经，一字不苟"③的经学家法，一方面"整理旧存"，一方面"发展新资"，为唯识复兴于二十世纪的中国做出了重要贡献。"整理旧存"包括两项，其一便是前述别真伪、辟异端，另一项是为佛教典籍"考订散乱"，"考订异译"，"论其短长"，"为之勘定"；"发展新资"亦含"借助藏文、梵文"和"广采时贤论"证成自己立论等内容。这些思想使得内学院的研究虽然属于"窄而深"的经学研究，但却具有强烈的融会新知的维度。内学院这些非常有价值的观念以及在此基础上取得的成就，我们予以充分肯定。唯其深受还原主义立场支配，其成就中亦难免混入浓厚的宗派主义偏见。④

---

① 释法尊：《驳欧阳渐〈法相辞典·叙〉》，《法尊法师佛学论文集》，北京：中国佛教文化研究所1990年印行，第290页。

② 熊十力：《与梁漱溟论宜黄大师》，《中国哲学》第11辑，第179页。

③ 《欧阳竟无大师纪念特刊》，转引自田光烈：《章炳麟〈支那内学院缘起〉书后》，《中国哲学》第6辑，第315页。

④ 印顺法师就对欧阳竟无在《精刻大藏经缘起》一文中提出的刻经原则进行过尖锐的评破，指责他"是自而非它，执一以概全，此是实，余皆妄语，戏论诤竟，是愚痴相，未足以言整理。空有莫辩，内外杂糅，'学纲未明，教网先缠'，以牵强割裂为精严，亦不足以言整理"（释印顺：《评〈精刻大藏经缘起〉》，《妙云集》下编之七《无诤之辩》，第102页。欲详细了解，请参该文）。

这种典型的入主出奴之见，无疑有乖佛陀方便与真实之论，也很难让深受多元主义理念浸润的现代人接受，最终有碍于佛学的经学研究在现代健康发展。

有趣的是，清代儒家的经学研究也走过一段由健康发展到障碍自身的路程，不过它是以另一种方式体现出来的。当经师们沿着顾炎武（1613—1682）、戴震指出的由"训诂"而"通经"而"明道"的理路研究儒家典籍时，他们的目的是明确的，本末也是清楚的；但当他们忽视了"训诂"的限度、模糊了"通经"的目的，以为一如戴震所说，"故训明则古经明，古经明则贤人圣人之理义明，而我心之所同然者乃因之而明"①，则已忽视了这样的事实：经的理（思想与思想所蕴含的价值观）虽然要通过"明故训"方能阐明，但并非明诂训就等同于明理，因为经的理不是一种存在于文献中等待摘取的死理，而是在与理解者相遇过程中才能呈现出来的具体的活理，如果理解者不能与经典达成意义上的一致性，那么即便"故训明"也未必就能达到"义理明"。再往前，就堕入舍义理而求训诂的极端文献主义了，高明如戴震者也不免发出这样的偏狭之论：

> 今之学者，毋论学问文章，先坐不曾识字……予弗能究先天后天、河洛精蕴，即不敢读"元亨利贞"；弗能知星躔岁差、天象地表，即不敢读"钦若敬授"；弗能辨声音律吕、古今韵法，即不敢读"关关雎鸠"；弗能考三统正朔、周官典礼，即不敢读"春王正月"。②

---

① （清）戴震：《题惠定宇先生〈授经图〉》，《戴东原集》卷十一，北京：中华书局四部备要本。

② （清）章学诚：《与族孙汝楠论学书》引，《章氏遗书》卷二十二，《文集》七，吴兴刘氏嘉业堂刻本。

这样的见解对戴震本人来说，或许旨在强调文字训诂的重要性，但落入二三流经学家之手，知识、思想与价值一体纵贯的经学研究便不能不荡然失色，而尽归于纯粹的文献学和历史学研究。①

这是经学研究的另一种迷失，内学院虽然未陷入如此极端的境地，但实含有这样的可能，故有必要在此提出来加以反省。

（二）印顺法师的包容主义立场

现代佛学经学研究中，持包容主义立场者以印顺法师为代表，故此处特以他为范例来考察这种佛学观。

印顺法师在论及顺于世间而存在与演化的佛学时说：

> 佛法的思想制度，流行在世间，就不能不受著无常演变法则所支配。若把它看成一成不变的东西；或以为佛世可以变异，后人唯有老实的遵守，说什么"放之四海而皆准，推之百世而可行"；或以为祖师才能酌量取舍，我们只有照著做：这就是违反了佛法——诸行无常的法则的佛法。②

这就是说，在随缘设教方面，一切佛学系统都只是在一定的时空、人群、语言、社会、文化之中应时而起（缘起）、过时而灭（缘灭）的当机设化，因而无非是方便施设，不能执定深浅、偏圆。反过来，因为一切方便法门都指向解脱，故无非是究竟法。③

由此，印顺法师就强烈反对内学院那种尊己卑他甚至是自非他的还原主义态度："现在来研究佛法，对各部派的教理，可以比较、评

---

① 这是就反省经学而言，并无贬损文献学和历史学研究之意。
② 释印顺：《以佛法研究佛法》，《妙云集》下编之三《以佛法研究佛法》，第4—5页。
③ 印顺法师说："一切的究竟法，也是展开于时空中的一般法。"（释印顺：《以佛法研究佛法》，《妙云集》下编之三《以佛法研究佛法》，第3页）

论，但切不可专凭主观，凡是不合于自宗的，就以为都是不对的、错误的。这种宗派的独断态度，是万万要不得的。"①

将这种佛学观落实到具体的研究中，印顺法师自然每每不同意内学院的说法。例如，对内学院斥为异端邪说的《大乘起信论》，印顺法师的看法就很不一样。他认为，在讨论像《起信论》这样的佛教经典时，应注意区分历史和义理之间的不同，就历史事实层面言，"我们应该用考证的方法，考证经论的编作者，或某时代某地方的作品；但不应该将考证出来的结果，作为（经论）没有价值或绝对正确的论据"；《起信论》诚然可能为中土之作（迄今无定论），但"在佛教思想上，《起信论》有它自己的价值。这不能和鉴别古董一样，不是某时某人的作品，就认为不值一钱！"② 深入义理层面，他就直接反诘内学院坚持的是自非他之见：

> 站在唯识学的立场，评论《起信论》的教理不对，这不过是立场的不同，衡量是非的标准不同，并不能就此断定了《起信论》的价值。③

事实上，如果从非宗派的教理观来看，《起信论》并无违背佛法之处。④

---

① 释印顺：《〈大乘起信论〉讲记》，第9页。
② 释印顺：《〈大乘起信论〉讲记》，第8页。
③ 释印顺：《〈大乘起信论〉讲记》，第9页。
④ 内学院以为《起信论》"立真如而不立正智，违二转依"，印顺法师则说，《起信论》的真如等同中观的实相，"这是超越了能证智与所证境的分别，智与境，如如无别，是不可说有差别的，彻底没有能所可得"，"唯识家评本论为'如智不分'，但照本论说，如与智，怎么可以割裂呢？"内学院指《起信论》说"不生灭与生灭和合为阿梨耶识"为大谬，印顺法师却认为，"如来藏与藏识，这二者实有着密切的关系，依如藏而有生灭心的阿赖耶识，可说是大乘经的共义"。内学院指责《起信论》立"真如、无明互相熏习"是染净不分，印顺法师却以为这只表明两家熏习义有别："唯识家是渊源于一切有部的多元实在论，他的熏习说，仅是一切法熏习而保持功能性于赖耶中，而不是说，此法受彼法熏，此法由于彼法而起变化，此法中现起彼此融化了而新起的现象。本论的熏习说，重于此受彼熏，而此中现起彼此合化的东西。"内学院断定《起信论》的"本

印顺法师的结论是：《起信论》非但不是什么异端邪说，相反它是大乘三系的"真常唯心论"系统中最圆满的经典之一。① 对于内学院"绝口不谈"的"台、贤、藏密"（欧阳竟无语），他也时有持平之论。

于此可见，印顺法师的研究始终将佛学视为一个有机的整体，既不因教（之历史真伪）而废理，深知教内之理另有评价标准在；又不以偏（宗一家之理）而概全，洞悉一味佛法可阐于不同教门。

上述观念体现于研究的方法论，便是他自己所谓"以佛法研究佛法"的方法论。这一方法论包含四大原则：一是"涅槃寂静"原则，即将一切佛法都视为不出"法法无性、不生不灭的寂然法性"的究竟法；二是"诸行无常"原则，即把佛教中某一宗、某一派、某一人、某一事等的生、住、异、灭视为一在缘起的时间之流中自然代谢的过程；三是"诸法实相"原则，即视同一时空中不同的佛学系统、思想、观念、制度等皆为"展转相关、相依相住的集散现象"②；四是"诸法无我"原则，这是指研究者对一切研究对象"不固执自我的成见，不存一成见去研究"③。第一条原则指佛学的根本性质为一味的解脱道（前文已述及），第二、三条原则指各个佛学系统、观念、思想、制度在不同时空中的开展（亦如前述），它们构成研究对象，可见佛学在印顺法师的研究中始终是包含了"离言真如"和"依言真如"两面的整体。最后一条原则是他为研究者确立的具体研究原则，即在研究中尽量放弃自己能够意识到的成见，从佛学典籍本身记载的内容出发来理解与诠释佛学的体系、思想、观念、制度等具体对象。

（接上页）觉绝不能立"，印顺法师却批评这是对《起信论》本觉概念的误会："本觉与始觉，相依相待而有；依于当下显得本觉的不觉（说到不觉，即意味着觉性的本在。如没有觉，根本说不上不觉），到转去不觉而显现真觉，即名此觉为始觉……所以，本论说本觉，切不可误会众生本来是觉悟的。"（释印顺：《〈大乘起信论〉讲记》，第 335、336、89、224、113 页）

① 参见释印顺：《〈大乘起信论〉讲记》，第 187—188 页，以及其他地方。
② 释印顺：《以佛法研究佛法》，《妙云集》下编之三《以佛法研究佛法》，第 2 页。
③ 释印顺：《以佛法研究佛法》，《妙云集》下编之三《以佛法研究佛法》，第 8 页。

这样，印顺法师在具体使用研究方法时就不以一家一法自限，前述主要方法都可以在他手里发挥相应的作用，他之所以能用思想史方法对印度早期佛学思想写出《原始佛教圣典之集成》《初期大乘佛教之起源与开展》《说一切有部为主的论师与论书研究》《印度佛教思想史》①等在学术界影响巨大之作，理由盖在于此。他研究的重点也不是内学院的简别真伪、究明自宗，而是：（一）"研究理解佛法中某一宗派、某一思想、某一行法、某一制度、某一事件的产生"②，"对于学派、思想与制度的衰灭废异"亦"一一研究它的因缘"③，从中"去伪存真，探索其前后延续，彼此关联的因果性，以便清楚地认识佛法的本质，及其因时因地的适应"④。（二）研究佛学的种种系统、思想、观念间的差异，因为"从众缘和合的一体中，演变为不同的思想体系，构成不同的理论中心，佛法是分化了"，因此"一味的佛法""非从似异的种种中去认识不可"。⑤（三）另一方面，不同的佛学系统"本是一体多面的发挥，富有种种共同性，因之，在演变中又会因某种共同点而渐渐的合流"⑥，也就是要研究佛学的异中之同。（四）以此为本，进而研究佛学的现代适应性及其价值。一言以蔽之，佛学的研究要"惟佛法的真实是求，惟现代的适应（不违佛法而适应时代，不是随俗浮沉）是尚"⑦。

笔者以为，要更好地在笔者理解的佛学系统中研究佛学，经学是最适当的方法，而在经学研究中，相对于"还原主义"经学观，"包容主义"经学观无疑又更为可取。

---

① 上述四书均由台北的正闻出版社出版。
② 释印顺：《以佛法研究佛法》，《妙云集》下编之三《以佛法研究佛法》，第5页。
③ 释印顺：《以佛法研究佛法》，《妙云集》下编之三《以佛法研究佛法》，第6页。
④ 释印顺：《谈入世与佛学》，《妙云集》下编之七《无诤之辩》，第229页。
⑤ 释印顺：《以佛法研究佛法》，《妙云集》下编之三《以佛法研究佛法》，第11页。
⑥ 释印顺：《以佛法研究佛法》，《妙云集》下编之三《以佛法研究佛法》，第11页。
⑦ 释印顺：《谈入世与佛学》，《妙云集》下编之七《无诤之辩》，第249页。

五、走向平等的经学观

笔者说印顺法师的"包容主义"立场更可取,并非意味着它没有缺点。撇开其根本立场不论,印顺法师的研究方法亦有未及之处,这主要表现在:

首先,支撑其研究方法的佛学观依然是判教式的。印顺法师曾表示:"我是以性空唯名论为究竟了义的。"① 如果这仅限于其修行法门的选择,那无可厚非,但他还将这种观念带进了佛学研究,以致对台、贤、禅、净、密皆有非议,视之为方便说法,或是与外道思想相混滥的教门。这意味着他尚未完全走出古代佛学家们判教的老路。古代佛学家们的判教思想已成为传统佛学的一部分,我们尽可以如实研究,但这种思想给予佛学家自身体会而在教理上争偏圆,本身就有滑入"还原主义"的危险,现代的研究者在学术研究中应当力求避免。而且,从究极意义上讲,凡行诸文字者无非方便施设,这亦是印顺法师本人主张的思想,可惜他并未真正坚持。

这方面,笔者以为应当发扬印顺法师称为"重经验"型佛学的近代光大者②、其亲教师太虚大师的平等或圆融的佛学观。太虚大师说:"此之八宗(指中国佛教的八个宗门)皆实非权,皆圆非偏,皆妙非粗,皆究竟菩提故,皆同一佛乘故。"③ 其实,太虚大师是针对当时佛教界特别是支那内学院强烈的还原主义佛学观念才特提大乘八宗平等的。依太虚大师的思想,佛学中的大小二乘亦是无有尊卑、平等一味的④,

---

① 释印顺:《〈读大乘三系概观〉以后》,《妙云集》下编之七《无净之辩》,第137页。
② 印顺法师称太虚大师的佛学"依然是中国传统(不是宗派,不是理论,是对佛法的根本立场与态度)的佛学","是承受了知识与经验相结合的,重经验的佛学"。(释印顺:《谈入世与佛学》,《妙云集》下编之七《无净之辩》,第204、216页)
③ 释印顺:《谈入世与佛学》引,《妙云集》下编之七《无净之辩》,第215页。
④ 太虚大师说:"佛学所说明的宇宙万有之实事真理,本是无始无终普遍常住的,亦是十方世界中过去的现在的未来的一切佛陀所证明的。但在我们这渺小的地球上现今所流行的佛学,实

此乃横向的平等。从纵向看，各家都是趋向同一目标的、完整的纵贯系统，太虚大师说，佛陀"为欲悟他，故从教法上显示，分为三级来说明……所谓三级者：五乘共法，三乘共法，大乘不共法（亦名大乘特法）"①。这里的教法"三级"，实即佛学由下而上的三个层面，三个部分互相依存，构成佛学的整体系统：

> 初级的五乘共法，不论是人乘、天乘乃至佛乘，谁也不能离了因果法而言，第二级的三乘共法，也是不能离了初级去凌空施设；即大乘不共法，也不能离了前二级而独立，所以说三级是互相依靠的。人天果、二乘果都是趋佛乘过程中的一个阶梯，非是究竟的目的地，究竟的目的地是至高无上的一乘佛果②。

修行者随其根性可从五乘共法、三乘共法或大乘不共法入手，但这并不是说佛学可以分成决然无关的三橛，也不是说从五乘共法或三乘共法入手者只能修得人天果或二乘果，或从大乘不共法入手者无须圆满下面两级的修行。换句话说，佛学的所有系统都包含了这三个组成部分，只不过侧重点不同而已。此乃纵向的平等。这种佛学观是彻底平

（接上页）源于二千数百年前印度的释迦牟尼佛，在其大觉的心海中所流出来的。似海流一般的流了二千多年，流遍了南亚东亚几十国的民族，当然有了因时因地因人的许多变迁。然直溯释迦牟尼大觉心海的源头，我以为只是'圆明了无始终无边中的法界诸法实相——宇宙万有之实事真理——体现为以法界诸法为自身，以自身为法界诸法的法身；又完全的开显表示出来，以之教导无数世界中有成佛可能性的种种众生之类，使皆得成就无上大觉一样的圆明法界诸法实相，且体现为无尽无碍的法身'；而并非后来许多支流派别的传说。这是我们考之中国文的华严、法华等大乘经，马鸣、龙树、无著、天亲的大乘论，尤其是直证佛心传佛心印的中国禅宗诸大师之语录，皆可为坚强之证据；而且太虚本人，也曾于此有确切之经验的。"（释太虚：《佛学源流及其新运动》，释印顺编：《太虚大师全书》第一编《佛法总学》，台北：善导寺佛经流通处 1980 年版，第 926—927 页）

① 释太虚：《我怎样判摄一切佛法》，释印顺编：《太虚大师全书》第一编《佛法总学》，第 520 页。

② 释太虚：《我怎样判摄一切佛法》，释印顺编：《太虚大师全书》第一编《佛法总学》，第 525 页。

等的佛学观，它更契佛学之理，亦更当现代学术之机。

其次，在印顺法师"惟佛法的真实是求，惟现代的适应是尚"的思想中，包含有"返本"（对佛学的理解）与"开新"（抉发佛学的现代价值）两面，印顺法师做的主要是"返本"工作，而"开新"的一面则显得太薄弱。我们固不能以此苛求印顺法师，但亦应看到由本开新是佛学研究的应有之义，且可能是更重要的一面，因为佛学究竟要步入现代人的生活之中，而能否实现这一目的恰恰有赖于这"开新"的成败。

这方面，笔者以为可以平等的经学观为基础，容纳傅伟勋先生等人提倡的"佛教诠释学"方法论思想，对佛学进行更多维度的研究。依傅伟勋先生的理解，"佛教诠释学"包含"实谓""意谓""蕴谓""当谓"和"必谓"五个层面的内涵，具体内容如下：（一）"实谓"层次，"从原典考证原始资料的考察，去决定原思想家的实际言诠"；（二）"意谓"层次，"尽予如实客观地了解并诠释原典义理或原思想家的思想意向"；（三）"蕴谓"层次，发掘"原典或原思想家言诠的种种可能义理蕴涵、思想史的理路线索、言诠在思想史上的积淀深化等等"；（四）"当谓"层次，考察"原有思想的深层义蕴或根本义所在，诸般可能诠释方式的优劣裁断或高低评价等等"；（五）"必谓"层次，"站在新时代立场对于原有思想之批判地继承与创造地发展"。这五个层次是层层推进的，不能任意逾越，但运用自如之后，则"五大层次当可一时并了，同时进行每一层次的诠释学考察"[①]。"实谓"层次实际上相当于前述文献学和历史学的研究，"意谓"和"蕴谓"两个层次相当于思想史的研究，"当谓"和"必谓"两个层次则相当于哲学的研究。这样的方法论思想无疑具有更大的开放性，如将其摄

---

① 傅伟勋：《关于缘起思想形成与发展的诠释学考察》，《中华佛学学报》第4期，台北：中华佛学研究所，1990年。傅伟勋先生在他的许多著作和论文中都论及其佛教诠释学方法论。

归平等的佛教经学立场，则能使"重知识"型佛学在"返本"的同时更好地"开新"，但若无此纲骨，就极易蹈入肆意肢解佛学的所谓"洋格义"。

六、本书研究的问题与目的

本书的主要任务是以净影寺慧远（下文简称慧远）[①]思想中最核心的"真识心缘起"为主轴，揭示出潜在于慧远著作中的思想系统，其目的有二：（一）证明慧远以及他所宗本的如来藏思想并非韩镜清等人所贬斥的伪佛教；（二）尽力显明慧远思想的来龙去脉及在中国佛学中的价值。这样的任务与目的，既是笔者自己的佛学观和方法论的结果，也是学术研究的需要。

前文说过，运用经学方法研究佛学可以达成"重经验"型与"重知识"型两种佛学。在阅读中国古代高人们的著作的过程中，笔者渐渐形成了一个迄今未变的看法：古代哲人们的思想大多不是通过翻箱倒柜、挖空心思"学"和"问"出来的，而是在法界融通、天人交感与人际交流过程中"修"和"行"出来的；而且，他们往往是经过了长年累月的修行，才得到那么一点依数字化社会的度量标准看来微不足道的成果。作为一个成日忙于生计乃至名利的现代人，即便是"自"以为找到了比较合适的通达古人精神世界的路子，又怎么能够在短短的几年间彻透他们长期生命的结晶呢？更不用说出乎其类而拔乎其萃了。因此，"重经验"型的佛学目前无论如何是不敢妄求的，只要能够真正通达古代得道高人的思想世界，并从中得到一点"重知识"型的佛学，笔者就心满意足了。

[①] 学界称隋代长安慧远为净影寺慧远，是为了与东晋庐山慧远（334—416）相区别，为简洁起见，本书还是称慧远。

正因为中国古代智者们的思想大都是其生活方式的直接呈现，因此，即便他们都属于同样的信仰话语系统，其思想仍然具有强烈的个性。基于此，要切实地理解这些充满个性的思想家，并将其特出之处显明出来，深入到他们每个个体的精神深处，并以其生命体验的内在轨迹为主轴加以研究，就不失为一种很好的视角，这就是为什么笔者要从慧远的"真识心缘起"这样一个概念来总摄慧远的思想了。

笔者决定研究慧远的思想，最初主要是基于这样一种动机：慧远是与天台宗创立者智𫖮和三论宗开宗者吉藏齐名且较后两人更早取得成就的佛学家，被著名史学家陈寅恪先生称为南北朝时期佛学界最博学的佛学大师[1]，但对这样一位重要的佛教思想家，我国学术界却长期乏人问津（那时尚未见到廖明活先生的《净影慧远思想述要》[2]一书，刘元琪先生的博士学位论文《净影慧远〈大乘义章〉佛学思想研究》[3]也才刚刚写完），这与他的佛学成就及其在中国佛教史中的地位甚不相称，因此笔者觉得应当将他表彰出来。由是，笔者就开始阅读有关慧远的研究成果。

在阅读有关研究的过程中，笔者读到韩镜清先生民国期间撰写的《净影八识义述》一文，发现韩先生几乎全部否定了慧远的思想，甚至说"慧远最擅长的本领，即为误解经论之文句"[4]，斥之为伪佛教。这既令笔者吃惊，也令笔者疑惑：韩先生基于什么标准判定慧远的思想是伪佛教？他作出这种判决的依据成立吗？遍读研究慧远思想的著作，没有一篇对韩镜清先生的立论加以反省和回应。通过仔细研读慧远著

---

[1] 陈寅恪先生说："当六朝之季，综贯包罗数百年间南北朝诸家宗派学说异同之人，实为慧远。其所著《大乘义章》一书，乃六朝佛教之总汇。"（陈寅恪：《〈大乘义章〉书后》，《金明馆丛稿二编》，第181页）

[2] 廖明活：《净影慧远思想述要》，台北：学生书局1999年版。

[3] 刘元琪：《净影慧远〈大乘义章〉佛学思想研究》，北京大学博士学位论文，2000年。

[4] 韩镜清：《净影八识义述》，载张曼涛主编：《现代佛教学术丛刊》第26册，台北：大乘文化出版社1981年版，第354页。

作，笔者发现虽然韩先生对慧远的某些具体观点的批判颇有道理，但整体上说来是难以成立的。理由在于他是以玄奘传唯识学的心识理论为唯一正解来判决慧远的思想，凡与之不相合者就被他判为非佛教，如他批判了慧远的真识心的如实不空义后就这么说："不空如来藏照窥基说，乃是具足无漏熏习之种体，若以真如作如来藏，则非种体，亦不可说有无功德。"① 韩先生的说法，与欧阳竟无、吕澂、印顺法师以及日本的松本史朗、袴谷宪昭等人对如来藏学的批判一样，都陷入了宗派主义的窠臼之中，因此是有问题的。因为佛经明明昭告我们，判定一种理论是不是真佛教，根本的标准不是某个宗派或某个人的见解，而是佛陀开示的三法印或实相印②，凡与三法印或实相印相契合者，即使非佛陀所说也是佛学；反之，与三法印或实相印不相契者，即便是佛陀所说也不是佛学。笔者依照这一判准阅读慧远乃至整个如来藏系统的著作，发现它们表达思想的方法虽然独特，但所表达的思想与此判准完全相应，是地地道道的佛学思想，于是决定对相关批判给予力所能及的回应。

此外，笔者发现韩先生如此激烈地否定慧远的思想，根本原因在于他未能切实地理解慧远的思想系统。慧远论述佛学思想的方法是总

---

① 韩镜清：《净影八识义述》，载张曼涛主编：《现代佛教学术丛刊》第26册，第358页。
② 也许有人会说，大乘佛学以一法印（实相印）来辨别一种理论是否属于佛学，这不是与三法印不同的另一种判别标准吗？当然不是。实际上，大乘据以辨别某种理论是否属于佛学的一法印根本上就是三法印，只是两者说明问题的侧重点有所不同而已。这一点，龙树（约150—250）在回答有关疑问者的询问时曾给予了明确的回答："问曰：'摩诃衍中说诸法不生不灭，一相，所谓无相，此中云何说一切有为作法无常名为法印？二法云何不相违？'答曰：'观无常即是观空因缘，如观色念念无常即知为空，过去色灭坏、不可见，故无色相；未来色不生、无作、无用、不可见，故无色相；现在色亦不住、不可见、不可分别知，故无色相。无色相即是空，空即是无生无灭，无生无灭及生灭其实是一，说有广略。'"[龙树造，（后秦）鸠摩罗什译：《大智度论》卷二十二《释初品中八念义》，《大正藏》第25册，第222页中至下] 这告诉我们，实相印即三法印，只不过三法印所说广，实相印所说略罢了，不可因所说有广略，教相有差异，就认为其宗趣有差别。因此可以说，佛学的理论系统尽管千差万别，但它用以判别一种理论是否属于佛学的标准始终是一致的。

别圆融观,其特点是讨论任何具体思想和概念时都要从不同层次、不同角度加以论说,令人目不暇接。因此,尽管他最主要的著作《大乘义章》依众所周知的增一数法排列佛学概念,全书具有的教、理、行、果的系统也极为明朗,但其思想的宗趣和具体思想的要义有时却晦暗不明;同时,他使用某些重要概念时经常用不同的称谓,这也增加了人们理解其思想的难度。尽管如此,只要我们细心,还是能够发现,在这圆融灵活的方法和曲尽其致的解说包裹中,存在着一个以真识心为所依体开展出的比较谨严和一贯的系统——这就是慧远的真识心缘起思想系统。本书希望根据笔者对慧远的理解,将这个潜藏的系统彰显出来。

第一章　慧远的思想背景、行持与著述

慧远是我国南北朝至隋朝早期的一位高僧，后人将他与天台宗开山祖师智顗和三论宗创宗者吉藏合称为"隋代三师"，唐代的道宣律师（596—667）甚至称誉道："虽复与诸德英名一期，至于归学师寻、千里继接者，莫高于远矣。"①道宣的赞誉并非虚语，而慧远所以能成为一代佛学大师，是与他的生命能够在南北朝那个佛教盛行的时代得到开展密切相关的。知其人方可论其学，为了较为全面地理解慧远的思想，我们有必要首先对他的生命历程加以了解。

第一节　慧远的思想背景

慧远（523—592）生于北魏孝明帝正光四年（时当南朝梁武帝普通四年），卒于隋开皇十二年，一生经历了北魏、东魏、北齐、北周和隋五朝。与慧远佛教生涯相关的时代，有北朝的西魏和南朝的梁、陈两朝，为真切地理解慧远，有必要首先了解一下他那个时代的佛教状况。

自鸠摩罗什法师（343—413）东来长安大量译经、其门下弟子与庐山慧远（334—417）僧团倾力弘法之后（401—413），中国佛教就

---

① （唐）释道宣：《续高僧传》卷八《慧远传》，《大正藏》第50册，第491页中。

在信仰上征服了越来越多的中土众生①,在义学上亦已脱掉魏晋之际依附玄学"格义"的外套②,走上了独立发展的新境。经过近一个世纪的开展,中国佛教进入了举国崇信、宗义盛开的黄金时代。

一、寺僧麇集

限于本书论题,这里仅就慧远诞生前半个世纪左右的中国佛教兴盛景象略加论述,以见慧远的成就其实是因缘具足的结果。笔者之所以往前追溯"半个世纪左右",主要基于两个理由:其一,笔者以为一位思想家之成长除了其自身所处的时代必须适合其成长发育外,至少还需要此前两三代人为其准备相应的土壤;其二,具体到慧远,将其成长土壤上溯五十年左右,恰当北魏孝文帝之际,这一方面便于处理文献,另一方面孝文帝对佛教的护持直接关乎慧远的成长。

兹先据北齐魏收(505—572)《魏书》(554年成书)卷一百一十四《释老志》和北魏杨衒之(生卒年不祥)《洛阳伽蓝记》(547年成书)卷五的记载,列出慧远出生前47年至其出生后12年(477—534)北魏的寺僧数变化表③(见表1.1),然后再作简要说明。

表1.1　477—534年北魏寺僧数变化表

年份	区域	寺数(所)	僧尼数(人)	附注
477	平城	约100	2000余	486年遣1327人还俗
	四方	6478	77258	

---

① 参见汤用彤:《汉魏两晋南北朝佛教史》,《汤用彤全集》第一卷,第208—280页;许里和著,李四龙、裴勇等译:《佛教征服中国》,南京:江苏人民出版社1998年版。

② 汤用彤先生说:僧肇(384—414)之"《肇论》仍属玄学之系统。概括言之,《肇论》重要论理,如齐是非,一动静,或多由读《庄子》而有所了悟。惟僧肇特点,在能取庄生之说,独有会心,而纯粹运用之于本体论"(汤用彤:《汉魏两晋南北朝佛教史》,《汤用彤全集》第一卷,第253—254页)。这种论断有失偏颇,学界已有学者对此进行过辨正。(参见龚隽:《僧肇思想辨正——〈肇论〉与道、玄关系的再审查》,《中华佛学学报》第十四期,台北:中华佛学研究所,2001年)

③ 本表基于汤用彤先生的《汉魏两晋南北朝佛教史》第512—513页所制而稍有更动。(参见汤用彤:《汉魏两晋南北朝佛教史》,《汤用彤全集》第一卷,第388页)

续表

年份	区域	寺数（所）	僧尼数（人）	附注
512—515	天下	13727	徒侣益众	此时已迁都洛阳
518	洛阳	500	徒侣益众	
534	洛阳	1367		
	天下	30000 有余	2000000	

北魏经历了以平城（今陕西省大同市）为首都（398—494）和以洛阳（今河南省洛阳市）为首都（494—534）两个时期。北魏自文成帝拓跋濬（452—465 年在位）以来，尤其是孝文帝元宏（471—499 年在位）、宣武帝元恪（500—515 年在位）灵太后胡氏（于孝明帝朝执政十余年）笃信佛教，不但深喜佛理，为佛教发展发布诏令，而且大建寺宇、广为布施，成为佛教最大的护法①，这在"普天之下，莫非王土；率土之滨，莫非王臣"的专制社会，对一种宗教或学说的兴衰

---

① 如兴安元年（452）文成帝"令制诸州、郡、县，于众居之所，各听建佛图一区，任其财用，不制会限。其好乐道法，欲为沙门，不问长幼，出于良家，性行素笃，无诸嫌秽，乡里所明者，听其出家"[（北齐）魏收：《魏书·释老志》，北京：中华书局1997年缩印本，第775页下左]。太安元年（455）昙曜任沙门统，文成帝为其"于京城西武州塞，凿山石壁，开窟五所，镌建佛像各一"[（北齐）魏收：《魏书·释老志》，第776页上右]，此即著名的云冈石窟；又准昙曜奏立"僧祇户"和"佛图户"，"于是僧祇户、粟及寺户，遍及州郡也"[（北齐）魏收：《魏书·释老志》，第776页上右]。承明元年（476）八月，"高祖于永宁寺设太法供，度良家男女僧尼者百有余人，帝为剃发，施以僧服，令修道戒，资福于显祖"[（北齐）魏收：《魏书·释老志》，第776页下右]。太和二十年（496），孝文帝诏为佛陀禅师"于少室山立少林寺而居之，公给衣供"[（北齐）魏收：《魏书·释老志》，第776页下左]。宣武帝元恪（500—515 年在位）"笃好佛理"[（北齐）魏收：《魏书·释老志》，第777页上右]，永平元年（508）下诏保护僧人："缁素既殊，法律亦异……其僧犯杀人以上罪者，依俗格断，余犯悉付昭玄，以内律僧制判之。"[（北齐）魏收：《魏书·释老志》，第776页下左] 此外，宣武帝还喜做功德之业。景明元年（500），他诏令大长秋卿白整依北魏旧都平城灵岩寺的云冈石窟之制式，于洛阳南部伊阙山为孝文帝和文昭皇太后造两所石窟，此即著名的龙门石窟。[（北齐）魏收：《魏书·释老志》，第777页下右] 亲于洛阳立尼寺瑶光寺、景明寺和永明寺三所寺庙 [（北魏）杨衒之：《洛阳伽蓝记》卷一、三、四，范祥雍校注本，上海：上海古籍出版社1958年版，第46、132、235页]。灵太后临朝十多年间，亦大做佛事功德。熙平元年（516），她发心仿旧都平城永宁寺在洛阳建造永宁寺。始建之际，"亲率百僚表基立刹"[（北齐）魏收：《魏书·释老志》，第777页下右]。寺院竣工后，太后与孝明帝同往登览。[（北齐）杨衒之：《洛阳伽蓝记》卷一，范祥雍校注本，第5页] 太后为母追福，又在洛阳建秦太上君寺。[（北魏）杨衒之：《洛阳伽蓝记》卷一，范祥雍校注本，第94页] 详细研究参见汤用彤：《汉魏两晋南北朝佛教史》，《汤用彤全集》第一卷，第378—385页。

是至关重要的。在历代帝王的扶助下,北魏寺僧激速增长:就都城范围论寺院总数,477年平城共有寺院100所左右,518年洛阳寺院总数已达500所,增加了5倍,534年则升至1367所,10多年间增加了1倍多,更是平城寺数的13倍;论僧尼总数,477年平城僧尼数为2000多人,518、534年洛阳僧尼无具体数字,但可以肯定的是"徒侣益众"。从全境论寺院总数,477年为6478所,512至515年为13727所,近40年间增加了一倍多,534年激增至30000多所,20年间增加了差不多2倍;论僧尼总数,477年为77258人,534年则飙升至2000000人,近60年间猛增1922420人。据葛剑雄先生说,6世纪20年代北魏的总人口为3000余万①,可以想象北魏僧尼占总人口的比例之高是非常惊人的。难怪任城王澄(467—519)在神龟元年(518)的奏疏不满地说:"自迁都以来,年逾二纪,寺夺民居,三分且一。"②

由于当时寺院经济非常发达,出家可获优厚待遇,常常有假称出家以避劳役、逃赋税、求世利者,因此当时北魏诸帝亦不时下诏整饬僧伽,太和十年(486)冬,有司即依孝文帝谕旨遣诸州僧尼1327人还俗③。宣武帝和灵太后亦相继加以整肃,永平二年(509)沙门统惠深奏请严束僧尼、限制造寺,宣武帝从之④;神龟元年(518)任城王澄奏请对僧伽"加以严科,特设重禁,纠其来违,惩其往失",灵太后准奏,然"未几,天下丧乱,加以河阴之酷,朝寺死者,其家多舍居宅

---

① 葛剑雄主编,葛剑雄著:《中国人口史》第一卷,上海:复旦大学出版社2002年版,第475页。
② (北齐)魏收:《魏书·释老志》,第778页上右。
③ (北齐)魏收:《魏书·释老志》,第776页下右。此前,孝文帝于延兴二年(472)四月即诏令沙门不得在民间浪游:"比丘不在寺舍,游涉村落,交通奸滑,经历年岁。令民间五五相保,不得容止。无籍之僧,精加隐括,有者送付州镇,其在畿郡,送付本曹。若为三宝巡民教化者,在外赍州镇维那文移,在台者赍都维那等印牒,然后听行。违者加罪。"[(北齐)魏收:《魏书·释老志》第776页上左]此后,太和十六年(492)又"召立僧制四十七条"[(北齐)魏收:《魏书·释老志》,第776页上左]。
④ 详见(北齐)魏收:《魏书·释老志》,第776页下左至777页上右。

以施僧尼，京邑第舍略为寺矣。前日禁令不复行焉"①。北魏诸帝虽屡屡管制僧伽，但"朝廷限制出家乃惧其冒滥"，"提倡大法之政策，则历朝不变"②，宜乎孝文帝以来寺僧恒有增加。

天平元年（534），北魏将领高欢（496—547）胁迫孝武帝元修（522—534年在位）西逃关中，另立元善见为帝，并迁都邺城（今河北省临漳西南），北魏遂分为东魏和西魏。西魏大统元年（535）建国，建德元年（572）为宇文觉所代，是为北周。东魏经孝静帝元善见一朝，天保元年（550）为高洋所代，史称北齐；北齐历七代共22年，557年为北周所灭。据法琳（571—639）《辩正论》记载，北齐文宣帝高洋（550—559年在位）晚年虽然残暴荒淫，但他早期是虔诚的佛教徒，天保初请僧稠禅师（482—560）授菩萨戒，又以昭玄大统法上（495—580）为戒师，"常布发于地，令师践之"，还"废鹰师曹为报德寺，所度僧尼八千余人"，"大起寺塔，度僧尼满于诸州"。③另一方面，他于天保六载（555）下《废李老道法诏》，谓：

> 法门不二，真宗在一；求之正路，寂泊为本。祭酒道者，世中假妄；俗人未悟，仍有祇崇……胸脯斯甘，慈悲永隔；上异仁祠，下乖祭典。皆宜禁绝，不复遵事。④

---

① （北齐）魏收：《魏书·释老志》，第778页上左、下右。
② 汤用彤：《汉魏两晋南北朝佛教史》，《汤用彤全集》第一卷，第389页。对此问题的详细研究，参见该书第390—395页。
③ （唐）释法琳：《辩正论》卷三，《大正藏》第52册，第507页下。又见（唐）释道宣：《续高僧传》卷十六《僧稠传》，《大正藏》第50册，第554页上至中；（唐）释道宣：《续高僧传》卷八《法上传》，《大正藏》第50册，第485页中；（唐）释道宣纂集：《广弘明集》卷四《废李老道法诏》，《大正藏》第52册，第113页中。
④ （唐）释道宣纂集：《广弘明集》卷四，第117页上至中。从《诏》的内容看，文宣帝所废当是道法中的"祭酒道"，而非全部道法。

因此，文宣帝在位"十年之中，佛法大盛"①。道宣说，北齐昭玄统法上"所部僧尼二百余万"，"四万余寺咸禀其风"。②考虑到北齐国土比北魏小得多，的确可以说是"佛法大盛"了。

同时，在慧远时代，与北朝毗邻的南朝梁（502—557）、陈（557—589）两朝的佛教，在历代皇帝的推动下也长盛不衰。③梁朝秉政最久的梁武帝萧衍（502—549年在位）是历史上最为虔诚的皇帝佛教徒之一，他原来崇奉道教，但"初登大宝，即备斯事，日唯一食，永绝辛膻"，天监三年（504）四月八日（佛诞节）并特下诏舍事李老道法，谓：

> 弟子经迟迷荒，耽事老子，历叶相承，染此邪法。习因善发，弃迷知返，今舍旧医，归凭正觉。愿使未来世中，童男出家，广弘经教，化度含识，同共成佛。宁在正法之中长沦恶道，不乐依老子道暂得升天。④

据称，"于时帝与道俗二万人，于重云殿重阁上手书此文，发菩提心"⑤。后武帝不计九五之尊，四次舍身佛寺"为奴"⑥。敕造大爱敬寺、智度

---

① （唐）释法琳：《辩正论》卷三，《大正藏》第52册，第507页下。
② （唐）释道宣：《续高僧传》卷八《法上传》，第165页下；又《广弘明集》卷六《历代王臣滞惑解》第133页中载（北齐）刘昼上书亦言："今僧尼二百许万，并俗女，向有四百余万。"
③ 这里从梁朝开始叙述慧远时代的南朝佛教，因为相对于北朝佛教而言，南朝佛教是他成长的助缘。
④ （唐）释道宣纂集：《广弘明集》卷四《梁武帝舍事道法诏》，《大正藏》第52册，第112页上；又（唐）道宣纂集：《集古今佛道论衡》卷甲。"经迟迷荒"和"愿使未来世中"两语，《集古今佛道论衡》分别作"经值迷荒"和"愿使未来生世"（《大正藏》第52册，第370页上）。
⑤ （唐）释道宣纂集：《广弘明集》卷四《梁武帝舍事道法诏》，《大正藏》第52册，第112页上。
⑥ 《梁书·武帝纪》只记三次，汤用彤先生据《南史》卷七《梁本纪》中证梁武舍身为四次（汤用彤：《汉魏两晋南北朝佛教史》，《汤用彤全集》第一卷，第359页），任继愈先生又补《建康实录》记载为证（详见任继愈主编：《中国佛教史》第3卷，北京：中国社会科学出版社1988年版，第17页注①），兹从之。

寺、新林寺、法王寺、仙窟寺、萧帝寺、解脱寺、同行寺、劝善寺、开善寺、同泰寺①，并敕名僧僧祐（445—518）续成剡溪弥勒佛大石像②。又制《断杀绝宗庙牺牲诏》《断酒肉文》《净业赋》光扬佛化之业③，"令其王侯子弟皆受佛诫，有事佛精苦者，辄加以菩萨之号"④。梁武帝自己亦不愧是"皇帝菩萨"⑤，"盖其弘法，似阿输迦，而且或以之自比也"⑥。在他的尽力倡导下，有梁一代共有寺 2846 所、僧尼 84270 余人。⑦依梁朝 1800 万至 2100 万总人口计算⑧，僧尼约占总人口的千分之四，也颇为可观。

梁末侯景（？—552）等人叛乱，生灵涂炭，佛教亦无能幸免，《舆地图》云："都下旧有七百余寺，属侯景作乱，焚烧荡尽。"⑨逮于陈代（557—589）⑩，诸帝屡经修建，至陈末有寺 1232 所、僧尼 32000 人，始稍有起色⑪。

---

① 刘世珩：《南朝佛寺考》卷五，台北：新文丰出版公司 1987 年版。
② 详见（梁）释慧皎：《高僧传》卷十三《僧护传》，第 90 页中至 91 页下。
③ 《断杀绝宗庙牺牲诏》《断酒肉文》载《广弘明集》卷二十六，《净业赋》载同书卷二十九。
④ （北齐）魏收：《魏书》卷九十八《萧衍传》，《二十四史》第 6 册，第 562 页下右。
⑤ 史称"其臣下奏表上书亦称衍为皇帝菩萨"[（北齐）魏收：《魏书》卷九十八《萧衍传》，第 562 页下右]。
⑥ 汤用彤：《汉魏两晋南北朝佛教史》，《汤用彤全集》第一卷，第 360 页。关于梁武帝崇佛的研究，进一步可参见此书第 474—480 页；任继愈主编：《中国佛教史》第 3 卷，第 14—38 页。
⑦ 参见（唐）释法琳：《辩正论》卷三，《大正藏》第 52 册，第 503 页中。
⑧ 参见葛剑雄：《中国人口史》第一卷，第 468 页。
⑨ （唐）释法琳：《辩正论》卷三引，《大正藏》第 52 册，第 503 页下。
⑩ 陈朝诸帝亦颇信佛，如武帝陈霸先（557—559 年在位）永定二年（558）五月舍身大庄严寺，此年方还宫[（唐）姚思廉：《陈书》卷二《高祖本纪》下，北京：中华书局 1997 年版，第 14 页上右；（唐）李延寿：《南史》卷九《陈本纪》上，中华书局 1997 年版，第 85 页上右]；永定三年（559）又在大庄严寺设四部无遮大会，施舍乘舆法物[（唐）李延寿：《南史》卷九《陈本纪》上，第 85 页上左；高宗陈蒨（560—566 年在位）大造佛像，度僧尼万人[（唐）释法琳：《辩正论》卷三，《大正藏》第 52 册，第 503 页下）。后主陈叔宝（583—589 年在位）登基之年（582），即于太极两设无碍大会，"舍身及乘舆御服，大赦天下"[（唐）姚思廉：《陈书》卷六《后主纪》，第 31 页上左、下左；（唐）李延寿：《南史》卷十《陈本纪》下，第 92 页上左]。
⑪ （唐）释法琳：《辩正论》卷三，《大正藏》第 52 册，第 503 页下。关于南北朝寺院区域分布的详细研究，参见张弓：《汉唐佛寺文化史》（上册），北京：中国社会科学出版社 1997 年版，第 40—91 页。

庄严的寺院、麇集的僧众、虔信的缁素、频繁的法会,固可体现一时代佛教之兴旺,但如果仅止于此,则此种兴旺只能说是世间善业和福德,它可以改善人的道德品质,也可以增进人际以及人与自然之间的和谐,但不能引人得到解脱。必须同时导以佛学第一义谛的研求,施以解行相应的正道,此种善业福德方可成为助人解脱的增上缘,而佛教方可说得上真正的兴盛。

笔者说慧远时代的中国佛教很兴盛,恰恰因为此时的佛教主流并不停留于追亡荐福、周穷济乏等福德事业的层面,同时非常重视佛经的翻译、经义的讲疏和禅观的修习。①

二、传译隆盛

佛经传译方面,慧远出生之前,已有一部分在南北朝佛教义学以及慧远的佛学思想中发挥重要影响的佛典被迻译过来。经有阿含部的《中阿含经》(僧伽提婆,397)、《增一阿含经》(僧伽提婆,397)、《长阿含经》(佛陀耶舍,413)、《杂阿含经》(求那跋陀罗,435—468)、《央崛魔罗经》(求那跋陀罗,435—468);般若部的《般若道行品经》(支娄迦谶,178—189)、《小品般若经》(鸠摩罗什,408,为前本异译)、《光赞般若经》(竺法护,286)、《放光般若经》(竺叔兰共无叉罗,291—299)、《摩诃般若波罗蜜经》(鸠摩罗什,403—404,为前两本异译)、《金刚般若波罗蜜经》(鸠摩罗什,402);法华部的《正法华经》(竺法护,286)、《妙法莲华经》(鸠摩罗什,406,为前本异译)、《大法鼓经》(求那跋陀罗,435—468);华严部的《大方广佛华严经》(佛陀跋陀罗,418—421);涅槃部的《大般泥洹经》(法显,417)、《大般涅槃经》(昙无谶,414—421)、《胜鬘狮子吼一

---

① 由于论题所限,本书只拟叙述前两项。关于南北朝禅法的流行,可参汤用彤:《汉魏两晋南北朝佛教史》,《汤用彤全集》第一卷,第313—389页。

乘大方便方广经》(求那跋陀罗, 436);经集部的《维摩诘经》(支谦, 222—253)、《维摩诘所说经》(鸠摩罗什, 406, 为前本异译)、《金光明经》(昙无谶, 414—426)、《大方广如来藏经》(佛陀跋陀罗, 420)、《楞伽阿跋多罗宝经》(求那跋陀罗, 463);宝积部的《无量寿经》(康僧铠, 252)、《阿弥陀经》(鸠摩罗什, 402)、《观无量寿经》(畺良耶舍, 424—442)。律有《四分律》(佛陀耶舍, 408—413)、《十诵律》(鸠摩罗什, 404)、《摩诃僧祇律》(佛陀跋陀罗, 416)、《优婆塞戒经》(426)、《菩萨戒本》(414—426, 此前为昙无谶译)、《五分律》(佛陀什、竺道生, 423—424)。论有说一切有部的《阿毗昙八犍度论》(383)、《阿毗昙心论》(391, 此前为僧伽提婆译)、《鞞婆沙论》(僧伽跋澄, 383)、《杂阿毗昙心论》(僧伽跋摩, 433—442)、《阿毗昙毗婆沙论》(浮陀跋摩共道泰, 437—439);经部的《成实论》(鸠摩罗什, 411—412);中观学的《大智度论》(402—405)、《百论》(404)、《十二门论》(408)、《中论》(409)、《十住毗婆沙论》(402—413, 此前为鸠摩罗什译);唯识学的《菩萨地持经》(昙无谶, 414—426, 相当于《瑜伽师地论》的菩萨地部分)。①

但是,慧远时代的佛教学僧竞相研究的另一些佛典如《十地经论》等,要到6世纪才能陆续译介出来。南北朝时期,佛教译业不减前朝,据《开元释教录》记载,自东晋建武元年(317)至元熙二年(420)的103年间,东晋、前梁和三秦五国共有译经家29人,译出佛典337部1405卷;自刘宋永初元年(420)至祯明三年(589)的169年间,八个朝代共有译经家67人,译出佛典750部1750卷。② 隋

---

① 这里的译者与翻译时间依任继愈主编《中国佛教史》(三卷本)后所附各朝《译经目录》录出。

② 参见(唐)释智升:《开元释教录》卷五、六、七,《大正藏》第55册,第523—552页。然各主要《经录》所载数字并不相同,费长房《历代三宝纪》卷九、十、十一相加总数为525部2467卷,道宣《大唐内典录》卷四、五相加总数为524部2328卷,后来的《贞元新定释教目录》卷七、八、九相加总数为669部1455卷。

文帝开国至开皇十七年前（581—597），隋朝又译出新经及旧本合75部462卷。①

在慧远时代的译籍中，北魏的菩提流支和梁陈之际的真谛两位三藏的译籍特别重要，他们大量译出唯识学和如来藏学的典籍，为中国佛学打开了新的视野，激发了义学僧人们巨大的研习热情，当时的地论学、俱舍学和摄论学就是在其译籍的基础上形成的。当时的重要译籍，经有般若部的《文殊师利所说摩诃般若波罗蜜经》（曼陀罗仙，503），经集部的《无上依经》（真谛，557）、《正法念处经》（瞿昙般若流支，539）、《深密解脱经》（514）、《入楞伽经》（513）、《不增不减经》（此前为菩提流支译），论有瑜伽部的《解脱道论》（僧伽婆罗，515）、《摄大乘论》（佛陀扇多，531）、《决定藏论》、《大乘起信论》②（真谛，553）、《摄大乘论》（563，为佛陀扇多本的异译）、《〈摄大乘论〉释》（563）、《佛性论》、《中边分别论》、《显识论》、《如实论》、《转识论》、《唯识论》、《三无性论》、《无相思尘论》、《阿毗达磨俱舍释论》（563）、《立世阿毗昙论》、《四谛论》、《随相论》、《解卷论》（此前为真谛译）、《究竟一乘宝性论》（勒那摩提）、《顺中论》（瞿昙般若流支，516—543），释经论部的《〈十地经〉论》（菩提流支，508—512）、《〈涅槃经〉本有今无偈论》（550）、《〈涅槃经〉论》（达磨菩提）、《阿毗昙心论经》（那连提黎耶舍，556—558）。这些佛典都直接塑造了慧远的思想系统。

三、讲疏繁富

陈寅恪先生（1890—1969）论及南北朝佛教时曾说："其时神州

---

① （隋）费长房：《历代三宝纪》卷十二，《大正藏》第49册，第102页上。
② 《大乘起信论》在《法经录》卷五中已被归入"众论疑惑部"（《大正藏》第55册，第142页上），近代以来有人疑为中土著作。关于此问题，本书不及深究，可参张曼涛主编《现代佛教学术丛刊》第35册《大乘起信论与楞严经考辨》（台北：一书有关内容）。

政治，虽为纷争之局，而思想自由，才智之士亦众。佛教输入，各方面皆备，不同后来之拘守一家一宗之说者。"① 对佛教而言，的确如此。当时，从北朝到南朝，从出家众到在家众，从王官到士庶，举凡信佛者，大多热衷于佛学经义的论究。在北朝，孝文帝"善谈老庄，尤精释义"②，并诏令僧众安居讲学佛法；宣武帝亦"笃好佛理，每年常于禁中亲讲经论，广集名僧，标明义旨，沙门条录为《内起居》焉"③。元魏一朝举国弘讲之盛，竟至于禅宗初祖菩提达摩（约 470—530 年间生活于北魏）和二祖惠可（约生活于 490—580 年间）推行其禅法皆屡遇遭违缘。④ 北朝的这种"合国盛弘讲授"的风气，起码到北齐文宣帝时代（550—559）也未稍减其势。⑤

南朝犹有甚焉。而其中提倡义学最力者，莫过于南齐时执政的竟陵王萧子良（460—494）和梁朝的梁武帝。萧子良常召大德高士讲授佛法⑥，自著《〈遗教经〉注》《〈维摩〉义略》《杂义记》等佛学著作，

---

① 陈寅恪：《〈大乘义章〉书后》，《金明馆丛稿二编》，第 181 页。
② （北齐）魏收：《魏书》卷七下《高祖纪》下，第 60 页上右。
③ （北齐）魏收：《魏书》卷一百一十四《释老志》，第 777 页上栏左。《魏书》卷八《世宗纪》（第 65 页下栏右）载："己丑，帝于式乾殿为诸僧、朝臣讲《维摩诘经》。"第 67 页上栏右亦说宣武帝"雅爱经史，尤长释氏之义，每至讲论，连夜忘疲"。
④ 菩提达摩"初达宋境南越，末又北度至魏，随其所止，诲以禅教。于时合国盛弘讲授，乍闻定法，多生讥谤"[（唐）释道宣：《续高僧传》卷十六《菩提达摩传》，《大正藏》第 50 册，第 551 页中至下]。惠可"后以天平之初，北就新邺，盛开秘苑，滞文之徒，是非纷举。时有道恒禅师……承可说法情事无寄，谓是魔语，乃遣众中通明者来殄可门……恒……深恨谤恼于可，货赇俗府，非理屠害，初无一恨，几其至死"（《大正藏》第 50 册，第 552 页上）。笔者认为这种敌视还有其他原因，不能仅仅归结于佛法喜好的差异，但足以说明当时确实盛行教理的讲说。另，菩提达摩与惠可师弟的年代，参见释印顺《中国禅宗史》（南昌：江西人民出版社 1990 年版）第一章有关内容。
⑤ 《续高僧传》卷十六《僧稠传》载："帝曰：'佛法大宗，静虑为本，诸法师等徒传法化，犹接嚣烦，未曰阐扬，可并除废。'稠谏曰：'诸法师并绍继四依、弘通三藏，使乎群有识邪正、达幽微，若非此人，将何开导？皆业之初宗，趣理之弘教，归信之渐，发蒙斯人。'帝大喜辱。因曰：'今以国储分为三分，谓供国、自用及以三宝。'"[（唐）释道宣：《续高僧传》卷五，《大正藏》第 50 册，第 554 页中] 观此，那种以为北朝重禅虚轻慧学的说法是过于笼统了。
⑥ 《广弘明集》卷十九载沈约《齐竟陵王发讲疏》云："竟陵王殿下……思欲敷震微言，昭感未悟，乃于永明元年（483）二月八日置讲席于上邸，集名僧于帝畿，皆深辨真俗、洞测名相、

抄写《维摩》《法华》《华严》等经，僧祐称誉他"苞括儒训，洞镜释典，空有双该，内外咸照"①。梁武帝曾寓竟陵王幕府，早预佛教讲肆，代齐称帝后，广制经疏，频繁弘讲。据《梁书》卷三《武帝纪》下载，武帝"笃信正法，尤长释典，制《涅槃》《大品》《三慧》诸经义记复数百卷。听览余闲，即于重云殿及同泰寺讲说，名僧硕学、四部听众，常万余人"②。

这一时期的佛学讲论中心，北朝有洛阳（今河南省洛阳市）、邺城（在今河北省临漳县）、长安（今陕西省西安市）、益州（今四川省成都市），南朝有建康（今江苏省南京市）、彭城（今江苏省徐州市）、扬都（今江苏省扬州市）、江陵（今湖北省江陵市）和广州（今广东省广州市）。在这些中心，佛教学僧们以研习和弘传《华严》、《涅槃》、《大品》（《摩诃般若波罗蜜经》）、《楞伽》、《胜鬘》、《维摩》、《法华》、《阿弥陀》、《无量寿》、《观经》、《摄论》（《摄大乘论》）、《成实》（《成实论》）、《毗昙》③、《三论》（《中论》《百论》《十二门论》，有时加上《大智度论》合称四论）、《俱舍》（《阿毗达磨俱舍论》）等经论为时尚，继续光扬已有的华严、三论、涅槃、法华、净土、毗昙、

（接上页）分微廓滞、临疑若晓。同集于邸内之法云精庐，演玄音于六宵，启法门于千载。"（《大正藏》第52册，第232页中）《续高僧传》卷五《智藏传》云："太宰文宣王建立正典，绍隆释教。将讲《净名》，选穷上首，乃招集精解二十余僧，探授符策。"（《大正藏》第50册，第465页下）《续高僧传》卷五《法申传》亦云："齐竟陵王萧子良永明之中，请二十法师弘宣讲授。"（《大正藏》第50册，第460页上）

① 详见（梁）释僧祐纂集，苏晋仁、萧炼子点校：《出三藏记集》卷六，北京：中华书局1995年版，第448页。竟陵文宣王著书目录亦见同卷所载。

② 《二十四史》第6册，第30页上左。此指《制旨〈大涅槃经〉讲疏》一百卷、《〈大品〉注解》五十卷和《〈三慧经〉讲疏》。此外，梁武帝还有《〈净名经〉义记》（《梁书》卷三《武帝纪》下）、《制旨〈大集经〉讲疏》十六卷（《广弘明集》）和《发〈般若经〉题论义并问答》十二卷（《广弘明集》）等佛学著作。

③ 据吉藏说，《毗昙》是当时学僧对毗昙学论典的总称，主要指如下论书：《舍利弗阿毗昙》《阿毗达磨八犍度论》《阿毗达磨婆沙论》《阿毗昙心论》《杂阿毗昙心论》《众事分阿毗昙》《阿毗昙甘露生味论》。[参见（隋）释吉藏：《〈三论〉玄义》卷上，韩廷杰校释本，中华书局1987年版，第41页]

成实诸学，新开出了地论、摄论、俱舍等多家师说，呈现出诸家殊唱、章疏竞妍的繁盛局面。①

中国那时这样一个佛化的世界，为慧远成为"综贯包罗数百年间南北两朝诸家宗派学说异同之人"②准备了充分的思想土壤。

第二节　慧远的行持

慧远一生的行持，现存最早文字记载当属道宣《续高僧传》卷八《隋京师净影寺释慧远传》③。此后，赵宋志磐（生卒年不详）《佛祖统纪》卷三十八和元念常（1282—？）《佛祖历代通载》卷十亦略述其事，但其所本皆为道宣所撰慧远本传，且有些记载反不如该传准确，因此后人研究慧远生平时皆以该传为主要依据，而以其他相关文献为参考。

关于慧远的行持，今人蓝吉富、廖明活、任继愈、杜斗城、胜又俊教、横超慧日、鎌田茂雄等先生曾先后进行过详略不同的研究④，可

---

① 应当看到，当时这种讲论有时变成了以邪见为真解的口舌之辩，如道宣就非议说："今当座讲客写送文义，其隙复广……受学《毗昙》，行恶戒者，奉为聪慧；听习《楞伽》，乐欲噉者，用为通极。夸罩蒙俗，陵轹往贤；眄视天汉，率轻禁网。谓邪慧为真解，以乱识为圆智。不深悛悟，枉丧虚龄。"〔（唐）释道宣：《续高僧传》卷十四义解篇之"论"，《大正藏》第50册，第549页中〕佛家在外亦与道教不断争执，竟成为北周武帝灭佛的原因之一。北周武帝毁佛固有很多原因（详见后文），深厌二教之争也是原因之一，他下的《诏书》中就说："至道宏深，混成无际，体包空有，理极幽玄。但歧路既分，派源愈远；淳离朴散，形气斯乖。遂使三墨八儒，朱紫交竞，九流七略，异说相腾。道隐小成，其来久矣，不有会归，争驱曷定？"〔（唐）释道宣纂集：《广弘明集》卷十《周祖废二教已更立通道观诏》，《大正藏》第52册，第153页上〕

② 陈寅恪：《〈大乘义章〉书后》，《金明馆丛稿二编》，第181页。

③ （唐）释道宣：《续高僧传》卷二十六，《大正藏》第50册，第489页下至492页中。

④ 蓝吉富：《隋代佛教史述论》，台北：商务印书馆1974年版，第199—203页；廖明活：《净影慧远思想述要》，第1—18页；杜斗城：《释慧远》，《敦煌学辑刊》创刊号（总第4期），兰州：兰州大学，1983年，第144—149页；任继愈主编：《中国佛教史》第3卷，第455页；〔日〕胜又俊教：《佛教における心识说の研究》，东京：山喜房佛书林1961年版，第665—668页；〔日〕鎌田茂雄：《中国佛教思想史研究》，东京：春秋社1968年版，第298—308页；〔日〕横超慧日：《中国佛教の研究》第3册，京都：法藏馆1979年版，第146—154页；〔日〕佐藤哲英：《净影寺慧远とその无我义》，《佛教学研究》1977年第32—33号，第94—110页。

参看。笔者的论述亦以道宣所记为本,而将慧远的行持纳入生平、戒行和学业三门,一以便于讨论问题,一以更加醒人眼目。

一、慧远的生平

慧远,一称惠远,俗姓李①,祖籍敦煌(今甘肃省敦煌市),北魏孝明帝正光四年(523)生于建州高都郡(今山西省高平市)②。慧远幼年丧父,由叔父带养,深受其仁孝之教的陶养,但他年方三岁就"心乐出家,每见沙门,爱重崇敬"③(以下讨论慧远的生平、行持与著述时,凡引自该传的文献,不再出注)。

年届七岁,慧远入学,"功逾常百,神志峻爽,见称明智",但向佛之心不改。东魏孝静帝天平二年(535),由于因缘具足,时年十三岁的慧远便辞别叔父,投泽州(今山西省高平市)东山古贤谷寺的僧思禅师(生卒年不详)出家为僧了④。慧远在僧思禅师处受学三年,并在此期间游历名山林虑山(位于今河南省林县境内),意在访"诸禅府"。僧思禅师见慧远三学俱进,堪成大器,便于他十六岁时(538)命他随阇梨湛律师(生卒年不详)到东魏都城邺城去进一步陶炼心行。

当时,北魏刚分裂为东魏和西魏(534),邺城是东魏的都城,译经家菩提流支、佛陀扇多、月婆首那、毗目智仙(此数人生卒年皆不

---

① 念常在叙述北周武帝灭法时却说:"于时有沙门惠远者,姓王氏。"[(元)释念常:《佛组历代通载》卷十,《大正藏》第49册,第557页上]此显属误记。
② 道宣说慧远"后居上党之高都"[(唐)释道宣:《续高僧传》卷八《慧远传》,《大正藏》第50册,第489页下],如果此处记载准确,则可以肯定慧远祖辈已于北魏道武帝之际(386—404)迁居上党郡,因为此后从上党郡分置上党与建兴两郡,高都属于建兴郡。而永安以后(528—530),高都则属于下领高都、长平、安平、泰宁四郡的建州郡(罢建兴郡而置),治所在高都城(今山西省高平市)。[参见(北齐)魏收:《魏书》卷一百〇六《地形志》上,《二十四史》第6册,第636页下]
③ (唐)释道宣:《续高僧传》卷八《慧远传》,《大正藏》第50册,第489页下至490页上。
④ 据李吉甫说:"后魏置建兴郡,孝庄帝改置建州,周改建州为泽州","治高平"。[(唐)李吉甫:《元和郡县图志》卷十五《河东道》四,北京:中华书局1983年版,第422—423页]

详）等悉于此际前往邺城译经①，少林寺首任寺主佛陀禅师（生卒年不详）之高足、律学和地论学元匠慧光律师（亦称惠光，468—537）及其诸大弟子为代表的地论师亦先后住持邺都弘法。邺城实际上已成为北朝新的佛教中心，道宣说：

> 逮于北邺，最称光大。移都兹始，基构极繁，而兼创道场，殄绝魔网。故使英俊林蒸，业正云会，每法筵一建，听侣千余。②

慧远在邺城频赴讲会，大小二乘经论无不博涉。自由参学四年之后，慧远年届二十（542），按僧制当受具足戒，成为一名具戒比丘。慧远于是如仪受戒，受戒时，东魏僧统法上（495—580）为戒和尚，国都惠顺（生卒年不详）为教授师，惠光另外十大弟子为证明师，场面之隆重世所罕见，"时以为声荣之极者"。

受戒后，慧远为使戒行更臻圆满，旋即专就大隐律师讨求《四分律》。此大隐即昙隐（生卒年不详），是慧光的大弟子，也是慧远的证戒师之一，他精解律藏、持律无亏，道宣有"通律持律，时唯一人"之誉。从东魏武定二年至七年（542—546），慧远都在昙隐门下"流离请诲"③，学行大进。此时，慧光弟子道凭（488—559）之高足、后来"立教施行取信千载"的灵裕法师（518—605）亦于昙隐门下学《四分律》④，慧远与其同门，必定受益不少。

接着，慧远又专门向戒和尚法上学习教理。法上，俗姓刘，朝歌

---

① 参见（唐）释智升：《开元释教录》卷六，《大正藏》第55册，第541页下至543页中；又见（唐）释道宣：《续高僧传》卷一《菩提流支传》，《大正藏》第50册，428页上至429页下。

② （唐）释道宣：《续高僧传》卷十五，《大正藏》第50册，第548页下。

③ 依律，比丘受具足戒后得五年专学戒律。[参见（唐）释道宣：《四分律删繁补阙行事钞》卷下之四《诸杂要行篇》，《大正藏》第40册，第147页中]

④ 灵裕是当时最博学的僧人之一，其著作若不散失，足堪与"隋代三师"比肩。[参见（唐）释道宣：《续高僧传》卷九《灵裕传》，《大正藏》第50册，第495页中至498页上]

人（今河南省淇县人），十二岁从道药禅师（生卒年不详）出家，后从慧光受具，在北魏、北齐二代地位极高，"历为统师"，"所部僧尼二百余万"，"四万余寺咸禀其风"，慧远在他门下受学七年（546—552），"回洞至理，爽拔微奥"，已然成就了慧业。

慧远虽然学业有成，声誉日高，但"仪止冲和"，"戒乘不缓"，故深受僧众恭敬。法上心仪其才，颇加扶掖，特许尚在其门下求学的慧远开筵讲经，慧远"自是长在讲肆，伏听千余"，以至"负笈之徒相谊亘道"。稍后，为报恩桑梓，他引领从学弟子回到故乡高都清化寺①，开始了独立开门授徒的弘法生涯。期间，不少人在他门下得度。

然时隔未久，中国佛教遭遇了第二次惨烈的法难——北周武帝宇文邕（561—578年在位）的"周武灭佛"。与此同时，慧远亦迎来展现其圆满戒行的最光辉一页。北周为宇文觉于西魏恭帝三年（557）代西魏（535—557）而立，建都长安。北周武帝早期亦崇佛，曾造丈六释迦像一躯、寺三所，度僧尼18000人，写经论1700余部，全国有寺931所。②后一改初衷，于建德三年（574）诏毁北周境内佛道二教③；

---

① 慧远何时前往高都弘法？在高都弘法历时多久？佐藤哲英先生认为，慧远从三十二岁至五十五岁期间（即离开法上至北周武帝灭法前）都在青化寺，并称之为慧远的"清化寺时代"，但除道宣所记之外未提供任何依据（参见〔日〕佐藤哲英：《净影寺慧远とその无我义》，《佛教学研究》第32—33号）。笔者以为此说证据不足，因为道宣的"慧远专师上统，绵贸七年……乃携诸学侣返就高都之清化寺"一段话很难如此理解。此"乃"字用于表示未来时间的副词时，有"于是"和"然后"两义，但不论哪一义都很难理解为"马上"或"立刻"之义，故最多只能说慧远三十二岁之后到清化寺，不能说他三十二岁时到清化寺。说慧远自此开始了清化寺时代恐怕更难成立，有一事实我们不能忽视：北周建国至北周毁佛之际，慧远常常与后来为开皇长安六大德之一的洪遵（530—608）研讨佛法，而此时洪遵多在邺京、青州（今山东省淄博市）和齐州（今山东省济南市）。《续高僧传》卷二十一《洪遵传》云："齐主既敕教门，言承付嘱五众有坠宪纲者，皆据内律治之。以遵学声早举，策授为断事沙门。时青、齐诸众连诤经久，乃彻天听。无由息讼，乃下敕令往……齐将季，擅名逾远……名儒大德见辄慕从，常与慧远等名僧通宵造尽。"[（唐）释道宣：《续高僧传》卷二十一《洪遵传》，《大正藏》第50册，第611页中] 据此，如果说慧远此时期（552—577）主要在泽州（清化寺）至邺都之间活动当更加切合实际。

② 详见（唐）释法琳：《辩正论》卷三，《大正藏》第52册，第508页上至中。

③ 道宣："沙门道士并令还俗，三宝福财散给臣下，寺观塔庙赐给王公。"[（唐）释道宣纂集：《广弘明集》卷八《周灭佛法集道俗议事》，《大正藏》第52册，第136页中]

建德六年（577）北周武帝灭齐，又欲摧灭齐国佛道二教①。武帝这样的人，佛经称之为"魔波旬"②，而慧远面对"魔波旬"却敢于当廷抗礼，以身护法（详见下文）。慧远知帝意不能回，即辞别法上等师友，潜于汲郡西山（今河南省汲县境内）三年（577—580），持诵、禅修不辍。

宣政元年（578），北周武帝崩，次年北周静帝宇文衍（579—581年在位）即位，其父宣帝于是年四月敕于"京师及洛阳各立一寺"，"选旧沙门中懿德贞洁、学业冲博、名实灼然、声望可嘉者一百二十人，在陟岵寺为国行道"，"勿须剪髮毁形，以乖大道"。③ 但慧远此时尚未入寺行道，依道宣说："大象二年，天元微开佛化，东西两京各立陟岵大寺，置菩萨僧④，颁告前德，诏令安置，遂尔长讲少林。"此一记载说明慧远于 580 年始应召带发入讲少林。

大象元年（579）五月，北周静帝虽已即位，但实权实际上掌握在杨坚（541—604）手中，第二年（581）二月杨坚即受禅称帝，改国号为隋。越九年（589），隋灭陈一统中国，结束了长期分裂的南北朝时期。杨坚生养于寺庙⑤，虔信佛法，在其治下，佛日重光。开皇元年（581），隋文帝甫登基就全面恢复佛教，史称他"普诏天下，听任出家，仍令计口出钱，营造经像。而京师及并州、相州、洛州等诸大

---

① 北周武帝毁佛之惨状，费长房有云："建德敦祥，迄于作愕，毁破前代关山西东数百年来官私所造，一切佛塔扫地悉尽。融刮圣容，焚烧经典。八州寺庙出四十千，尽赐王公，充为宅第；三方释子减三百万，皆复军民，还归编户。"[（隋）费长房：《历代三宝纪》卷十一，《大正藏》第 49 册，第 94 页下] 所幸那时的僧人面对法难，还可"或划迹幽岩，或逃窜异境"[此为隋朝大德昙迁答隋文帝语。见（唐）释道宣：《续高僧传》卷十八《昙迁传》，《大正藏》第 50 册，第 573 页上]。

② （北凉）昙无谶译《大般涅槃经》卷七《如来性品》云："我般涅槃七百岁后，是魔波旬渐当沮坏我之正法。"（《大正藏》第 12 册，第 402 页下）

③ （唐）释道宣纂集：《广弘明集》卷十《周祖巡邺请开佛法事》，《大正藏》第 52 册，第 157 页上。

④ 所谓"菩萨僧"，实际上就是指带发修行的佛教徒。

⑤ 道宣说：隋文帝杨坚生于同州大般若寺（后改名大兴国寺），由比丘尼智仙养至十三岁方回家，智仙并告帝曰："儿当大贵，从东国来。佛法将灭，由儿兴之。"[详见（唐）释道宣：《续高僧传》卷二十八《道密传》，《大正藏》第 50 册，第 667 页下；又见（清）王昶编：《金石萃编》卷三《栖岩道场舍利塔碑》，北京：中华书局刻印本] 这是隋文帝日后奉佛、护法最重要的原因之一。

都邑之处，并官写一切经置于寺内，而又别写藏于秘阁。天下之人从风而靡，竞相景慕，民间佛经多于六经数百十倍"①。文帝同时大建寺塔，开皇元年（581）三月敕于五岳各置僧寺一所，同年七月敕为太祖（文帝父）于襄阳、隋郡、江陵、晋阳各立寺一所，同年八月敕于相州战场建伽蓝一所，开皇十一年（591）敕造寺不分公私②，同年敕天下各州县立僧尼二寺③，仁寿元年（601）、二年（602）和四年（604）分别敕于全国造塔共一百多所④。其他功德繁不胜举。⑤据费长房（生卒年不详）说，开皇十七年（597）前，隋已有"僧尼将二十万，支提寺宇向出四千"⑥。道宣由衷地赞道："隋高负荷在躬，专弘佛教，开皇伊始，广树仁祠，有僧行处，皆为立寺。"⑦

在这样的顺境中，慧远迎来了其一生中最辉煌的领众弘法时代。据道宣《慧远传》称，隋文帝开皇之始，慧远"预蒙落发，旧齿相趋，翔于名邑。法门初开，远近归奔，望气成津，奄同学市"。文帝得知，即于开皇元年（581）"敕授洛州沙门都，匡任佛法"。慧远任沙门都后，依僧伽制度大饬僧纪，"至于治犯断约，不避强御；讲导之所，皆科道具，或致资助有亏，或不洒水护净，或分位乖法，或威仪失常，并不预听徒"。洛州（今河南省洛阳市一带）僧伽律行因之丕变。

开皇五年（585），应泽州刺史千金公（待考）诚邀，慧远再次回

---

① （唐）魏徵等著：《隋书》卷三十五《经籍志》四，第283页上右。
② 详见（隋）费长房：《历代三宝纪》卷十二，《大正藏》第49册，第107页下至108页上。
③ 参见（清）王昶编：《金石萃编》卷三十八《诏立僧尼二寺记》。
④ 详见（隋）王劭：《舍利感应记》《庆舍利感应表》，（唐）释道宣纂集：《广弘明集》卷十七，《大正藏》第52册，第213页上至221页上。
⑤ 详细研究见汤用彤：《隋唐佛教史稿》，北京：中华书局1982年版，第4—10页。
⑥ （隋）费长房：《历代三宝纪》卷十二，《大正藏》第49册，第102页上。道世《法苑珠林》卷一百记为："度僧尼二十三万，立寺三千七百九十二所。"《大正藏》第53册，第1026页中因《历代三宝纪》为开皇十七年完成［参见《历代三宝纪》各卷首题记（唐）释智升：《开元释教录》卷七，《大正藏》第55册，第551页中；（宋）释志磐：《佛祖统纪》卷三十九，《大正藏》第49册，第361页上］，故可证此数为开皇十七年前之数。
⑦ （唐）释道宣：《续高僧传》卷十五，《大正藏》第50册，第549页上。

到故乡传法。开皇七年（587）春，慧远振锡定州（今河北省定县一带），途经上党（今山西省长治市）时于此地"留连夏讲"。此时，隋文帝为广弘佛法，诏于长安立六大德，慧远荣居其一①，"仍与常随学士二百余人创达帝室"。慧远在长安特蒙文帝礼敬，敕住著名的大兴善寺。因此寺法会频繁，影响慧远讲修，帝又特为其在长安城中兴建净影寺。慧远在净影寺"常居讲说，弘叙玄奥，辩畅奔流，吐纳自深，宣谈曲尽"，成为"领袖法门"的一代大德，他亦以"净影寺慧远"著称于世。

开皇十二年（592）春，文帝敕令慧远"知翻译，勘之辞义"，但他当年即以七十岁世寿圆寂于净影寺。据说文帝为之罢朝，痛叹"国失二宝"②。后来，朝廷于他住持过的大兴善、净影二寺分别勒碑纪念，"薛道衡制文、虞世基书、丁氏镌之，时号三绝"③。

从慧远的生平我们可以看到，他童稚出家，信仰坚定，而且能够进入当时佛教的中心，向那个时代一流的佛学家们学习，与他们相互交流，这是他后来成为一流佛学家的重要基础。

二、慧远的戒行

戒行指一位僧人依佛教律典的要求应当具有的身口意三业的行为，其好坏直接关系到僧人解脱境界和社会形象的高下。在这方面，慧远

---

① 同时当选者有徐州昙迁、魏郡慧藏（552—605）、清河僧休（生卒年不详）、济阳宝镇（生卒年不详）、汲郡洪遵［参见（唐）释道宣：《续高僧传》卷十八《昙迁传》，《大正藏》第50册，第572页下］。

② 当朝重臣李德林（533—592）亦于同月去世，故文帝有此叹。《隋书》卷四十二有李德林传（详参：《二十四史》第7册，第306页下右至310页下右）。

③ 薛道衡（535—604），隋朝著名文士，史称其"文雅纵横，金声玉振"，"声名籍甚，无竞一时"，"有集七十余卷行于世"［详参（唐）魏徵等：《隋书》卷五十七本传，《二十四史》第7册，第360页上右至362页上左］；虞世基（生卒年不详），隋朝才俊之士，史称"博学有高才，兼善草隶"［详参（唐）魏徵等：《隋书》卷六十七本传，《二十四史》第7册，第401页下右至402页下左］；丁氏，不详。

可称得上是一位戒行圆满的高僧。

慧远初及于僧思禅师之门，在本师和湛律师训诲下就能够做到"六时之勤，未劳呼策"。受具足戒后，他进一步深入律藏，戒行大有精进。

他"立性质直，荣辱任缘，不可威畏，不可利动，正气雄逸，道风齐肃，爱敬调柔，不容非滥"，此为"摄律仪"一聚戒圆满；又"勇于法义，慈于救生，戒乘不缓，偏行拯溺。所得供养，并供学徒，依钵之外，片无留惜"，此为"摄善法"与"饶益有情"二聚戒圆满。①

慧远三聚净戒皆圆的集中体现，则莫过于抗礼北周武帝（543—578）的护法之举了。北周武帝为翦灭齐国佛法，于平齐当年春在邺都召僧道议事②，慧远作为"前修大德"之一应召。论辩时，武帝先立佛法当毁的三大理由：其一曰真佛无像，偶像崇拜非真佛法；其二曰靡费资财；其三曰沙门不孝不敬。其实，北周武帝毁佛还有一条理由此次未道明，此前毁灭北周佛法时则已有明文诏告世人，即他以为诸教的究竟真实本无二致，而当时释道二教却在枝末上徒事诤竞，蔽人心目。③这里，除了现实的经济算计之外，内中所藏与其说是道理，毋宁

---

① 当然，所谓圆满的内涵是相对的，笔者说慧远三聚净戒圆满，并非意味着他毫无缺失。《续高僧传·灵裕传》即载称，灵裕"尝于京辇，入净影寺，正值布萨，径坐堂中，见远公说欲，裕抗声曰：'惠远读疏而云法事因缘，众僧听戒，可是魔说！'合座惊起，怪斥其言。识者告远，远趋而诣堂。裕曰：'闻仁弘法，身令易传，凡习尚欣，圣禁宁准？'远顶礼自诫，衔泣受之。由是至终，远常赴集"（《大正藏》第50册，第498页上）。这说明慧远亦不能无过。但是，作为当时"法门领袖"的慧远受到指责后，能即刻"顶礼自诫，衔泣受之"，并从此常赴僧众法集，笔者以为恰好从另一侧面体现了他虚怀纳谏、有过则改的求道精神。要知道，按佛教的修行次第论，要做到无心亦不会犯戒，起码要证菩萨二地以上的圣位，这样的圣人古今能有几何？

② 道宣云："周武帝以承光二年春东平高氏，召前修大德并赴殿集。"［（唐）释道宣纂集：《广弘明集》卷十《周祖平齐召僧叙废立抗拒事》，《大正藏》第52册，第153页上至中］据此则慧远抗道事在578年。然北齐承光仅历三月（577年1—3月），可知道宣此处显然是误记。《周书》卷六《武帝纪》记载（《二十四史》第7册，第31页上左），北周平齐为建德六年（577），据知此事发生于此年。

③ 建德三年（574）北周武帝诏曰："至道宏深，混成无际，体包空有，理极幽玄。但歧路

说更多是皇权的独断与专横。

武帝立义之后,频催答诏,"于时沙门大统法上等五百余人,咸以帝为王力,决谏不从,佥各默然","相看失色,都无答者"。在此生死攸关之际,慧远毅然出列答诏。既然王权不可犯、帝意不可回转,慧远为何还要当廷犯颜呢?道宣以"佛法之寄,四众是依"作为慧远挺身护法的根据,诚为至当,因慧远答诏后,"上统、衍法师等执远手泣而谢曰:'天子之威如龙火也,难以触犯,汝能穷之,《大经》所云护法菩萨应当如是'"。此《大经》指《大般涅槃经》(下文除注明者外皆依北本《涅槃经》),该经云:

> 善男子!是《大涅槃》微妙经中,有四种人能护正法,建立正法,忆念正法,能多利益,怜悯世间,为世间依,安乐人天。何等为四?有人出世,具烦恼性,是名第一;须陀洹人、斯陀含人,是名第二;阿那含人,是名第三;阿罗汉人,是名第四。是四种人出现于世,能多利益、怜悯世间,为世间依,安乐人天。①

据该经经文,解行位修行者为第一众②,阿那含和阿罗汉各为一众,须

(接上页)既分,派源愈远;淳离朴散,形气斯乖。遂使三墨八儒,朱紫交竞;九流七略,异说相腾。道隐小成,其来久矣。不有会归,争驱靡息。今可立通道观,圣哲微言,先贤典训,金科玉篆,秘赜玄文,所以济养黎元、扶成教义者,并宜弘阐,一以贯之。俾乎玩培堘者识嵩岱之隆崛,守碛砾者悟渤澥之泓澄,不亦可乎?"[(北周)宇文邕:《周祖废二教更立通道观诏》,(唐)释道宣纂集:《广弘明集》卷十,《大正藏》第52册,第153页上]

① (北凉)昙无谶译:《大般涅槃经》卷六《如来性品》,《大正藏》第12册,第396页下。

② 引文中说众生所依的第一众是"具烦恼性"之人,那么这是一种什么样的人,虽然有烦恼而能成为众生的依怙?《涅槃经》本身对这类人作出如下解释:"云何名为具烦恼性?若有人能奉持禁戒,威仪具足,建立正法;从佛所闻,解其文义,转为他人分别宣说,所谓少欲是道,多欲非道,广说如是八大人觉;有犯罪者,教令发露、忏悔、灭除;善知菩萨方便所行秘密之法。是名凡夫。"[(北凉)昙无谶译:《大般涅槃经》卷六《如来性品》,《大正藏》第12册,第396页下至397页上]我们据此只知这种人是佛教中的修行人,而不知他们是属于哪一个行位的修行人。但慧远的解释则明确告诉我们这是种性和解行位的修行人,他说:"'有人出世,具烦恼性,名第一',所谓种性、解行地人。《仁王经》中说种性上方为法师,自前未能,故知非是种性已前;

陀洹与斯陀含合为一众，共同组成众生所依的"四众"。

"四众"所以为众生所依，是因为他们在面临敌对者毁法时能"护正法"，在没有正法的地方能够"建立正法"，在日常践履中能够六时"忆念正法"，他们随时随地"能多利益"，"怜悯世间"，"安乐人天"。既然如此，"四众"在真正面临敌对者毁法之际就要能够成为无我利他的表率。依《涅槃经》，"四众"应当如是践行：第一，修学佛法之人我法皆空，无有恐怖："汝等不应畏魔波旬，若魔波旬化作佛身至汝所者，汝当精勤，坚固其心，降伏于魔。"① 第二、修学佛法之人应学佛陀的大慈大悲精神，怜悯并救度将因毁法下地狱之众生："如王国内有纳衣者，见衣有孔，然后方补。如来亦尔，见诸众生有入阿鼻地狱因缘，即以戒善而为补之。"② 否则，将为那些正在或即将依佛法求解脱的苦恼众生所不齿，甚至退失了他们的向道之心，罪莫大焉。

慧远在毁灭佛法的北周武帝面前正是这样践履的，他毅然出列，对北周武帝废佛的理由一一加以驳斥。就第一项理由，慧远承认"真佛无像"，因为作为佛门大德的慧远不会不知万法自性皆空乃佛法究竟实相，且《金刚经》即明白宣示："凡所有相皆是虚妄，若见诸相非相，则见如来。"③ 从历史上讲，原始佛教亦不崇拜有形的圣物，《长阿含经》卷四《游行经》即云，佛灭度后，弟子们只要去与佛一生有关

（接上页）下文宣说'供佛五恒方堪为依'，故非善趣；文中说之，'具烦恼性，非第八人'，明非地上。如来灭后，现化益物，名为出世；五住惑中，无偏尽处，名具烦恼。"（《〈涅槃〉义记》卷三，《大正藏》第37册，第675页上）依慧远之见，此类人既能说法，就不是种性位以前的人，因为此位前的人不堪说法；同时，此类人亦非"第八人"，因为须陀洹人相当于大乘初地菩萨；既然如此，他们就是这中间的种性位和解行位修行人。所谓种性位修行人即大乘菩萨道次第中的十信位修行人，而解行位修行人则是十住、十行、十回向三个阶位的修行人。后来，嘉祥吉藏干脆就直接说："若依大乘，地前四十心具烦恼性为第一依，从初地至六地为第二依，七八九地为第三依，第十地为第四依。"[（隋）释吉藏：《大乘玄论》卷五，《大正藏》第45册，第64页中]

① （北凉）昙无谶译：《大般涅槃经》卷六《如来性品》，《大正藏》第12册，第397页下。
② （北凉）昙无谶译：《大般涅槃经》卷六《如来性品》，《大正藏》第12册，第387页上。
③ （后秦）鸠摩罗什译：《金刚般若波罗蜜经》，《大正藏》第8册，第749页上。

连的遗迹巡礼,便与见佛无异。① 但对此无相境界,只有于佛法信解修行较深者始能领会,一般信众显然可望而不可及,故慧远答道:"耳目生灵,赖经闻佛,藉像表真,若使废之,无以兴敬。"一般信众需要借助有形的佛经了解佛道,亦需要观睹有相的佛像增进恭敬之心,但这不能混同于偶像崇拜。② 武帝辩解说:"虚空真佛,咸自知之,未假经像。"慧远对破道:第一,"汉明以前,经像未至,此土众生何故不知虚空真佛?"第二,"若不藉经教自知有法,三皇以前未有文字,人应自知五常等法,尔时诸人何为但识其母、不识其父,同于禽兽?"帝结舌不能言。慧远转而难曰:"若以形像无情,事之无福,故须废者,国家七庙之像岂是有情,而妄相尊?"

接下来,北周武帝就弹起"夷夏之别"的老调,并祭起皇权的利剑来威逼:"佛经外国之法,此国不同;七庙上代所立,朕亦不以为是,将同废之。"这显然已将毁佛的依据偷换了。对此慧远答曰道:

> 若以外国之经废而不用者,仲尼所说出自鲁国,秦晋之地亦应废而不学。又若以七庙为非,将欲废者,是则不尊祖考。祖考不尊,昭穆失序,昭穆失序,则五经无用,前存儒教,其义安在?尔则三教同废,将何治国?③

---

① 参见(后秦)佛陀耶舍、(后秦)竺佛念译:《长阿含经》卷四《游行经》,《大正藏》第1册,第26页上。

② 印顺法师论及佛舍利供养时亦云:"如来涅槃了,在佛法的深入者,这是不成问题的。但在一般人的宗教情感中,不免有空虚的感觉。佛法与神教不一样,佛不是神,不是神那样的威灵显赫,神秘的存在于天上。佛入涅槃了,涅槃绝不是没有,但只是'寂然不动',不可想象为神秘的存在,对人类还起什么作用。这在类似一般宗教的情感中,法与僧现在,佛却是过去了。所以对佛的遗体——舍利,作为供养礼拜,启发清净信心的具体对象,可说是顺应一般宗教感情的需要而自然发展起来的。"(释印顺:《初期大乘佛教之起源与开展》,台北:正闻出版社1994年版,第56页)

③ 北周武帝《诏》内有"六经儒教文弘治术,礼义忠孝于世有宜,故须存立"之语,所以慧远有此一难。

帝不能答慧远的昭穆之难，而以周鲁与秦晋同属王化、不同于华夏与西夷之殊域来别夷夏。慧远以佛教的无限空间观力破武帝的狭隘夷夏观："若以秦鲁同遵一化、经教通行者，震旦之与天竺国界虽殊，莫不同在阎浮，四海之内，轮王一化，何不同遵佛经，而令独废？"帝于此非但理曲，亦且词穷。

就第二项理由，慧远答曰："陛下向云'退僧还家崇孝养'者，孔经亦云'立身行道，以显父母'即是孝行，何必还家方名为孝？"于父母膝前温清供养固然是孝，不能如此奉养，能够立身行道亦可称孝。帝辩曰："父母恩重，交资色养，弃亲向疏，未成至孝。"此论于佛教所倡慈悲观毫无契会。佛教慈悲观的一个基本思想是不别亲疏、等视众生，随缘以慈心给予每一众生快乐、以悲心拔除每一众生痛苦，最终使他们皆得解脱，并不以局于父母的亲情之爱视为极致。慧远深知如此与皇帝论理无异于对牛弹琴，故径直针锋相对地说："若如来言，陛下左右皆有二亲，何不放之，乃使长役，五年不见父母？"皇帝说国家订立有轮流省亲制度，故臣僚等"得归侍奉"。慧远回敬道："佛亦听僧冬夏随缘修道，春秋归家侍养，故目连乞食饷母，如来担棺临葬。此理大通，未可独废。"帝再次结舌。

慧远见皇帝理屈词穷，不待辩诘第三项内容，即抗声曰："陛下今恃王力，自在破灭三宝，是邪见人。阿鼻地狱不拣贵贱，陛下何得不怖？"据说，当时北周武"帝勃然大怒，面有瞋相，直视于远曰：'但令百姓得乐，朕何辞地狱诸苦？'"而慧远则面不改色地说："陛下以邪法化人，现种苦业，当共陛下同趣阿鼻，何处有乐可得？"

一场辩论就此以皇帝的惨败告终。在这里，无上皇权遭遇到信仰者坚固的信念与道心的顽强抵抗。道宣称，在场的北周兵众"见远抗诏，莫不流汗，咸谓粉其身骨，煮以鼎镬"，而慧远依然"神气巍然，辞色无扰"。法上等人称之为"护法菩萨"，他当之无愧。窃以为，隋炀帝杨广（605—618 年在位）和唐代僧人紫羽相继为他造塔建碑，主要倒不是由于他佛学方面成就过人，而是感佩于他这种以身护法的菩萨精神。①

笔者认为，慧远的这场特殊经历不仅充分凸显了他自利利他的菩萨道行，而且与他在其佛学思想中多次不惜笔墨、不嫌重复地论证菩提、涅槃、法身有色的思想有着内在关联。

三、慧远的学业

此处的学业指慧远一生所学戒、定、慧三学的内容。慧远不仅戒行圆满，而且注意从学理上研讨律藏，此方面的成就主要为从大隐律师学《四分律》时（542—546）所得。在大隐律师门下，他能够对繁杂的《四分律》"差分轨辙"。非但如此，他还对"自古相传、莫晓来意"的律部典籍考镜源流、宪章经纬，使之成为"理会文合"的可诵之典。

定学亦为慧远一向措意之业。他不仅"每于讲际，至于定宗，未尝不赞美禅那，盘桓累句"②，而且长期致力于禅定实践。在受业僧思禅师之际，定学就是慧远的本业，"诵经"③、禅坐自不别说，还特往林虑山"见诸禅府，备蒙传法"；他在隐遁汲郡西山三年间，诵《法华》《维摩》等各一千遍"，"禅诵无歇"；同时，他还有机缘向当时的大禅

---

① 隋炀帝即位后，敕慧远弟子灵璨送舍利"于泽州古贤谷景净寺起塔，即远公之生地也"[（唐）释道宣：《续高僧传》卷十《灵璨传》，《大正藏》第50册，第506页下]。（清）叶奕苞编纂《金石录补》卷十九载有"大唐峡石寺远法师碑"（无碑文），叶氏按语云："远公亦名慧远，为敦煌李氏之族，殁于开皇十二年，在京净影寺，是日辍朝。高祖曰：'丧我国宝矣！'"……碑阴题记曰："宝历元年四月，沙门紫羽请刻石台上，河东薛重元刊录故志，薛唐夫书。"（《丛书集成初编》第1520册，北京：中华书局1991年版，第176页）宝历元年为825年，此时距慧远圆寂已有233年之久。
② 其所著《大乘义章》每论及禅的内容，皆曲尽其致。
③ 在佛教修行中，专意诵经、少究经义可归为定学。

师僧稠（482—560）请教禅法①。其定功之深，甚至可以治病，据道宣记载，慧远在邺都研习、讲弘佛法时，因"勤业晓夕，用心太苦，遂成劳疾"，他便以早年所学数息观对治，"克意寻绎，经于半月，便觉渐差，少得眠息"。这表明慧远的定境确实非常深。②

至于慧远的慧学，则以当时盛播于北朝之地论学、涅槃学和六世纪末传入北朝之摄论学为要。

当慧远自泽州赴邺之际，洛邺一带行布的大乘佛学主要是六世纪初兴起的地论学。地论学是北魏时期以研究《十地经论》为主业的地论师开展出来的佛教义学。《十地经论》为世亲（约320—400，或约400—480）注解《十地经》（《大方广佛华严经·十地品》之别行本）的著作，由天竺三藏菩提流支等译出。菩提流支于北魏永平元年（508）来到洛阳，宣武帝礼接优渥，敕为"译经之元匠"③。同年至永平四年（511），菩提流支与勒那摩提（生卒年不详）先后在皇宫的太极、紫极二殿和少林寺译出《〈十地经〉论》④，僧众竞相研求，很快在北魏

---

① 参见《慧远传》。僧稠是北朝禅法初传者之一、少林寺第一任寺主佛陀禅师之徒孙，在北朝禅者中极具影响，北齐文宣帝天保二年（551）应文宣帝请入邺都，帝奉为菩萨戒师，特敕"于邺城西南八十里龙山之阳，为构精舍，名云门寺，请以居之"[（唐）释道宣：《续高僧传》卷十六《僧稠传》，《大正藏》第50册，第554页中]。

② 日本的安藤俊雄先生有论说："慧远对禅大加赞美，并把平生所修之数息观尽数相传，结果却成了一个义学宗匠。"（[日]安藤俊雄著，陈霞译，王道校：《智𫖮晚年的苦闷》，《法音》1999年第7期，北京：中国佛教协会，1999年，第18页）不知这是从何说起。

③ （唐）释道宣：《续高僧传》卷一《菩提流支传》，《大正藏》第50册，第428页上。

④ 此论译出时间，依《十地经论》所载北魏侍中催光《序》（《大正藏》第26册，第123页中）、《开元释教录》卷六（《大正藏》第55册，第541页上、下）说。《续高僧传》卷一《菩提流支传》（《大正藏》第50册，第428页上）仅说菩提流支"以魏永平之初，来游东夏"，《历代三宝纪》卷九"菩提流支"与"勒那摩提"条、《大唐内典录》卷四本两条（《大正藏》第55册，第269页中、下）和《开元释教录》卷六"勒那摩提"条（《大正藏》第55册，第540页中）皆言菩提流支于永平二年始开译（《大正藏》第49册，第86页内），记载相当不一致。顺便说一句，道宣说宣武皇帝将菩提流支"处之永宁大寺，四事290给"[（唐）释道宣：《续高僧传》卷一，《大正藏》第50册，第428页上]，接着还详细描述灵太后所建永宁寺之壮丽，如果这不是道宣误记，那就是后人窜入的文字，因为洛阳永宁寺为孝明帝熙平元年（516）所造，宣武帝不可能在永平元年（508）就将菩提流支供养于寺内。

形成了盛极一时的地论学。由于菩提流支与勒那摩提两人判教观不同，对此论思想的理解亦有别，故从学菩提流支的道宠（生卒年不详）与受业勒那摩提的慧光，以洛阳的御道街为中心，各自在道南（慧光）和道北（道宠）开门授徒，遂使地论师分成了南北二道①。南北二道的地论学当时都门庭若市，道宠一系"匠成学士，堪可传道，千有余人"②；慧光是研究《四分律》的律学元匠，又曾参与翻译、整理并传布《〈十地经〉论》，于"《华严》《涅槃》《维摩》《十地》《地持》，并疏其奥旨，而弘演导"③，其门下学士更是"翘颖如林"④，道宣的《续高僧传》中专门立传的慧光弟子就有十多人。⑤

在这一时称盛的地论学思潮中，对慧远的慧业影响最巨者首推其业师法上。法上不仅位极僧伽，且学养极高，"讲《十地》《地持》《楞伽》《涅槃》等部，轮次相续，并著文疏"；又著《佛性论》二卷、《大乘义章》六卷、《增一数法》四十卷。⑥道宣说慧远"周听大乘可六七载，洞达深义，神解更新，每于邺京法集，竖难罕敌"，此当主要是法上栽培之功。⑦

慧远所学摄论学是指以研习、传播无著（约400—470）所著、真

---

① 道宣谓："宠在道北教牢宜四人，光在道南教凭（道凭）范（僧范）十人，故使洛下有南北二途。"[（唐）释道宣：《续高僧传》卷七《道宠传》，《大正藏》第50册，第428页下]
② （唐）释道宣：《续高僧传》卷七《道宠传》，《大正藏》第50册，第428页下。
③ 参见（唐）释道宣：《续高僧传》卷二十一《慧光传》，《大正藏》第50册，第607页下。同传载慧光还著有《胜鬘》《遗教》《温室》《仁王》《般若》等经注释，《〈四分律〉疏》一百二十纸，删定《羯磨戒本》，以及《玄宗论》《大乘义律义章》《仁王七诫》《僧制十八条》等，可见他是一个著作等身的学僧，且其著作在唐、五代时仍然为世人传诵，高丽僧均如（923—973）就说慧光"四卷《疏》、十卷《疏》《广释》《义章》等，现传于世"[（新罗）均如：《释〈华严经〉教分记圆通钞》卷二，《韩国佛教全书》第4册（高丽时代篇一），首尔：东国大学校韩国佛教全书编纂委员会1994年版，第122—147页]。
④ （唐）释道宣：《续高僧传》卷二十一《慧光传》，《大正藏》第50册，第608页上。
⑤ 主要见于《续高僧传》卷八、卷二十一。
⑥ （唐）释道宣：《续高僧传》卷八《法上传》，《大正藏》第50册，第485页上、下。
⑦ 关于6世纪地论学的更为详细的研究，请参冯焕珍：《六世纪华严学传承考辨》，《世界宗教研究》2001年第2期，第40—50页。

谛所译《摄大乘论》及世亲著、同氏译《〈摄大乘论〉释》为主业的论师（称"摄论师"）开展出的佛教义学。真谛之前，无著的《摄大乘论》已有佛陀扇多译本（531），但反响不大。陈天嘉四年（563），真谛于广州制旨寺（今广东省广州市光孝寺）与弟子法泰（生卒年不详）、智恺（亦称慧恺，518—568）等再次翻译《摄大乘论》三卷，并随文出《〈摄大乘论〉疏》二十五卷①；同年还译出世亲的《〈摄大乘论〉释》十五卷。此后，在真谛弟子法泰、智恺、智敫（？—601）、道尼、曹毗、僧宗、法准（四人生卒年皆不详）以及第三代的传扬下，在南朝形成了颇有影响的摄论师和摄论学②。

慧远于何时、从何人获得胜缘研习初传北朝的摄论学？学界据《续高僧传》卷十八《昙迁传》中所说"慧远领袖法门，躬处坐端，横经禀义"一语③，多以为这是开皇七年慧远作为六大德之一入住京师以后事，且仅从昙迁学得此学。其实不然。

考道宣的《续高僧传》，传摄论学于北土者主要有四人，他们是昙迁、靖嵩、道尼、辩相。昙迁（542—607），俗姓王，博陵饶阳（今河北省饶阳县）人，为地论南道宗祖慧光再传（昙遵弟子），精《楞伽》等经和《地论》《起信》《如实》等论。承光元年（577）周武帝毁齐国佛法，昙迁南逃金陵，后得《摄大乘论》，"以为全如意珠"，喜不释手，遂精此论。他是首位将摄论学传到北朝的人，道宣称："隋历告兴，遂与同侣俱辞建业（今江苏省南京市）"，"进达彭城（今江苏省徐州市）"，"始弘《摄论》"，"《摄论》北土创开，自此为始"。开皇七年昙迁入选六大德，自此在长安广弘此论。④靖嵩（537—614），俗

---

① 参见（唐）释道宣：《续高僧传》卷一《拘那罗陀传》并《法泰传》。
② 参见（唐）释道宣：《续高僧传》卷一《拘那罗陀传》并《法泰传》。关于六世纪摄论学的研究，请参见韩廷杰：《摄论师的师承及其哲理》，《中华佛学学报》第12期，第175—190页。
③ （唐）释道宣：《续高僧传》卷十八《昙迁传》，《大正藏》第50册，第572页下。
④ 详见（唐）释道宣：《续高僧传》卷十八《昙迁传》，《大正藏》第50册，第571页中至574页中。

姓张，涿郡固安（今河北省固安县）人，为摄论大家，同时兼善《涅槃》等大乘经以及《十地经论》《俱舍》《辩中边》《杂心》等大小乘论，著有《摄论疏》六卷、《杂心疏》五卷等。靖嵩亦于北周武帝毁法之际同学法贵、灵品（此二人生卒年皆不详）等三百余人南奔陈朝，得从法泰精习《摄大乘论》。开皇十年（590），靖嵩返江北（长江以北），在北朝大弘法化。① 道尼，九江（今江西省九江市）人，曾亲炙真谛三藏，毕生讲弘《摄大乘论》。真谛于陈宣帝太建元年（569）在广州圆寂后，他便返回九江。他因"兴讲《摄论》，腾誉京师"，开皇十年文帝下敕追入长安，"既达雍辇，开悟弘多，自是南中无复讲主"。② 然此三人皆非慧远最先从学《摄大乘论》之人。

首先使慧远与闻摄论学者，不是他人，乃是他本人的弟子辩相。辩相（557—627），俗姓史，瀛州（今河北省河间市）人，是一位兼通大小乘的学僧。他于大象二年（580）往少林寺"依止远公学于《十地》"，"大小三藏遍窥其奥隅，而于《涅槃》一部详覆有闻"，后来"南投徐部，更采《摄论》及以《毗昙》，皆披尽精诣，传名东夏"。③辩相何时到徐部（今江苏省徐州市）听习《摄大乘论》？《续高僧传》辩相本传中并未道及，但可以肯定是在大象二年后、开皇七年前，因为开皇七年他就随慧远西赴长安了。而此段时期，辩相亦完全能够在徐州研学《摄大乘论》，因为昙迁此前已将摄论学播扬于徐部，他很可能就是直接从昙迁受学此论的。开皇七年，辩相随慧远入长安，便成为弘传《摄大乘论》的佼佼者：

有辩相法师，学兼大小，声闻于天。《摄论》初兴，盛其麟

---

① 详见（唐）释道宣：《续高僧传》卷十《靖嵩传》，《大正藏》第 50 册，第 501 页中至 502 页上。
② （唐）释道宣：《续高僧传》卷一《法泰传》，《大正藏》第 50 册，第 432 页上。
③ 详见（唐）释道宣：《续高僧传》卷十二《辩相传》，《大正藏》第 50 册，第 520 页上。

角，在净影寺创演宗门，造《疏》五卷，即登敷述京华，听众五百余，僧竖义之者数登二百。①

据日本大谷大学藏写本《东域传灯目录》称，辩相曾续修慧远未竟的《〈华严经〉疏》②，可见师弟二人关系非同一般，因此很难想象辩相学成《摄论》之后从未向慧远言及。事实上道宣在叙及辩相"末南投徐部，更采《摄论》"后即云："开皇七年。随远入辅，创住净影，对讲弘通。"③所谓"对讲弘通"者，实为含蓄地点明此义之语，因为师尊弟卑的缘故，道宣不便说慧远向辩相学习罢了。

此一考辨彰明：无可否认，慧远晚年受昙迁影响很大，这从他每云"迁禅师破执入理，此长胜我"④即可见，但我们亦不能忽略辩相向他首传摄论学之功。

慧远的学道经历告诉我们，他主要是向当时的地论师、涅槃师和摄论师修学佛法的，宜乎他最终成为一位以如来藏缘起为宗本的佛学家。

第三节　慧远的著述

慧远的著作，依道宣记载，"所流章疏五十余卷，二千三百余纸，纸别九百四十五言"，总计当有二百二十万字左右，可谓著作等身。这里，笔者拟先就慧远的著述作一整体考察，再讨论其有关著作的著述时间与真伪问题。

---

① （唐）释道宣：《续高僧传》卷十五《灵润传》，《大正藏》第50册，第545页下。
② 《东域传灯目录》"华严部"内净影寺慧远撰"《华严疏》七卷"下之注（《大正藏》第55册，第1146页注18），原文为："甲本头注曰：'惠远述，辩相续修。'"
③ （唐）释道宣：《续高僧传》卷十二《辩相传》，《大正藏》第50册，第520页上。
④ （唐）释道宣：《续高僧传》卷十八《昙迁传》，《大正藏》第50册，第574页上。

一、慧远著作统观

兹先据《大正藏》第五十五册所载各经录之记载列出慧远著述表（见表1.2）。① 表列慧远著作共计16部，已为笔者所见慧远著作的全部。统观慧远著作，可分为三类：一是经疏；二是论疏；三是自著。经疏与论疏是分别对三藏中之经论的注解。

表1.2 慧远著作一览表

序号	1	2	3	4	5	6	7	8	9	10	11	12	13	14	15	16
书名	大般涅槃经义记	华严经疏	法华经疏	金刚般若经疏	维摩经义记	胜鬘经义记	无量寿经义疏	观无量寿经义疏	温室经义记	仁王经义疏	金光明经义疏	十地经论义记	大乘起信论义疏	地持论义记	金刚般若论疏	大乘义章
卷数	10	不详	不详	不详						不详		10		5	3	14
存佚	20卷	佚	佚	佚	8卷	2卷	1卷	2卷	1卷	存1卷	佚	存8卷	4卷	存4卷	佚	26卷
古代见载经录与史传（续传）	续传	续传	续传	续传	续传	续传	续传	续传	续传			续传	续传	续传		续传
古代见载经录与史传（华严）		华严										华严	华严			华严
古代见载经录与史传（三论）	三论				三论				三论			三论	三论			三论
古代见载经录与史传（目录）	目录	目录	目录	目录	目录	目录	目录	目录	目录		目录	目录	目录	目录	目录	目录
古代见载经录与史传（义天）	义天	义天	义天	义天	义天	义天	义天	义天	义天		义天	义天	义天	义天	义天	义天

---

① 参见〔日〕胜又俊教：《佛教における心识说の研究》，第666—667页；〔日〕佐藤哲英：《净影寺慧远とその无我义》，《佛教学研究》第32—33号，第98—99页。

续表

序号	1	2	3	4	5	6	7	8	9	10	11	12	13	14	15	16
现传藏经所在位置	大正册44；台续册55。				大正册38；大续辑1，套27，册4；台续册27。	新纂卍续藏册19。	大正册37；台续册32。	大正册37；台续册32。	大正册39；台续册59。	大正册85。		大续辑1，套70，册2、3。	大正册44；台续册71。	大正册85；大续辑1，套61，册3；台续册61。		大正册44；台续册96、97。

注：1.表列著作依经疏、论疏和著述为序；2.表中书名现存者以藏经所载为准，已佚失者则以道宣《续高僧传》本传所载为准；3.表中所示每部著作卷数，《续高僧传》本传载明者依之，未载者则取提及该书之史传或经录所标卷数；4."存佚"栏现存卷数为藏经内所载明卷数，与《续高僧传》所载有开合的差异；5.表中"续传"指《续高僧传》，"华严"指《华严宗章疏》，"三论"指《三论宗章疏》，"目录"指《东域传灯目录》，"义天"指《义天录》(亦称《新编诸宗教藏总录》)，"大正藏"指《大正新修大藏经》，"大续"指《大日本续藏经》，"台续"指台北版万字续藏经(《大日本续藏经》之影印本)，《新纂卍续藏》指台湾白马精舍印经会影印的《大藏新纂卍续藏经》，藏经后的阿拉伯数字为该书所存具体位置；6.《〈地持论〉义记》现存卷数已包括笔者考定的残本在内；7.《〈胜鬘〉义记》在《大续》(第1辑第30套第4册)和《台续》(第30册)中都只有上卷，《新纂卍续藏》则将敦煌文献中P.2091和P.3308两个《〈胜鬘〉义记》下卷的写本残卷补充了进去。

佛经直宣教义，很少对法义加以论述，故一般人难以理解；解读佛经的经论虽重在说理，往往亦晦奥难通。因此，对经论加以注疏，显示其所诠深义，贯通其论证理路，就成为佛学家研习佛典的要务。在中国佛教史上，经论的注疏在道安以前业已出现，但形成疏解经论之体式则始自道安，《高僧传》云："条贯既序，文理会通，经义克明，自安始也。"① 经论注疏大分两类：一为随文解义的"释经论"，即所谓章句。康僧会云："陈慧注义，余助斟酌，非师不传，不敢自由也。"② 此谓康僧会（？—280）和陈慧（生卒年不详）二人依其业师对经义的理解注释经文。道安（312或314—385）《〈人本欲生经〉序》云："敢以余暇，为之撮注，其义同而文别者，无所加训焉。"③ 此谓道安依自己对此经的理解直解注释经文，不事考训。两者均为随文施注的章句。另有一类注疏不事章句注解，唯明经论宗义和旨趣，称为"宗经论"，又称"大义""游意""玄义""论"等。道朗（生卒年不详）《〈大涅槃经〉序》云："聊试标位，序其宗格，岂谓必然窥其宏要者哉！"④ 僧叡（生卒年不详）《〈中论〉序》亦云："予玩之味之，不能释手。遂复忘其鄙拙，托悟怀于一序，并目品义题之于首。"⑤ 两者皆谓依自己的识见显明佛教经论的宗旨。从形式上讲，两类注疏都有对所释经典加以科判和不加科判者；从阐述研习者的思想的自由度而言，两类注疏中以后一类为高。⑥

经论注疏在慧远的著述中比重极大，共有十五部，且全为"释经论"，表明他十分注重对于经论的理解。其中经疏十一部，《〈华严经〉疏》《〈法华经〉疏》《〈金刚般若经〉疏》《〈金光明经〉义疏》四部已全部佚失；《〈仁王般若经〉疏》经录不见载，仅在敦煌文献S.2502号中保存有一个写本残卷⑦；《〈胜鬘经〉义记》（下文简称《〈胜鬘〉义

---

① 《大正藏》第50册，第352页上。
② （魏）康僧会：《〈安般守意经〉序》，（梁）释僧祐纂集，苏晋仁、萧炼子点校：《出三藏记集》卷六，第244页。
③ （梁）释僧祐纂集，苏晋仁、萧炼子点校：《出三藏记集》卷六，第250页。
④ （梁）释僧祐纂集，苏晋仁、萧炼子点校：《出三藏记集》卷九，第314—315页。
⑤ （梁）释僧祐纂集，苏晋仁、萧炼子点校：《出三藏记集》卷十一，第401页。
⑥ 关于此问题的进一步研究，请参汤用彤：《汉魏两晋南北朝佛教史》，《汤用彤全集》第1卷，第414—419页。
⑦ 此疏已收入《大正藏》第85册，标题为新加，《敦煌宝藏》S.2502号写本题为《法华论》，实即此疏。另，此疏日本专家已考定为慧远著作，参见〔日〕佐藤哲英：《净影寺慧远とその无我义》，《佛教学研究》第32—33号。

记》)、《东域传灯目录》记为二卷,《义天录》记为三卷,现传本残存上卷。日本专家前些年又在敦煌文献中发现了 P.2091 与 P.3308 两个《〈胜鬘〉义记》下卷的写本残卷,两相勘合,差堪成为全帙①;《〈维摩经〉义记》(下文简称《〈维摩〉义记》),《东域传灯目录》和《义天录》均记为四卷,现存全帙,分本末共八卷;《〈无量寿经〉义疏》(下文简称《〈寿经〉疏》)与《〈观无量寿经〉义疏》(下文简称《〈观经〉疏》),所有经录都载为一卷,现存全帙,各二卷;《〈温室经〉义记》(下文简称《〈温室〉义记》),《东域传灯目录》和《义天录》均记为一卷,现存全帙;《〈大般涅槃经〉义记》(下文简称《〈涅槃〉义记》),道宣记为十卷,传本分本末二十卷,现存全帙。其次是论疏,共有四部,其中《〈十地经论〉义记》(下文简称《〈十地〉义记》),道宣记为十卷,传本分本末十四卷,今存前八卷;《〈大乘起信论〉义疏》(下文简称《〈起信论〉疏》),各经录记为二卷,传本分本末四卷,今存全帙;《〈地持论〉义记》(下文简称《〈地持〉义记》),道宣记为五卷,传本分本末十卷,今存卷三下、卷四上、卷四下、卷五下共四卷。

  慧远认为佛说以及他人说而为佛印可者为经,菩萨所说而未得佛印可者为论,凡夫自著者只能称《义章》②,慧远唯一自著的著作即名为《大乘义章》(下文简称《义章》)。佛学中的《义章》是条列佛教经典的各种名相,分门别类地阐述佛学义理的一类著作。汤用彤先生从其内涵之广狭将中国佛学的《义章》类著作进分两类:"一则取一类事

---

① 参见〔日〕藤井孝雄:《慧远と吉藏の〈胜鬘经义记〉如来藏说の解释をぐつて》,《印度学佛教学研究》第 27 卷第 2 号,1978 年。这两个写本已被日本专家识读、整理并收入《藏经》之中(参见《大藏新纂卍字续藏经》第 19 册,台北:白马精舍印经会影印)。

② 他说:"佛所说者,名之为经;若余人说,佛所印可,亦名为《经》,如《维摩》《胜鬘》等是也;若佛灭度后,圣人自造解释佛经,名之为《论》;凡夫所造,名为《义章》。"(《〈起信论〉疏》卷上之上,《大正藏》第 44 册,第 175 页下。以下凡引用慧远著作,皆略慧远名讳)此说显示慧远非常谦逊,但并不反映中土著作实情,实际上许多中国僧人之作亦冠以"论"的名称。

数,专加解释,虽义涉诸经,而所论甚少";"二则集各经文义,各派理论,对于佛法作综合之解释。实为一种佛学纲要"。① 其实,还可以从宗本的有无将此类著作分为有宗本与无宗本两类,有宗本者指作者在教理上自有所宗,解释各类名相悉以己宗为归,如嘉祥吉藏的《大乘玄论》宗本三论,慈恩窥基(632—682)的《大乘法苑义林章》义宗唯识,永明延寿(904—975)的《宗镜录》理归禅宗;无宗本者指著者并无专宗的教门,各类名相一依经论纂集,此类《义章》主要行于判教之风兴起前,如汉严佛调(生卒年不详)的《沙弥十慧章句》②、竺昙无兰(生卒年不详)的《三十七品》等③。此类著作当为严佛调始创,后续有所作。至南北朝之际,佛法隆盛,崇佛者日众,提纲挈领地通解佛法成为学佛者急需,于是《义章》类著作一时大盛。慧远时代,专究一类名相的第一类《义章》罕见,唯有慧光《大乘义律义章》一部疏释律部名相之作④;广释诸类名相者则不少,如道辨(生卒年不详)《小乘义章》六卷和《大乘义》五十章⑤,昙无最(生卒年不详)《大乘义章》⑥,法上《大乘义章》六卷⑦,宝琼(504—584)《大乘义》十卷⑧,慧远的《义章》也属于这一类著作。

《义章》全书十四卷,分教法、义法、染法、净法和杂法五聚(类),共二百四十九科(条),依佛学教、理、行、果的系统加以编

---

① 汤用彤:《汉魏两晋南北朝佛教史》,《汤用彤全集》第1卷,第426页。
② (后汉)严佛调《〈沙弥十慧章句〉序》云:"有菩萨者,出自安息,字世高。韬弘稽古,靡经不综,愍俗童蒙,示以桥梁……唯《沙弥十慧》,未闻深说。夫十者数之终,慧者道之本也,物非数不定,行非道不度……遂作《十慧章句》。不敢自专,事喻众彦,上以答道德,下以慰己志。"[(梁)释僧祐纂集,苏晋仁、萧炼子点校:《出三藏记集》卷十,第369页]
③ 竺昙无兰《〈三十七品经〉序》云:"又诸经三十七品文辞不同,余因闲戏,寻省诸经,搓采事备,辞巧便者,差次条贯,伏其位,使经体不毁,而事有同异者,得显于义……又以经之异同者注于句末也。"[(梁)释僧祐纂集,苏晋仁、萧炼子点校:《出三藏记集》卷十,第371页]
④ (唐)释道宣:《续高僧传》卷二十一《慧光传》,《大正藏》第50册,第608页上。
⑤ (唐)释道宣:《续高僧传》卷六《道辩传》,《大正藏》第50册,第471页下。
⑥ (唐)释道宣:《续高僧传》卷二十六《昙无最传》,《大正藏》第50册,第624页下。
⑦ (唐)释道宣:《续高僧传》卷八《法上传》,《大正藏》第50册,第485页下。
⑧ (唐)释道宣:《续高僧传》卷七《宝琼传》,《大正藏》第50册,第479页下。

排。教法聚半卷共三科，胪列大小二乘教相以及三藏十二部经等教相；义法聚合三卷半分四卷半共二十六科，论述佛学的基本教理；染法聚合四卷分六卷共六十科，论述佛学"行法"中"染法"的原因与结果（惑、业、苦）；净法聚合十二卷分十五卷共一百三十五科，论述佛学"行法"中"净法"的因行（六度万行）与果德（佛德）；"杂法聚"二十五科已不存①，当是论述非关教理一类名相，于慧远的佛学系统无损。同时，《义章》贯通了慧远所立"立性宗""破性宗""破相宗""真实宗"的四宗判教理论，义有所宗，是慧远最为重要的系统著作，也是我们研究慧远思想最主要的依据。

以上著作现存本的卷帙多较经录所载为多，是因为这些著作大多经过了多次的编辑，但关于历次编辑的具体情况，我们已不得而知了。

二、慧远著作的撰著时间

慧远著作的撰著时间，由于年代久远，加上相关文献难征，已经难以确考，我们仅能就有限文献进行力所能及的推断。

古代佛教大德所传著作，多非一气呵成写就的专著，而是在讲经说法记录的基础上整理、修订而成，慧远的著作亦不例外。道宣就说，慧远"长在讲肆……随讲出疏……并勒为卷部，四字成句"。因此，慧远从何时开始讲经，对确定其著作的成书时间极关紧要。

慧远创讲佛经的时间，道宣有这样的记载："七夏在邺，创讲《十地》。"Kenneth K. Tanaka 将此语理解为慧远到邺城七年后（545）开讲《十地经论》②，佐藤哲英先生则解为慧远从学法上七年之后（552）才首

---

① "杂法聚"的卷数不能判定，因为《义章》现存本的卷数为道宣之后编定。
② Kenneth K. Tanaka, *The Dawn of Chinese Pure Land Buddhist Doctrine*, State University of New York Press, 1990, p. 32. Kenneth K. Tanaka 在这里一方面说此书为慧远从泽州到邺城七年后开始成书，另一方面又说此书成于540年至548年间，不知何故如此。

讲此《论》①，笔者以为如此理解"七夏"均失详察。

为辨明此问题，这里有必要先疏清道宣所谓"夏"这一概念。"夏"又称"结夏""坐夏"或"坐腊"，本指僧人每年夏天安居。玄奘（600—664）《大唐西域记》云："印度僧徒，依佛圣教，坐雨安居，或前三月，或后三月。前三月当此从五月十六日至八月十五日，后三月当此从六月十六日至九月十五日。前代译经律者，或云坐夏，或云坐腊，斯皆边裔殊俗，不达中国正音②，或方言未融，而传译有谬。"③ 因僧人每年安居皆在夏天，故中国僧人称为"结夏"或"坐夏"；又因每年安居只有一次（旧律为前三月，新律为后三月），故安居一次称为一夏；复因今年"结夏"后要待明年才再次结夏，类似中国人度岁末之"腊月"，故汉传佛教僧众又称"结夏"为"坐腊"。后佛教界遂普遍以"夏"或"腊"代表僧众出家后的僧龄。赞宁《大宋僧史略》卷下云："所言腊者，经律中以七月十六日是比丘五分法身生来之岁首，则七月十五日是腊除也。比丘出俗，不以俗年为计，乃数夏腊耳。"④ 道宣《续高僧传》卷五《智藏传》云："太宰文宣王建立正典，绍隆释教，将讲《净名》，选穷上首。乃招集精解二十余僧探授符策，乃得于藏年腊最小，独居末坐。"⑤ 此处之"腊"即为此义。此乃一般用法。

"夏"或"腊"还有一特殊含义，即专指出家人受具足戒后所具有的戒龄。《毘尼母经》卷六云：

> 从无腊乃至九腊，是名下座；从十腊至十九腊，是名中座；从二十腊至四十九腊，是名上座；过五十腊已上，国王、长者、

---

① 参见〔日〕佐藤哲英：《净影寺慧远とその无我义》，《佛教学研究》第32—33号。
② 文中的"中国"指当时中印度（参见季羡林等：《〈大唐西域记〉校注》卷二，北京：中华书局1985年版，第169页）。
③ （唐）释玄奘述，释辩机撰：《大唐西域记》卷二，《大正藏》第52册，第876页上。
④ 《大正藏》第54册，第251页上。
⑤ 《大正藏》第50册，第465页下。

出家人所重,是名耆旧长宿。①

道宣《四分律删繁补阙行事钞》卷上之三《受戒缘集篇》论及和尚剃度弟子应具备的资格时说:"(戒)和尚德者,差互不同,律中所列有百三十余种,十夏一种必须限定……故九夏和尚受戒得罪。"②又云:"比丘五腊不满度弟子,知非而度,犯堕;若已得五夏,为受大戒作证人及作威仪师;七夏已去,得为作羯磨阇梨。"③因僧人于二十岁前出俗,一般皆在二十岁时受具足戒,故知此中的"僧腊""僧夏"皆指此义。

据此,具体到慧远,笔者以为"七夏在邺,创讲《十地》"一语,不应当理解为慧远从泽州到邺城后的七年(545),因为此时他正在从昙隐研习律藏,尚未从法上受业慧学,难以开讲。此其一。其二,道宣叙其开讲佛经亦在师从法上之后,文云:"末专师上统,绵贸·七年,回洞至理,爽拔微奥;负笈之徒,相谊亘道;讲悟继接,不略三余;沐道成器,量非可算。"由此,笔者以为推断慧远在受具足戒七年、从学法上三年后(549)首次讲《十地经论》更为合理。因之,如果我们说慧远的著作成书于550年以后,当不会有大错。

至于其著作的具体成书情况,可以说大多数都经过他及其弟子漫长的整理和修订方成定本。如《〈涅槃〉义记》,慧远曾说:"初作《〈涅槃〉疏》讫,未敢依讲,发愿乞相,梦见自手造塑七佛、八菩萨像,形并端峙……觉后思曰:'此相有流末世之境也。'乃广敷之。"因慧远至迟在北齐后主高纬(565—576年在位)武平三年(572)已开始宣讲此经④,故可以肯定慧远著作中少有的这部先作后讲之作成书

---

① 《大正藏》第24册,第835页上。
② 《大正藏》第40册,第25页下。
③ 《大正藏》第40册,第25页下。
④ 参见冯焕珍:《净影寺慧远的行持、著述及其显实宗》,《中华佛学学报》第十五期,第195页。

较早。但开皇七年他到长安之后,其弟子善胄(550—620)还对此书进行了修改,并经他本人同意流通京邑:"远制《涅槃》文疏,而胄意所未弘,乃命笔改张,剖成卷轴,凿深义窟,利宝罔遗……远乃从之。"① 叶奕苞(生卒年不详)《金石录补》卷十九所载"大唐峡石寺远法师碑"后自有按语云:"公修《〈涅槃〉义疏》绝笔,后人称为绝笔台,台在峡石寺中。"② 若此记载属实,则表明今传慧远《〈涅槃〉义记》是经过多人长期修改而成的。

《义章》与其他著作亦如此。慧远在其他著作中每有"具如别章""广如别章,此应具论""义如别章,此应具论""广如别章""义如别章""如别章释""如别章说"等语。据统计,现存慧远其他著作中此类用语出现次数如下:《〈涅槃〉义记》32次,《〈维摩〉义记》39次,《〈胜鬘〉义记》6次,《〈寿经〉疏》8次,《〈观经〉疏》9次,《〈十地〉义记》38次,《〈地持〉义记》19次(包括笔者考定残本内之八次)。③ 但我们仍不能贸然断定《义章》作于其他著作之前,因为此书援入了《摄大乘论》的思想④,而慧远听受此论已是其晚年之事了。更合理的解释是,他与其弟子一直在修订自己的著作,一方面在《义章》中补入其晚年所得新学,另一方面于其他著作的相关上下文里补入请读者参考《义章》的提示语。唯传本《〈地持〉义记》卷五之下论种性位以上修行者成佛所需时间时,中有"此解者好与《摄论》同"一语⑤,可推定此书著于慧远研习《摄大乘论》之后。日本鹤见良道先生据《续高僧传》慧远本传、慧远《〈胜鬘〉义记》的科判

---

① (唐)释道宣:《续高僧传》卷十二《善胄传》,《大正藏》第50册,第519页中。
② 《丛书集成初编》第1520册,第176页。
③ 参见〔日〕佐藤哲英:《净影寺慧远とその无我义》,《佛教学研究》第32号,第100—101页。佐藤先生自然未能计入笔者考定的《〈地持〉义记》残本中的8次。
④ 如其中重要条目之一《八识义》就深受真谛译《摄大乘论》影响(《义章》卷三末《八识义》,《大正藏》第44册,第524页中至541页中)。
⑤ 《大日本续藏经》第1辑第61套第3册,第234页正下。

以及《〈涅槃〉义记》《〈维摩〉义记》的分章观，推定慧远撰著此三书的次序如下：《〈胜鬘〉义记》→《〈涅槃〉义记》→《〈维摩〉义记》。① 然依笔者的考察，其推定只能适用于这些书初次成书的时间。

依据上面的考察，我们可以大致列出慧远著作成立时间的先后顺序如下：《〈十地〉义记》→《〈涅槃〉义记》→《〈法华经〉疏》→《〈金刚般若经〉疏》→《〈维摩〉义记》→《〈胜鬘〉义记》→《〈寿经〉疏》→《〈观经〉疏》→《〈温室〉义记》→《〈仁王经〉疏》→《〈金光明经〉义疏》→《〈金刚般若论〉疏》→《〈地持〉义记》→《义章》→《〈起信论〉疏》。

三、慧远著作的真伪问题

日僧永超（生卒年不详）著有《东域传灯目录》，该录中录载有《法性论》一卷和《阿毗昙章》二卷，并于两书题下皆署名"远（法）师"撰。胜又俊教先生据此将前者系于净影寺慧远名下，佐藤哲英和廖明活先生沿袭此说，笔者认为这种看法疏于检视。② 窃以为《法性论》不是净影寺慧远而是东晋庐山慧远（334—416）之作，理由是：一方面，道宣《续高僧传》及其他经录皆未录载慧远有此两书；另一方面，隋法经（生卒年不详）《众经目录》卷六载《法性论》二卷，即署名为庐山慧远撰，而慧皎（497—554）亦谓庐山慧远撰有《法性论》一书，唯未标明卷数而已③。二卷《阿毗昙章》恐亦非净影寺慧远所作，因为他虽然深谙毗昙学，但古代所有佛教的经录和史传都未记

---

① 〔日〕鹤见良道：《慧远の著作における〈胜鬘义记〉撰述の前后关系考》，《印度学佛教学研究》1979年，第28卷，第2号。
② 参见〔日〕胜又俊教：《佛教における心识说の研究》，第667页；〔日〕佐藤哲英：《净影寺慧远とその无我义》，《佛教学研究》第32—33号；廖明活：《净影慧远思想述要》，第14页。
③ 慧皎《高僧传》卷六《慧远传》云："远乃叹曰：'佛是至极，至极则无变，无变之理岂有穷耶？'因著《法性论》，曰：'至极以不变为性，得性以体极为宗。'"（《大正藏》第50册，第360页上）

载他有此一作品。此其一。其二，从慧远佛学所宗而言，他也不太可能专为毗昙学造章疏。笔者以为，此书可能为与净影寺慧远同时的益州慧远（生卒年不详）所作，此慧远本以毗昙学命家，道宣论及此人时即有云："远于京师听得《阿毗昙论》、《迦延》、《拘舍》（即《俱舍论》）、《地持》、《成实》、《毗婆沙》、《摄大乘》，并皆精熟。还益州讲授，卓尔绝群，道俗钦重。"① 益州慧远既以毗昙学命家，则极有可能造此《章》，唯道宣亦未说他撰有该书，故这里只是一种推测而已。但无论如何，不贸然将此书系于净影寺慧远名下当为明智之举。

在慧远现存所有著作中，《〈起信论〉疏》和《〈地持〉义记》两部著作存在着真伪问题。②

先论《〈起信论〉疏》。此书在日本很早就遭到怀疑，如长泉院的普寂（生卒年不详）在其所著《〈起信论〉要决》中已有此论。③ 此后又有望月信亨（1869—1948）等人质疑④。怀疑者理由有四：一是道宣在《慧远传》中未提及此书；二是依道宣说，慧远著作的行文特色是"四字成句"，而《〈起信论〉疏》行文并非如此；三是此书未像慧远其他著作一样使用"广如别章""义如别章"等提示读者参考《义章》的话语；四是此书中出现了"远法师解"一语。⑤

---

① （唐）释道宣：《续高僧传》卷二十八《惠恭传》，《大正藏》第 50 册，第 686 页下。
② 有学者认为慧远的《义章》是在参考法上《增一数法》的基础上成书的（参见 Kenneth K. Tanaka, *The Dawn of Chinese Pure Land Buddhist Doctrine*, p. 31），这毋庸置疑，但从慧远的其他著作可以肯定，法上的思想已被慧远融摄了，故《义章》不存在真伪问题。
③ 参见〔日〕汤次了荣著，丰子恺译：《〈大乘起信论〉新释》，台北：天华出版公司 1981 年版，第 8 页。
④ 参见梁启超：《〈大乘起信论〉考证》，张曼涛主编：《现代佛教学术丛刊》第 35 册，台北：大乘文化出版公司 1978 年版，第 13—82 页。欲较详细地了解此一问题，请参阅该书。而欲了解关于此一问题的最新成果，则请参阅〔日〕柏木弘雄：《〈大乘起信论〉的研究》，东京：春秋社 1991 年版。
⑤ 有关慧远此书的真伪问题，亦请参阅〔日〕吉津宜英：《慧远〈大乘起信论义疏〉的研究》，《驹泽大学佛教学部研究纪要》第 34 号，1976 年；Kenneth K. Tanaka, *The Dawn of Chinese Pure Land Buddhist Doctrine*, p. 31。

上述怀疑并非没有道理，但凡此种种皆不足以构成否定性结论的充分条件。"道宣未提及慧远著有此书"本不成为一个重要证据，因为这一证据具有效性的前提是证明道宣提及的著作为慧远的全部著作，而这一点恰恰得不到证明。事实正相反，道宣在列举慧远著作时明文说："《维摩》《胜鬘》《寿》《观》《温室》等，并勒为卷部。"此一"等"字，在道宣的用语习惯中往往意味着未穷尽所列举对象，这种情况在《续高僧传》中颇为寻常。

"此书行文非道宣所谓'四字成句'"亦难以成为强力证据。一部著作要怎样才算得上"四字成句"？每一个句子都必须四字才堪此称？若如此，则慧远不能满足此一要求的著作不止《〈起信论〉疏》一部；若相当部分句子为四字即可叫作"四字成句"，则此书亦不可遽然拒于慧远门外。

第三条是最有力的文证，但亦可从另一个角度加以消解。慧远的著作由讲经而出疏而成卷帙，既经过他及其弟子的长期整理与修订，则隐含着一种可能性，即他未及修订《〈起信论〉疏》便告迁化，而其弟子又不能擅自改动尊师之作（这对宗教信徒来说是理所当然的事情），因此使得此书不似慧远的其他著作那般注有提示读者参考《义章》的话语。这一推断亦可说明为什么该书未能像其他著作那样以"四字成句"。①

今本《〈起信论〉疏》中确有"远法师解"一语，原文为："又远法师解'云何起净法不断'者，此文早著。"②依此语语气判断，此语极有可能是慧远宣讲《〈起信论〉疏》时向听受者解释此《疏》先成书部分的话，而为听受者记录下来。后来，随着《〈起信论〉疏》被不断传抄，加上慧远生前未能整理、修订，此语便渐渐混入正文之中

---

① 这一点已为廖明活先生指出（参见廖明活：《净影慧远思想述要》，第15页）。
② 《〈起信论〉疏》卷下之上，《大正藏》第44册，第192页中。

了。①此类情况在南北朝文献中亦非仅见，如著名的《洛阳伽蓝记》，唐代史家刘知幾（661—721）说杨衒之写成此书后自为子注（注列行中，如子从母）②，但不知从何时起就文注混同了，后经过几代人的细心分疏方才粲然可观③，故最后一条证据亦难成为强证，Kenneth K. Tanaka 仅凭此证就否认慧远作为该书作者，实在是很难说服人的④。

笔者还可以提供一些证据，证明我们不能轻易怀疑该书的真实性。首先，关于隋唐史传、经录阙载问题。道宣只字未提慧远此书已如前论，即便隋唐其他史传、经录没有录载此书亦不足为奇。隋唐时代的佛教史家们，或许基于一种原典至上的立场，在其所著经录中往往主要收录译自印度的经、律、论三藏，对中土著作则甚少关注，高丽大觉国师义天（1055—1101）在序其编撰《义天录》的旨趣时就深有感触地说：

> 开元中，始有大法师，厥名智升，刊落讹谬，删简重复，总成一书，曰《开元释教录》，凡二十卷，最为精要。议者以为，经法之谱，无出升之右矣，住持遗教莫大焉。予尝以为，经论虽备，而章疏或废，则流行无由矣。辄效升公护法之志，搜访教迹以为己任。⑤

但最迟至宋代，日本、高丽诸经录已将该书归于慧远名下了，如录载

---

① 参见〔日〕吉津宜英：《慧远〈大乘起信论义疏〉的研究》，《驹泽大学佛教学部研究纪要》第 34 号。
② （唐）刘知幾：《史通》卷五《补注篇》，影印《四部精要》第 11 册，载浦起龙笺《史通通释》本，上海：上海古籍出版社 1993 年影印版，第 930 页上。
③ 参见范祥雍：《〈洛阳伽蓝记〉校注》所载《例言》及《附编》二，上海：上海古籍出版社 1958 年版。
④ Kenneth K. Tanaka, *The Dawn of Chinese Pure Land Buddhist Doctrine*, p. 216.
⑤ （高丽）义天：《〈新编诸宗教藏总录〉序》，《大正藏》第 55 册，第 1165 页下。

该书的《华严宗章疏》（日僧圆超录）成书于914年，相当于我国后梁乾化二年；义天的《义天录》成书于高丽宣宗八年（1091），相当于我国北宋元祐六年。此等经录的可靠性是不能轻视的。

其次，许多学者已见及该书与慧远其他著作在内容上的一致性①，这里不妨再提供几条具体的证据：其一，慧远疏释经论，每于开篇揭明该经论所属教藏为声闻藏还是菩萨藏②，《〈起信论〉疏》亦有同样文字："一化所说，教虽众多，要唯有二：一者声闻藏，二者菩萨藏。教声闻法名声闻藏，教菩萨法名菩萨藏。"③如果说这类判教语言并非慧远一人能说，其用语与慧远其他著作中相关文字的高度一致性亦足以惊人。其二，深入思想层面，可见《〈起信论〉疏》亦与慧远其他著作的思想完全一致。兹姑举三例，以明所论。例一："离相空"与"离性空"。《〈起信论〉疏》论及《大乘起信论》"非自相"句义时云："言离相者，犹如醍醐，湛然满器，而无青黄赤白之相，亦如众生心识，无大小长短等相。真法亦尔，故名离相也。言离性者，无别守自性，万法之外，常体叵得，故名离性。"④这段文字与《〈涅槃〉义记》中相同内容的文字几乎完全一致。⑤例二："烦恼障"与"所知障"。《〈起信论〉疏》云："障乃无量，取要言之，凡有二：一者烦恼障；二者智障。此二障义，有三番释：一者四住烦恼为烦恼障，无明住地以为智障。二者五住性结为烦恼障，事中无知以为智障。无明有二：一迷理无明；二事无知。迷理无明是性结也。三者五住性结及事无知同为烦恼障，分别缘智以为智障。"⑥例三："真如之用"。《起信论》有

---

① 汤次了荣即云："要之，此（指《〈起信论〉疏》）与隋慧远师的大著《大乘义章》的说法完全符合，故可说是真撰。"（〔日〕汤次了荣著，丰子恺译：《〈大乘起信论〉新释》，第8页）
② 详见《〈涅槃〉义记》卷一上，《大正藏》第37册，第613页上；又见他所著其他经论注疏卷首。
③ 《〈起信论〉疏》卷上之上，《大正藏》第44册，第175页上。
④ 《〈起信论〉疏》卷上之上，《大正藏》第44册，第181页下。
⑤ 详见《〈涅槃〉义记》卷六，《大正藏》第37册，第759页中。
⑥ 《〈起信论〉疏》卷上之下，《大正藏》第44册，第188页下。

"真如具体、相、用三大"之说，关于其用大，《〈起信论〉疏》云："言用大者，用有二种，一染二净。此二用中，各有二种，染中二者：一依持用；二缘起用。依持用者，此真心者，能持妄染，若无此真，妄则不立。故《胜鬘》云：'若无藏识，不种众苦识，七法不住，不得厌苦，乐求涅槃。'言缘起用者，向依持用虽在染中，而不作染，但为本耳。今与妄令缘集起染，如水随风集起波浪，是以《不增不减经①》言：'即此法界轮转五道，名为众生。'染用如是。净用亦有二种：一者随缘显用；二者随缘作用。言显用者，真识之体本为妄覆，修行对治，后息妄染。虽体本来，净随缘得，言始净显也。是故说为性净法佛，无作因果，是名显用……言作用者，本在凡时，但是理体，无有真用，但本有义，后随对治，始生真用。是故说为方便报佛，有作因果。"②上述两例所涉皆为慧远的重要思想，《〈起信论〉疏》所说不仅在思想上与慧远其他著作的相关论说完全一致，而且在语言表达上也几乎全然无二。③因此笔者以为，在没有更新、更具决定性的文献证据之前，还是不要将其排拒斥在慧远著作之外为好。

再观《〈地持〉义记》。《〈地持〉义记》是慧远最称心的著作之一，据说他制成此疏后即做一祥瑞之梦，自谓此梦象征"所撰文疏颇有顺化之益"。此书传本长期只有三卷，本无真伪问题，但笔者近读台湾新文丰出版公司影印的《敦煌宝藏》④，欣然发现其中题名为《〈地持〉义记》的 P.2141 号卷子（以下称敦煌本《义记》）正是慧远《〈地持〉义记》的一部分⑤，窃以为这是关于慧远文献的一个重要发现，当

---

① 经，原文误作"解"，径改。
② 《〈起信论〉疏》卷上之上，《大正藏》第 44 册，第 179 页上至中。
③ 参见《义章》卷五（本）《二障义》，《大正藏》第 44 册，第 561 页下；又《义章》卷三《八识义》，《大正藏》第 44 册，第 530 页上至中。
④ 黄永武主编：《敦煌宝藏》，台北：新文丰出版公司 1986 年版。
⑤ 参见黄永武主编：《敦煌宝藏》，第 115 册。此残卷已被收进《大正藏》第 85 册，第 947 页下至 962 页上。

然有必要加以考论。这里，笔者据刊布于《法藏敦煌西域文献》中的 P.2141V⁰ 缩微胶片为本加以考订。①

敦煌本《义记》共有 35 张胶片，书写于 P.2141 号残卷《〈大乘起信论〉略述》背面。残卷卷首残缺，卷尾完整；正文每页 31 行，每行 31 字，共计 813 行，约 25200 字；文尾顶格题"《〈地持〉义记》卷第四"七字，明确表明该抄本的题名和卷帙；"沙门善意抄写受持，流通末代"的尾记，透露了抄写者的简单信息。

关于敦煌本《义记》的抄写年代，由于抄写者善意不见史传记载，我们暂时不能从这个角度加以判定。虽然如此，但我们可以据《〈大乘起信论〉略述》的抄录时间来确定敦煌本《义记》的抄录上限。《〈大乘起信论〉略述》为昙旷法师依其《〈大乘起信论〉广释》节略而成，前者署名"建康沙门昙旷"，后者署名"京西明道场沙门昙旷"，因知两个昙旷实为一人。昙旷法师颇多著述，除前述两书外，尚有《〈金刚般若经〉旨赞》《〈大乘百法明门论〉开宗义记》《大乘入道次第开决》等。这些著作都由日本佛学专家从敦煌遗书中发现，并经识读、录文而收录于《大正藏》第 85 册之中。我们不知道这位昙旷是否即慧满禅师贞观十六年（642）在洛州见到的昙旷法师②，但《〈大乘起信论〉略述》卷上末"宝应二载九月初于沙州龙兴寺写讫"③的尾记明确告诉我们，该残卷抄写于唐代宗宝应二年，即公元 763 年。由此我们可以推知，敦煌本《义记》抄写年代不早于 763 年，是属于中唐时期的写本。

至于敦煌本《义记》的抄写形式，据"善意抄写受持，流通末代"

---

① 上海古籍出版社、法国国家图书馆编：《法藏敦煌西域文献》第 6 册，上海：上海古籍出版社 1998 年版。
② 道宣说："贞观十六年，（慧满禅师）于洛州南会善寺侧宿栢墓中，遇雪深三尺，其旦入寺，见昙旷法师。"[（唐）释道宣：《续高僧传》卷十六《慧可传》，《大正藏》第 50 册，第 552 页下］
③ 《大正藏》第 85 册，第 1105 页上。

的尾记可知,善意不仅为自己受持抄写,也为"流通末代"抄写,因此他的抄写形式不是要抄(只抄写受持者认为重要的文字),也不是节抄或略抄(节略受持者需要的文字),而是对抄(对照原文照抄)。这一点,我们可以从敦煌本《义记》在书写形态上的如下特点中看出来:(一)敦煌本《义记》用行楷书体抄写,除去提高抄写速度的考虑,应该还有保证文字清晰度的目的;(二)文中不同段落都顶格起抄,同段落中凡独立法义都有整齐划一的空格,这应该都是遵循原本书志的体现;(三)文中凡是抄写错误的地方,抄写者善意都一一加以改正,这更应该是为了保证抄本与原本一致的体现。由此我们可以断定,敦煌本《义记》是一个非常接近原本的抄本。

敦煌本《义记》的作者是谁呢?笔者认为是慧远。其理由如下:

第一,敦煌本《义记》与慧远其他著作的文体具有高度一致性。我们都知道,道宣特别提到慧远行文好用"四字成句"的经文体[①],他的传世著作确实多具这个特点。考敦煌本《义记》的这一特点也相当突出,例如下文:

> 自下第三,就性无常,观察同时,同体四相,以同体相,显性无常。还初明法,后辨观行。法中初略,后广显之。就前略中,"此四有为,略说有二",牒以举数,牒上前后,异时四相,就之以辨,同体四相。同体相中,要摄为二,前三为一,灭相为一,故有二也。此二遍通。前四相中,"有性无性",列其名字。

这里只是依经文体标点法列举一段(后面录文不必取此标点法),实际上敦煌本《义记》通篇都可依"四字成句"的经文体来标点。

---

① 道宣说,慧远"随讲出疏,《地持疏》五卷、《十地疏》七卷、《华严疏》七卷、《涅槃疏》十卷,《维摩》《胜鬘》《寿》《观》《温室》等,并勒为卷部,四字成句,纲目备举,文旨允当,罕用拟伦"[(唐)释道宣:《续高僧传》卷八《慧远传》,《大正藏》第50册,第491页下]。

第二，敦煌本《义记》多次出现慧远著作中大量使用的提示读者参考其《大乘义章》相关法义的提示语。慧远的《大乘义章》是一部佛教百科全书式的著作，道宣对之赞誉有加，称"佛法纲要尽于此焉"①。慧远对这部著作甚为得意，每每在其经论注疏中涉及《大乘义章》罗列的法义时，都要提示读者参考其中的相关条目，例如《〈大般涅槃经〉义记》（42次）、《〈维摩经〉义记》（35次）、《〈无量寿经〉义疏》（8次）、《〈观无量寿经〉义疏》（8次）等莫不如此，只有《〈大乘起信论〉义疏》才未提及此书。敦煌本《义记》亦然。该残卷篇幅大约二万五千二百字，其中却有不少这类提示语，例如在论及"道品""八戒斋""陀罗尼""三三昧""优檀那""无常""二无我""涅槃"等法义时，就有"义如别章""广如别章""广如别章，此应具论""义如别章，此应具论"等提示读者参考《大乘义章》的提示语八次，不可谓不多。

考当时撰有类似《大乘义章》类著作者，除慧远之外，还有道辩、昙无最、法上、宝琼、慧觉②、灵裕③等人，但道辩、昙无最和宝琼没有撰写《〈地持〉义记》，因此他们三人都不可能是敦煌本《义记》的作者；慧光撰写的《大乘义律义章》是专门条释戒律名相的作品④，也不可能是敦煌本《义记》的作者；既撰《大乘义章》也撰《地持论》疏者有法上和灵裕两人，但法上著作仅存残篇⑤，灵裕著作至今未有发现，我们很难设想他们关于《地持论》的著述与慧远的《大乘义章》如此协调一致，最多可以推定慧远的著作中继承了其业师法上的不少思想。

更重要的是，两书的相关内容存在着相互呼应、互为补充的关系。

---

① （唐）释道宣：《续高僧传》卷八《慧远传》，《大正藏》第50册，第491页下。
② 参见（唐）释道宣：《续高僧传》卷十二《慧觉传》，《大正藏》第50册，第521页上。
③ 参见（唐）释道宣：《续高僧传》卷九，《大正藏》第50册，第497页下。
④ 参见（唐）释道宣：《续高僧传》卷二十一《慧光传》，《大正藏》第50册，第608页上。
⑤ 迄今可确知的法上著作，只有《敦煌宝藏》S.2741号《〈十地经论〉义记》写本残卷（收入《大正藏》第85册，第762页中）。

例如敦煌本《义记》解释"陀罗尼"时说:"陀罗尼者,是外国语,比翻名持,持法不妄,故名为持",名"有四数也,细分无量,一门说四。名中应先广释其义,义如别章"。《大乘义章》陀罗尼条释名说:

> 四陀罗尼,出《地持论》。陀罗尼者,是中国语,此翻名持,念法不失,故名为持。持别不同,一门说四。四名是何?一、法陀罗尼;二、义陀罗尼;三、呪术陀罗尼;四、忍陀罗尼。①

敦煌本《义记》接着阐述陀罗尼法义道:

> 此四犹是闻、思、修、证。法谓闻慧,能持教法;义谓思慧,能持诸义;言"呪术"者,修慧用也,以得禅定,修慧自在,能用呪术,呪术不妄,故名呪术陀罗尼也;忍谓证智,证心安法,故名为忍。正如同一人对相同法相的具体阐明。

《大乘义章》相应说:

> 次约闻、思、修、证分别。四中初一是其闻慧,持教法故;第二义持是其思慧;第三呪术依禅而起,摄末从本,是其修慧,一切禅定修慧摄故;第四忍持是其证行,证心住理,说为忍故。②

两书论述同一法义时思想如此衔接一致,自然是一个不容忽视的证据。

第三,敦煌本《义记》的遣词造句与慧远其他著作如出一人之手。这一点,我们只要看看有关"三苦"的文字即可一目了然。《义章》"四优檀那义"条云:

---

① (隋)释慧远:《大乘义章》卷十一,《大正藏》第44册,第685页上。
② (隋)释慧远:《大乘义章》卷十一,《大正藏》第44册,第685页下。

苦义有三，所谓苦苦、坏苦、行苦。辨此三苦，略有四门：一、对缘分别；第二、约缘就体分别；三、约三种无常分别；四、诸过相显。言对缘者，缘别内外，内谓自心；外者，所谓刀杖等缘。外中复二，一违二顺。违者，所谓刀、杖等事，一切苦具；顺者，所谓己身、命、财、亲戚之类。苦缘别如是。从彼违缘而生苦者，名为苦苦。刀杖等缘，能生内恼，从其所生，说名为苦；从苦生苦，故云苦苦。从彼顺缘离坏生恼，名为坏苦。内心涉境，说名为行，缘行生厌，厌行生苦，故云行苦。第二约就体别者，心性是苦，依彼苦上加以事恼，苦上加苦，故云苦苦。就斯以论，向前三苦，至此门中，通名苦苦，谓性苦上加前苦苦、坏苦、行苦，通名事恼。有为之法念念生灭、无常败坏，故名坏苦。即此有为，迁流名行，行性不安，故云行苦。言约三种无常别者，就彼三世分段无常宣说苦苦：心性是苦，于此苦上加彼三世分段粗恼，名为苦苦；又以三世分段粗苦显法性苦，亦名苦苦。就念无常宣说坏苦，即是向前第二门中行坏两苦，至此门中同为坏苦。就彼自性不成无常宣说行苦，同体四相共相集起，目之为行；虚集之行，体无自性，行性无安，故名行苦。所言诸过互相显者，过有三种，谓苦、无常及与无我，以苦显苦，名为苦苦，此以事苦显有为法性是苦也；无常故苦，名为坏苦；无我故苦，名为行苦，以法无我，因缘虚集，故云行也。①

敦煌本《义记》论及同样法义时云：

三苦之义，解有四种：一、约缘分别。缘别内外，内心涉求，名之为内；刀杖等缘，说以为外。外有违顺，刀杖等违，己身、

---

① 《大正藏》第 44 册，第 509 页中。

命、财、亲戚等顺。外中违缘能生内总（据文义总当作"苦"），名之为苦。从斯苦缘，生于心苦，从苦生苦，故名苦苦。从彼顺缘离坏生苦，名为坏苦。内心涉求，名之为行，厌行生苦，故名行苦。第二、就体约缘分别。心性是苦，于此苦上加以事总（据文义总当作"苦"），苦上加苦，故名苦苦。如何等苦？如前门中，对缘三苦，通名苦苦；有为之法念念迁流，无常灭坏，迁流不安，名为行苦；无常灭坏，名为坏苦。三、约三种无常分别。以彼三世分段粗苦显法细苦，名为苦苦。彼念无常迁流灭坏，名为坏苦。彼性无常同体四相因缘虚集，名之为行；虚集之行，体无常性，行性无安，故名行苦。四、诸过相显，彼苦、无常及与无我互相显示。于此三中，以苦显苦，名为苦苦，谓以粗苦显于细苦。无常显苦，名为坏苦。无我显苦，名为行苦，虚集之行性无安故。

两个文本对于"三苦"的论说，不仅思想完全一致，而且用语也大致相同。其间各门排列的顺序有所差异，我以为这是《义章》与《义记》的体式不同所致：先总释名相，后分别对各门一一进行解释，这是《义章》的一贯体式；《义记》随文出解，故直接予以论列。因此，这一差异并不影响其相同性。

当然，如同池田将则教授所说，"我们不能简单地从内容的共通性上就去判断其是否属于慧远的著述"[①]，因为同属地论学派的其他人也可能拥有与慧远一样的思想，甚至可能与慧远用相同的文体或用语来表达其思想。但我们还有另外一个证据，这就是敦煌本《义记》与传本慧远《〈地持〉义记》在文本结构上的衔接性。敦煌本《义记》文末题"《〈地持〉义记》卷第四"，提示我们此文属于《〈地持〉义记》

---

① 青木隆、荒牧典俊、池田将则、金天鹏、李相旻、山口弘江编纂：《藏外地论宗文献集成续集》，首尔：图书出版CIR 2013年版，第231页。

的第四卷。传本慧远《〈地持〉义记》卷帙有本末之分，第四卷现存上卷，疏释的论文始于《菩萨地持经》卷六《方便处慧品》，终于卷七《方便菩提分品》中"菩萨菩提具"开章，即"自下第三明菩提具，先问后释。释中初举，次列两名，后指前说，下辨优劣"等语。

依传本慧远《〈地持〉义记》卷四上所述可知，慧远将《菩萨地持经》卷七《方便处菩提品分》的主体内容归纳为菩萨如说修行的十一个法门，即"一、明四依；二、四无碍；三、菩提具；四、明道品；五、明谛观；六、明止观；七、明巧便；八、陀罗尼；九、明诸愿；十、三三昧；第十一门、明优檀那"①；而敦煌本《义记》起首所谓"发……下对释之。应先解释'道品'之义，然后释文"乃是属于解释第四门"道品"的文字，卷首所缺当是解释"菩萨菩提具"文字部分。考《菩萨地持经》原文，"菩提具"一义全文如下：

> 云何菩萨菩提具？当知二种：一、功德具；二、智慧具。此二种具，广说如《自他品》。又功德智慧具，菩萨初阿僧祇劫名为下，第二为中，第三为上。②

由此可知，敦煌本《义记》佚失的只有关于"菩提具"的疏文，分量并不多，两个文本间的衔接性是完全可以确定的。

上述几个证据合在一起，足可证明敦煌本《义记》是传本慧远《〈地持〉义记》卷四下的几乎全部文字。当我们确信慧远疏释《菩萨地持经》中从《初方便处菩提分品》到《次法方便处菩萨相品》整整三品论文的文字，竟然几乎完整地保存在敦煌遗书中时，确实感到非常庆幸。

---

① （隋）释慧远：《〈地持〉义记》卷四上，《大藏新纂卍续藏经》第39册，第225页中。
② 弥勒菩萨造，（北凉）昙无谶译：《菩萨地持经》卷七《持方便处菩提品》，《大正藏》第30册，第929页下。

通过对慧远著述的考察，我们发现，慧远一生用力最勤的经典以如来藏系统和唯识系统的经典为主，而这两个系统外的经典，他所措意者要么是当时盛弘的重要经典（如《华严经》《维摩诘经》），要么就是净土经典（如《无量寿经》《观无量寿经》），从中我们已能窥见其佛学的宗趣所在了。

第二章　归宗真识心的判教观

判教观即关于将佛陀教法整合进一个完整系统的根本观点，它可源于两个方面：（一）佛陀依四悉昙①说法，一方面契理，一方面则契机，既有机可契，教门就有不同，这就是为什么佛教中有所谓八万四千种种法门，但这需要加以解释；同时，大乘佛经传出后，教理的浅深有目共睹，教法的大小二乘、说法的方便究竟，也需要加以说明。（二）传统佛学本为一代代佛教信奉者和修行者基于其自身的佛教实践经验和佛典阅读经验传演而成，面对教法的大小二乘、方便究竟之说，他们都面临着如何将佛陀一代言教纳入一个一贯的系统中加以安排的问题。这在佛教信仰系统外的学者看来是尊己卑他之论，不甚可取，但对于佛教信仰系统内的佛学家来说则是理所当然的事情。

尽管判教这个概念出现于中国，但判教思想早在大乘佛经中就已经有所体现了，如《楞伽经》立顿渐二教，《华严经》明佛日三照，《涅槃经》倡法乳五味，《解深密经》说法轮三转，《法华经》建度人三车，实际上就是一种判教思想。不过，有学者已指出，印度佛教与中国佛教的判教有所不同：印度的判教，"从思想背景看，是以后出

---

① 四悉昙指佛依四种性质的文字（悉昙）说法，也可说是佛说法的四种方法：（一）第一义悉昙，谓佛依真谛（第一义）说法；（二）世界悉昙，谓佛随顺俗谛（世界）说法；（三）对治悉昙，谓佛为断除（对治）众生烦恼说法；（四）各各为人悉昙，谓佛为生起众生善法说法。[详参龙树造，（后秦）鸠摩罗什译：《大智度论》卷一，《大正藏》第25册，第59页中至下]

之义来统摄、批判前出之义"；中国佛教的判教，旨在将佛陀的各种教说加以融通，"融通之后，即见其不相碍，诸经典之间皆有桥梁可通"，因此这种判教的工作是"要形成一总持的智慧，以总持一切经典的价值"。①

在正面论述慧远的真识心缘起思想之前，我们有必要先弄清他的判教观，看看他是如何"总持一切经典的价值"，"形成一总持的智慧"的，从而显明并把握其佛学宗旨。否则，我们很容易被他所谓"名义俱同""名同义异""义同名异""名义俱异"等众多概念所迷惑，而无法明白他究竟是在什么意义上使用这些概念来表达其思想的。② 更重要的是，如果我们不首先确定其判教观，论述其具体思想就缺乏行文的基础。

慧远的判教观包括破与立两方面，破指他对当时中国佛教界的判教思想的评破，立指他自己建立的一乘教和四宗观。但要完整、全面、合理地理解慧远的判教观乃至他的其他一切思想，我们还得从他的法界观和方法论入手，只有这样才能纲举目张。

第一节　慧远的法界观与方法论

慧远的所谓法界即指真识心，他说："言'即是一法界'者，是一心也。"③ 这"一心"就是慧远所说的真识心（详细论证见下文）。他认为，真识心中的一切法具有总别同异成坏六相圆融的特点，这是其法界观的根本思想。以此为基础，他认为依此法界为本开出的佛法无不

---

① 霍韬晦：《佛教的现代智慧》，《现代佛学》，香港：法住出版社1998年版，第95—96页。
② 韩镜清先生就曾感叹说："慧远说话，漫不紧严。故依其义旨，用其材料，组成一比较系统的东西，实感困难。"（韩镜清：《净影八识义述》，载张曼涛主编：《现代佛教学术丛刊》第26册，第381页）韩先生的感叹，固然存在不能同情地理解慧远思想的问题，但确实反映出慧远讨论问题时立义角度过分烦琐和相对性太强等特点。
③ 《〈起信论〉疏》卷上之上，《大正藏》第44册，第180页上。

具有同样的特点，并由此建立起了一种总别圆融的方法论。为了清晰地理解慧远的六相圆融思想，我们不妨先对六相思想的起源与发展略加考察。

一、六相的名义

慧远之前，包含六相思想的华严类经典主要有两种：一是晋译《华严经》；二是菩提流支所译《十地经论》。但或许是因为译语的关系，慧远之前对六相就有两种互有差异的说法，晋译《华严经》译为总、别、有、无、成、坏六相①，而《十地经》则译为总、别、同、异、成、坏六相②。（唐译《华严经》和《十地经》与后者相同③）

世亲造《十地经论》时，发现《十地经》说法有一个特点：在论述菩萨修行十地法门时，每一地都以十句法义圆满其行德，而每一个十句皆具足总、别、同、异、成、坏六相，其中的第一句皆是标举行法总相，其他九句都是从不同角度论其别相。他说："一切所说十句中皆有六种差别相门……六种相者，谓总相、别相、同相、异相、成相、坏相。"④因此，世亲以为六相是《华严经》说法的方法。

六相的含义是什么呢？世亲以"入智慧地"一行为例给出了他的理解：

---

① 经中云："无分别诸波罗蜜所摄诸地所净生诸助道法，总相、别相、有相、无相、有成、有坏，一切菩萨所行诸地道及诸波罗蜜本行，教化一切，令其受行，□得增长。"[（东晋）佛陀跋陀罗译：《大方广佛华严经》卷二十三《十地品》，《大正藏》第9册，第545页中至下]

② 《十地经论》卷三所释经文中有云："又发大愿，所谓一切菩萨所行广大无量不杂诸波罗蜜所摄诸地所净生诸助道法，总相、别相、同相、异相、成相、坏相，说一切菩萨所行如实地道及诸波罗蜜方便业，教化一切，令其受行，心得增长故。"（《大正藏》第26册，第139页上）

③ 分别参见（唐）实叉难陀译：《大方广佛华严经》卷三十四《十地品》，《大正藏》第10册，第181页下；（唐）尸罗达摩译：《佛说十地经》卷一《菩萨极喜地》，《大正藏》第10册，第538页下。

④ 世亲造，（北魏）菩提流支译：《十地经论》卷一，《大正藏》第26册，第124页下至125页上。

> 总（相）者是根本入，别相者余九入，别依止本、满彼本故。同相者入故，异相者增相故。成相者略说故，坏相者广说故，如世界成坏。①

依此说，"入"指报身卢舍那佛以本愿力加持金刚藏菩萨，令其能入菩萨大乘光明三昧。论述此"入"的文共有十句，称十入。总相谓差别行德之德体，即经中卢舍那佛加持金刚藏菩萨令其所入的"智慧地"②，此为"根本入"；别相谓依此德体别开的差别行相，而所开出的差别行相又是为了圆满此德体，如十入中的其余九入依根本入开出而又圆满此根本入。同相谓各相同为一个目的，如各各差别的"入"相同为"入智慧地"；异相谓各差别相自有其义，且由浅入深地圆满总的行德，故是增相；成相谓各差别相义虽有别，然无不以智为体，同体无二，故称为略相；各差别相的体虽同一总相，然毕竟各有其自相，差别非一，故称为广相。

总之，十句行德之间体现为这样一种关系：就行德总相与别相的关系言，一方面，前者为本，后者是末，两者不能混同；另一方面，离总不成别，离别不成总，本末之间又不能判然两分。就各行德别相间的关系言，一方面，每一行德皆有其独特的相状与德用，故相互之间不能混然不分；另一方面，它们是本于总的行德，反过来又助成总的行德，故相互之间又融通无碍。

世亲依据《华严经》发掘出来的六相圆融思想，对地论学和后来的华严宗都产生了很大的影响。

---

① 世亲造，（北魏）菩提流支译：《十地经论》卷一，《大正藏》第 26 册，第 124 页下至 125 页上。

② 世亲曰："智慧地者，谓十地智。"〔世亲造，（北魏）菩提流支译：《十地经论》卷一，《大正藏》第 26 册，第 124 页下〕

二、慧远对六相思想的开展

世亲以六相圆融来疏释十地的思想，为南北朝研习《地论》的地论师普遍推重，慧远的业师法上在《〈十地经论〉义记》中疏释此论"一切所说十句中皆有六种差别相门"一句时即说道："此通释《十地》一部中皆有六种总别义也。"[①] 他在世亲的基础上对此思想做出了两方面的扩展：（一）他将世亲的六相思想具体化了。法上说：

> 一行为总，众行为别，总别俱融为同，总别差殊为异相，相证相顺为成，相违相背为坏。是总本入者，智慧地体也；别者九入也。依止本者，非本末则不立，非末本则不满，故云满也。九皆是入曰同，九入阶降名增，举一众无不统为略，历别而彰为广。[②]

法上皆依总别二相释同、异、成、坏四相，这是世亲不曾论及的。（二）他将世亲论述行德的六相圆融思想推展到了佛所说一期教法的关系上。他说："法蠡圆音，体是其融，一教一切教，一体一切体。教体既融，但举一教，无教不备，而无理不统。体含备周，无可缺然，以之为本；说本分疏，有众教之别，以之为末；虽复众教差别，教相处一，以之为同；对同众别，以之为异；理不自彰，为教所显，教成诠用，以为成；对分自立，互绝兴举，迭无姿成，以之为坏。"[③] 既然教体唯一，方便开出多门，则各教门当体与其他各门体现出总、别、同、异、成、坏的六相圆融关系。这同样是世亲的六相思想中未有之义。在法上那里，六相圆融思想已从理解菩萨十地行德圆融无碍的原则上升为理解佛陀一代时教中各门教法圆融无碍的普遍原理了。

---

① （北魏）释法上：《〈十地经论〉义记》卷一，《敦煌宝藏》S.2741号写本残卷；又见《大正藏》第85册，第762页中。
② 《大正藏》第85册，第762页中至下。
③ 《大正藏》第85册，第764页中。

慧远师承法上，亦特重世亲的六相思想，将它誉为"大乘之渊纲，圆通之妙门"①。虽然慧远的《〈华严经〉疏》未竟其功，其已成之七卷又为千年尘沙湮没，以致我们无缘见其妙论六相思想的全貌，然其《义章》中专门设有《六种相门义》一章，其残存的《〈十地〉义记》中与六相义相关的内容也未成劫灰，故我们仍可窥其六相思想之一斑。②

从慧远现存有关六相义的文献看，他在法上的基础上对六相圆融思想作出了三个方面的推展。首先，慧远更为明确地阐明了总别二相及其所具有的圆融关系。他在解释世亲在《十地经论》中以六相论"十入"之文时说：

> "总是本"者，谓十句中第一令入智慧地也；"别是九"者，随其行别分为摄等余九入也；言"别依本、满彼本"者，就总开别名别依本，以别显彼总中具德名满彼本；"同是入"者，就别九中一一句下皆有入义，名之为同；"异是增"者，入虽是同，摄等次第转胜名增，增是异也；"成是略"者，以彼异中闻、思、修等体不相离，是故随彼所说九入得摄成一，故名略；"坏是广"者，以彼异中闻等九种义不同故，总入随之分以为九，故云广说。③

总别二相间，一方面是本末关系，别由总开，无总不成别；另一方面，总非别外之总，因为总由别满，无一别德，则总德欠缺一分，别德具足，总德方满。因此，所谓"本末"非指总高于、深于别，无宁指两者相即不离，用慧远自己的话说是："论其总也，总外无别；语其别

---

① 《义章》卷三《六种相门义》，《大正藏》第44册，第524页中。
② 刘元琪先生首次将慧远的六相思想提挈了出来。参见刘元琪：《净影慧远〈大乘义章〉佛学思想研究》第一章第三节。
③ 《〈地论〉义记》卷一末，《大日本续藏经》第1辑第30套第4册，第151页背下。

也,别外无总。"① 就别相之间的间关系言,一一别德皆共同成就一总德,故具有同体性;一一别德浅深不同,次第增进,故又有差异性;一一别德虽然浅深各异,但由于其体无殊,故能摄九别成一总;体性虽一,无碍其散而为九别。

但慧远以为,实际上前四相已足可显示总别行德间不一不异以及各别行德间既有差别(行相)又有同一(实性)的圆融关系,成坏二相是为进一步成就总别二相而从异相中开出者:"据实而言,前之四门显法义足,以后二门约异显同,成前总别,故为六相。"② 这是慧远与世亲、法上都不同的地方。当然,慧远的这种认识并未导致他舍弃成坏二相,他依旧将六相视为诸行德的关系整体,这显示了具有信仰立场的佛学家对前贤的恭敬。

其次,慧远将法上扩展到教乘中的六相圆融观转化成为一种论述佛学问题的方法——总别圆融观。从下文中我们会看到,慧远无论在论述其一乘观、二教判、四宗论还是佛学的具体思想时,都无不自觉运用总别圆融的方法来立义,并且自信地说:"若能善会斯趣,一异等执,逍然无迹。"③ 这一点,刘元琪先生已经指出,他说:"在《大乘义章》差不多处处都能见到慧远用此六相门义特别是总别相门来分析佛教义理中的种种错综复杂的关系。"④

慧远何以能将六相圆融观转化为一种方法论呢?研究者们似未曾注意此一问题。细探慧远相关论述,笔者发现他这样做的根本依据是,他认为六相圆融是法界一切法本具的特性。而这正是他对六相圆融思想最为重要的开展。也许这是他立教开宗之根本,他分别从色与无常二法来对此义进行了详细论证。这里,我们不妨看看他是如何论证色

---

① 《〈地论〉义记》卷一末,《大日本续藏经》第1辑第30套第4册,第151页背上。
② 《〈地论〉义记》卷一末,《大日本续藏经》第1辑第30套第4册,第151页背上。
③ 《义章》卷三《六种相门义》,《大正藏》第44册,第524页中。
④ 刘元琪:《净影慧远〈大乘义章〉佛学思想研究》,第36页。

法具有六相圆融义的。为免繁赘，笔者将他所谓色所具六相总摄为三对来讨论。就总别一对，慧远云：

> 如一色阴，同体具有恒沙佛法，谓无常、不净、虚假、空、无我等一切佛法。是等诸法义别体同，互相缘集，摄彼同体一切法以成一色，色名为总。就此总中开出无量恒沙佛法，色随彼法，则有无量，所谓苦色、无常色、不净色、名用色，空、无我色，乃至真实缘起之色，如是无量差别之色，是名为别。①

所谓"一色阴同体具有恒沙佛法"，并非说色法是一本体，而是因为约色法论六相，方便设之为体。色法刹那生灭，故具无常义；色法为妄心所起，故具不净义；妄心所起则不真，故色具虚假义；不真故具空、无我义。上述诸义虽然各不相同，但都依一色法缘起，因此从色法摄这一切义来说，色法就是总相；色法所具无常等义皆从色法开出，故一一义皆可以色法之名来指称，所谓苦色、无常色、真实缘起之色等，此种种色义即名为别相。色法的总别二相是什么关系？慧远说：就总而论，色法的一切别相皆摄于色法，无一别相非色所收；约别而言，色法全体入于其一一别相之中，无有外在于一一别相的色法体。

就同异一对，慧远云："就彼别中，苦、无常等诸法之上皆有色义，名之为同；色义虽同，然彼色苦异色无常，如是一切各各不同，是名为异。"② 苦色、无常色等各别色相中皆有色义，故同为色，此乃同相；虽同为色，毕竟从苦论色不同于从无常论色，故一一别相又有差别，此即异相。

就成坏一对，慧远说："就彼异中，义门虽殊，其体不别。体不别

---

① 《义章》卷三《六种相门义》，《大正藏》第44册，第524页中。
② 《义章》卷三《六种相门义》，《大正藏》第44册，第524页中。此句末原有"异"字，据当页校勘注4删。

故，诸义虽众，不得相离。不相离故，随之辨色，得摄为一，是故名成，成犹略也；体虽不别，义门恒异。义门异故，一色随之，得为多色，目之为坏，坏犹广也。"① 苦色、无常色等虽然各有差别，但由于它们具有共同的体性——色，故从色论可说它们无不构成色，此为成相；它们虽共同构成色，但又无损于各自的差异性，此为坏相。

经过一番论证，在慧远眼里，法界中的事法之间已不再是隔别不通的个别现象，而是一个六相圆融的世界："此六乃是诸法体义，体义虚通，旨无不在。"② 之所以如此，在慧远看来，虽然事相（别相）本身隔别不同，但若从事相的体性来看则不如此，相反，"若摄事相以从体义，阴、界、入等一一之中，皆具无量六相门也"③。为什么从其体性看事相一一皆具无量六相门呢？这是因为在真识心中诸法皆为同一体性（即下文所说真识心的如实空性）缘起集成，无有一法别守自性，所以圆融无碍。而真识心中的一一事法具足六相圆融的事实，正是佛教的一切教法、行法具足六相圆融的最终根据："六相之义既通诸法，依法成行，行亦齐有，是故初地第四愿中宣说'一切菩萨所行皆有总别同异'等也。"④

慧远的这一思想确实大大推进了世亲和法上的六相圆融观。我们知道，世亲因久炙有部教义，后转尊唯识，故在诠释《十地经》时每采有部差别事法各有自相、相互隔别不通之说，不许差别事法具足六相，他所谓"此言说解释应知除事，事者谓阴、界、入等"等语即蕴涵此义。⑤ 法上虽进而揭明了教乘所具有的六相圆融关系，亦未认识到以这种关系为一切法本具，他解世亲前一语时就说："谓'阴入'者，

---

① 《义章》卷三《六种相门义》，《大正藏》第44册，第524页中。
② 《义章》卷三《六种相门义》，《大正藏》第44册，第524页中。
③ 《义章》卷三《六种相门义》，《大正藏》第44册，第524页上。
④ 《义章》卷三《六种相门义》，《大正藏》第44册，第524页中。
⑤ 《十地经论》卷一，《大正藏》第26册，第124页下至125页上。佛教认为，阴、界、入囊括一切法而无遗。

阴是五阴，入是十二入，界是十八界，事别不融，故须除也。"① 这表明他仍旧谨守差别事法相互隔碍、不具六相的旧说。慧远以体摄事而彰显一一事相具足圆融六相，显然已经开显了真识心的理事无碍境界。这样的境界不但为他立教开宗、纵论法义提供了终极依据和论说方法，而且为后来的华严宗进一步将理事无碍与事事无碍融通一如奠定了理论和方法上的基础，可以说，华严宗的法界缘起境界就是他所谓六相圆融的真识心在普贤圆因位的全面彰显，而该宗成立此境的因门六义同样是其六相圆融观的运用。因此，慧远的六相圆融思想不仅是我们切实地把握其思想系统的关捩，也是我们真切地理解华严思想的钥匙。

第二节 慧远对判教异说的评破

一、慧远时代的各种判教观

汤用彤先生（1893—1964）等学者已经指出，中国佛教中的判教活动创始于北凉昙无谶（385—433），而至宋道场寺慧观初具规模。② 慧观是鸠摩罗什（343—414）的高足，示寂于刘宋元嘉年间（424—453）。③ 据吉藏《三论玄义》载，慧观创立的是"顿渐二教"的判教观④，谓慧观据《华严》《涅槃经》的相关教说将《华严》判为顿教，将从鹿苑到双林所说判为五时渐教⑤。到慧远生活的南北朝时期，此说少

---

① （北魏）释法上：《〈十地〉义记》，《大正藏》第 85 册，第 762 页中。
② 汤用彤：《汉魏两晋南北朝佛教史》，《汤用彤全集》第 1 卷，第 621 页。
③ 参见（梁）释慧皎：《高僧传》卷七，《大正藏》第 50 册，第 368 页中。
④ 但据智𫖮说，慧观所立为顿、渐、不定三教（见下文）。
⑤ 吉藏云："昔《涅槃》初度江左，宋道场寺沙门慧观仍制经序，略判佛教凡有二科：一者顿教，即《华严》之流，但为菩萨具足显理；二者始从鹿苑，终至鹄林，自浅之深，谓之渐教。于渐教内开为五时：一者三乘别教，为声闻人说于四谛，为辟支佛演说十二因缘，为大乘人明于六度，因行各别，得果不同，谓三乘别教；二者《般若》，通化三乘，谓三乘通教；三者《净名》《思益》，赞扬菩萨，抑挫声闻，谓抑扬教；四者《法华》，会彼三乘同归一极，谓同归教；五者《涅槃》，名常住教。"[（隋）释吉藏：《〈三论〉玄义》卷上，《大正藏》第 45 册，第 57 页中]

经变化，成为几乎是教界通用的顿、渐、不定三教观：

> 南北地通用三种教相：一顿；二渐；三不定。《华严》为化菩萨，如日照高山，名为顿教。三藏为化小乘，先教半字，故名有相教。十二年后为大乘人说五时般若，乃至常住，名无相教。此等俱为渐教也。别有一经，非顿渐摄，而明佛性常住，《胜鬘》《光明》（指《金光明经》）等是也。此名偏方不定教。此之三意，通途共享也。①

有不愿遵循常轨者，在这通用的三教观外各倡己说，形成了智𫖮所谓"南三北七"十种判教学说。

这里，笔者以智𫖮的叙述为主，以吉藏、法藏与澄观（737—838或738—839）等人的记载为辅，先将慧远时代的种种判教观列述出来，并依一定的标准进行分类，以见其与慧观的判教观及其评破之间的相互关系。

据智𫖮说，南地有三家，初（总第一家）为虎丘山岌法师（生卒年不详），他所立的顿与不定二教不异通途，但其所立渐教则不同，他以为佛陀"十二年前，明三藏见有得道，名有相教；十二年后齐至《法华》，明见空得道，名无相教；最后双林，明一切众生佛性、阐提作佛，明常住教"②。三藏指阿含经，双林指佛陀涅槃之地，此处借指佛陀入灭前所说的《涅槃经》③。此说谓佛陀成道后十二年间所说《阿含经》，显明的是有生死可离、有涅槃可得的入道法门，所以是有相教；

---

① （隋）释智𫖮：《〈妙法莲华经〉玄义》卷十上，《大正藏》第33册，第801页上。需注意的是，顿渐教与顿悟渐悟是两对不同的概念，前者是就教法本身是唯说大乘还是由小之大为论，属于教法上的顿渐；后者是就修行者悟解实相的方式言，属于行法上的顿渐。

② 同上。明常住教，疑为"名常住教"。

③ 《涅槃经》有大小乘两类，汉语佛教传统认为佛陀入灭前所说为大乘《涅槃经》，也就是《大般涅槃经》。

佛成道十二年以后所说《般若经》和《法华经》，开示的是万法自性皆空的入道法门，所以是无相教；佛陀入灭前所说《涅槃经》，宣说的则是一切众生皆有佛性、皆当成佛的永恒真理，所以是常住教。如此，则此家判教系统为顿教、三时渐教（有相教、无相教、常住教）和不定三教。次（总第二家）为宗爱法师（生卒年不详）所立、庄严寺僧旻法师①（458—522）沿用的判教观②，这种判教观的顿与不定二教亦同通途，唯"于无相后、常住之前，指《法华》会三归一、万善悉向菩提，名同归教"③，也就是将第一家三时渐教中的《法华》别立为同归教，而开为四时渐教。如此，则此家判教系统为顿教、四时渐教（有相教、无相教、同归教、常住教）和不定教。第三（总第三家）为定林寺僧柔④（431—494）、惠次（生卒年不详）法师承道场寺慧观所立而为开善寺智藏法师⑤（458—522）和光宅寺法云法师（467—529）沿用的判教观⑥，他们"更约无相之后、同归之前，指《净名》《思益》诸方等经为褒贬抑扬教"⑦，即将渐教更开为五时教。如此，则此家判教系统为顿教、五时渐教（有相教、无相教、抑扬教、同归教、常住教）和不定教。

北地七家中的第一家（总第四家）与南朝第三家同样立五时教，

---

① 僧旻，梁代名僧，慧皎《高僧传》卷五有传（参见《大正藏》第50册，第461页下至463页下）。
② 据澄观说，旻法师也有此论："宋朝旻法师，谓于前三时无相之后、常住之前，指《法华经》为同归教，以会三归一、万善悉向菩提故。"［（唐）释澄观：《〈大方广佛华严经〉疏》卷一，《大正藏》第35册，第508页下］
③ （隋）释智顗：《〈妙法莲华经〉玄义》卷十，《大正藏》第33册，第801页中。
④ 僧柔，梁代名僧，慧皎《高僧传》卷八有传（参见《大正藏》第50册，第378页下至379页上）。
⑤ 智藏，梁代名僧，慧皎《高僧传》卷五有传（参见《大正藏》第50册，第460页上）。
⑥ 吉藏亦云："慧观师云：初教名为相教；第二通教者，本空未转故……第三《维摩》名贬教；第四名同归教；第五明常住也。"［（隋）释吉藏：《〈大品〉游意》，《大正藏》第33册，第67页上］吉藏于同处说，通教就是无相教，故知此系统确为慧观所创。
⑦ （隋）释智顗：《〈妙法莲华经〉玄义》卷十上，《大正藏》第33册，第801页中。

但他们"取《提谓波利》为人天教，合《净名》《般若》为无相教"①。也就是说，此家弃抑扬教，而在无相教里则增加了《维摩诘经》(《净名》即此经别称)。第二家(总第五家)是菩提流支所立的半、满二教，他以为佛陀的教法"十二年前皆是半字教，十二年后皆是满字教"②。第三家(总第六家)为佛陀扇多(生卒年不详)和慧光所提倡的四宗判教观，即："一、因缘宗，指《毗昙》六因四缘；二、假名宗，指《成论》三假；三、诳相宗，指《大品》《三论》；四、常宗，指《涅槃》《华严》等常住佛性本有湛然。"③第四家(总第七家)乃是护身寺自轨法师(生卒年不详)所持提的五宗判教观，他在前家四宗观的基础上"更指《华严》为法界宗"④。第五家(总第八家)据说亦为慧光所立，而为当时的耆阇凛法师(生卒年不详)共享，不过此说非四宗而是六宗判教观。惠光因感觉前面的四宗观摄教有所不尽，于是在四宗观的基础上开为六宗，更"指《法华》万善同归，'诸佛法久后，要当说真实'⑤，名为真宗；《大集》染净俱融，法界圆普，名为圆宗"⑥。

---

① (隋)释智顗：《〈妙法莲华经〉玄义》卷十上，《大正藏》第33册，第801页中。

② (隋)释智顗：《〈妙法莲华经〉玄义》卷十上，《大正藏》第33册，第801页中。依澄观所言，半满二教最初为《大般涅槃经》的翻译者昙无谶所创，而慧远亦承袭此说："西秦昙牟谶三藏立为半满教，即声闻藏为半字教，菩萨藏为满字教。隋远法师亦同此立。"[(唐)释澄观：《〈大方广佛华严经〉疏》卷一，《大正藏》第35册，第508页中]

③ (隋)释智顗：《〈妙法莲华经〉玄义》卷十，《大正藏》第33册，第801页中。依吉藏所述，地论师四宗中的第三宗被称为"不真宗"，第四宗则为"真实宗"[参见(隋)释吉藏：《〈中论〉疏》卷一本，《大正藏》第42册，第7页中]。法藏所述地论师四宗名义亦同于吉藏，唯提示持此说者有尚有大衍法师[参见(唐)释法藏：《华严一乘教义分齐章》卷一，《大正藏》第45册，第480页中]，盖义同名异而已。另，大衍法师即惠光弟子昙隐。

④ (隋)释智顗：《〈妙法莲华经〉玄义》卷十，《大正藏》第33册，第801页中。法藏的叙述小有不同，他虽亦认为五宗为护身寺自轨所倡，但以为只有前三宗才与四宗说相同，至于后两宗，他是以《涅槃》等经为真实宗，以《华严经》为法界宗[参见(唐)释法藏：《华严一乘教义分齐章》卷一，《大正藏》第45册，第480页中]。

⑤ 此为引《法华经》语，原文为"世尊法久后，要当说真实"[(后秦)鸠摩罗什译：《妙法莲华经》卷一《方便品》，《大正藏》第9册，第6页上]。

⑥ (隋)释智顗：《〈妙法莲华经〉玄义》卷十，《大正藏》第33册，第801页中。法藏认为耆阇法师的六宗说仅有前两宗同于四宗判，至于后四宗，他以"通说诸法如幻化"的诸大乘经为第三不真宗，以"明诸法真宗理"之经为第四真宗，以"说真理恒沙功德常恒等义"的佛经为

第六家（总第九家）为北地禅师所开两种大乘教，即有相大乘和无相大乘，他们以"《华严》《璎珞》《大品》等说阶级十地功德行相"，故称之为有相大乘教；以《楞伽》《思益》宣说"真法无诠次，一切众生即涅槃相"，故称之为无相大乘教。第七家（总第十家）为北地另一些禅师所唱的一音教，他们破斥前述四宗、五宗、六宗、二相、半满等教，以为佛法"但一佛乘，无二亦无三；一音说法，随类异解；诸佛常行一乘，众生见三，但是一音教也"①。

参以吉藏、法藏和澄观的记载，我们知道慧远时代的判教观实际上不止智顗所列的十家，还有另外五家：一（总第十一家），澄观说真谛②（499—569）依《金光明经》安立有三轮教："真谛三藏依《金光明》立转、照、持三轮之教……谓七年前说四谛，名转法轮；七年后说般若，具转、照二轮，以空照有故；三十年后具转、照、持，以双照空有，持前二故。"③ 二（总第十二家），吉藏《大乘玄论》记载地论师有立相、舍相和真实三教："为二乘人说有相教；《大品》等经广明无相，故云舍相；《华严》等经名显真实教门。"④ 三（总第十三家），法藏说护法师（生卒年不详）依《楞伽经》成立有渐顿二教："依护法师等，依《楞伽》等经立渐顿二教，谓以先习小乘，后趣大乘，大由小起，故名为渐，亦大小俱陈故，即《涅槃》等教是也；如直往菩萨等，大不由小，故名为顿，亦以无小故，即《华严》是也。"⑤ 四（总第十四家），法藏说惠光还立有渐、顿、圆三教："依光统律师立三种教，谓

（接上页）第五常宗，以"明法界自在缘起无碍、德用圆备"的《华严经》为第六圆宗。[参见（唐）释法藏：《华严一乘教义分齐章》卷一，《大正藏》第45册，第480页中]

① （隋）释智顗：《〈妙法莲华经〉玄义》卷十，《大正藏》第33册，第801页中。
② 真谛，天竺人，梁陈之际译经家，道宣《续高僧传》卷一有传（参见《大正藏》第50册，第429页下至431页上）。
③ （唐）释澄观：《〈大方广佛华严经〉疏》卷一，《大正藏》第35册，第508页下。
④ （隋）释吉藏：《大乘玄论》卷五，《大正藏》第45册，第63页下。
⑤ （唐）释法藏：《华严一乘教义分齐章》卷一，《大正藏》第45册，第480页中。

渐、顿、圆。光师释意，以根未熟，先说无常后说常，先说空后说不空，深妙之义如是渐次而说，故名渐教；为根熟者，于一法门具足演说一切佛法，常与无常、空与不空同时俱说，更无渐次，故名顿教；为于上达分阶佛境者，说于如来无碍解脱究竟果海圆极秘密自在法门，即此经（即《华严经》）是也。后光统门下遵统师①等诸德并亦宗承，大同此说。"②五（总第十五家），法藏谓梁朝光宅寺法云法师③（467—529）尚立有四乘教："依梁朝光宅寺云法师立四乘教，谓临门三车为三乘，四衢所授大白牛车方为第四，以彼临门牛车亦同羊鹿，俱不得故。"④这是依《法华经》中的三车譬喻声闻、缘觉、菩萨三乘教，以大白牛车譬喻《法华》《华严》等一佛乘教。⑤

上述判教理论共有十五家之多，看起来令人眼花缭乱，实际上可以依其间存在的某种内在联系分为几大类。不过在进行归纳前，笔者要先指出智𫖮的叙述中存在的一个问题：智𫖮说顿、渐、不定三教为南北诸师通用似乎不太妥当，因为当我们将顿教会入北地诸家时，发现仅仅适合于第一家，至于其他诸家，要么其判教观中包含了《华严》顿教（第二、三、四、五、六家），要么就不必立任何教（第七家）；如果说前述六家在顿、渐、不定三教外别有立教依据，则不能说这三种教为"南北地通用"。因此，笔者以为澄观的看法更为合理，他说

---

① "遵统师"即惠光弟子昙遵，道宣《续高僧传》卷八有传（参见《大正藏》第50册，第484页上至中）。

② （唐）释法藏：《华严一乘教义分齐章》卷一，《大正藏》第45册，第480页中。

③ 法云，南朝齐梁之际名僧，道宣《续高僧传》卷五有传（参见《大正藏》第50册，第463页下至465页上）。

④ （唐）释法藏：《华严一乘教义分齐章》卷一，《大正藏》第45册，第481页上。

⑤ 经云："如彼长者，初以三车诱引诸子，然后但与大车，宝物庄严，安隐第一，然彼长者无虚妄之咎。如来亦复如是，无有虚妄，初说三乘引导众生，然后但以大乘而度脱之。何以故？如来有无量智慧、力、无所畏、诸法之藏，能与一切众生大乘之法，但不尽能受。舍利弗！以是因缘，当知诸佛方便故，于一佛乘分别说三。"[（后秦）鸠摩罗什译：《妙法莲华经》卷二《譬喻品》，《大正藏》第9册，第13页下]

顿、渐、不定三教仅仅为南地诸师所共许①，而非智顗所说为南北诸家通用。而若依吉藏之说，连慧观也未立有不定教。也许，智顗"南北地通用"一语中的"北"字是该书整编者窜入的吧。

上述十五家判教说中，第十二家的渐顿二教为慧远所本，以慧光的四宗判为基础而形成的第六、七、八诸家亦与慧远的四宗观相关，此处暂时存而不论。其余诸家判教说中，第一、二、三、四诸家都本于慧观的判教观，皆依佛陀接引众生方式的不同为依据判定佛陀教法的顿、渐、不定，而依佛陀说法时间的先后来判定渐教的深浅，唯有三时、四时或五时之差别而已，持此说者主要是当时的成实师；第十三家虽非慧观的判教观所能范围，然亦依佛陀接引众生的不同方式来判教。因此，我们可借用智顗的用语统称为化仪教。第五、九、十、十一、十四、十五共六家皆依佛陀所说教法是否究竟来判教，可借用智顗的用语称之为化法教。

智顗在《〈妙法莲华经〉玄义》中，对其所列十家予以广破，深入排遣者则为成实师②的三教观和地论师的四宗、五宗、六宗观③；而吉藏在《〈大品〉游意》《〈中论〉疏》《大乘玄论》《三论玄义》等著作中批判的也主要是"成地二家之失"④。由此我们知道，慧远时代影响

---

① 澄观云："南中诸师同立三教，谓于前渐、顿加不定教。"[（唐）释澄观：《〈大方广佛华严经〉疏》卷一，《大正藏》第 35 册，第 508 页下]

② "成实师"指从南北朝时期到唐代初年约 250 年间弘传《成实论》的一派学者。《成实论》为中印度诃梨跋摩所著，它以接近于大乘的教义批判各部派，特别是批判说一切有部的思想。鸠摩罗什于后秦弘始十三至十四年（411—412）将《成实论》译为汉文，由此吸引了南北（这个学派弘传的范围遍于长安、寿春、徐州、建业、洛阳、邺都、平城、荆州、广州、益州、渤海、苏州等全国各地）许多人研习此论，并形成了以此论思想为根本见地的佛学流派，是为成宗（别有成论宗、假名宗等名）；这一流派的学者则被称为成实师（别有成论师、成实论师、成论大乘师、南方成实师、诃梨门人、彭门、庄严之部等名）。

③ 参见（隋）释智顗：《〈妙法莲华经〉玄义》卷十上，《大正藏》第 33 册，第 801 页下至 805 页中。

④ （隋）释吉藏：《大乘玄论》卷五，《大正藏》第 45 册，第 64 页中；又参第 63 页中、66 页下至 67 页上。另参其《〈三论〉玄义》（《大正藏》第 45 册，第 5 页中至 6 页上），以及《〈大品〉游意》（《大正藏》第 33 册，第 66 页中至 67 页上）。

最大的判教观，除了他本人所代表的一派外，就是成实师的判教观。

二、慧远对判教异说的评破

慧远为了树立自家宗旨，免不了要大破异说。不过，因为他身在其中，不能像智𫖮一样广破诸家，而只破了两家，即以成实师为主要信奉者的顿渐二教和以菩提流支等人为代表的一音教①。

慧远在批判成实师的判教观时，并未与之直面相向，而是选择足以代表成实师说的刘虬来遮遣，这种策略可能是基于拔本塞源，也可能是出于厚道，因为慧远从事佛学研习和讲说时许多成实师都还健在。

刘虬（438—495）是南齐时荆州隐士，佛法修为颇高，他善述道生的顿悟思想，绍续顿渐之争的余绪②，又立顿渐二教之说（此依刘虬本人所说）③，成为南北朝诸家师说中的一家。依慧远说，刘虬的判教观为二教五时七阶论：

> 晋武都山隐士刘虬说言：如来一化所说，无出顿渐，《华严》等经是其顿教，余名为渐。渐中有其五时七阶，言五时者：一、佛初成道，为提谓等说五戒十善人天教门；二、佛成道已，十二年中，宣说三乘差别教门，求声闻者为说四谛，求缘觉者为说因缘，求大乘者为说六度及制戒律，未说空理；三、佛成道已，三十年中，宣说《大品》、空宗、《般若》《维摩》《思益》，三乘同观，未说一乘破三归一，又未宣说众生有佛性；四、佛成道已，四十年后，于八年中说《法华经》，辨明一乘，破三归一，未说众

---

① 慧远还列有慧诞之说，但他在评破刘虬之后即说，"诞公所言顿渐之言，义同前破"（《义章》卷一《众经教迹义》，《大正藏》第44册，第466页下），所以他实际上只破了两家。

② 参见汤用彤：《汉魏两晋南北朝佛教史》，《汤用彤全集》第1卷，第503—504页。

③ 依澄观说，刘虬亦为二教论者："隐士刘虬亦立渐顿二教，谓《华严经》名为顿教，余皆名渐，始自鹿苑，终于双林，从小之大故。"[（唐）释澄观：《〈大方广佛华严经〉疏》卷一，《大正藏》第35册，第508页下]

生同有佛性，但彰如来前过恒沙、未来倍数，不明佛常，是不了教；五、佛临灭度，一日一夜说《大涅槃》，明诸众生悉有佛性、法身常住，是其了义。此是五时。言七阶者，第二时中三乘之别，通余说七。①

此说与智𫖮所列北地第一家最为相近。慧远同时指出，刘虬乃是依是否宣说佛性、如来法身常住之理以及是否以此为了义来将佛经判为深浅不同的七阶的。

但依现存刘虬有关判教方面的文献，其说法与慧远的叙述不尽一致，他在《〈无量义经〉序》里有云：

夫三界群生，随业而转；一极正觉，任机而通。流转起灭者，必在苦而希乐，此叩圣之感也；顺通示现者，亦施悲而用慈，即救世之应也。根异教殊，其阶成七：先为波利等说五戒，所谓人天善根，一也；次为拘邻等转四谛，所谓授声闻乘，二也；次为中根演十二因缘，所谓授缘觉乘，三也；次为上根举六波罗蜜，所谓授以大乘，四也；众教宣融，群疑须导，次说《无量义经》，五也；既称得道差品，复云未显真实，使发求实之冥机，用开一极之由绪，故《法华》接唱显一除三，顺彼求实之心，去此施权之名，六也；虽权开而实现，犹掩常住之正义，在双树而临崖，乃畅我净之玄音，七也。过此以往，法门虽多，撮其大归，数尽于此。②

依此，则唯见刘虬的七阶渐教说，而不见其顿渐二教论，亦不能确定

---

① 《义章》卷一《众经教迹义》，《大正藏》第44册，第465页上。
② 《大正藏》第9册，第383页下。五也二字，原在"用开一极之由绪"句后，显属传抄误置，据文义径改。

他定将佛陀说法时间先后与教法浅深相配之论。当然，我们不能据此断定慧远的陈述有问题，因为智𫖮、吉藏等人皆说二教和渐教中的五时判教是当时的主流，而且唐代华严宗四祖澄观更明确说："齐朝隐士刘虬亦立渐顿二教，谓《华严经》名为顿教，余皆名渐，始自鹿苑，终于双林，从小之大故。然此《经》（指《华严经》）如日初出，先照高山，即是顿义。"① 因此，更大的可能是刘虬全面论述其判教观的著作已经佚失，故我们还是应当依据慧远等人的记载来加以研究。

我们从下文知道，慧远也与刘虬一样依佛陀教化众生的方法立顿渐二教，且皆以《华严经》为顿教，那么他为何不惜笔墨严词破斥刘虬之说呢？笔者以为理由有二：一是他指责刘虬的二教说摄教不尽；二是他认为刘虬不应依佛说法的先后为判定佛经教理深浅的主要根据。

就第一方面，慧远说：

> 如佛说四《阿含经》、五部戒律，当知非是顿渐所尽摄。所以而然，彼说被小，不得言顿；说通始终，终时所说，不为入大，不得言渐；又设余时所为众生闻小取证，竟不入大，云何言渐？②

慧远依当时的普遍观点，认为四部《阿含经》、五部戒律③属小乘教典，这些教典为对小乘根性者而说，不能划归顿教；佛初成道时说了这样的经律，临灭度前也说了此类经律，但无论始说终说都不是为了从小乘转入大乘，故又不能称为渐教；再者，即使佛在其他时间说此类经律教化众生，如果他们仅证小果，不能转入大乘，同样不能称之为渐教。

---

① （唐）释澄观：《〈大方广佛华严经〉疏》卷一，《大正藏》第35册，第508页下。
② 《义章》卷一《众经教迹义》，《大正藏》第44册，第465页中。
③ 五部戒律指昙无德部的《四分律》、萨婆多部的《十诵律》、弥沙塞部的《五分律》、迦叶遗部的《解脱戒经》和犊子部的戒律（未传中土）。

第二方面主要体现在慧远对刘虬五时渐教的批判之中。刘虬以为佛陀初时所说《提谓波利经》之所以属于人天教①，因为该经未明出世法，慧远则从该经所说法、听该经者所得果以及从佛对听经大众的授记三个方面证明，该经所说并非如刘虬所讲是世间法，也非刘虬所说是渐教②。

就刘虬判佛初成道至十二年间所说为三乘别教之说，慧远则唯从说法的时间加以评破。慧远引《法华经》中的"若人遭苦，厌老病死，为说涅槃，尽诸苦际。若人有福，曾供养佛，志求胜法，为说缘觉。若有佛子，修种种行，求无上慧，为说净道"③之说为证，认为经里虽有佛分别为三种人说三乘教的经证，但没有刘虬所谓三乘别教为佛成道至十二年间宣说的教证。相反，他认为佛说《阿含》贯穿其一生，如《长阿含经》中的《游行经》即佛临灭度时说；另一方面，佛成道五年时已说了显明诸法性空的十万偈《摩诃般若》④。因此，刘虬的说法是根本不成立的。

关于刘虬说佛于第三时所说三乘同观的《般若经》未明破三归一之旨，故般若类经浅于《法华》；同时未明佛性，故复浅于《涅槃》。总而言之，《般若》类经非了义经。首先，慧远指出刘虬的说法是自相矛盾的：如果凡说三乘同观之法就浅于《法华经》的话，《涅槃经》亦宣说三乘同观法门，也应该比《法华经》浅，而这就与刘虬所谓《涅槃经》深于《法华》的结论自相矛盾了。⑤

其次，慧远认为刘虬说《般若》未明破三归一，因而比《法华经》

---

① 据费长房记载，《提谓波利经》有一卷和两卷二本，前者译自天竺，后者则为北魏沙门昙静在前者的基础上糅以己见而成，被判为伪经［参见（隋）费长房：《历代三宝纪》卷九，《大正藏》第49册，第85页中］，刘虬所依者当为前本。
② 详见《义章》卷一《众经教迹义》，《大正藏》第44册，第465页中。
③ （后秦）鸠摩罗什译：《妙法莲华经》卷一《序品》，《大正藏》第9册，第3页上。
④ 详见《义章》卷一《众经教迹义》，《大正藏》第44册，第465页下。
⑤ 详见《义章》卷一《众经教迹义》，《大正藏》第44册，第465页下。

浅，这是对般若经典不求甚解的结果。慧远认为，《大智度论》所谓"若菩萨闻如中无三乘分别不恐怖，是菩萨即能成无上道"①之文，就明文称般若经典为一乘，因此刘虬之论实在不经。②

再次，慧远认为刘虬所谓般若未明佛性、不如《涅槃经》深奥之论同样鄙陋。依慧远之见，龙树称《摩诃般若波罗蜜经》中的般若波罗蜜、第一义空即是佛性，与《涅槃经》说佛性是般若波罗蜜、第一义空毫无二致，怎能说《般若经》未明佛性？③

最后，刘虬还说《般若》《维摩》等经是不了义经，但在慧远看来，《维摩诘经》乃以十地菩萨具有的十种解脱中的不思议解脱为宗之经典④，不可能是不了义经，因而刘虬的论断是错误的⑤。

就刘虬第四时之论，慧远分三义破之：一是佛说《法华》与《般若》的时间先后不能断定。慧远承认《法华经》确实有如来从成道至说该经已过四十余年之说⑥，但他认为这并不能作为《法华经》定为佛成道四十年后宣说的根据，因为《大智度论》里有须菩提已听闻过《法华经》的文字⑦，这就意味着难以遽然判定《法华》与《般若》何者

---

① 龙树造，（后秦）鸠摩罗什译：《大智度论》卷七十二《大如品》，《大正藏》第25册，第567页下。
② 详见《义章》卷一《众经教迹义》，《大正藏》第44册，第465页下。
③ 详见《义章》卷一《众经教迹义》，《大正藏》第44册，第466页上。
④ 《华严经》说十地菩萨证得的解脱是"不可思议解脱、无碍解脱、净行解脱、普门明解脱、如来藏解脱、随无碍论解脱、入三世解脱、法性藏解脱、明解脱、胜进解脱"[（东晋）佛陀跋陀罗译：《大方广佛华严经》卷第二十七《十地品》，《大正藏》第9册，第573页上]。
⑤ 详见《义章》卷一《众经教迹义》，《大正藏》第44册，第466页上。
⑥ 《法华经》本有文云："如来为太子时，出于释宫，去伽耶城不远，坐于道场，得成阿耨多罗三藐三菩提。从是已来，始过四十余年。"[（后秦）鸠摩罗什译：《妙法莲华经》卷五《从地涌出品》，《大正藏》第9册，第41页下]
⑦ 此文指《大智度论》中的如下一段文字："须菩提闻《法华经》中说'于佛所作少功德，乃至戏笑，一称南无佛，渐渐必当作佛'；又闻《阿鞞跋致品》中有退不退；又复闻声闻人皆当作佛。若尔者，不应有退。如《法华经》中说毕定，余经说有退不退，是故今问为毕定为不毕定。"[龙树造，（后秦）鸠摩罗什译：《大智度论》卷九十三《毕定品》，《大正藏》第25册，第713页中至下]

先说①。二是《法华》显明了佛性。慧远认为,《法华经》并非没有显明佛性,而是以不同的方式显明了佛性:

> 如《经》说性即是一乘,《法华》辩明一乘,岂为非性?又《法华》中不轻菩萨若见四众,高声唱言:"汝当作佛,我不轻汝。"②以知众生有佛性故,称言皆作,但言皆作,即显佛性。③

因此刘虬之说不攻自破。三是《法华》明如来法身常恒不变。慧远认为,刘虬因《法华经》中有如来前过恒沙、未来倍数一说,就认定该经未明如来常住不变,这是对经义的误解,在他看来经中说佛身无常是指涌出菩萨所见佛之应(化)身无常,而不是说佛之法身无常。④既然如此,刘虬之说的荒谬性不待言遣。

依上所述,慧远自然不会认同刘虬关于佛第五时所演《涅槃》独为究竟的看法。他说,佛圆寂前宣说的《胜鬘》《楞伽》《法鼓》《如来藏》《央掘魔罗》等经,以及佛成道初年说的《宝女》及《尼揵子》经,皆是圆满究竟了义经,故不能单说《涅槃》为了义经。⑤其理由是,佛"随诸众生应入大者,即便为说,随所宣说,门别虽异,无不究竟,何独《涅槃》偏是了义?"⑥我们从下文将会得知,慧远判这些经为了义经的根本理由,实因为前述诸经都显明了一切众生皆有佛性的如来藏思想。

总之,慧远主要是从佛说法时间时与佛经所明教理两方面对刘虬

---

① 详见《义章》卷一《众经教迹义》,《大正藏》第 44 册,第 466 页上。
② 引文见《妙法莲华经》卷六《常不轻菩萨品》,原文为:"我不轻汝,汝等行道,皆当作佛。"(《大正藏》第 9 册,第 51 页中)
③ 《义章》卷一《众经教迹义》,《大正藏》第 44 册,第 466 页上至中。
④ 详见《义章》卷一《众经教迹义》,《大正藏》第 44 册,第 466 页中。
⑤ 详见《义章》卷一《众经教迹义》,《大正藏》第 44 册,第 466 页中。
⑥ 《义章》卷一《众经教迹义》,《大正藏》第 44 册,第 466 页下。

的五时渐教展开评破的：就佛说法时间，慧远一依佛经记载（而不是历史考据结果）反驳刘虬；就佛经所明教理，慧远先分别大小二乘，又以佛性为所有大乘经典之体，从而在将这些经典悉数收归了义经典的同时独独标显了自己的宗义。

慧远对代表当时判教主流的顿渐二教观的评破，有的具有相当的合理性。比如，佛经的或深或浅，或方便或究竟，确实不能以佛说法时间的早晚为判准，而应当以教理为依据，因此这种说法经过慧远的批判，就渐渐在中国佛教界销声匿迹了，后来诸家无不从各自理解的教理深浅本身来判教。但是，当慧远从教理上破刘虬的二教和七阶说时，其合理性就很难说了，因为这关涉到佛学家的佛教修行经验。实际上，佛学家的判教依据最终就根源于其修行经验，各人修行经验不同，对佛经教理浅深的理解就表现出一定的差异，由此导致他们在将佛经纳入一个系统中进行判释时也会呈现出一些区别，尽管这种区别并非根本上的意趣之别。慧远批评刘虬的顿渐二教摄教不尽，根本原因就在于他所理解的二教已非刘虬所理解的含义（这一点至下文自明）。

慧远破了盛极一时的二教说后，还破了一音教。智𫖮列"南三北七"的十家判教说时，说菩提流支所立为半满二教，而北地禅师所立为一音教①，是则智𫖮似不主张菩提流支立有一音教。但依据慧远说，他所破的一音教为菩提流支所立，他说："菩提流支言，佛一音以报万机，判无渐顿。"②慧远此说可从法藏的相关记载中得到佐证，依法藏说："菩提流支依《维摩经》等立一音教，谓一切圣教皆是一音一味，一雨等霑，但以众生根行不同，随机异解，遂有多种，如克其本，唯是如来一圆音教。"③如此，则菩提流支的确依《维摩诘》等经创立有一音教的判教观。

---

① 参见（隋）释智𫖮：《〈妙法莲华经〉玄义》卷十上，《大正藏》第33册，第801页中。
② 《大乘义章》卷一《众经教迹义》，《大正藏》第44册，第466页下。
③ （唐）释法藏：《华严一乘教义分齐章》卷一，《大正藏》第45册，第480页中。

既然菩提流支的一音教有经典依据，慧远为何还要批判这种判教观呢？要害在于他认为此说未顾及佛说法有随缘设教的一面。他说：

> 如来虽复一音报万，随诸众生，非无顿渐。自有众生藉浅阶远，佛为渐说；或有众生一越解大，佛为顿说。宁无顿渐？①

慧远以为，佛无分别心，就实而言佛的确是"一音以报万机"，但众生根机并非无顿渐的差别，有局于小乘者，有由小（浅）向大（远）者，有一越解大者，佛亦能随缘对前者说小乘教、对中者说渐教、对后者说顿教，自在无碍。若如菩提流支说，则佛似乎不能依众生的不同根性方便设化，这就等于说佛不是能够任运化度众生的一切智者。②佛既非一切智者，岂能称之为佛？

慧远如此遣破一音教，其潜在用意是担心此说的流布会导致人们舍弃三乘而偏取一乘的弊病。在佛学中，这样的批判是必要的。佛学是一种建立在信仰基础上的智慧的学问，其根本性格是实践性，其根本追求是通过修行获得解脱，因此信仰者必然重于将佛学知识融入其行住坐卧等日常生活之中，以期离苦得乐，获得智慧。但是，凡事皆忌偏执，偏执则成过患。在佛教界，古往今来总有那么一流，因为偏取实修而忽略对佛教教理的研求，甚者乃至一生未曾展卷，反诬研究教理者为"拖死尸鬼"，结果是盲信盲从，甚至盲修瞎练，所修之道已

---

① 《义章》卷一《众经教迹义》，《大正藏》第44册，第466页下。
② 佛学中称佛为一切智者，其内涵与基督教神学中称上帝为全知者有所不同：作为一切智者的佛，虽然怀着同体大悲之心救度众生，但他不能对世间出现的种种不良现象负责，原因在于佛虽然提供了改良世道人心的真理（佛陀是成佛之缘），但世道人心是否真能得到改良，主要取决于众生是否接受佛陀的教导并依照其教导修行（众生是成佛之因）。而众生是否接受佛的教导非佛所能强求，因为众生为因缘所生，而非为佛所生（佛不是第一因）。基督教神学将上帝视为第一因，就存在着全知全能全善的上帝创造充满愚昧和罪恶的人间这一矛盾问题。从张扬人的主体性和道德意识方面讲，佛学无疑较神学胜出一筹。

与佛道南辕北辙,犹自以为正道。慧远的批判,对遏制这种偏执、护持佛陀各种经教的地位和价值具有重要意义。后来,智𫖮者大师指责一音教"只是实智,不见权智"①,也是出于同样的考虑。可以说,慧远主要是基于一音教对教门的潜在威胁而对它加以批判的。

第三节 一佛乘与二藏四宗

一、唯一佛乘

大乘佛教都主张佛陀所说教法有声闻、缘觉和菩萨三乘之别,但对声闻、缘觉二乘与菩萨乘之间的关系有不同的开示:《法华》《胜鬘》和《涅槃》等经典从众生皆具成佛正因(佛性)与最终皆当成佛立说,认为众生的根性虽然有种种差别,但他们都不会在中途入涅槃,而会不断由浅入深、由偏到圆,直至最后圆满成佛;相应的,佛陀在众生成佛过程中为之演说的声闻、缘觉二乘教法就是引他们进入佛道的方便教法,而当他们成佛的机缘成熟时为之演说的菩萨乘教法则是令他们证入佛道的究竟教法。这就是三乘方便、一乘究竟的教乘观或一乘观。《解深密》等经从众生现生信仰与修学佛法的结果立论,以为由于众生根基不同,故有信不信佛法的区别,信佛法者中复有成声闻果、缘觉果、佛果和不定果的差殊,因此众生根性的差别是决定的;相应的,佛当机为得声闻、缘觉或佛果者演说声闻、缘觉或佛乘教法,为不定性者演说不定教法,同样是决定的。这就是三乘究竟、一乘方便的教乘观。

慧远时代,从上述两方面开示教乘观的佛经都先后译成了汉文,但他没有依据《解深密经》②建立三乘究竟说,而是依据《法华》《胜

---

① 参见(隋)释智𫖮:《〈妙法莲华经〉玄义》卷十上,《大正藏》第33册,第805页上至中。
② 慧远时代,《解深密经》较为完整的异译本、菩提流支于延昌三年(514)译的五卷本《深密解脱经》已经刊布。

鬘》和《涅槃》等经建立了一乘究竟说。他在《义章》卷九《一乘义》中开宗明义地说:"一切世界,唯一佛乘,更无余故,无别二乘得二涅槃。"① 这是说,据总相门论,佛法一味、涅槃不二,所以一切世界唯有度众生成佛的佛乘,亦唯有本来寂灭的自性涅槃和圆满成佛的大般涅槃。理由何在? 慧远主要从四个方面对此加以论证,此即所谓简别名一、破别名一、会三名一、无别名一。

简别名一的"简别",就是在实说与化说之间加以区别:

> 言简别者,据实以论,唯一大乘,随化分三,简别彼三,是故言一。②

慧远认为,佛虽然说了三乘教法,但这是"随化分三"。所谓"随化分三"本于《法华经》的如下经文:"如来有无量智慧、力、无所畏、诸法之藏,能与一切众生大乘之法,但不尽能受。舍利弗! 以是因缘,当知诸佛方便力故,于一佛乘分别说三。"③ 也就是说,并不是佛一定要说浅深各异的三乘教法,因为众生慧根有上、中、下三类,佛才随顺其不同根机说出了化度他们的三乘教法,实际上唯有大乘才是佛所说的究竟教法。

简别之后需要破别,否则有人可能执三乘为真实而不思进取。破别时,慧远所引的教证为《法华经·方便品》中的偈颂,完整的原文是"十方佛土中,唯有一乘法,无二亦无三,除佛方便说"和"唯此一事实,余二则非真,终不以小乘,济度于众生"。④ 他进一步指出,此破别含有破大小二乘之执和破三乘之执两层含义:"言无二者,一大

---

① 《大正藏》第 44 册,第 648 页下。
② 《大正藏》第 44 册,第 648 页中。
③ (后秦)鸠摩罗什译:《妙法莲华经》卷二《譬喻品》,《大正藏》第 9 册,第 13 页下。
④ 《大正藏》第 9 册,第 8 页上。

乘外无别声闻、缘觉二乘；言无三者，一大乘外无别声闻、缘觉二乘，并无随化所施大乘。"① 什么是随化所施大乘？他说：

> 声闻、缘觉乘者，是大乘家对。然大有二：一者实大；二者权大。声闻、缘觉非直是彼实大家对，当知亦是权大家对。言无二者，无实大家所对二也。言无三者，无权大家所对二乘，并无权大，故言无三。②

原来，慧远将大乘作了权实之分，故说无二是以实大乘与声闻、缘觉二乘相对而言，无三则是以实大乘与声闻、缘觉和大乘中的权大乘相对而言。所谓"随化所施大乘"即随众生因缘方便施设的权大乘。

那么，慧远的权实二大乘的具体内容是什么？他说：

> 何者实大？如《华严》等所说是也。彼说菩萨实修一切十三住中无漏真德，息除妄想，证性成佛，故名为实。何者权大？如彼三乘别教之中所说是也。彼说菩萨三阿僧祇但修有漏六度波罗蜜，不习诸地无漏真德。度三僧祇，次于百劫修相好业；于最后身修世八禅，厌（离）断烦恼，后观四谛，道树成佛。言不称实，故称权大。③

慧远所谓"十三住"指《菩萨地持经》所说的从种性住到如来住的十三个修行阶位④，与人所共知的《华严经》所说的从十住到佛的十三

---

① 《义章》卷九《一乘义》，《大正藏》第 44 册，第 648 页中。
② 《义章》卷九《一乘义》，《大正藏》第 44 册，第 648 页中至下。
③ 《义章》卷九《一乘义》，《大正藏》第 44 册，第 648 页下。
④ 《菩萨地持经》中的十三住为种性住、解行住、欢喜住、增上戒住、增上意住、菩提分法相应增上慧住、谛相应增上慧住、缘起生灭相应增上慧住、有行有开发无相住、无行无开发无相住、无碍住、最上住和如来住。[详参弥勒造，（北凉）昙无谶译：《菩萨地持经》卷九，《大正藏》第 30 册，第 939 页下]

个修行阶位相当；所谓"三乘别教之中所说"指三乘的修行阶位说，此说谓修行者须经历一大阿僧祇劫的有漏修行才能进入干慧地①，登地后需经一大阿僧祇劫圆满证入菩萨地，最后还得以百劫修行圆满佛身相好。慧远以为，《华严》等经宣说的十三住从初发心即真实修行种种无漏功德，分分息妄证真，言符其实，所以是实大乘。三乘别教指定说声闻、缘觉、菩萨三乘的教法，如般若经等宣说者。此教中的大乘（菩萨乘）则主张修行者必须历劫修行，到最后方才学佛于菩提树下观察四谛、断烦恼、证菩提。慧远以为此说言不当实，故称权大乘。既然言不称实，自然在被遮破的行列。显然，慧远是以宣说"初发心时便成正觉"②之顿教义的《华严》为实大乘的。

破斥众生对三乘的执著，本为引导他们由三乘进入实大乘，但弄不好一分众生不能理解佛陀的深意，反而因此舍弃三乘而高推实大乘，所以仅仅破三乘是不够的，破三乘之后还须会三乘归一乘：

> 言会别者，总唯一大，佛随众生分一为三，今还摄三以归一大。因无异趣，果无别从，是故言一。③

慧远引《法华经》证云："汝等所行，是菩萨道。"④这是说，二乘人看起来是在修声闻、缘觉道，实际上是修菩萨道，原因在于三乘与一乘本是一体贯通的，前者为趣向后者之因，后者为本于前者之果，两者虽有浅深之别而无性质之异，最终三乘都将会归一乘，因此，他们只

---

① 此十地与《华严》等经所说不同，其名为干慧地、性地、八人地、见地、薄地、离欲地、已作地、辟支佛地、菩萨地、佛地，被称为三乘共十地［详参（后秦）鸠摩罗什译：《摩诃般若波罗蜜经》卷六《发趣品》，《大正藏》第8册，第259页下］。
② （东晋）佛陀跋陀罗译：《大方广佛华严经》卷八《梵行品》，《大正藏》第9册，第449页下。
③ 《义章》卷九《一乘义》，《大正藏》第44册，第648页下。
④ （后秦）鸠摩罗什译：《妙法莲华经》卷三《药草喻品》，《大正藏》第9册，第20页中。

要"渐渐修学,悉当成佛"①。

佛陀无论说三乘还是一乘,都旨在为众生开示佛之知见,引导众生悟入佛境,因此,三乘不可执,一乘亦不可守:

> 就实论乘,由来无别,非有三别可会可破,犹如虚空,平等无二,是故言一。②

慧远所谓"就实论乘",是在超越三乘相对待的层面论教乘。在这一意义上,运众生之乘(佛法)与众生所到之境(法界)犹如虚空一样无有分别,故只有一佛乘,而且此佛乘的一是没有对待的一,而不是与二乘或三乘相对待的一。既然如此,哪有二乘三乘可破可会?这实际上是将教法等同于其所自出的证法(一真法界)了。

由前文可知,慧远是依由小(乘)到大(乘)、由浅入深、由教入证的次第论证其一乘观的。他之所以能作出这样的论证,根本原因在于他认为三乘都以佛性为其体性:

> 此以理一故尔。故《经》中说:三乘虽异,同一佛性。其犹诸牛,色虽种种,乳色无别。三乘如是,佛性无别。性无别故,证之未圆,唯一佛因;证之圆极,唯一佛果。是故就实,唯一大乘。③

此义慧远在《〈胜鬘〉义记》里亦有清楚宣示:"一乘理"者,"所谓如来藏"。④ "理"即真理,谓佛陀所说三乘教法包含的真理;"体"谓

---

① (后秦)鸠摩罗什译:《妙法莲华经》卷三《药草喻品》,《大正藏》第9册,第20页中。
② 《义章》卷九《一乘义》,《大正藏》第44册,第648页下。
③ 《义章》卷九《一乘义》,《大正藏》第44册,第648页下。
④ 《〈胜鬘〉义记》卷下,法藏敦煌文献P.2091号写本残卷,黄永武主编:《敦煌宝藏》第114册,第67页上。

身体，谓佛陀所说教法以此真理为乘（车）体，众生乘坐以佛性为车体的佛陀教法就能转凡成圣，并最终成佛。

这里有一问题：龙树和智顗都说佛经以实相为体①，慧远为何说佛经以如来藏为体？这是否有问题？其实，我们从下文的论述就会知道，如来藏学的佛性就是实相的异名，其差异处只在于龙树和智顗是从遣相门遮显实相，而如来藏学则是从融相门表显实相，慧远亦然。

慧远是中国较早主张并论证了一乘观的佛学家，他的一乘观经天台、三论、华严、禅宗诸家的进一步弘扬，渐渐成为中国佛教教乘观的主流；而唯识家依《解深密经》建立的三乘究竟、一乘方便的教乘观，由于可能产生众生先天具有某种决定根性的歧解，始终不能为多数人接受。造成这种结果的原因，当然不能归结为中国道家平等思想的影响（尽管这种影响存在），而是因为佛教本身植根于万法平等的一真法界，而慧远等一乘观者对教乘观的抉择与此法界更加契合。

二、二藏

慧远的判教观以一乘为实，但他并未执实废权，而是约别相门在一味的佛法中开出了二藏四宗的独特判教观。② 我们也可以反过来说，慧远的一乘判教观正是以二藏四宗为其具体内涵的。这里先讨论其二藏说。

慧远对佛陀的一代时教进行判释时，先根据大乘佛教的传统说法将其大别为声闻和菩萨二藏，这颇为平常。但他进一步在声闻藏与菩萨藏中分别作出区分，却颇有特色。

就声闻藏，慧远认为有声闻声闻与缘觉声闻之分：

---

① 龙树云："摩诃衍中说诸法不生不灭，一相，所谓无相。"［龙树造，（后秦）鸠摩罗什译：《大智度论》卷二十二，《大正藏》第25册，第222页中］智者大师亦曰："《释论》（即《大智度论》）云：'除诸法实相，余皆魔事。'大乘经以实相为印，为经正体，无量功德共庄严之，种种众行而归趣之。"［（隋）释智顗：《观无量寿佛经》疏，《大正藏》第37册，第188页上］两位大师皆就大乘佛法言其体，实则无论大小乘，其体无非实相。

② 否则，他就没有理由评破一音教了。

> 声闻藏中，所教有二：一、声闻声闻；二、缘觉声闻。声闻声闻者，是人本来求声闻道，常乐观察四真谛法，成声闻性，于最后身值佛为说四真谛法而得悟道。本声闻性，今复声闻而得悟道，是故说为声闻声闻。如《经》中说："求声闻者，如来为说四真谛法。"① 据此为言。言缘觉声闻者，是人本来求缘觉道，常乐观察十二因缘法，成缘觉性，于最后身值佛为说十二缘法而得悟道。本缘觉性，最后声闻而得悟道，是故说为缘觉声闻。如《经》中说："求缘觉者，如来为说十二缘法。"②

这是从所观法门的角度，将声闻分成声闻声闻和缘觉声闻两种，以为前者在过去世久习形成乐于观察四谛法的习性（用今天的话来说就是先天的偏好），于最后转生为凡夫身（最后身）时恰逢佛为其说四谛法，由闻此法而得悟道，故称为声闻声闻；后者在过去世久习形成乐于观察十二因缘的习性，于最后转生为凡夫身时正遇佛为其演十二因缘法，由闻此法而得悟道，故称为缘觉声闻。

然而，从理上说，小乘中不是有声闻和缘觉两类众生吗？慧远何以说唯有声闻藏而无缘觉藏呢？慧远认为，自悟十二因缘之理而得解脱的缘觉者不可说，佛教只是肯定此类觉悟者的存在，与其同属一类且可说者为一分乐从十二因缘法悟入但却不能自悟的声闻众生，即所谓从佛说十二因缘法得悟的缘觉声闻。因此，宜从声闻声闻称之为声闻藏。③

就菩萨藏所被机，慧远则作渐入与顿入之分：

---

① 此为引《法华经》文，原文"为求声闻者，说应四谛法"［(后秦)鸠摩罗什译：《妙法莲华经》卷一《序品》、卷六《常不轻菩萨品》，《大正藏》第9册，第3页下、50页下］。
② 《〈地论〉义记》卷一，《大日本续藏经》第1辑第70套第2册，第134页正上至下。此处所引《法华经》文出处同本页第2个注解。
③ 参见《〈地论〉义记》卷一，《大日本续藏经》第1辑第70套第2册，第134页正下。

> 菩萨藏中，所教亦二：一是渐入；二是顿悟。言渐入者，是人过去曾习大法，中退学小，后还入大。大从小来，谓之为渐，故《经》说言："除先修习学小乘者，我今亦令入是法中。"① 此是渐入。言顿入者，有诸众生久习大乘相应善根，今始见佛，即能入大。大不由小，名之为顿。故《经》说言："或有众生世世已来常受我化，始见我身，闻我所说，即皆信受，入如来慧。"② 此是顿悟。③

渐入菩萨在过去曾经修行大乘法，但未形成坚固的大乘根性，因机缘不具而退修小乘法，一旦因缘具足，他们必定回过头来修大乘法。这类众生须经过修习小乘法这一阶段才最终转入大乘法的修习（"藉浅皆远"），故就其进入大乘法的方式称他们为"渐入菩萨"。顿入菩萨不但在过去世已久久修习大乘法，且形成了坚固的大乘根性，因此他们闻佛说大乘法时即能信受奉行（"一越解大"）。由于这类众生不必如渐入菩萨必须有一段退修小乘法的曲折经历，故可称他们为顿入菩萨。他引《法华经》之说作为其立说的教证，堪称应理。

既然所教的众生有渐入和顿入大乘的两类，他认为与此相应，能教的菩萨藏就可二分为渐教和顿教，所谓"大乘法中，从小入者，名之为渐；不藉小入，名之为顿"④。这与后来从修行者悟入方面说顿渐是相当不同的。

从上面的分析中我们知道，慧远将佛经开为大小二藏，旨在回应

---

① 慧远所引《法华经》原文是："除先修习学小乘者，如是之人，我今亦令得闻是经，入于佛慧。"[（后秦）鸠摩罗什译：《妙法莲华经》卷五《从地踊出品》，《大正藏》第 9 册，第 40 页中]

② 慧远所引《法华经》原文是："是诸众生世世已来常受我化，亦于过去诸佛供养、尊重、种诸善根。此诸众生始见我身，闻我所说，即皆信受，入如来慧。"[（后秦）鸠摩罗什译：《妙法莲华经》卷五《从地踊出品》，《大正藏》第 9 册，第 40 页中]

③ 《〈地持〉义记》卷一，《大日本续藏经》第 1 辑第 70 套第 2 册，第 134 页正下。

④ 《〈温室〉义记》，《大日本续藏经》第 1 辑第 59 套第 1 册，第 21 页正上；又见：《〈观经〉疏》本，《大正藏》第 37 册，第 173 页上。

当时大行其道的一音教论,证明佛随众生根器优劣既能说大亦能说小,而佛法本身在教相上亦确有大小之别,不能执实废权。他在大乘佛教中开分顿渐二教,则是为了对破以刘虬为代表而更加盛极一时的顿渐二教观。他的策略是将纯说大乘的大乘经典理解为佛陀为一越解大者所开,而将由浅入大的大乘经典理解为佛陀为藉浅阶远者所演。这样,大乘经典间呈现的差异,就不如刘虬等人所论为教理深浅的区别,而仅仅是悟入同样圆满实性的方式和宗义的不同:

> 诸经部别,宗趣亦异。宗趣虽众,要唯二种:一是所说;二是所表。言所说者,所谓行德;言所表者,同为表法,但法难彰,寄德以显。显法之德,门别无量,故使诸经宗趣各异。如彼《发菩提心经》等,发心为宗;《温室经》等,以施为宗;《清净》《毗尼》《优婆塞戒》,如是经等,以戒为宗;《华严》《法华》《无量义》等,三昧为宗;《般若经》等,以慧为宗;《维摩经》等,解脱为宗;《金光明》等,法身为宗;《方等》《如门》,如是经等,陀罗尼为宗;《胜鬘经》等,一乘为宗;《涅槃经》等,以佛圆极妙果为宗。如是等经,所明各异,然其所说皆是大乘缘起行德究竟了义,阶渐之言不应辄论。①

由此我们知道,慧远指责刘虬的顿渐二教"摄教不尽",实非因刘虬在大乘中安立渐教一门,而是将《华严》以外的大小乘经典一例纳入从小趣大的渐教,因而无法像慧远那样平等看待大乘经典。法藏说慧远的二教观别有所本②,确为慧眼之见。

慧远诚然在其顿渐二教中确立了大乘经典的平等归趣,但此说自

---

① 《义章》卷一《众经教迹义》,《大正藏》第44册,第466页下至467页上。
② 参见(唐)释法藏:《华严一乘教义分齐章》卷一,《大正藏》第45册,第480页中。

然也存在着他自己难以自圆其说的问题。这一点，我们在讨论了他的四宗观后就会很清楚。

三、四宗

宗，《说文解字》释为"尊祖庙"，段玉裁《注》谓："当云尊也，祖庙也"；"凡尊者谓之宗，尊之则曰宗之"。意谓宗乃"尊贵"义，引申为动词则为"宗本"。①

在佛教中，宗有名词和动词两性，作为名词时义为"宗旨""宗本"或"宗义"②，作为动词时义为"宗本"③，皆从其引申义。这里的"宗"乃指名词的宗旨、宗本义，因而所谓开宗，实际上就是佛学家依其所把握到的根本教理对佛教经典进行创新性的理解、分类和安排。

但是，佛经浩如烟海，且每一经皆有其宗旨，如何能将它们归入一个整齐划一的教理系统中呢？依笔者所见，其依据盖有二：其一，佛经虽然是佛随不同根性的众生所说，但无非是为了引导众生离苦证灭、舍烦恼得菩提，故必有一根本教理贯穿于群经；其二，佛所化众生的根机虽然千差万别，但可以相对分为上、中、下几个层次，因此可依佛经阐明此一根本教理的偏圆与否相应地将它们分成深浅不同的几个层次。是则各教门的特色，主要取决于佛学家如何或从什么角度把握佛教经典的根本教理。

从慧远的一乘观中我们知道，慧远是以如来藏（佛性、真识心）为根本教理的，现在我们就看看他如何依此教理对佛经进行分宗和会通。

慧远首先依此教理将一切佛典分为四宗，他说：

---

① 参见（清）段玉裁：《〈说文解字〉注》第二篇上，《汉小学四种》上册，巴蜀书社2001年版，第69页。

② 如玄奘译《阿毗达磨大毗婆沙论》卷三十三云："既说他宗有过失已，显自所宗无诸过失。"（《大正藏》第27册，第171页中）

③ 如灌顶云："宗本于龙树。"［（隋）释灌顶：《〈观心论〉疏》卷一，《大正藏》第46册，第594页中］

> 言分宗者，宗别有四：一立性宗，亦名因缘；二破性宗，亦名假名；三破相宗，亦名不真；四显实宗，亦名真宗。①

慧远说，上述四宗的前两宗属于小乘，后两宗属于大乘。

依吉藏、智顗和法藏等人的相关记载，我们可以说此中所谓立性宗指当时以说一切有部思想为宗义的毗昙宗②，因该宗安立诸法体性三世恒有，慧远称之为立性宗；又因该宗借助六因四缘解说诸法因缘生灭的相状，故复称之为因缘宗。破性宗指当时以《成实论》思想为宗本的成实宗③，因该宗破除毗昙所立法性，慧远称之为破性宗；复因该宗主张诸法皆为假名，慧远又称之为假名宗。但是，我们却不能同样依他们的记载简单地认定，此中破相宗或不真宗即当时以《般若》等经、《三论》等论的思想为宗本的三论宗，显实宗或真宗即以《华严》《涅槃》等经论的教理为宗归的地论宗，若如此，我们就对慧远与佛陀扇多及其师祖惠光的判教观之间的差异有失体察。

---

① 《义章》卷一《二谛义》，《大正藏》第44册，第483页上。
② 佛灭三百年顷，迦旃延尼子造《阿毗达磨发智论》，创开说一切有部基础（参见释印顺：《说一切有部为主的论书与论师之研究》，台北：正闻出版社1992年版，第112页）。此后，续有阐发该论思想的《集异门足论》《法蕴足论》《施设足论》《识身足论》《界身足论》《品类足论》行世，构成有部的基本理论典籍，即所谓的"一身六足"。而五百阿罗汉所集集《大毗婆沙》、法胜的《阿毗昙心》、众贤的《顺正理》和法救的《杂阿毗昙心》等书，令该部论书更为宏博。这些论书说法虽有详略，但有几个思想是一致的：一是都主张法体恒有、三世实有，并肯定诸法的多元存在；二是将世间的一切法分成有为法、无为法二类，解脱迷执世界的有为法即可证得觉悟世界的无为法。慧远时代，上述论书的相当部分已传入中国（参见本书第一章第二节），引起当时很多人的崇奉与研习，并形成了在南北朝佛教中颇有影响的毗昙宗。但自真谛译出《立世阿毗昙论》《四谛论》《俱舍释论》等，北齐那连提黎耶舍译出《阿毗昙心论经》，唐玄奘译出《发智论》《大毗婆沙论》《俱舍论》等，探究这些新论的风气骤然勃兴，对旧译诸论的研习遂渐告不行。尤其是以《俱舍论》为中心的俱舍宗崛起后，此宗遂没其迹。
③ 西元四世纪，印度的诃梨跋摩造《成实论》二十卷，以接近于大乘我法皆空的思想批判各部派的我空法有思想。姚秦弘始十四年（412），鸠摩罗什将此论译为汉文，遂在中国佛教学者间成研究此论的潮流，并形成了一时称盛的成实宗。中国的成实宗初兴于北方，至南朝梁代时（502—556）最为兴盛，梁朝光宅寺法云、开善寺智藏和庄严寺僧旻这三大法师都是研究此论的著名学者。南方成实宗的盛行，始于鸠摩罗什的弟子僧导在寿春、建康以及道猛（413—475）于建康兴皇寺讲说《成实论》，然而，自梁三大法师后，此宗逐渐衰微，迄唐初即告消失。

研究者已经指出，慧远的四宗观虽本于佛陀扇多与其师祖慧光创设的四宗观，但两者只有部分相同。① 也就是说，他同意慧光等人将《阿含经》总判为立性和破性两宗的根本经典，将《阿毗昙》和《成实论》分别判为立性和破性二宗的根本论典，因为前者"宣说诸法各有体性"，后者"宣说诸法虚假无性"，而小乘人往往偏执一端、言成诤竞，故可作如此别判。但他不同意他们将大乘经典分别配入破相和显实两宗的做法，并断然批评道："又人立四，别配部党，言《阿毗昙》是因缘宗；《成实》者是假名宗；《大品》《法华》，如是等经是不真宗；《华严》《涅槃》《维摩》《胜鬘》，如是等经是其真宗。前二可尔，后二不然。"② 为什么不能在大乘经中"别配部党"？原因在于：

> 是等诸经，乃可门别，浅深不异。若论破相，遣③之毕竟；若论其实，皆明法界缘起法门；语其行德，皆是真性缘起所成。但就所成行门不同，故有此异。④

在慧远看来，《摩诃般若波罗蜜》《维摩》《法华》《华严》《涅槃》《胜鬘》等大乘经典所彰显的终极真实都是"法界缘起"，所表彰的行德都是依法界缘起而成，其间只有从遣相门（《摩诃般若波罗蜜》《维摩》等般若系经典）还是融相门（《法华》《华严》《涅槃》《胜鬘》等经典）开出行德的方法（行门）不同而已。不用说，以此判教观为基础开设的五宗六宗之类，慧远也是反对的。可见，慧远对师说虽有继承，但最终还是依自己的大乘平等观而定取舍的。

---

① 参见廖明活：《净影慧远思想述要》，第108页；刘元琪：《净影慧远〈大乘义章〉佛学思想研究》，第16页。
② 《义章》卷一《二谛义》，《大正藏》第44册，第483页中。
③ 遣，《大正藏》本为"违"，据当页校勘注4改。
④ 《义章》卷一《二谛义》，《大正藏》第44册，第483页中。

慧远认为，虽然大乘经论遣则无法不遣、论收则有理皆收，不能定配一宗，但从其间所阐明的义理来分判，不但小乘不同论典可立深浅不同的立性、破性两宗，大乘经典中亦可开出浅深各异的破相、显实两宗，且从立性宗到显实宗构成一个义理上层层递进的整体。

四宗之中立性宗最浅，慧远说：

> 言立性者，小乘中浅，宣说诸法各有体性。①

立性宗所立的"性"，为诸法各自具有的体性。这里有一个问题：佛法不共世间的教理本是诸法无我（自性）义，为什么宣说诸法各有体性的经论还能称为佛法，并且成为其中的一宗呢？慧远解释道，佛法的立性宗虽说诸法各有体性，但此体性为从诸法因缘生而来的差别特性，即每一个现象的个别性，并不是如外道所见由自因、他因、共因或无因生而有的诸法体性。两者所立诸法之性有着根本区别：外道所立的法性是诸法之内、之上或之外的独立自在、永恒不变、自作主宰的实体性，佛法立性宗所立的法性则是诸法具有生、住、异、灭等特点的暂时性质。②换句话说，佛法的立性宗所立的法性是缘起意义上的性，如水由缘起而具有水性。这说明慧远对佛教与外道的理论界限是具有鲜明自觉性的。

慧远认为，该宗所立法性虽然不同外道妄立的实体性，但它不知道此法性既然由缘起而有，就是虚假不实的，因此该宗虽然属于佛法，但取义最浅。

关于破性宗，慧远以为其是小乘中义理深玄的一宗：

---

① 《义章》卷一《二谛义》，《大正藏》第44册，第483页上。
② 详见《义章》卷一《二谛义》，《大正藏》第44册，第483页上。

（破性宗）宣说诸法虚假无性，不同前宗立法自性。①

因为该宗已洞见前宗所立的诸法体性本身虚假不实，不安立任何体性，所以较立性宗为深。

慧远认为，该宗虽然破斥了毗昙宗的法性，但又说"法虽无性，不无假相"②，没能进一步破斥诸法缘起而有的假相。如该宗虽不立水性，而犹存水相，因此该宗所见亦不究竟。不过，小乘二宗最深莫过该宗，更深一步则跨入大乘二宗了。

大乘的破相宗进一步破除了诸法的假相：

> 破相宗者……明前宗中虚假之相亦无所有，如人远观，阳焰为水，近观本无，不但无性，水相亦无。③

该宗既然高宗性相双遣，它当然比破性宗更深一筹。但另一方面，该宗"虽说无相，未显法实"④，即未彰显遮遣诸法性相后的法界如来藏性，因此在大乘二宗中又属较浅的一宗。

四宗之中，大乘显实宗见解最深，堪称圆教：

> 显实宗者，大乘中深，宣说诸法妄想故有，妄想无体，起必托真。真者所谓如来藏性，恒沙佛法同体缘集，不离、不脱、不断、不异。此之真性，缘起集成生死、涅槃，真所集故，无不真实。辨此实性，故曰真宗。⑤

---

① 《义章》卷一《二谛义》，《大正藏》第44册，第483页上。
② 《义章》卷一《二谛义》，《大正藏》第44册，第483页上。
③ 《义章》卷一《二谛义》，《大正藏》第44册，第483页上。
④ 《义章》卷一《二谛义》，《大正藏》第44册，第483页上。
⑤ 《义章》卷一《二谛义》，《大正藏》第44册，第483页上。慧远在《〈涅槃〉义记》中亦有同样思想（参见《〈涅槃〉义记》卷五，《大正藏》第37册，第738页下）。

引文意谓显实宗虽然也遮遣诸法性相，但它并非仅仅停留于遮遣而已，还揭明了此性此相生起的根源乃是众生妄心及其所产生的妄想。妄想不能孤起（否则就堕入外道无因生之论了），起必依缘而起，妄想所依之缘就是如来藏性，亦即佛法所说一切诸法的究竟实性。众生正是依此实（真）性有一念不觉的无明，进而产生妄想，执著我法，堕入生死苦海，长劫轮回；众生亦因此真性有一念觉悟的真心（始修时离恶向善之心），进而依佛开示之缘遮遣二执，证入涅槃觉岸，永享极乐。然而，生死染污法和涅槃清净法皆非如来藏外之法，一者为背如来藏真空妙有之性而起之法，一者则为称此真空妙有之性而起之法，故究极而论它们都是"真所集故，无不真实"。"显实宗""辨此实性，故曰真宗"，即最幽深、最圆满的一宗。

判定了四宗的浅深之后，慧远进一步对其立说展开论证。由于慧远的整个思想系统都在论证他所宗本的显实宗，笔者这里仅仅从其二谛门入手考察他是如何对此进行论证的。

慧远首先确定四宗的二谛各自具有的含义：

> 初①宗之中，事理相对，事为世谛，理为真谛。阴、界、入等，彼此隔碍，是其事也；苦、无常等十六圣谛，通相之法，是其理也。第二宗中，因缘假有以为世谛；无性之空以为真谛。第三宗中，一切诸法妄②相之有，以为世谛；无相之空以为真谛……第四宗中，义别有二：一、依持义；二、缘起义。若就依持以明二者，妄相③之法以为能依，真为所依，能依之妄说为世谛，所依

---

① 初，《大正藏》本为"约"，据当页校勘注6改。
② 妄，《大正藏》本为"异"，据当页校勘注7改。
③ 校记：妄相，当为"妄想"。依慧远对破相、显实二宗的定义，在慧远的思想中，"妄相"为第三宗的俗谛，"妄想"是第四宗的俗谛，两者不能随便相混，但今本慧远《义章》等著作却常常混淆不清，时而在论第三宗时说"妄想"而在论第四宗时说"妄相"，这是有必要纠正的。这里不妨再以他在另一著作中的相关论述略加申说。《〈涅槃〉义记》卷五论及破相宗的二谛，他就

之真判为真谛……若就缘起以明二者，清净法界如来藏体缘起造作生死、涅槃，真性自体说为真谛，缘起之用判为世谛。①

这是说，立性宗直接以阴、界、入等相互隔别不通的事法为世谛，以圣人所见此事法中包含的苦、无常、空、无我等十六圣谛（理）为真谛。② 破性宗则以事法本身是一种缘起假有之法为世谛，以缘起假有之法性本空寂为真谛。破相宗以一切法之假相为世谛，以此相空寂为真谛。显实宗的真俗二谛则须从二义观察：一是从真妄依持论；二是从依真起妄论。依为依赖、依靠，持为支持、撑持、保持，从这一角度看，真性为实为体，能为妄法依靠、能撑持妄法，故是真谛；生死等妄法虽依真性而起，但为众生妄想所生，虚假无体，故是世谛。从依真起妄论，真实如如的如来藏体为真谛，由此体缘起造作的生死、涅

（接上页）说："下次就其破相宗中以辩二谛，八苦之相以为世谛，无八苦相为第一义。问曰：'此宗所辩二谛与前何别？'释云：'前说因缘假有以为世谛，此宗宣说妄相之有以为世谛；前宗宣说无性之空为第一义，此宗宣说无相之空以为第一义。'"（《大正藏》第37册，第739页上）论及显实宗的二谛，他则说："次就第四显实宗中以辩二谛，事相缘起以为世谛，法性缘起名第一义……因缘所生泛有六重：一、事因缘生，如《毗昙》说；二、法因缘生，唯苦、无常生灭法数；三、假因缘生，如《成实》说；四、是妄相因缘所生，犹如幻化；五、是妄想因缘所生，如梦所见；六、是真实因缘所生，所谓佛性、十二因缘，如水起波。前五缘生，并是世谛；今据第六，故名第一。"（《大正藏》第37册，第739页上至中）从其整体思想看亦如此，因为慧远认为唯有显实宗才阐明了妄相产生的根源即是妄想。导致这种现象的主要原因，或者是"相"与"想"两字形近，今本慧远的《义章》等著作在传抄过程中逐渐将两者相混了；或者是后人将草书文本识读为楷书文本时未能将此字正确识读出来，《义章》卷首有一段注文即说："草书惑人，伤失之甚，传者必真，慎勿草书。"（《大正藏》第44册，第465页上）因此，下文凡遇到此类情况，本书将在引文中保留原文，并在括注中注明正确的字，此外时则依正确者为准。

① 《义章》卷一《二谛义》，《大正藏》第44册，第483页下。
② 十六圣谛又称十六圣行，指四谛各有四个行相，共计十六行。由于此十六行皆圣人所行，故称十六圣行。其简单内涵如慧远云："苦中四者，谓苦、无常、空、无我。逼恼名苦；苦法迁流，说为无常；苦非我所，故名为空；苦非我体，名为无我。""集中四者，谓因、集、有、缘。能生曰因；聚果名集；能有来果，故说为有；缘此得报，故说为缘。""灭中四者，谓尽、止、妙、出，亦名灭、止、妙、离。尽灭有过，故云尽灭；寂止恼想，故名为止；舍远粗碍，称之为妙；出离缠缚，名出名离。""道中四者，谓道、如、迹、乘，亦名道、正、迹、乘。能通名道；如法正行，名如名正；寻之趣果，故称为迹；依之达到，故名为乘。"（详见《义章》卷三《四谛义》，《大正藏》第44册，第514页中至515页上）

槃等法为世谛。

基于上述对二谛的界定，慧远从四宗二谛的相互摄入入手，具体论述四宗之间的浅深与粗妙的差异问题。为了便于展示四宗之间的摄入关系，慧远进一步对各宗的二谛进行了开分。初宗的二谛被开分为七种，他说：

> 初宗之中，随义具论，凡有七种：一、情理分别；二、假实分别；三、理事分别；四、缚解分别；五、有为无为分别；六、空有分别；七、教行分别。言情理者，妄情所立我、人、众生等以为世谛，无我之理以为真谛……言假实者，人天、男女、舍宅、军众，如是一切有名无实，名为世谛；阴、界、入等事相诸法有名有实，说为真谛……言理事者，阴界入等，事相差别，说为世谛；十六圣行，通相之理，说为真谛……言缚解者，苦集缚法，说为世谛；灭道解法，名为真谛。言有为无为者，苦、集及道三谛有为，判为世谛；灭谛无为，寂止胜法，说为真谛。言空有者，十六行（中），空与无我，理中胜故，说为真谛；余名世谛。言行教者，三藏言教以为世谛，三十七品说为真谛……虽有七种，理事二谛正是宗归。①

情谓凡情，理谓圣理，依凡圣相对论，则凡夫的我、人、众生等实有之见为世谛，圣人的我、人、众生等性空之理为真谛。假谓因缘假有之法，实谓构成假有之法的元素，依此而论，如人天、男女、舍宅、军众等一切法由因缘和合而成，本非实有，故是世谛；阴、界、入等构成因缘假有诸法的基本元素实有不虚，故是真谛。理事相对论二

---

① 《义章》卷一《二谛义》，《大正藏》第44册，第483页下至484页上；又见《〈涅槃〉义记》卷五，《大正藏》第37册，第738页下。

谛如前。缚谓缠缚，解谓解脱，依此论，四谛中苦、集二谛为缠缚众生之法，故称世谛；灭、道二谛为解众生系缚之法，故名真谛。有为谓有造作、有作为，无为谓无造作、无作为，此为法的类别，依此二相对论，四谛中苦、集、道三谛是有为法，故称世谛；灭谛止灭一切有为法，是无为法，故名真谛。空谓性空，有谓假有，依此二相对论，十六行中的空与无我两者为诸法究竟真理，故是真谛；苦、无常、因、集、有、缘、尽、止、妙、出、道、如、迹、乘皆为认识、获得此真理之方便，故名世谛。依教行相对论，三藏等语言文字为世谛，三十七道品等行法为真谛。① 由于七种二谛皆为从理事二谛分立者，故此宗以理事二谛为正宗，即以差别事法为世谛、五阴无我（众生空）之理为真谛。②

这是有部的思想。此宗二谛最浅，故不论摄浅，唯论入深。第二宗和第三宗较前为深，故有摄浅；较后为浅，故有入深。

先看初宗与第二宗的摄入关系。就第二宗的世谛言，慧远将它分为有无两种：

> 第二宗中，世谛有二，一有二无。有中随义分为三种：一、事相世谛，谓阴、界、入等，于事分齐，真实不虚，故称世谛。此同初宗世谛也。二、法相世谛，谓一切法苦、无常等，法之实相，故称为谛。此之一门，是初宗真谛法也。三、理相世谛，谓法虚假，因缘集用，世法实尔，名为世谛。此之一门，不同前宗。所言无者，五阴之中无彼凡夫横计我、人，世法之中实无此我，故名世谛。此空无我，毗昙宗中一向说为第一义谛，《成实论》中义有两兼：若就五阴世法之中辨此无我，摄入世谛；若就性空第一

---

① 三十七道品指四念处、四正勤、四如意足、五根、五力、七觉支、八正道。
② 慧远说："初宗之中，但明生空，不说法空。"（《义章》卷一《二无我义》，《大正藏》第44册，第486页中）

义中无彼妄情所立我人,即是真谛。今就初义,说为世谛。①

有世谛即以事法所有者为世谛,无世谛即以事法所无者为世谛。在此宗的有世谛中,所谓事相世谛即以阴、界、入等差别事相为世谛,此义与初宗的世谛相同;法相世谛即以事相之苦、无常等理为世谛,此义于初宗则为真谛;理相事谛即以事法缘起而有的道理为世谛,此义则未为初宗所及。此宗的无世谛在初宗一向为真谛,因为彼宗真谛唯就五阴辨明无我;而在此宗则义有两兼,除可以就五阴辨明无我外,还可以从万法性空的高度辨明我、我所等诸法为迷执众生所妄立,约前者为世谛,约后者则为真谛。

此宗的真谛,慧远别之为二:

> 真谛之中,义别有二:一、因和合中无性之空,法和合中无性之空,以为真谛;二、就性空第一义中,无彼凡夫所立我、人,以为真谛。②

依《大乘义章》同卷《二无我义》所载,"五阴即生,揽别成总,是因和合","苦、空、无常等集成诸法,名法和合"。③前者是众生空,后者则是法空。慧远说众生由五阴和合而成,为佛教常义,不难理解,但说法(有为法)由苦、无常、空集成,则必须依其六相圆融思想才能得到确解。依此一思想,就有为法而论,此类法具有同体(有为法本身)的苦、无常、空诸义,可称为苦法、无常法、空法等等;换一个角度,便可说苦、无常、空等义是此类有为法得以缘起的体性。这是以我法皆因和合而成、皆虚假不实为真谛。所谓"性空第一义"指

---

① 《义章》卷一《二谛义》,《大正藏》第44册,第484页上。
② 《义章》卷一《二谛义》,《大正藏》第44册,第484页上至中。
③ 《义章》卷一《二无我义》,《大正藏》第44册,第486页下。

空性，意谓在空性中我、人等假名众生了不可得，这是以空性本身为真谛。与初宗相较，此宗虽同以生空为真谛，但立论角度不同，初宗"但说阴上无彼凡夫横计我、人，目之为空"，而此宗则说众生"因缘虚假我性之空"[1]；至于其法空和空性义的真谛，则为初宗所不及。

破性宗不仅含摄了立性宗的真俗二谛，而且具有立性宗所没有的理相世谛和性空真谛，故破性宗较立性宗深。

破性宗虽因遮遣了诸法之性而较立性宗深，但它没有洞见诸法之相也虚妄不实，所以又不及第三宗。第三宗中，世谛如下：

> 第三宗中，世谛亦二，一有二无。有中随义分为四种：一者事相，谓阴、界等，此同初宗世谛事也；二者法相，苦、无常等，此同初宗真谛法也；三者假名集用之相，此门同前第二宗中理相世谛；四者妄相，所谓世法道理，悉是妄相（"相"当作"想"）之有，如阳炎水，此之一门不同前宗。所言无者，随义有二：一者，阴上无彼凡夫横计我人，以为世谛；若就无相第一义中，无彼凡夫横计[2]我、人，即是真谛。今就五阴因缘法中无彼我人，判入世谛，同前初宗真谛法也。二、就五阴假名法中无彼妄情所取自性，世谛法中实无此性，故云世谛，故《地持》云："非有性者，世谛无性。"[3] 此之无性，第二宗中说为真谛，今入大乘破相宗中，义有两兼：若就五阴因缘法中无彼凡夫所取自性，判属世谛；若就无相第一义中无彼性者，即是真谛。今就初义，说为世谛。[4]

---

[1] 《义章》卷一《二无我义》，《大正藏》第 44 册，第 486 页下。
[2] 计，《大正藏》本为"法"，依当页校勘注 3 改。
[3] 此处为对《菩萨地持经》文的义引，原文为："无性者，色假名乃至涅槃假名、无事无依假名所依，一切悉无。"［弥勒造，（北凉）昙无谶译：《菩萨地持经》卷一《菩萨地持方便处真实义品》第四之一，《大正藏》第 30 册，第 893 页上］
[4] 《义章》卷一《二谛义》，《大正藏》第 44 册，第 484 页中。

此宗有世谛中的事相世谛、法相世谛与破性宗相同，假名集用世谛与破性宗的理相世谛相同，但妄相世谛则非破性宗所及，因为破性宗唯破诸法之性而不破其相；此宗无世谛的第一义与破性宗同，第二义在破性宗中一向是真谛，在此宗中则义有两兼，就缘起法相说无自性为世谛，就缘起法当相虚假说无自性为真谛。

> （此宗的真谛）义别有三：一者、毕竟妄相（"相"当作"想"）空寂，以为真谛；二、此空中无彼凡夫横计我人，以为真谛；三、此空中无彼凡夫取[①]立自性，以为真谛。[②]

此宗第一种真谛，指诸法不仅无性，而且无相，性相皆空，毕竟空寂；第二种真谛，指"无相第一义中无彼凡夫横计我、人"，谓无相法中我、人等相亦不立；第三种真谛，指无相第一义空中无有凡夫所执诸法实体性。三种真谛其实可总摄为毕竟妄相空寂一种真谛，慧远只是为相对第二宗显其殊胜，故一分为三了。

第三宗不仅含摄了第二宗的真俗二谛，且具有第二宗没有的妄相有这一世谛和毕竟妄相空寂这一真谛，自然妙出第二宗。

最为圆妙的是第四宗的真俗二谛，因为它超越前述诸宗而穷尽了诸法源底。就其世谛，慧远说：

> 第四宗中，世谛有二，一有二无。有义不同，差别有六：一、事相有，谓阴、界等，此同初宗世谛事也；二、法相有，苦、无常等，此同初宗真谛法也；三、假名有，此同前第二宗世谛理也；四、妄相有，此门同前第三宗中世谛理也；五、妄想有，辨明心

[①] 取，大谷大学藏本和延宝二年刊村上专精藏本皆为"所"，义皆可通（参见当页校勘注4）。
[②] 《义章》卷一《二谛义》，《大正藏》第44册，第484页中。

外毕竟无法，但是惑心妄想所见；六、真实有，谓如来藏缘起集成生死涅槃。此后两门，不同前宗。上来两门，世谛有也。所言无者，随义有四：一者、阴上无彼我、人，此同初宗真谛理也；二者、假名因缘法中无性之无，同第二宗中真谛理也；三、妄相无①，同第三宗真谛理也……四、妄想无，不同前宗。此之四种，世谛无也。②

第四宗的世谛有六种，其中前四种分别对应于前三宗的世谛或真谛；第五种世谛辨明一切对待的染净诸法为众生妄想心生起，第六种世谛显明一切对待的染净诸法皆依如来藏缘起，此两种世谛非前三宗所有。此宗的无世谛有四种，其中前三种分别对应于前三宗的真谛，而妄想心所生一切法实无的"妄想无"则为此宗独有的世谛。

就此宗的真谛，慧远说：

真谛之中，义别有二，一有二无。有者，所谓如来藏性恒沙佛法。无中有五：一者，真实如来藏中恒沙佛法同体缘集，无有一法别守自性，名之为无；二、此真中无彼凡夫横计我、人，故《经》说言："如来藏者，非我、众生、非命、非人"③；三、此真中无彼凡夫取立自性；四、此真中无彼二乘取因缘相；五、此真中无彼妄想空如来藏。此五通就如来藏体第一义中随义分别，同是真谛。④

---

① 此处之"妄相无"与前面有门第四义"妄相有"中之"相"字，原文皆为"想"，依前文校记改。若不改，则分别与后文之"妄想无"和"妄想有"相混，义不可通。
② 《义章》卷一《二谛义》，《大正藏》第44册，第484页中至下。
③ 此处为引用《胜鬘经》文，原文为："如来藏者，非我、非众生、非命、非人。"（《大正藏》第12册，第222页中）
④ 《义章》卷一《二谛义》，《大正藏》第44册，第484页下。

此宗的真谛为如来藏恒沙佛法,并非一切皆空的空如来藏。这是指此宗真谛不仅远超前两宗,因圆满显此如来藏不空而亦妙出第三宗。显实宗既统摄前三宗之二谛而无遗,又独能开出阐明一切染净诸法根源和性质的世谛以及显示如来藏如实空和如实不空的真谛,无疑最为圆妙。

从慧远对其四宗观的证成可知,他是以圆满朗现真识心的如来藏思想关于二谛的论义为最高判准来统摄其余诸宗的二谛思想的,在他这里,二谛在各宗中既是结构教理的方法,也是各宗教理浅深的体现。这样,由立性宗、破性宗、破相宗而显实宗,所诠二谛渐次圆满,其宗义自然也就渐次臻于圆妙。

何以见得没有比显实宗更为圆妙的宗义呢?慧远认为,根本原因是如实空如实不空的如来藏就是宇宙人生的终极真实,他在论述四宗的四谛观时就说:"言体实者,苦、集、灭、道,穷其本性,实是真实如来藏性。"①慧远引《涅槃经》的如下论说作为他的根本依据:

> 诸凡夫人有苦无谛,声闻、缘觉有苦、有苦谛而无真实,诸菩萨等解苦无苦,是故无苦而有真实。诸凡夫人有集无谛,声闻、缘觉有集、有集谛,诸菩萨等解集无集,是故无集而有真谛;声闻、缘觉有灭非真,菩萨摩诃萨有灭有真谛;声闻、缘觉有道非真,菩萨摩诃萨有道有真谛。②

《涅槃经》以一乘观判释凡夫、声闻、缘觉和菩萨对四谛有解与不解的不同,解中又有浅深的差异,最后的抉择是唯有菩萨通达了四谛的终极真实,慧远就是据此说将佛陀一代时教分判为四宗的。

---

① 《义章》卷三《四谛义》,《大正藏》第44册,第511页下。
② (北凉)昙无谶译:《大般涅槃经》卷十三《圣行品》,《大正藏》第12册,第441页上。

明乎此，我们就不难看出，韩镜清先生将慧远判为一个"起信论"师，是难以成立的。① 笔者以为，慧远虽然在理论结构上对《起信论》多所倚重，但从他的整个思想看，他是以《华严》(包括《〈十地经〉论》)、《涅槃》为宗趣，以《起信论》为纲骨，以《楞伽》《胜鬘》《如来藏》《不增不减》，以及《宝性》《金刚仙》等如来藏经论为血肉，以《菩萨地持经》《摄大乘论》《中边分别论》《三无性论》等唯识学教典为辅佐构成其思想系统的，这一判定将在本章中得到证明。因此，窃以为传统和现代许多人将慧远判为地论师固然不完全妥当，而韩先生仅仅将他视为起信论师恐怕更有问题。

现在，我们可以用慧远本人的一段话，将其归本的显实宗的思想纲要概括出来：

> 如来藏者，佛性异名，论其体也，是真识心，于此心中该含法界恒沙佛法，故名为藏。又为无量烦恼所藏，亦名为藏；如来法身蕴此藏中，名如来藏。又此藏中出生如来，是故亦名为如来藏。②

真识心"该含法界恒沙佛法"，即如来藏的体性义；"真识心""为烦恼所藏"，"为无量烦恼所缠"，即如来藏的在缠义；"如来法身蕴此藏中"，"此藏中出生如来"，即如来藏的出缠义。这样的文字在慧远著作中在在可见，几乎成为他说话的定型公式，这表明他的思想虽然以"法界缘起"为归趣，但其宗本义仍属于如来藏缘起思想，其主要内容是阐明依法界（真识心）缘起的生死流转与涅槃还灭的过程，亦即真

---

① 韩先生说，就"慧远法师现存的著作以判，则与其说他是地论师，不如说他是起信论师来得确当"（韩镜清：《净影八识义述》，载张曼涛主编：《现代佛教学术丛刊》第 26 册，第 345 页）。
② 《〈涅槃〉义记》卷三，《大正藏》第 37 册，第 692 页下；又参见《〈胜鬘〉义记》卷下，P.2091，黄永武主编：《敦煌宝藏》第 114 册，第 68 页下。

识心如何受到遮蔽和得到开显的过程，因此可以判属法藏所谓的"如来藏缘起宗"①。

刘元琪先生论及慧远的缘起思想时，说他有很多种关于缘起的说法，只是以真识心缘起（他称为真识缘起）说为主："慧远关于缘起有多种说法，如法界缘起，真性缘起，佛性缘起，如来藏缘起，法身遍在等等。但慧远缘起的根本说法，还是真识缘起"，"真识缘起说是慧远各种缘起说的核心内容，其他缘起说都是建立在真识缘起说上的"。② 这种论断是笔者不能同意的。首先，笔者认为刘先生将"法身遍在"视为一种缘起说是有问题的。"法身遍在"一语较早见于《究竟一乘宝性论》③，而其思想在般若经典里已有明确表达，如玄奘译《大般若经》卷五百八十七即云："如来法身遍一切法。"④ 所谓法身即佛具有的与法性同一之身，从佛契入法性边可说是法身，从诸法边可说是法性，因此《论》中"法身遍在"的含义是一切法之性皆为法性，并不是说法身缘起一切法，慧远不可能不知此义。其次，既然慧远关于缘起的其他说法都是建立在真识缘起上的，那么它们在什么样的意义上才能成为一种说法？这一点刘先生并未告诉我们。其实，慧远的真性缘起、真心集起、佛性缘起、如来藏缘起等都是真识心缘起的异名，法界缘起则是圆满成佛以后的佛界缘起，其中唯有法界缘起具有独立成为一种缘起理论的可能，后来的华严宗特从如来果位（实则寄普贤圆因位而显）开展法界缘起无碍境界而成为法界宗，应当说就受到了慧远此说的启发。但是，慧远本人并没有这一自觉，法界缘起在慧远的思想中尚处于边缘状态，否则他就不会不注意到法界的事事无碍这

---

① 法藏在《〈大乘起信论〉义记》卷上约教开四宗，其中以"《楞伽》《密严》等经、《起信》《宝性》等论所说"为"如来藏缘起宗"（《大正藏》第44册，第243页中），慧远的缘起思想依此类经论所阐如来藏思想而成立，自然可以称为如来藏缘起宗。

② 刘元琪：《净影慧远〈大乘义章〉佛学思想研究》，第21页。

③ 参见（北魏）勒那摩提译：《究竟一乘宝性论》卷三，《大正藏》第31册，第828页中。

④ 《大正藏》第7册，第1036页中。

一重要事实。因此，笔者以为慧远借以建构思想者只有一种缘起论，即笔者所称的真识心缘起论。

四、问题与会通

慧远虽然证成了自己的四宗判教观，但其间存在着一些问题。这些问题来自内外两个方面：在内，慧远在论证过程中有不尽如人意之处，一是他的二教论与四宗观难以协调一致，二是他对大乘破相宗的理解互有矛盾；于外，吉藏和智𫖮对这种判教观都曾加以严厉批判。这些问题都有必要予以澄清，并尽量给以合理的解释或会通，否则将会影响其理论的一致性和我们对其思想价值的把握。

我们先讨论他本身的论证导致的问题。这类问题中的第一个问题包含了两个小问题，首先是二教观摄教不尽的问题，其次是平等的大乘教与浅深不同的大乘二宗的矛盾问题。就前者，如果前文的论述得当，那么慧远是以局于小乘教法者为局教，以由小入大者为渐教，以顿显大乘教法为顿教。如此，则慧远的二教论不能收摄局教，同样存在着摄教不尽的问题。

就后者，慧远一方面在顿渐二教中断定大乘经典唯有说法方便之异而没有浅深之别，另一方面又在四宗中独尊显实宗，在大乘二宗之间广论浅深。这的确需要会通。如何对慧远这两种说法给出一个合理的解释呢？刘元琪先生给出的答案是："慧远说浅深又否定浅深，这可以这样解释，即前面有浅深提法指大乘经论在形式上有浅深，而后面离浅深的提法是指所有大乘经论在内容上无浅深之别。"① 此说未切中要害，因为破相、显实二宗正是依据教理的浅深来分判的，我们不能说教理只是形式而不是内容。华方田先生则说："慧远所反对的是将大乘经典分别配置于破相宗和显实宗之下，说某些大乘经深，某些大乘经

---

① 刘元琪：《净影慧远〈大乘义章〉佛学思想研究》，第16页。

浅。慧远主张,大乘经典本身并没有深浅优劣的区别,但这些经典所宣说的佛教义理却有深浅之分。"①此说则颇有启发。笔者以为,这个问题最好与慧远论述问题的方法关联起来考虑,我们可以说慧远对大乘二教作平等观是约总相门说,而对大乘二宗作差别观是从分相门说。就总相门言,大乘经论无不毕竟破尽性相,亦无不究竟圆显实相,所以慧远说:"彼清净法界门中备一切义,诸法互相缘起、互相集成,就空论法,无法不空;据性(指佛性)辨法,无法非性。"②就别相门言,破相宗与显实宗为从无浅深之大乘经论开出之宗门,前者遮显实相,后者表显实相。两者门别不同,所为即异,"说空为执有众生",说性则在因位可以消除众生的"怯弱心""轻慢心",在果位则能彰显"佛性真实常乐我净"。③虽然破相宗破二种我执即是显现实相,但毕竟未从正面显此实相,显实宗则不同,它直接表显实相,并从此实相下贯于一切法,就此可说前一宗浅、后一宗深。因此,修学者在理解佛法和依教奉行时,不能仅仅停留于大乘经典破相的一面,还要深入其显实的一面。只有这样会通,我们才能更好地理解,慧远为何能够一面坚持浅深不同的四宗观,一面破斥那种将大乘经典分别配到破相和显实两宗中的四宗观;同时才能说明,为什么慧远在论述相当多法义时实际上又将大乘两宗的教理等量齐观,而不是依破相、显实二宗的浅深差别立论。

但这里的问题还在于,慧远本人对破相宗宗义的把握存在着问题。从他为破相宗所下定义以及他对此宗二谛的论述看,他是以大乘经典的空性义为破相宗的根本教理的。如他论述此宗的二谛关系时说:"第三宗中所说二谛一向相即,彼说……世谛即真,色即空也;真谛即

---

① 华方田:《隋净影慧远的判教说》,载杨曾文、方广锠主编:《佛教与历史文化》,北京:宗教文化出版社2001年版,第101页。
② 《义章》卷一《佛性义》,《大正藏》第44册,第477页下。
③ 《义章》卷一《佛性义》,《大正藏》第44册,第477页下。净,原误为"常"。

世，空即色也。"① 这是大乘经典关于空性义的根本教理，慧远对此不可能没有自觉。但是他举经论证明此宗宗义时却说：

> 如《胜鬘》中明如来藏有其二种：一者空藏，即是不真；二不空藏，即是显实。又如《央掘魔罗经》中，彼诃文殊不知真法，妄取法空，所取妄空即是不真，其所不知真实法者即是显实。又《涅槃》中见一切空即是不真，不见不空，不空之实即是真宗。②

若依慧远对第三宗二谛的理解，他举的经证只有《胜鬘经》才合适，至于其余两经的相关文字，都是对小乘沉空滞寂者的指责，慧远将其理解为破相宗的教理是不相应的。③ 应当说，这并不是慧远没有仔细阅读两经而偶然出现的误解，他确实是时而将大乘空性思想视为破相宗宗义，时而又将大乘所破的小乘偏空思想目为破相宗宗义。结果，当他在前一义上用破相宗的概念时，往往强调此宗与显实宗的一致性；而当他在后一义上用这一概念时，则扬显实宗而抑破相宗，让人有模棱两可的感觉。这既可能是他未能彻透空性义的结果，也可能是他过分受到论书思想影响的结果，但无论如何，这都表明慧远的思想有欠缜密。

---

① 《义章》卷一《二谛义》，《大正藏》第 44 册，第 485 页上。
② 《义章》卷一《佛性义》，《大正藏》第 44 册，第 483 页中。
③ 如《央掘魔罗经》云："文殊亦如是，修习极空寂，常作空思惟，破坏一切法。解脱实不空，而作极空想，犹如见电消，滥坏余真实。汝今亦如是，滥起极空想，见于空法已，不空亦谓空。"（《大正藏》第 2 册，第 527 页中）这是佛借央掘魔罗之口指文殊不见解脱、涅槃之真实，亦不见如来之常住，这种空当然是妄空。至于《涅槃经》的相关经文，慧远在注释时也明确说："'所言空'者，标别愚人，愚谓二乘，二乘唯见生死法空，故言空者，亦得说言若无常及无我者……'见一切空，不见不空，不名中'者，约空不空以显非中。二乘唯见生死法空，不能见于涅槃不空，偏故非中。'乃至见于一切无我，不见我者，不名中道'，约无我以显非中。"（《〈涅槃〉义记》卷八，《大正藏》第 37 册，第 824 页上至中）依慧远的理解，此中"一切空，不见不空"是指二乘"愚人偏见"，同样是以只见生死空、不见涅槃不空的偏空为妄空，固不应将其视为破相宗的宗义。

稍后于慧远出世而较他声名更加显赫的智𫖮和吉藏，在他们的著作中都对地论师的判教观提出了激烈的批评。我们要问：他们是从什么角度批评地论师的判教观的？这种批评在多大程度上与慧远相关？其批评又在多大程度上具有合理性？我们可以作出什么样的辩护？要回答这些问题，我们需要先看看他们是如何批评的。

智𫖮认为，《妙法莲华经玄义》一书卷十"广破地论师"提出的四宗、五宗和六宗这类判教观，既乏教证，也缺理证，智𫖮还从理上对作为后两种判教观基础的四宗观进行了详细的评破。就因缘宗，智𫖮从两方面来评破：（一）佛法主张一切法都是因缘和合而成，可以说无不说因缘，地论师偏取毗昙为因缘宗，于理不通；（二）《成实论》说，如果见实有四谛就不能得道①，地论师既认为实有因缘宗，其所得是什么道？如果其所得是佛道，小则與假名宗同，大则即與圆、常等宗同，都不必别立一宗，今地论师别立因缘宗，其所得应非佛道。至于假名宗，智𫖮认为地论师根本没有抓住本论的宗义，因为《成实论》说三假是世谛事法，并非本论宗旨，本论说见空得道，应以空为宗。智𫖮认为，地论师称般若经论为不真宗同样未能得其宗旨，原因在于：其一，般若经论中所说的一切法不真并非此类经论的论义，而是其批判的对手方广道人的主张；其二，如果因为般若经论在文字上说诸法如幻如化就将其立为不真宗，那么《华严》《涅槃》等经也有这种文字，也应当判为不真宗；其三，般若经论不单说诸法如幻如化，同时也宣明了佛性常住之理，仅以不真名其宗旨当然不当。同样，智𫖮认为《涅槃》不仅显明了佛性常住不变的如实不空义，同时显明了佛性非常非无常的不思议义，地论师偏取其常义而称之为常宗，也不得其正。②总之，地论师立宗的理据，要么仅是经论中一义，要么并非经论独特

---

① 此处为智𫖮对《成实论》文的义引，原文较长，兹不具引。参见诃梨跋摩造，（后秦）鸠摩罗什译：《成实论》卷十五《见一谛品》，《大正藏》第30册，第362页下。
② 详参《大正藏》第33册，第804页中至805页上。

宗义，要么根本不是经论宗义，"皆难信用也"①。

智顗用"难信用"的字眼论定还算温和，吉藏则就毫不留情，他全部否定了地论师的判教观，"如旧地论师等辨四宗义，谓《毘昙》云是因缘宗，《成实》为假名宗，《般若》教等为不真宗，《涅槃》教等名为真宗，如斯等类，并是学于因缘而失因缘"②，甚至将他们判为"罪过甚深""堕于无间"③的罪人。吉藏为什么如此严厉地批判地论师呢？吉藏未一一就其四宗加以遮破，而主要集中批判他们对般若经论的判释，认为他们将般若经论判为不真宗不仅毫不当理，而且导致了毁谤般若的恶果。吉藏的理由有三：首先，《般若》明文宣说常住佛果以佛性为正因、十地为了因，《中论》明确说到法报化三佛，《大智度论》也明文说一切法中有涅槃性，这些都是显明佛性（法身）常住不变之义，所以不能偏称般若经论为不真宗。其次，地论师说《般若》不如《法华》会三归一，浅于《法华》，实际上《般若》即三不三、三遣一亡而会归中道，比《法华》做得更加彻底，因此地论师之论纯为妄见。第三，佛法显示真实有两种方法，即对三乘方便以显一乘真实和弹小乘赞大乘以显一乘真实，《法华》为以前一种方法显一乘真实之经，《般若》《维摩》等则是以后一种方法显一乘真实之经，地论师只知其一不知其二，夸谈两者的高下胜劣，也是不经的谬见。④吉藏认为大乘经论只有正（宗）旁（义）、开（法）闭（门）、逗缘（利顿）的差异，而无教理浅深、偏远的分别⑤，所以他会对地论师提出这样的批判。

从前文可知，智顗与吉藏批判的对象主要是慧光创设的四宗观，他们对大乘经论宗趣的理解与慧远的大乘观完全一致，甚至可以说就

---

① 《大正藏》第33册，第805页上。
② （隋）释吉藏：《〈中观论〉疏》卷第一本，《大正藏》第42册，第7页中。
③ （隋）释吉藏：《大乘玄论》卷五，《大正藏》第45册，第63页下。
④ 详参（隋）释吉藏：《大乘玄论》卷五，《大正藏》第45册，第63页下。
⑤ 参见（隋）释吉藏：《大乘玄论》卷五，《大正藏》第45册，第65页下至66页上。

是继承慧远的大乘观而来的，因此对慧远的相关判教思想并不构成损伤。但是，智𫖮对地论师有关小乘二宗的批判却直接指向了慧远，因为慧远对小乘二宗的见解直接承袭自慧光。应当说，智𫖮对因缘宗的批判确实有道理。只要是佛法，无不是为了证得佛道，而证得佛道就意味着见空性，如果有一种理论以实有体性或实有因缘为宗旨，其本身是否称得上是佛教已是一个问题，更不用说依之修行而得佛道了，因此，慧远设立性一宗确乎不妥。尽管慧远所谓性是由因缘和合而有的具体现象的特性，而不是支撑这些现象的永恒不变的实体性。即便如此，还是不能以这样的性为佛教经论之宗，因为依此性奉行同样不能得到佛道，而观空得道是佛法与外道区别的根本标志。慧远既然应许小乘人得佛道，就不应于其中立性一宗。智𫖮对假名宗的批判，则只显示双方立论的角度有所不同，在内容上却没有什么差异。慧远对立性宗称该宗为破性宗，正是为了显示该宗的宗旨是空性，称该宗为假名也是为了显示该宗反对诸法实有，与智𫖮判该宗"以空为宗"实无二致。

智𫖮和吉藏对地论师四宗观的批判，虽然没有对慧远的判教观造成实质性损害，但确实指出了他安立的立性宗内存在的矛盾。这一矛盾与他对破相宗宗义理解上的模糊性，在某种意义上削弱了慧远的整个判教系统的一贯性和完整性。加上此后不久，智𫖮和法藏分别基于三谛圆融观和法界缘起观，开出了更具含摄力、也更为合理的判教观，慧远的判教观自然就不能在中国佛教思想的开展中发生多大的影响。

第四节　慧远真识心缘起系统的衡定

按理说，阐明了慧远以如来藏缘起为宗的立场就可以直接展开其真识心缘起思想了，但问题却没有如此简单。学界都知道慧远是借助《楞伽经》《大乘起信论》和《摄大乘论》等经论的心识思想来铺陈其如来藏缘起系统的，但因为慧远自著的《义章》是一部佛学思想词典类的著作，每论及一义皆将他所判四宗的相关教理罗列在一起，而且往往从总别、开合、增一数等多个侧面对法义加以条分缕析，致使其真识心缘起系统的基本架构隐晦不彰。而时人的研究亦多未从把握此一架构入手，因此笔者以为有必要先对其思想系统加以衡定。

一、慧远的三种心识说

慧远说，如果随识的含义来分的话，识可被分成无量种。为什么说识无量？他并未加以说明，但这应当是本于《摄大乘论》的思想。《摄大乘论》基于万法唯识的教理，将本识（玄奘译为阿赖耶识）、第七识、前六识以及六识所认识的境相都可以称为识[①]，人所对境无有限量，其识自然也就无有限量。不过，这是从经验事实的角度说的，理论上不能直接对无量的识进行分析。在理论上，慧远最多对识作出了一、二、三、四、五、六、七、八、九、十、十一、十三、十八、六十等种种区分，而其中直接关乎其心识系统的仅有八识、三识和四识三种分类，其他种种分类要么是从其他角度而有的立论，要么是依此三种心识说而来的开合，对其系统并无影响。

先看其八识说。据慧远称，他是依《楞伽经》安立"八识"之名的[②]，所谓八识指眼、耳、鼻、舌、身、意、阿陀那和阿梨耶这八种识。佛经所以安立八识，慧远说前六种是"随根受名；后之二种，就体立称"[③]。根即眼、耳、鼻、舌、身、意六根，尘即色、声、香、味、触、

[①] 详参世亲造，（陈）真谛译：《摄大乘论释》卷五《相章》，《大正藏》第31册，第181页中至下。

[②] 慧远说："八识之义，出《楞伽经》，故彼经中'大慧白佛：世尊！不建立八种识耶？'佛言：'建立'。"（《义章》卷三末《八识义》，《大正藏》第44册，第524页中）慧远这里所依《楞伽经》为求那跋陀罗译本，原文见该经卷二（参见《大正藏》第16册，第496页上）。

[③] 《义章》卷三末《八识义》，《大正藏》第44册，第524页下。

法六种境,"依此生心,能有了别,故名眼识乃至意识"①。

至于后两识,则是因为"体含真伪,故复分二"②。所谓"体含真伪",并不是说七八二识真妄间杂,而是说第七识体妄、第八识体真:

> 第七妄识,心外无法,妄取有相,故名为妄。第八真识,体如一味,妙出情妄,故说为真;又复随缘种种故异变,体无失坏故名为真,如一味药流出异味而体无异;又以恒沙真法集成,内照自体恒沙真法③,故名为真。④

慧远说第七识之体为根本无明,不能如实知"心生法生,心灭法灭"的实相,妄执一切法为实有,因此此识是妄识,这与他后面对妄识的相关论义似不一致,依彼处说,此识是因为认实为虚而成为妄,即此识将真识心中的一切清净佛法颠倒为实体之法来了别。实际上,慧远此处是从体上说,彼处为从用上论,本质上是一回事,我们不能被他立论角度的差异所迷惑。

阿梨耶识有三义,即如如一味义、不变随缘义和真法集成义,第一、三两义都是约体相显阿梨耶识体真,第二义则是约用明阿梨耶识真性不改为真。慧远在这里是以识体之真妄作为七、八二识成立的理由,并因之称第七识为妄识、第八识为真识,与摄论师和唯识宗的论说都非常不同(详见下文)。这是他的真识心缘起观使然。

次观其三识说。慧远讨论八识,其实是为详论三识做一铺垫,他在论述中最重视的是三识,其关于识的内涵、依持、熏习、三性、相起相摄、有修无修、有尽无尽等内容,都是在三识系统中得到处理的。

---

① 《义章》卷三末《八识义》,《大正藏》第44册,第524页下。
② 《义章》卷三末《八识义》,《大正藏》第44册,第524页下。
③ 沙真,《大正藏》本缺,据当页校勘注6补。
④ 《义章》卷三末《八识义》,《大正藏》第44册,第525页下。

慧远的三识说亦本于《楞伽经》，该经中佛陀回答大慧菩萨关于识有几种生灭相的问题时说："略说有三种识，广说有八相。何等为三？谓真识、现识及分别事识。"① 该经约三识谈到真识受不思议熏变而成现识和分别事识，慧远则先广论八识与三识的开合关系，而后再论述三识的内容和性质。

慧远认为，八识摄为三识可以从三门来论述：一是从事识、妄识和真识相分说，二是从三种识的真妄离合说，三是从三种识的真妄和合本末说。由于此中第二门所论为识的三性三无性问题，不能算是对识本身的分类，故实际上只有两重三识②，即真识、妄识与事识一重以及本识、阿陀那识与生起六识一重。

慧远从第一门种开出的三识（第一重三识），实际上是依八识说略作变化的结果。他约识的"从本起末"③ 义说：

> 从本起末，亦得分三：废末谈本，心性本净，缘起集成无尽法界，是其真识；依本起末，认实为虚、非有见有，是其妄识；

---

① （刘宋）求那跋陀罗译：《楞伽阿跋多罗宝经》卷一，《大正藏》第16册，第483页上。

② 慧远又从时间的角度将识分为三种："一、种子心识，作已以后、受生以前所有心识，为业烦恼所熏发故，能生后果，说为识支。若复通论，无明、行中所有心识亦是识支；二、求生心识，在于中阴；三、受生心识，名为识支，谓受生时最初一念染污之心，于彼父母精血等事，妄想起于华池等爱，非起淫爱。"（《义章》卷四《十二因缘义》，《大正藏》第44册，第547页中）这是他对十二因缘中识支的理解，为阿梨耶识的因（集起众生因）果（成熟众生果）义，与此不同，故不论。

③ 慧远还有从"摄末归本"义开出的真、妄、事三识（参见《义章》卷三末《八识义》，《大正藏》第44册，第526页上），此中真妄二识与"从本起末"义开出者同，而事识则一妄一非真非妄。实际上，佛学中的事识要么依妄识为妄，要么依真识为真，不存在所谓非真非妄的事识，因此慧远开出非真非妄的六识只是一种抽象说法，并无实际意义。慧远复从真识与妄识皆有事识的角度对此义进行了论证："六识真妄共起，摄六从真，皆真心作，如绳上蛇皆是绳作，分取前义为妄六识，分取后义为真六识。"（《义章》卷三末《八识义》，《大正藏》第44册，第526页上）此处"真妄共起"之"共"的含义为"同"或"同有"，谓真妄二识都可生起六识。既然真妄二识各自皆有六识，随妄识生起者自然为妄，随真识生起者自然为真。顺便一说，廖明活先生将慧远所说六识的"真妄共起"义理解成六识为真妄二识共同生起显非慧远本意，而且在理上很难成立（廖明活：《净影慧远思想述要》，第56页）。

依本起末，认虚为实，非实见实，是其事识。①

慧远称此门为"事、妄及真离分为三"。从其八识义看，此"离"是指从分相门将阿梨耶识分为真妄二识，因此这里的真识仅仅以自性清净的真识心的体性"缘起集成无尽法界"为义，相当于其八识说中第八识的第一、三两义。"依本起末"包括"认实为虚"和"非有见有"两义，前者是依此真识心而起的妄识不知法界真实常、乐、我、净的实性，妄认为虚妄法；后者指妄识将虚妄法执为有差别性相之法，是则此处妄识的内容相当于其八识说中阿梨耶识的随妄流转（已被根本无明熏覆）义与依之而起的阿陀那识之和。依妄识而起的事识进一步执定妄识所执诸法差别性相为实有，这与其八识说中事识的内涵相同。

其由"真妄和合本末分三"一门中的"初定其相"项开出的三识（第二重三识），则是依《摄大乘论》而来。他说："初定其相，如《摄论》说：一是本识；二阿陀那识；三生起六识。"②其中本识指真妄和合的阿梨耶识：

> 据妄摄真，真随妄转，共成众生。于此共中，真识之心为彼无始恶习所熏，生无明地，所生无明不离真心，共为神本，名为本识，此亦名为阿梨耶识。故《论》③说言："如来之藏，不生灭法与生灭合，名阿梨耶。"④

---

① 《义章》卷三末《八识义》，《大正藏》第 44 册，第 526 页上。
② 《义章》卷三末《八识义》，《大正藏》第 44 册，第 529 页下。
③ 此处的《论》为《大乘起信论》，慧远所引原文为："依如来藏故有生灭心，所谓不生不灭与生灭和合，非一非异，名为阿梨耶识。"（《大正藏》第 32 册，第 576 页中）
④ 《义章》卷三末《八识义》，《大正藏》第 44 册，第 529 页下。慧远又称本识为共相识："共相识者，佛性真心与无明地合为本识，名阿梨耶。"（《义章》卷三末《八识义》，《大正藏》第 44 册，第 534 页下）

我们发现，慧远虽然说依据《摄大乘论》安立上述的三识，但实际上他提供的教证是《起信论》，这似乎不应理。不过，因为《起信论》的阿梨耶识是已被根本无明熏染了的染污识，与《摄大乘论》中的本识相同，因此他可以从教理上借之来证成其说。此中"真"指如来藏之体，即真识心；"妄"指无始恶习；"神本"，依慧远所谓"本识是心神知之性，心于诸法性能领记"①之说，知其所指为"神知之本"，即本识是其余诸识能了别诸法的根本。慧远说本识为阿梨耶识的别名，它由众生本具的不生不灭的真识心与生灭的根本无明和合而成，由于此识为众生一切识之本，故称为本识。实际上，此处的本识仅仅相当于其八识说中阿梨耶识的第二义，即阿梨耶识的在缠义。

阿陀那识为本识所生之识：

> 此阿梨耶为彼无始我见所熏，成我种子。此种力故，起阿陀那执我之心，依此我相起于我见、我慢、我爱。②

阿梨耶识因受到无始恶习中的我见习气所熏（即唯识家所说的我爱熏习），形成了我见种子。我见种子不断积聚，便形成一种执著阿梨耶识为自内我的妄执；由此妄执复生我见、我慢、我爱等心所，而与此识相应。是则慧远所谓阿陀那识相当于其八识说中的妄识。

生起六识亦为本识所生：

> 又此本识为无始来六识、根、尘名字熏故，成其种子。此种力故，变起六种生起之识及六根、尘，如依睡心起于梦中根、尘及识。③

---

① 《义章》卷三末《八识义》，《大正藏》第 44 册，第 536 页中。
② 《义章》卷三末《八识义》，《大正藏》第 44 册，第 529 页下。
③ 《义章》卷三末《八识义》，《大正藏》第 44 册，第 529 页下。

本识受无始已来即有的六识、六根和六尘的名字习气所熏习（即唯识家所说的名言熏习），便生起六识、六根和六尘。是则慧远所谓生起六识与其八识说中的事识亦无二致。

复探其四识说。慧远从四门讨论了四识，即开妄合真、开真合妄、真妄俱开、体相不同，而此中对确定其真识心缘起思想的基本架构有影响者则是三四两门：

> 三、真妄俱开以说四种。真中分二：一、阿摩罗识，此云无垢，亦曰本净。就真论真，真体常净，故曰无垢，此犹是前心真如门。二、阿梨耶识，此云无没，即前真心随妄流转，体无失坏，故曰无没，故《起信论》言："如来之藏，不生灭法与生灭合，名为阿梨耶。"妄中分二，谓妄与事。真妄各二，故合有四。四、体相不同，离分四种。相状如何？如上所说，心真如门是其心体，即以为一。心生灭门是其心相，于中分三：一是本识，真与痴合；二依本识起阿陀那执我之识；三依本识起于六种生起之识。以此通前，合说为四。①

慧远在论四识说前，曾依《起信论》的心真如和心生灭二门将识分为体与相两种，其中识体即心真如，相通指心真如与心生灭和合后的识。② 因此，第三门中的"此犹是前心真如门"，即指阿摩罗识为心真如。这么说，慧远是要告诉我们：阿摩罗识等同于心真如，阿梨耶识等同于本识，妄识等同于阿陀那识，事识等同于生起六识。阿摩罗识一名虽本于真谛译籍，但慧远所理解的阿摩罗识不是摄论师所理解的转染还净以后在果位显现的纯净识，而是如来藏系经论中偏于体性位

---

① 《义章》卷三末《八识义》，《大正藏》第 44 册，第 530 页下。
② 参见《义章》卷三末《八识义》，《大正藏》第 44 册，第 525 页下。

的心真如（即他所谓真识心），因此慧远在这里实际上是将摄论学的心识理论统摄于他依如来藏系经典成立的心识系统中了。而因为《义章》为词典类著作，所以他的种种心识说令人觉得好像是平列在一起的不同说法，他喜好分解的特点更增添了这一印象，结果难免让人眼花缭乱，不知所措。

二、时人的研究

目前，研究慧远心识思想者已不乏其人，如胜又俊教、吉津宜英、竹村牧男、韩镜清、廖明活、刘元琪等先生，他们皆取得了一定的成果，但可以说都未能将慧远上述诸说加以贯通。

这些成果可分成佛教历史学、佛教哲学和佛教教理学三类。胜又俊教、吉津宜英和竹村牧男先生的研究属于历史学的研究，因其研究题目和方法所限而无法会通慧远的心识思想，如竹村牧男先生一方面说，"慧远的识说，是在《楞伽经》所说'八识'的框架中，由真谛译的《摄大乘论》与《起信论》所构成的"；另一方面又说，"实际上，慧远也立第九阿摩罗识，此时，关于第八阿梨耶识，他还说有'认为识真'与'真妄和合'两种立场"。① 至于慧远的八识说与九识之间识什么关系，他则不置一词。

刘元琪先生的研究是具有相当深度的佛教哲学研究，但由于他是对慧远的《义章》加以通盘研究，重点不在研究慧远的宗义，所以也未关注这个问题。

韩镜清先生的研究虽属于佛学教理学的研究，由于他固守玄奘所传唯识学的立场，认为慧远的唯识思想充满错误，不但没有对慧远诸说加以会通，甚至指责"慧远把八识分到三种境界里去而又造成两层

---

① 〔日〕竹村牧男：《地论宗、摄论宗、法相宗》，载〔日〕高崎直道等著，李世杰译：《唯识思想》，台北：华宇出版社1985年版，第389页；胜又俊教和吉津宜英的研究分别参见前述两人的文章。

缘起,第一层是依真起妄,第二层是依妄起事"①,这无异于说慧远的思想根本不成立。

最具启发意义的是廖明活先生的研究,他的研究虽然主要是一种历史学的研究,并且最终也未能会通慧远的心识诸说,但他在一一细心地研究了慧远的心识思想后②,于《净影慧远思想述要》一书中敏感地意识到了这一问题。他说,慧远的"八识分类中的阿陀那识,大体相当于《起信论》所说的意;而本识等三识分类中的阿陀那识,则跟瑜伽行典籍所说的染污意多有相近。还有八识分类中的阿梨耶识,基本上是指真心自体;而本识等三识分类则以'阿梨耶'之名,来称呼跟妄相和合的本识。何以同名而有异义?这些异义当怎样会通?慧远并没有作出说明"③。廖明活先生提出的问题慧远自然不会说明,因为他的目标读者是佛教信仰者,不必要说明,但我们却应当对此加以说明。

三、笔者的衡定

综观慧远的心识诸说,其间的确存在着廖明活先生所说的障人眼目之处,这促使我们追问:慧远的种种心识说是否需要会通?能否会通?如何会通?

慧远的心识诸说需要会通,这有两方面的理由:一是来自佛学思想的要求,二是更好地理解慧远的真识心缘起思想的需要。就前一方面讲,慧远本身就依佛经告诉我们,学习和研究佛学应遵循"法四依"的原则,即依法不依人、依义不依语、依了义经不依不了义经、依智不依识。④ 如将这一原则贯穿于对慧远思想的研究,就意味着我们应当

---

① 韩镜清:《净影八识义述》,载张曼涛主编:《现代佛教学术丛刊》第26册,第351页。

② Ming-Wood Liu, *The Mind-Only Teaching of Ching-Ying Hui-Yuan: An Early Interpretation of Yogacara Yhought in China*, *Philosophy East and West*, vol. 35, no. 4, October, 1985;《净影寺慧远的心识思想》,《中国文哲研究集刊》1993年第3期;《净影慧远思想述要》,第19—82页。

③ 廖明活:《净影慧远思想述要》,第61页。

④ 《义章》卷十一"法四依义",《大正藏》第44册,第679页上。

理解并揭示慧远本人有关心识思想的根本看法（了义），而不能停留于他的种种差别说法（不了义）。就后一方面讲，慧远有时从体性上称阿梨耶识为真识心，有时又从相用上称之为真妄和合识，有时从本的层面称妄识为真妄和合识，有时从末的层面称之为妄识，他这种做法也许更切合心识实际运作的过程，但在理论上却容易引起混乱；而如果我们仅仅依其中一门来理解慧远的心识思想，又难免出现偏差，比如慧远的研究者普遍认为他不立真妄和合的阿梨耶识、他仅仅在真识心与妄识之间论熏习（详见下文）等见解，就是偏取其思想之一端的结果。

慧远的心识诸说能够会通，其依据是诸说的差异主要是由于他讨论问题的方法和角度不同造成的，并无实质性的隔碍。例如，他在八识说中虽称阿梨耶识为真识，但无碍于他的阿梨耶识本身是真妄和合识；八识说与三识说中的阿陀那识摄义虽有广狭之异，要害在于两者皆非真妄和合识，而是妄识。

那么，我们应当如何会通慧远的心识诸说呢？笔者以为，应当以其四识说加以会通，理由不仅仅是四识说体现了慧远依真识心缘起思想统摄论学的心识理论的特点，还因为慧远论述众生烦恼的流转和还灭过程都以此说为纲骨，只因这两个过程都属于心生灭门，他才依旧沿用三识的说法。① 这与他在《义章·八识义》中特重三识说并不矛盾，因为他在那里是分别从分相门和摄相门论三识的。这样，慧远的真识心缘起系统的基本构架就得到了初步厘定。

接下来，我们为了方便研究，还得确定一套统一的概念。由于慧远主要基于如来藏系经论来理解阿摩罗识，而其思想的特点又是以真识心缘起统摄摄论学的心识思想，因此笔者以为用他常常使用的另一个概念——真识心——来称此处的阿摩罗识较为合适（理由详见下

---

① 分别参见《〈起信论〉疏》卷上之下，《大正藏》第 44 册，第 188 页上至中；《义章》卷十七《贤圣义》，《大正藏》第 44 册，第 810 页下。

文），而其他几个识则最好分别用阿梨耶识、妄识和事识的称谓。[①] 这样，慧远的真识心缘起系统就可以用几个关键词简单标示如下：真识心→阿梨耶识→妄识→事识。如果从其佛学思想的所依体下贯其系统，这实际上不是一个由八识或三识而是由四识（合前六识而言）或九识（分前六识而言）构成的真识心缘起系统，形式上与摄论师的系统更加相近。

[①] 但下文在引慧远原文和易引起误解时，其种种概念仍然一如其旧。

第三章　如实空如实不空的真识心

如来藏的体性，在如来藏学里指众生本具而与佛无二无别的如来性或佛性的特性和相状。此如来藏体，无论众生是否见及，乃至是否相信，它都法尔如是，不生不灭。在如来藏学中，它是众生死流转与还灭解脱所依之体，其旨趣则在昭示每一个众生本来具有成佛的必然性和当然性。

虽然一切众生皆本具如来藏，但如来藏的体性并不是对众生的任何具体情况（"缘"）而言的，而是"废缘谈实"[①]的自性清净性。自然，这里所废的缘是指修行者的因（众生）果（佛）等具体因缘，并未废语言文字等缘，废语言文字等缘则无"言"可"谈"、无"字"可"写"。当然，如来藏的体性不是平常言谈所能谈论的，而必须采取慧远所谓"总相玄标""拂相显示""况诠显示"和"自体真法互相显示"式的谈论。[②]

第一节　真识心的名义及其体相

一、真识心的种种异名

在慧远的如来藏缘起思想中，作为体性义的如来藏被他赋予了很

[①] 慧远说："废缘谈实，就体指也。"[（隋）释慧远：《义章》卷一《佛性义》，《大正藏》第44册，第473页下］

[②] 参见本书第六章第一节中"教证二行的关系"部分。

多名称，据笔者的不完全统计，就有如下十二种：真识心[①]、真心[②]、心真如[③]、真如心[④]、自性清净心[⑤]、如来藏识[⑥]、如来藏[⑦]、藏识[⑧]、真识[⑨]、净识或无垢识[⑩]、阿摩罗识[⑪]、佛性[⑫]。但这些概念并不是慧远自出机杼，它们都有经典依据，真识心、真心和心真如三名本于《起信论》，自性清净心本于《胜鬘经》，如来藏识、如来藏、藏识、真识四名本于《楞伽经》，佛性则本于《涅槃经》，净识（无垢识）、阿摩罗识和第九识三名本于真谛译籍。

不用说，我们论述慧远关于如来藏的体性思想时需要确定一个统

---

① 用例："如来藏者，是真识心，是真心中具有一切恒沙佛法。"（《〈涅槃〉义记》卷三，《大正藏》第37册，第691页中）

② 用例："就真中体用分二，如依真心缘起集成生死、涅槃，用不离体，体用虚融，名为不二。"（《义章》卷一《入不二法门义》，《大正藏》第44册，第482页上）这是慧远就"真中体用论"不二义门之语，文中以真心为缘起生死、涅槃之体。

③ 用例："就真论体，论体常寂，平等一味，名心真如。"（《义章》卷三末《八识义》，《大正藏》第44册，第525页下）"论体常寂"句疑为"真体常寂"。

④ 用例："何为诸法以心为体？不生不灭，故湛然常；一得不退名为常，不生不灭名为恒。此真如心不生灭故，诸法之体。"（《〈起信论〉疏》卷上之上，《大正藏》第44册，第180页中）

⑤ 用例："《胜鬘》云：'有二难可了知，自性清净心难可了知，彼心为烦恼所染难可了知。'彼言自性清净，犹此心真如，本来无二。"（《〈起信论〉疏》卷上之上，《大正藏》第44册，第179页上）

⑥ 用例："波若之体，即是真实如来藏识。"（《义章》卷四《十一空义》，《大正藏》第44册，第546页下）

⑦ 用例："直就真体随义分二，如来藏中具过无量恒沙佛法，彼法同体，名为不二。"（《义章》卷一《入不二法门义》，《大正藏》第44册，第482页上）

⑧ 用例："阿梨耶识者……亦名藏识，备有一切诸净法。"（《〈起信论〉疏》卷上之下，《大正藏》第44册，第182页下）

⑨ 用例："此真识体，唯是法界恒沙佛法，同体缘集，互以相成，不离不脱，不断不异。"（《〈起信论〉疏》卷上之下，《大正藏》第44册，第182页中）

⑩ 用例：阿梨耶识又"名净识，亦名无垢识，体不染故"（《义章》卷三末《八识义》，《大正藏》第44册，第524页下）。

⑪ 用例："真中分二，谓阿摩罗及阿梨耶，义如上辨。以此通前，故合有九。二真妄离合以说九种；独真为一，所谓本净阿摩罗识；真妄和合，共为八种，义如上辨。"（《义章》卷三末《八识义》，《大正藏》第44册，第530页下）这是慧远将识开为九种时的说法。

⑫ 如前文所谓"如来藏者，佛性异名"（《〈涅槃〉义记》卷三，《大正藏》第37册，第692页下；又参见《〈胜鬘〉义记》卷下，敦煌文献P.2091号残卷，黄永武主编：《敦煌宝藏》第114册，第68页下）。

一的概念，否则将会造成极大的不便。但是，面对如此众多的称谓，我们究竟应该选用哪一个呢？首先，笔者以为本于真谛译籍的两个名称都不合适，因为净识和无垢识仅仅是从果位的阿摩罗识的清净性而立者，而慧远则是依如来藏系经论的心真如义理解阿摩罗识的，用这两个概念容易引起误会。其次，我们也可以弃用如来藏一名，因为如来藏是一个通名，摄义太广，难以彰显慧远思想的特色。至于余下来自《楞伽经》《胜鬘经》和《起信论》的七个概念，我们得先依慧远对如来藏体性的界定来加以简择。依本章下文的论述，慧远的如来藏体虽为就心安立的体，但此体不仅仅是识（智慧意义上的真识），而且是境智如如、色心不二之体，因此，慧远从如来藏体的真智义建立的如来藏识、藏识和真识这三个概念可以先被简别出来，因这三个概念都偏于如来藏的智慧义。

这样，最后就剩下真识心、真心、心真如、真如心和自性清净心这五个概念了。我们在这些概念中选择时，应当照顾两个方面，一是慧远使用它们的频率，二是慧远用语的独特性。经过检索中华电子佛典协会的电子版《大正藏》，慧远的《义章》《〈起信论〉疏》《〈维摩〉义记》《〈涅槃〉义记》这四部主要著作使用三个概念的次数如下，真识心17次，真心194次，心真如15次，真如心2次，自性清净心1次。两相结合，笔者以为用真心、心真如、真如心、自性清净心都不如用真识心来得好，尽管前面几个概念有的在慧远著作中出现的频率并不低，但它们都是如来藏经典的普通用语，难以凸显慧远用语的独特性，因此笔者决定用"真识心"一名来称呼慧远的如来藏体。

"真识心"一名不能说是慧远用得比较多的概念，相反甚至是他用得较少的概念，但这主要说明他偏于约别相门论述问题，最多说明他对理论建构的自觉性未深入到具体的概念一层，而不能说明这个概念不重要。相反，对慧远的如来藏缘起系统来说，选择"真识心"称呼如来藏体至少具有三大好处：首先，该名能摄尽如来藏体性义的内涵。

一方面，真识心表明如来藏体是与法性无二无别的境（心）；另一方面，真识心又强调如来藏体是即智之境。总之，真识心中境即智、智即境，境智如如，摄义周全。其次，该名能凸显慧远的如来藏缘起宗的性格。此概念显示慧远是点众生心而不是泛就一切法建立缘起思想，由是得将其思想与性空缘起系统区别开来；同时，此概念显示慧远虽然点众生心而说缘起，但此心为清净心而非染污心，由是复得将他的思想与阿梨耶识缘起论区别开来。第三，这个概念本身具有创新性。慧远之前，佛教经典中有真心、真识等概念，唯独不见真识心这个概念，他创造性地用真识心这个概念来称如来藏体，本身就具有很大的思想价值。

明乎此，那么当我们试图为慧远的如来藏缘起思想确定一个具体的名称时，就不能随意认定上述种种名称中的一个，并据以理解和阐释慧远的思想，否则就容易导致误解。[①] 经过上述辨正，如果我们要为慧远的缘起理论确定一具体名称，最好莫过于称之为"真识心缘起论"。

二、真识心的体相

如来藏系经典都宣称众生本具的真心是万法之体，但是，如何显示此体才能保证它既不流于佛学所否定的实体（否则就不是佛学了），又能在佛学的各种教说中自成一体？这是直到《大乘起信论》才得到圆满解决的问题。《起信论》依众生成佛以后获得的平等法身、圆满报身和无量化身往回追溯，相信既然成了佛的众生拥有作为佛果的三身，则尚未成佛的众生必有成就此三身的因，于是就相应地从众生真心中点出体、相、用三义，以遮诠方式显其体为如实空性，以表诠方式显其相即体本身的如实不空相，用即体本身具有的产生世间和出世间一

---

① 例如刘元琪先生将慧远的缘起论视为真识缘起论（参见刘元琪：《净影慧远〈大乘义章〉佛学思想研究》，第21—35、82—90页），这从慧远所谓别相门看诚为有道理，但从总相门看则有所不足，它遮蔽了其中的如如境一义，易让人误会慧远仅仅视如来藏之体为识。

切善因果的功能,从而阐明了如来藏学的两个重要思想:一是众生的真心的体性即诸法空性或真如性;二是此心具有被众生误执为实体而令其迷执的可能性,以及推动众生远离此迷执而觉悟其真如性的内在能动性。《起信论》这个被人们称为"一心开二门"的结构,为中国佛学的如来藏系思想奠定了理论范型。

慧远对《起信论》的思想赞赏有加,他说:"《大乘起信论》者,盖乃宣显至极深理之妙论也。摧邪之利刀,排浅之深渊,立正之胜幢,是以诸佛、法身菩萨皆以此法为体,凡夫二乘此理为性,改凡成圣,莫不由之。"①而且,他也依该论说众真心的体、相、用三义来说明真识心。不过,《起信论》认为真如门和生灭门的真心都有体、相、用三义,而慧远则认为真如门的真识心(即作为万法之体的真识心)只有体和相二义,心生灭门的真识心(即真如门的真识心与根本无明和合为阿梨耶识以后的状态)才有用义。②

我们先看他如何论述真识心的体。佛学中的体即体性的简称,指我们面对的对象(法)的性质。如何理解诸法的性质?这是关系到一种思想是不是佛学的大问题:如果一种理论主张诸法具有恒常不变、独立自在、自作主宰的实体性,这种理论就不是佛学;反之,如果一种理论主张诸法体性非此类实体性而是空性,这种理论就是佛学。③

慧远认为,作为万法所依体的真识心首先须具有不生不灭的空性:

> 何为诸法以心为体?不生不灭,故湛然常,一得不退名为常,不生不灭名为恒。此真如心不生灭故,诸法之体。④

---

① 《〈起信论〉疏》卷上之上,《大正藏》第44册,第175页上。
② 他说:"第八识者,摄体从用,故言为用,心生灭也。"(《〈起信论〉疏》卷上之上,《大正藏》第44册,第179页上至中)
③ 关于这个问题的详细讨论,参见本书《导论》。
④ 《〈起信论〉疏》卷上之上,《大正藏》第44册,第180页中。

这是慧远对《起信论》中"所谓心性不生不灭"一语的疏解①，文中的"真如心"即真识心。真识心所以能成为诸法的所依体，就是因为它具有不生不灭的恒常不变性。但这恒常不变性并不是诸法的某种实体具有的性质，而是其空性本身具有的性质。真识心何以具有不生不灭的性质？这对慧远以及整个如来藏学都不是问题，但从理论自洽性的角度还是需要解释。依笔者看，其论证过程这样的：依佛学的基本立场，宇宙中的一切法无不自性本空，而此空性是不生不灭、不常不断、不一不异、不来不去的中道实相；众生的心属于万法之一，其真实的本性自然是空性，因此慧远说："此心即是有命中实，故名真心。"②慧远将中道实相从众生心中点出，体现了他作为如来藏学家紧扣佛教徒修行实践立论的特点，其思想是应理的，但他以"一得不退"证明真识心的常恒不变性却不伦不类，因为从体性的意义上说，无论众生是否证得此真识心，它都是法尔如是、常恒不变的。但是，真识心既然是诸法实相，那就不是在它作为实体而是作为真如的意义上说它具有不生不灭性，因此不能像某些人那样将真识心与种种实体混为一谈。

为了进一步阐明真识心不是外道理解的实体，慧远分别从离相与离性两个层面具体地论证了净法满足的真识心的如实空性。

何为真识心的离相空？慧远说：

> （真识心）体虽真有，而无一相，如净醍醐，而无青黄赤白等相；亦如一切众生心识，体虽是有，而无大小长短等相；又如佛身，体实妙有，而无一相。③

---

① 马鸣造，（陈）真谛译：《大乘起信论》，《大正藏》第32册，第576页上。
② 《〈起信论〉疏》卷上之上，《大正藏》第44册，第179页上。
③ 《〈涅槃〉义记》卷九，《大正藏》第37册，第823页下。所引马鸣之语见《大乘起信论》，论中原文为"当知真如自性，非有相非无相，非非有相非非无相，非有无俱相，非一相非异相，非非一相非非异相，非一异俱相，乃至总说"（《大正藏》第32册，第576页上至中）。论中略无"亦非自相亦非他相，非非自相非非他相，非自他俱相"。

所谓离相空，谓真识心虽真实不虚，但就如清净醍醐、众生心识和诸佛法身一样，视之不见其相、听之不闻其声，无一切相可得。

慧远进而从有无、一异、自他、大小、彼此、众生六门阐明真识心遍离一切相。① 第一有无相对门是从真识心的存在相状展示其离相空：

> 言非有相，是第一句，非如虚有，故言非有；言非无者，是第二句，非如独无故。此是二句，题其所无，② 非同世间有无法也。然则何物？③ 非非有相，是第三句，净法满足故。非非无相者，是第四句，真如湛然故。此之二句，显其所有。然则有无合相可取？故是第五非有无俱相。④

慧远在这一门中，以真识心"非如虚有""非如独无""净法满足""湛然一味"和非"有无合相"来分别解释"非有相""非无相""非非有相""非非无相""非有无俱相"。所谓"非如虚有"和"非如独无"是什么意思呢？如果单仅仅从《〈起信论〉疏》来索解，我们连字面意思都没法了解，因为他在这里没有任何具体的阐述，但如果查考他的《〈涅槃〉义记》，则我们就能对此加以确切地把握。《涅槃经》在论及佛性时，有一段经文彰显佛性非有非无的特性⑤，《〈涅槃〉义记》对此经文有如下疏解："先明非有，明法佛性不同虚空不可见有，故曰非有，不说无法以为非有"；"下明非无，明报佛性不同兔角不可生无，

---

① 《〈起信论〉疏》卷上之上，《大正藏》第44册，第181页下。
② 题其所无，疑为"显其所无"。
③ 此句疑衍。
④ 《〈起信论〉疏》卷上之上，《大正藏》第44册，第181页下。
⑤ 经文云："佛性虽有，非如虚空，何以故？世间虚空，虽以无量善巧方便，不可得见，佛性可见，是故虽有，非如虚空；佛性虽无，不同兔角，何以故？龟毛兔角，虽以无量善巧方便，不可得生，佛性可生，是故虽无，不同兔角。是故佛性非有非无，亦有亦无。"（《大正藏》第12册，第819页中）

故曰非无,非说有法以为非无"。① 在慧远的思想中,法佛性就是真识心,报佛性就是此心中具有的能够成长为圆满报身佛的性质,因此我们知道,慧远所谓"非有相"指此心不如虚空之类不可得见的有,"非无相"指此心非如兔角之类子虚乌有的无。非有无俱相较好理解,此谓此心也非虚空有与兔角无相合的和合相。

慧远通过有无相对门阐明,从存在状态讲真识心既非实体意义的有相,亦非断灭意义的无相,复非前二相的和合相,而是真空("湛然一味")妙有("净法满足")的实相。

破了真识心的有相、无相和有无俱相,人们或会以为,尽管真识心本身无相,但其中的净法当有种种相。如果是这样,仍然属于一种实有见。为了遣除这种见解,以显真识心的彻底空相,慧远更立一异、自他和大小三门分别破之。一异相对门重在显真识心中的一切法无一异相:

> 非一相者,就实法门,非是令一一相故名非一相,无守性故。如一常法,万皆是常,万德之外无得常体,余皆亦尔。言非异相者,非是别故非异相也,万德皆是同一体故,非是别体异也。非非一者,能无一性而无不性,常义为言,终日是常,非是乐义,余皆同尔。言非非异者,常义乐义非一故,名非非异也。非一异相者,是双遣也。②

"非一相"并不是说真识心中的一切佛法本为一相而人为地使之成为非一相,而是指它们都没有需要固守的定性(实体性),故自然不是定一相。慧远以涅槃具有的常、乐、我、净四果德为例阐明道,对此心

---

① 《〈涅槃〉义记》卷九,《大正藏》第37册,第871页上。
② 《〈起信论〉疏》卷上之上,《大正藏》第44册,第181页下。

中的一切法来说，论常则一切皆常，并非在万德外还有一孤悬的常体，乐、我、净等也是如此。"非异相"是说，此心中的一切法既然皆无定性，皆无定性则同一空性（同一体），就此而言它们没有决定的异相。"非非一相"指此心中的一切法因为没有定性而能以任何性为其性，如以常为性则永远是常，以乐为性则永远是乐，以我为性则永远是我，以净为性则永远是净，故非非一相。这是从真识心中的一切法同体相即义显示其非非一相。"非非异相"谓此心中的一切净法含义不一，如常是常、乐是乐，不能混同，故非非异相。这是从真识心中的每一净法各有独特含义显示其非非异相。"非一异相"即"非一异俱相"，此义慧远未明，当指双遣将此心中的一切法视为"一相"与"异相"的和合相之谬执，以遣相毕竟。慧远这里的论述涉及此心中的一切法的同体与无性问题，具体含义要待论离性空时再加辨明。

由一异相对门，慧远说明真识心中的一切佛法既非混然无别的一相，亦非迥然不同的异相，复非前二相的和合相，而是一而不一、异而不异、一异相即、一异无碍的妙相。

自他相对门重在显真识心中的一切法无自他相：

> 言非自相者，离相离性。言离相者，犹如醍醐，湛然满器，而无青黄赤白等相，亦如众生心识无大小长短等相，真法亦尔，故名离相也。言离性者，无别守性，万法之外常体匹①得，故名离性，故言非自相也。非他相者，无生死相故……无他相者，就真法中寻推生死法相不可得故，故名为空。言非非自相者，虽无别自相，取万中不生灭义以为常故，即是常相也，余皆同尔。非非他相者，常对乐非是常相故，名非非他也。非自他俱相者，双遣也。②

---

① 匹，当为"叵"之形误。
② 《〈起信论〉疏》卷上之上，《大正藏》第44册，第181页下至182页上。

"非自相"谓真识心中的一切法不仅离一切相，而且离一切性。慧远在这里借此心中的一切法离性的性格，旨在说明真识心彻底没有自相，因为唯有离一切性才能完全无自相，故不能说与其从离性门显真识心的如实空性相重复。"非他相"谓此心中的一切法无生死相，且此种无并非如龟无兔毛、马无牛角似的互无，而是当体本无的毕竟无。"非非自相"谓真识心中的一切法又非绝无自相，譬如一切真法皆有不生不灭的含义，取此义名为常相，即是常相的自相。"非非他相"谓此心真法中非绝无他相，如常不是乐、乐不是净，常对乐为他，乐对净亦为他。"非自他俱相"之义，慧远亦未加论说，当指双遣将真识心中的一切法相视为自相与他相的和合相之谬执。

由自他相对门，慧远说明真识心中的一切法既非实体意义的自相，亦非实体意义的他相，复非前二相的和合相，而是自而非自、他而非他、自他相即、自他无碍的妙相。

大小相对门重在显真识心中的一切法无差别相：

> 俗中假大实小，总别异故，真法不尔，无有优劣差别之相，等同一味。又可俗中以实成假，不得以假成实法也。真法不尔，于一常中俱有总别，揽乐成常，名之为总；还即是常成乐之义，名之为别。何以尔者？以无常者不得成乐，故非总定大相、别定小相也。非非大者，恒总故也。非非小相者，恒别故也。非大小俱相者①，是双遣也。②

"总别"即六相中的总别二相，总相指万法的总相即空相，别相指万法的别相即自相。慧远的意思是，在世俗之见看来，作为总相的假名有

---

① 此句原为"非非大小俱相"，据文义改。
② 《〈起信论〉疏》卷上之上，《大正藏》第 44 册，第 182 页上。

与作为别相的四种元素（地、水、火、风）隔别不同，而且只能以别（实）构成总（假），故小者定小、大者定大。但真识心中的真法则与此不同：一方面，总相别相皆是空相，所以总别二相等同一味，无有差别；另一方面，总别相成，如任以一法为总相、其余诸法为别相，此总相为别相构成之总相，同时此别相亦为总相构成的别相，因此总相非定为大相，别相亦非定为小相。慧远以"恒总"为真法的"非非大相"，意谓约总相言则一切真法皆是总相；同样，"非非小相"指约别相言则一切真法无非小相。"非大小俱相"即双遣将真法视为大小二相的和合相之谬执。这是从六相圆融观所作的论证，俨然已见华严家风。

由大小相对门，慧远阐明真识心中"万法皆是总别无障碍，即是空体"[①]。

遣除了真识心中的一切法有种种相的谬执后，人或以为心有心相，故慧远更从心境相对门显真识心虽为心而无心相：

> 言彼此相者，就心境门，非是俗中以境异心故，非此故非相；以心异境故，名非彼相也。虽是一体，心义能知，法为所知，故言非非此相、非非彼相。第五句双遣同前也。[②]

这段话文有错讹，须先略加辨正。文之错讹指"非是俗中以境异心，故非此故非相"一句，此语文义不通，疑当为"非是俗中以境异心，故非此相"之误，文中后一"故非"当为衍文。据慧远的思想，此处当是就真识心的体性本身为言，谓在真识心体中，心境同一体（空）性，"以同体故，将心摄法，无出一法，将法摄心，则具法界微尘等

[①]《〈起信论〉疏》卷上之上，《大正藏》第44册，第181页中。
[②]《〈起信论〉疏》卷上之上，《大正藏》第44册，第182页上。

心"①，故心非此相、境非彼相，非如世俗人眼中的心境两两对待、相互隔别，而称境非此（心）相、心非彼（境）相。真识心中的一切法虽然是由同一空性集成，然方便而分，其中也有心境，心为能知，法为所知，并非全同，故"非非此相""非非彼相"。这两义慧远是通过真识心的如实不空性来显明的，其内涵观下文可知。"非心境俱相"双遣执真识心为心境二相的和合相之谬执。

最后，慧远还从产生种种妄相的根源处截断众流，说真识心与"一切众生妄心分别皆不相应，必无像故"②，从而圆满呈显出了此心的离相之空。

何为离性空？慧远在《义章》卷三《四谛义》中这样说：

> 恒沙佛法同一体性互相缘集，无有一法别守自性，故名为空。如就诸法说之为有，诸法外无别有一有性可得；还即说此有等诸法以之为无，是诸法外无别有一无性可得；还即说此有无等法为非有非无，有无等外无别有一非有非无自性可得。以此类知，一切诸法毕竟无性，故名为空。③

"同一体性"即空性，此谓真识心中的恒沙佛法皆为同一空性之法因缘和合而成，无有一法在空性之外有其自性，所以称之为离性空。例如，如果说恒沙佛法为有，这有就是即空之有，在此有外没有实体意义上的"有性"可得；如果说恒沙佛法为空，此空就是即有之空，于此空外没有任何实体意义上的"无性"可得；如果说前面的空有为非空非有，即是以空有本身为非空（非实体空）非有（非实体有），并非在此空有外另有一实体意义上的"非空非有性"可得。因此，诸法皆无自

---

① 《〈起信论〉疏》卷下之上，《大正藏》第44册，第194页中。
② 《〈起信论〉疏》卷下之上，《大正藏》第44册，第182页中。
③ 《大正藏》第44册，第511页下。

性，无自性故名曰离性空。

然而，如果真识心中的一切法皆为因缘和合而成，它岂非如有为法一样生灭无常？如何堪称"妙寂平等，如如一味，隐显弗殊，染净莫易，古今常湛，非因非果"①的法体？慧远说：

> 世法别体缘集，以别体故，可离、可脱、可断、可异，故是无常；如来藏中虽具诸法同体缘集，以同体故，不离、不脱、不断、不异，故非无常，如世虚空，无为、无碍、无有、不动。②

在慧远思想中，所谓有为法"别体缘集"当作如是解：有为法本来是真识心（如来藏）中无相无性、不生不灭的无为法，由于凡夫无相执相、无性立性，无为法遂被颠倒成了有为法。凡夫所执为真法，而妄相本随妄心而起，"心生则种种法生，心灭则种种法灭"，因此有生有灭、迁流无常。真识心具足的一切法则不如此，它们皆为如如不二的法性集起（同体缘集），法虽种种，其性不异，不异则常，常则不生不灭，故堪为诸法之体。

不言而喻，在这个问题上，慧远与《起信论》虽然都是从无相入手显示真如心或真识心的如实空性，但两者体现出明显的差异。首先，慧远遣相的角度更全面。慧远不仅如《起信论》从无相这个层面显示真如心的空性，而且进一步从无性的层面显示真识心的空性，这不能不说是对实有见更加全面的遮遣；即使从无相遣相的层面看，慧远在《起信论》的有无、一异和众生心念三门的基础上增加自他、大小和彼此相对这三门而成六门，并将六门按照遣相的粗细纳入一个井然有序的论证系统之中，也较《起信论》来得详密。

---

① 《〈十地〉义记》卷二，《大日本续藏经》第 1 辑第 71 套第 2 册，第 154 页背上。
② 《〈胜鬘〉义记》卷下，敦煌文献 P. 2091 号残卷，黄永武主编：《敦煌宝藏》第 114 册，第 71 页下。

其次，更重要的是，慧远的真识心已包含有华严宗宗奉的法界缘起无碍的内涵。《起信论》虽然从无相显示真如心的如实空性，但并未进一步阐明具足恒沙佛法功德的真如心何以无相，慧远则从离相与离性两个层面揭示了这个道理：因为真识心中的一切法是同体缘集之法，所以真识心无相无性。可以看出，慧远在论述时无疑融摄了更多中观学的思想。在中观学中，当论敌指责龙树将万法的本性视为空性不能成立万法时，他反驳说："以有空义故，一切法得成，若无空义者，一切则不成。"① 龙树所谓万法得以成立的空性，就是慧远所说的同一体性。不过，当慧远将真识心中同体缘集之法视为总别圆融无碍的真法时，这就既不是龙树中观学的思想，也不是《起信论》的思想，而是《华严经》和《十地经论》中才有的"缘起无尽法界"② 的思想了。正是在这个意义上，笔者不同意将慧远判为"起信论"师，而认为他是以《起信论》为纲骨、《华严经》为归趣的华严学家；也正是在这个意义上，笔者说慧远的思想开启了华严宗的先河。当然，慧远的真识心不同于华严宗的一真法界，华严宗安立一真法界的旨趣在于展示佛德果海的圆融无碍，而慧远提持真识心则旨在为染净二法的缘起安立一个根本的所依体。

次观其论真识心的相。真识心的相即真识心之体具有的相状，慧远说这相状就是如实不空。真识心的如实不空究竟何所指？慧远说："如来之藏从本已来具无量性功德法。"③ 但这不是说真识心本有一切现成的佛法，而是本有一切佛法的清净性：

> 真心如是，虽未从缘现成诸德，体是一切三昧、智慧、神通、解脱、陀罗尼一切德性，是诸德性同体缘集，不离不即，不

---

① 龙树造，(后秦)鸠摩罗什译：《中论》卷四《观四谛品》，《大正藏》第30册，第33页上。
② 《义章》卷九《二种种性义》，《大正藏》第44册，第651页中。
③ 《义章》卷三末《八识义》，《大正藏》第44册，第530页上。

异不脱。①

正确地理解这一点，对于正确地把握慧远的思想极为重要。我们会看到，韩镜清先生指责慧远的学说是伪佛教，理由之一就是以为慧远主张真识心实际上一切现成（其实，后来禅宗说一切现成也不能如此理解）。

慧远虽未明示，但我们需要注意的是，他并不是说在真识心的如实空性之外还有真识心的如实不空相，而是说真识心本来具有如实空与如实不空两义，就其本具一切清净佛德性却无相无性而言称之为如实空性，就其本来无相无性却具足一切佛德性而言称之为如实不空相。换句话讲，真识心的空并非断灭空，而是具足一切佛德性的空，唯有这样的空性才是如实空；真识心的有亦非实体有，而是自性空寂的有，唯有这样的有才能称为如实不空。正因此，慧远常常将真识心的如实空性与如实不空相互换使用。本书为了论述的方便，将两者分而述之，但切不可因此误解真识心的相为其如实空性外的另一相，那样的相恰恰不是如实不空相，反而是一种虚假相了。

慧远如何表显真识心的如实不空相呢？他说，如果从摄相门言，具有恒沙佛法德性的真识心本一如如相，所谓：

> 心外无别如理，如理之外亦无别心，如外无心，心不异如，心外无如，如不异心。②

而如果从分相门言，真识心的如实不空则可方便分为如实法和如实心两个方面。③ 如实法的内涵，慧远在《义章》卷三《四谛义》中界定道：

---

① 《义章》卷一《佛性义》，《大正藏》第44册，第473页上。
② 《义章》卷三末《八识义》，《大正藏》第44册，第529页中。
③ 慧远在不少地方都谈及真识心的如实心和如实法两种如实不空相，但由于他多就具体情

> 如实法，于彼自性清净心中备具一切恒沙佛法，如妄心中备具一切诸虚妄法。以真心中具诸法故，与妄想合，能熏妄心，起种种行；远离妄想，便成法界广大行德。此空不空。①

慧远于文中论及的起妄、起净问题我们暂且不管，先看看他关于如实法的论述。依上文，慧远认为真识心的如实法即指其所具有的恒沙佛法德性本身，内容与从摄相门所说真识心的如实不空相同，但他在《义章》卷一《佛性义》中又说，能知的如实心所知者乃是诸法自体，即法性或空性。他说："所知性者，谓如、法性、实际、实相、法界、法住②、第一义空、一实谛等。"③在《〈维摩〉义记》中，他甚至特别强调如实法是约法性而言的。④笔者认为，虽然真识心中的一切法性相如如，究竟无有分别，但既从分相门立论，无分别的如实心觉照的对象应当是法性。这法性不是别的，就是真识心的如实空性。其实，慧远上文的如实法本来也当指真识心的如实空性，否则他不会在文末加上"此空不空"一语，然而，由于他的文义表达不太清晰，以致我们如果单看这段文字，简直弄不懂他为什么要说这么一句话。所谓"此空不空"，据笔者理解是指真识心的如实空性这一如如相不空。

（接上页）形立论，故有时称为如实心与如实法（《义章》卷三《四谛义》，《大正藏》第44册，第511页下），有时称为如实心与如实色（《〈维摩〉义记》卷四末，《大正藏》第38册，第509页上至中），有时又称为能知性和所知性（《义章》卷一《佛性义》，《大正藏》第44册，第472页下），用语非常不一致，笔者统一称为如实心和如实法。

① 《大正藏》第44册，第511页下。
② 法住，《大正藏》本为"法经"，据当页校勘注22改。
③ 《义章》卷一《佛性义》，《大正藏》第44册，第472页下；《〈涅槃〉义记》卷十，《大正藏》第37册，第884页下。
④ 他于《〈维摩〉义记》卷四举如实色为例说："如实色者，如《涅槃》说，'佛性亦色'。亦是色故，可以眼见。又复如彼《如来藏经》说，众生中具足如来眼、耳等根，如横（'横'当为'模'之误）中像。此等名为如实色也。此乃是其色性法门，而非色事。"（《大正藏》第38册，第509页上）

就真识心如实不空相的如实心义，慧远说：

> 如实心，所谓真实阿梨耶识神智之性①。以阿梨耶神智性故，与无明合，便起妄智，远离无明，便为正智。②

此处的"阿梨耶识"实即真识心，慧远从摄相门立论，故称之为阿梨耶识。此处的"神智"与慧远别处所用含义不同，他在其他地方往往将神智视为一种不究竟的智慧③，而他在此处则依佛经中的本义指佛的智慧为神智。"神智之性"义即佛智之性，亦即《起信论》的本觉性或他本人所说狭义的真识。

真识具有四种相，即用相、我相、无分别相、理相。用相指真识具有觉照如实法的作用，谓"真心变异为根、尘、识"，"所作六识依于真心所作六根，了别真心所作六尘"。④

此处的"变易"非产生义，而是前文所说同体缘集义。简单地说，真识心的用相就是：真识心同体缘集成六根、六尘、六识，其中的六识依赖同体缘集的六根了别同体缘集的六尘。廖明活先生说，慧远"状述真识用相的话，跟前引状述妄识用相那节话，几乎完全相同"⑤，笔者以为这一判断并不妥当。依笔者的理解，真识心中的了别作用是其无分别相的体现，对根尘的了别是同体了别，实际上是了而不别，即一方面对根尘了了常知，另一方面又无分别取舍。而妄识的六识的用相是其我执性的体现，是一种虚妄的分别作用。因此，笔者以为在慧远思想中两者是不能混同的。

---

① 之性，《大正藏》本为"性之"，据当页校勘注 8 改。
② 《义章》卷三《四谛义》，《大正藏》第 44 册，第 511 页下。
③ 参见《〈起信论〉疏》卷下之上，《大正藏》第 44 册，第 190 页下；《义章》卷五（本）《二障义》，《大正藏》第 44 册，第 564 页上。
④ 《义章》卷三末《八识义》，《大正藏》第 44 册，第 526 页下。
⑤ 廖明活：《净影慧远思想述要》，第 55—56 页。

真识的我相则有法实我和假名集用我两面，前者指"如来藏性是真是实、性不变异"和"真心为妄所依、与妄为体"，后者指"佛性缘起集成我人"①。真识的法实我可从两方面理解：一是指真识的体即真实如如、自性清净的真识心，故可称为我；一是说其体真识心是妄法所依体（此义下文再详述），故可称为我。其假名集用我则是以缘起集成假名众生的佛性为我，所谓"从凡夫我乃至佛我，我性不改，名为佛性"②。

真识的无分别相指"真心虽是神知之性，而非攀缘取舍之法，故无分别；又为痴覆，未同佛智照明显了，故无分别"③。这里的"神知"为识的异名④，意谓真识虽然具有识性，但它不像妄识那样攀缘妄心妄境，有所取舍，而是真实识知之性，故无分别。这是真识所以为真识的根本相状，也是真识具有自体了别之真用的原因。当然，这是从体性意义上说的无分别相，与果位真实"能善分别诸法相，于第一义而不动"⑤的无分别智慧不同。

真识的理相指前三义的实相："前三重体非有无，如实空义离一切相、离一切性，名为非有；如实不空具过恒沙清净法门⑥，故曰非无。又能缘起生一切法，名为非无；而体常寂，称曰非有。"⑦这是总说真识的实相即真识心的如实空和如实不空相。

慧远为真识心中的如实心（真识）开出的上述四种真相，除了无分别相和理相外，皆为《大乘起信论》所未道及，即便此两相在《起

---

① 《义章》卷三末《八识义》，《大正藏》第 44 册，第 526 页下至 527 页上。
② 《义章》卷三末《八识义》，《大正藏》第 44 册，第 526 页下至 527 页上。
③ 《义章》卷三末《八识义》，《大正藏》第 44 册，第 526 页下至 527 页上。
④ 慧远说："识者，乃是神知之别名也。"（《义章》卷三末《八识义》，《大正藏》第 44 册，第 524 页中）
⑤ （后秦）鸠摩罗什译：《维摩诘所说经》卷上《佛国品》，《大正藏》第 14 册，第 537 页下。
⑥ 清，《大正藏》本无，据当页校勘注 8 补。
⑦ 《义章》卷三末《八识义》，《大正藏》第 44 册，第 527 页上。

信论》中也是有其义而无其名。真识的用相慧远未宣明其经证，实本于东晋佛陀跋陀罗译《大方等如来藏经》，该经云："我以佛眼观一切众生贪欲、恚痴诸烦恼中有如来智、如来眼、如来身，结加趺坐，俨然不动。"① 既然众生本具如来智、如来眼、如来身，它岂能不具有真实自体了别的六识之用？真识的我相，他则明确说是依《涅槃经》中的"我者即是如来藏"和《如来藏经》中的"即此法界轮转五道名曰众生"之说而立。② 可见，慧远对《起信论》中的真如心的相大一义也有相当程度的开展。

总而言之，慧远的真识心是这样一个体："论其破相，穷空毕竟，乃至因缘法相亦无；语其显实，宣说甚深如来藏性以为谛实。"③ 这一性相皆空而具足佛法功德性的万法所依体虽本于《起信论》的真如心，但已融入了《华严经》圆融无碍的内涵，而接近于华严宗的一真法界。

论及此，我们可以对学界关于如来藏自性清净心的一种颇为常见的谬见略加辨别。有人因见如来藏学的自性清净心具足善性并且能够产生善法，就将它等同于儒家所立的心体，以为都是为性善论而设立的本体。从上文对慧远真识心思想的考察，可知这种论义不过是只见其同而不见其异的浅陋之见。儒家的心体与如来藏学的真心虽然有上述之同，但两者在体和相上却是相差悬殊的：从体上讲，儒家的心体是定性善的实体，如来藏学的真心则是非善非恶的空体，因此当如来藏说真心具足善法时，它是即此空体本身而为善，而非儒家心体里的定性善；从相上说，儒家的心体具有实在的善相，如来藏学的真心却无任何相可得。有这样的差异，导致两者达到的目的也大异其趣，儒家的目的是成为"内圣"（与天地万物为一体）而"外王"（齐家治国

---

① 《大正藏》第 16 册，第 457 页中至下。
② 参见《义章》卷三末《八识义》，《大正藏》第 44 册，第 527 页上。
③ 《〈涅槃〉义记》卷五，《大正藏》第 37 册，第 738 页中。

平天下）的圣人，如来藏学的目的则是追求圣王皆空的佛菩萨。不明此异，难得两家的真趣。

三、真识心的通局

既然真识心实际上是六道有情众生具有的成佛的根本体性，那么它是否同时也是草木瓦石等无情众生具有的体性？如果是，为什么《涅槃经》说无情无佛性？① 如果不是，为什么《大智度论》说一切世间法皆有涅槃性？② 更重要的是，如果真识心非一切法的体性，它岂非与法性名同而实不同？如果名同实异，真识心怎么能够被称为离相绝待、平等一味的体？

这个问题可以称之为真识心的普遍性问题，它是如来藏学面临的特有问题，在中观学和唯识学中都不存在这样的问题。中观学直显诸法不落二边的法性，不会遇到这一问题；唯识学以染污阿梨耶识为所依体，也无须正面触及这个问题。但是，如来藏学从众生心中点出真心，却必须回答这个问题。

慧远时代，如来藏学家对这个问题的回答可以归结为偏通和偏局两家，这可从他们有关佛性之体的各种主张中反映出来，因为佛性也是真心的异名。依慧均僧正（生卒年不详）记载，当时南北各地有本三末十共十三家关于佛性体性的学说。其中本三家是：（一）竺道生（355—434）以"当有果为佛性体"。所谓"当果"指众生未来觉悟后证得的佛果，它相对于现在尚未觉悟的众生为当来之果，故称当果。这是以佛果性（涅槃）为体性③。（二）昙无谶（385—433）以"本有

---

① 《大般涅槃经》卷三十七《迦叶菩萨品》云："非佛性者，所谓一切墙壁、瓦石无情之物，离如是等无情之物，是名佛性。"（《大正藏》第12册，第581页上）

② 龙树菩萨《大智度论》卷四十九《释初品中四缘义》云："如黄石中有金性，白石中有银性，如是一切世间法中皆有涅槃性。"（《大正藏》第25册，第298页中）

③ 依赖永海先生的看法，此说不应当为道生所持（参见赖永海：《中国佛性论》，北京：中国青年出版社1999年版，第103—104页）。

中道真如为佛性体"。（三）新安瑶法师（生卒年不详）以"得佛之理为体性"。

以下十家都是从上述三家派生出来的不同说法（故称为末），它们是：（四）白马寺爱法师（生卒年不详）"执生公义，云当果为正因"，但该师以《成实论》释道生的当果义，慧均说未必得生公真义。（五）灵根寺慧令僧正（生卒年不详）"执瑶义，云一切众生本有得佛之理为正因体"，唯该师偏以因中的得佛之理为佛体性。（六）灵味寺宝亮（444—509）以"真俗共成众生真如性理为正因体"。"真"指空，俗指苦、无常等相，该师以众生为前两者共同构成，而真俗皆为真如之用，故以真如性理为体性。（七）梁武帝（464—549）以"心有不失之性真神为正因体"。该师以为众生本有不灭的真神，此即佛性体。（八）中安寺法安法师（生卒年不详）以"心上有冥传不朽之义为正因佛性"。（九）光宅寺法云法师以"心有避苦求乐性义为正因体"。（十）河西道朗、庄严寺僧旻（467—527）和小招提寺白琰公（生卒年不详）等人以"众生为正因体"。该师以为，众生虽然轮回六道，但他能驾驭其心转成大觉，故称之为佛性体。（十一）定林寺僧柔（431—494）、开善寺智藏（458—522）以"假实皆是正因"。"假"谓色、受、想、行、识五蕴以及由之和合而成的众生，实谓众生之真实即"心识灵知"，该师以为两者皆是佛性体。（十二）地论师以"第八无没识为正因体"。（十三）摄论师以"第九无垢识为谓正因体"。①

依上所述，第一、三、四、五、七、八、九、十、十二和十三家约众生与无情物的差异论佛性体，是偏于主张佛性体局于有情的一派，第十一家虽然兼假实立言，实际上也持佛性体局于众生之说；第二、六两家约法性说佛性体，则是偏主佛性体通于有情和无情的一派。

---

① 详见（唐）释慧均：《大乘四论玄义》卷七，《大日本续藏经》第1辑第74套第1册，第46页背上至47页正上。吉藏《大乘玄论》载当时有正因佛性十一家，元晓《〈涅槃〉宗要》记有六家，除元晓所述以阿梨耶识中的法尔种子为佛性体的第五家为唯识宗新义外，余皆不出此范围。

慧远对上述诸说是什么态度？刘元琪先生说："以慧远在前面列举的佛性诸义和这里的十二种主张相比较①，可以看出慧远几乎全部同意这儿十二种关于佛性的说法（除了冥传不朽、真神两种有悖于佛教正义的说法之外）。"②笔者以为，刘先生这样的论断是非常成问题的。问题出在刘先生没有注意到，吉藏（包括元晓和慧均）所举南北朝的佛性诸说乃是专指正因佛性或如来藏的体性而言，而以为吉藏是泛泛讨论佛性。如果泛泛而论，慧远不仅会同意吉藏列举的种种说法（包括以冥传不朽、真神为佛性），而且他本人就主张一切法皆是佛性，其证据就是慧远如下一段也为刘先生引用过的教说："佛性者，盖乃法界门中一门也。门别虽异，妙旨虚融，义无不在。无不在故，无缘而非性。无缘而非性故，难以定论……如是一切，无非佛性。"③因为在慧远看来，佛性为法界中的一门，若约佛性论法，一切法皆为佛性缘起集成，"莫不皆入一性门中"，故万法皆归佛性。如他疏释《维摩诘经》中的"是故当知一切烦恼为如来种"一语时就说："佛性缘起集成凡夫不善五阴，此不善阴体是真心，能为如来正因种子，名如来种，故《涅槃》云，'无明等结悉是佛性'④，性犹种也。"⑤这是从诸法的体性皆为真识心说诸法为佛性，而不是将诸法等同于佛性的体性。

因此，慧远恰恰不是"几乎全部同意"当时种种关于佛性的体性的观点，而是认为上述种种说法都有偏执之嫌，原因在于两种或偏于通或偏于局的如来藏体性观都难以解决前面的问题。慧远曾借《涅槃

---

① 刘元琪先生所说慧远的"佛性诸义"，指慧远从不同的角度将佛性分为从一义到三十三义的诸义，而他依吉藏记载得出的十二家佛性义，是将吉藏本人之说亦包括进去了。
② 刘元琪：《净影慧远〈大乘义章〉佛学思想研究》，第98页。
③ 《义章》卷一《佛性义》，《大正藏》第44册，第472页中。
④ 慧远所引经文见《大般涅槃经》卷三十五《迦叶菩萨品》（参见《大正藏》第12册，第571页中至下），经文以无明等烦恼为生善、成佛之因而称之为佛性，慧远理解的角度对经文有所不同。
⑤ 《〈维摩〉义记》卷三末，《大日本续藏经》第1辑第27套第4册，第349页背上。慧远注解的经文见《维摩诘所说经》卷中《观众生品》（参见《大正藏》第14册，第549页中）。

经》中的"瞎子摸象"喻说，如果在佛性上"执定是非，无不失旨"[①]，此话固然为尊理之言，但未尝不可视为对上述诸家教说的暗弹。慧远认为，要合理地解决真识心的普遍性问题，最好是从分相和摄相二门来予以具体观察。[②]他的看法是：从摄相门说，真识心通于有情和无情，因为就这一意义而言，真识心即是一切法的体性，而这体性就是包括如实心在内的如实法或法性。他说：

> 所知性者，谓如、法性、实际、实相、法界、法住、第一义空、一实谛等，如经中说"第一义空名为佛性"，或言"中道名为佛性"[③]，如是等言当知皆是所知性也。此所知性该通内外，故经说言："佛性如空，遍一切处。"[④]

前文已述，慧远的如、法性、实际、实相、法界、法住、第一义空、一实谛等名所指都是真识心的如实空性，因此笔者说他是以真识心的如实空性义为有情无情共同的体性的。

就分相门论，真识心局于有情，不通无情。他说：

> 能知性者，谓真识心。以此真心觉知性故，与无明合，便起妄知，远离无明，便为正智。如似世人，以有报心觉知性故，与昏气合，使起梦知，远离昏气，使起正智。若无真心觉知性者，终无妄知，亦无正知。如草木等，无智性故，无有梦知，亦无悟

---

① 《义章》卷一《佛性义》，《大正藏》第44册，第472页中至下。
② 这一点刘元琪先生已见及，而其内涵与笔者所说也有差异（参见刘元琪：《净影慧远〈大乘义章〉佛学思想研究》，第99、105页）。
③ 此处慧远引用的两句经文皆见《大般涅槃经》卷二十七《狮子吼菩萨品》（参见《大正藏》第12册，第523页中）。
④ 《义章》卷一《佛性义》，《大正藏》第44册，第472页下。此处引文见《大般涅槃经》卷十五《梵行品》，原文为"佛性遍覆，犹如虚空"（《大正藏》第12册，第455页上）。

知。此能知性局在众生，不通非情。①

慧远在这里虽约能知性即本觉性论真识心，实则通指包含了所知性即法性义在内的真识心，这样的真识心在体上虽与如实空性义的真识心不异，但在相和用上却与之不一。就相而言，前者是如实空与如实不空的二而不二之相，后者则是不二而二之相；就用而言，前者因具有本觉性，故有缘起染法、遮蔽其法性（慧远称之为依持用与缘起用）与缘起净法、开显其法性（慧远称之为随缘显用与随缘作用）的功用，后者因不具本觉性，只是一如如法性，故无此用。因此，前者唯局于有情，不遍于无情。

慧远虽然没有申论，但依此说确实可以较好地会通《大智度论》和《涅槃经》的不同说法：《大智度论》约如实法论佛性体，故说一切世间法皆有涅槃性；《涅槃经》约如实法与如实心两义论佛性的体性，故说唯有情有佛性。因此，两部经典之间并不存在矛盾。

应当说，慧远对这一问题的解答确为一种深契佛理的高见，胜出当时诸家一大筹。或者以为，无情有性之说启自吉藏，其实慧远已占先机了，吉藏的宗义固与慧远不同，但他对佛性通局的论说无疑是沿着慧远的理路而来的。吉藏从通门说"理内一切诸法依正不二，以依正不二故，众生有佛性，则草木有佛性"②，这同于慧远约摄相门说的通于有情无情的如实法；他从别门说"众生有心迷故得有觉悟之理，草木无心故不迷，宁得有觉悟之义？喻如梦觉，不梦则不觉。以是义故，云众生有佛性故成佛，草木无佛性故不成佛也"③，这又岂与慧远约是否具有如实心判佛性局于有情之论稍有所异？与此辩证的佛性通局观相比较，荆溪湛然（711—782）定说无情有佛性，而又不对其具体内涵

---

① 《义章》卷一《佛性义》，《大正藏》第44册，第472页下。
② （隋）释吉藏：《大乘玄论》卷三《佛性义》，《大正藏》第45册，第40页下。
③ （隋）释吉藏：《大乘玄论》卷三《佛性义》，《大正藏》第45册，第40页下。

加以简别，反而难免胶柱鼓瑟了。①

第二节　简滥与辨正

一、简滥

慧远以真识心为如来藏的体性，在南北朝佛学中是相当独特的，但其独特性并未在佛学中得到很好的彰显，主要原因在于古人对地论师的如来藏体性思想的论述相当笼统，而且多有异说。如智顗只是笼统地说地论师以法性为体："地人云，一切解惑真妄依持法性，法性持真妄、真妄依法性也。"②吉藏和慧均亦泛泛地说地论师以阿梨耶识为体，慧均之说已见前文，吉藏所说如下："第七师以阿梨耶识自性清净心为正因佛性也。"③吉藏文中的"第七师"即地论师。分疏稍细如湛然者，也仅仅在地论师的南北二道之间作出了区分："相州北道计阿黎耶以为依持，相州南道计于真如以为依持。"④据此，慧远既然在法统上属于地论南道派，则自然被判为主张法性或全真的阿梨耶识为如来藏体的学者了。其实，实际情况并非完全如此。⑤依前文的论述，智顗之说仅当慧远从总相门说的真识心，而吉藏和慧均之说仅当慧远从分相门说的真识心，因此，无论依其中的哪一说来把握慧远的真识心，都不能窥其全貌。

Diana Y. Paul 对摄论学给予慧远的影响有所洞察，但她说慧远的真识心"类似真谛著名的第九识即阿摩罗识的内涵"⑥，这同样未能探得

---

① 牟宗三先生也曾说荆溪湛然论无情有性问题时疏于简别（参见牟宗三：《佛性与般若》上册，台北：学生书局1997年版，第242页）。
② （隋）释智顗：《摩诃止观》卷五上，《大正藏》第46册，第54页上。
③ （隋）释吉藏：《大乘玄论》卷三《佛性义》，《大正藏》第45册，第35页下。
④ （唐）释湛然：《〈法华玄义〉释笺》卷十八，《大正藏》第33册，第942页下。
⑤ 刘元琪先生对此有所见，但由于他不知吉藏所论是正因佛性而非泛泛讨论佛性，影响了他对慧远如来藏体性义独特性的把握（参见刘元琪：《净影慧远〈大乘义章〉佛学思想研究》，第98页）。
⑥ Diana Y. Paul, *Philosophy of Mind in Sixth-Century China*, Stanford University Press, 1984, p. 56.

骊珠。虽然慧远的心识系统在结构上与摄论师的九识说相近,他有时甚至直接称真识心为阿摩罗识,但我们不能因此认为他的真识心就是摄论师的阿摩罗识①。慧远仅仅因为摄论师的阿摩罗识是我法二空所显的真如②,故在这一意义上将它等同于真识心。实在说来,两者的内涵及其在各自系统中的地位和事用都有差异。就内涵言,摄论师的阿摩罗识虽有境智不二义,但没有慧远的真识心具有的恒沙佛法功德性义;就地位言,摄论师的阿摩罗识是境识俱遣后所得的果体而非万法所依体③,在摄论师那里作为万法所依体者仍然是阿梨耶识,而慧远的真识心则是万法所依体;就事用言,摄论师的阿摩罗识是凝然不动之体,不具备缘起染净诸法的功能,而慧远的真识心则具有这种功能。总之,在笔者看来,慧远的真识心与摄论师的阿摩罗识是名义俱异的概念,不可混为一谈。

二、辨正

慧远的思想既然属于如来藏系统,他依《楞伽》《涅槃》《起信》等经典阐扬的真识心,就像其他如来藏家的真心思想一样要面临学界的责难。这里,笔者就从佛学角度为慧远以及整个如来藏学的体性义给予一种具有普适性的辨正。

学界对如来藏思想的指责很多,其中最致命的非难是指斥如来藏学的所依体是一种神我或实体。如果这样的批判确实有道理,那么整

---

① 阿摩罗识一名本于真谛三藏的译籍,在真谛所译《十八空论》《决定藏论》《转识论》和《三无性论》等论典中皆有阿摩罗识一名(对真谛以及摄论师的阿摩罗识的进一步研究,请参阅释印顺:《论真谛三藏所传的阿摩罗识》,《妙云集》下编之三《以佛法研究佛法》,第269—300页;〔日〕藤隆生:《摄论学派における阿摩罗(Amala)识の问题》,《龙谷纪要》第4集,1965年)。

② 真谛在解释经中的"不执著"义时就说:"此不执著名义二相,即是境智无差别阿摩罗识故。"[(陈)真谛译:《三无性论》卷下,《大正藏》第31册,第873页下]

③ 真谛说:"立唯识乃一往遣境留心,卒终为论,遣境为欲空心,是其正意。是故境识俱泯,是其义成。此境识俱泯即是实性,实性即是阿摩罗识,亦可卒终为论,是(阿)摩罗识也。"[(陈)真谛译:《转识论》,《大正藏》第31册,第62页下]

个如来藏学就无异于佛学自古以来严加拒斥的有我论,这当然是地地道道的伪佛教,因此有必要详加辨别。

指责如来藏说为神我说者为数不少,古代的不必说,当代就有我国的印顺法师、欧阳竟无、吕澂、韩镜清以及日本的松本史朗等人。下面我们分别列述他们批判的要点,并给以力所能及的回应。

批评者首先以为,如来藏学以生佛不二的如来藏为所依体,实际上是与神我论合流了,如印顺法师就说:

> 后期的大乘佛教,以生佛平等的如来藏、如来界、如来性为所依体,说明流转还灭,说明一切。这样的如来,抹上一些性空的色彩,而事实上,与神我论的如来合流。外道梵我论者,所说的如来,也是众生的实体,宇宙的本体。[①]

松本史朗甚至将如来藏与唯识学通通判为基体论(即实体论):"我把如来藏思想(以及唯识思想)的本质理解为'dhatu-vada'(即基体)。"[②] 吕澂和韩镜清先生倒不像印顺法师和松本史朗将如来藏学一棒打死,而是说这是《起信论》开启的浊流,如吕澂先生说:"《起信》发端,另立如来藏心,皆故意作态,说成虚无飘渺,此其所以为伪也。"[③] 韩镜清先生也说:"它们都以为真心就是真如,是有体的。"[④] 韩先生所谓"它们",直指《起信论》和慧远的真识心(真心)。

[①] 释印顺:《〈中观论颂〉讲记》,台北:正闻出版社1992年版,第403—404页。也许有人说《〈中观论颂〉讲记》是印顺法师早年著作[据印顺法师回忆,该书初成于1942年。参见释印顺:《平凡的一生》(增订本),印顺文教基金会1994年版,第153页],不能代表他的主要思想。实际上,印顺法师一生都坚持这一看法,且晚年犹有过之,前文论述本书采用的方法时所引《契理契机之人间佛教》一文,就是印顺法师1989年为总结自己的佛学思想而作的。

[②] 〔日〕松本史朗著,萧平、杨金萍译:《缘起与空》,香港:经要文化出版有限公司2002年版,第55页。

[③] 吕澂:《〈楞伽〉如来藏章讲义》,《吕澂佛学著作选集》第1卷,第257页。

[④] 韩镜清:《净影八识义述》,载张曼涛主编:《现代佛教学术丛刊》第26册,第358页。

他们显然都认为，如来藏学的根本错误就是将如来藏视为实体。那么，在如来藏学中，如来藏究竟是不是实体呢？依前文对慧远的真识心的理解，可以肯定地说，将如来藏斥为"抹上一些性空的色彩"的神我论，是对如来藏的严重曲解。慧远向我们阐明，真识心不但无一切相，而且无一切性，如何能说它是"抹上"了一些性空色彩的神我或实体？

如果说慧远之说仅仅能够自清门户，我们不妨依如来藏系经典予以更一般的阐明。如《胜鬘经》云："如来藏者，非我、非众生、非命、非人。"① 这里的"我"不是佛学使用的假名我，而是指本质上与神我相同的自我；"众生"即五蕴和合的有情，即假名有；"命"不是佛学所说的命根，也不是传统儒家所说支配人的、不可捉摸的盲目力量，而是不死的灵魂，即神我的另一种说法；"人"不是指与其他有情相对的人，而是指与我相对的他人的自我。如来藏既然不是神我，也不是假有，其性不是空性又是什么？又如《大般涅槃经》云：

> 佛性无生无灭，无去无来，非过去非未来非现在，非因所作非无因作，非作非作者，非相非无相，非有名非无名，非名非色，非长非短，非阴界入之所摄持，是故名常。②

又云："佛性者，名第一义空。"③ 经义如此朗然，是则岂可将如来藏混同于空性外常恒不变的实体，而非不落空有二边、不生不灭的空性本身？再如，《楞伽经》为厘清如来藏与外道神我的界限，更特意申明佛法所说如来藏为"无我如来之藏"：

---

① 《大正藏》第 12 册，第 222 页中。
② （北凉）昙无谶译：《大般涅槃经》卷十四《圣行品》，《大正藏》第 12 册，第 445 页中至下。
③ （北凉）昙无谶译：《大般涅槃经》卷二十七《狮子吼菩萨品》，《大正藏》第 12 册，第 523 页中。

佛告大慧："我说如来藏不同外道所说之我。大慧！有时说空、无相、无愿、如、实际、法性、法身、涅槃、离自性、不生不灭、本来寂静、自性涅槃。如是等句说如来藏已，如来、应供、等正觉为断愚夫畏无我句故，说离妄想无所有境界如来藏门。大慧！未来、现在菩萨摩诃萨不应作我见计著……如来亦复如是，于法无我离一切妄想相，以种种智慧、善巧方便，或说如来藏，或说无我。以是因缘故，说如来藏不同外道所说之我。"①

既然如来藏是无我的如来藏，其体性与无我的空、无相、无愿、如、法性、实际、自性涅槃等名相毫无差别，如何偏说如来藏为实体？

当然，仅仅作出上面的辩护还是不够的，因为批评者可以说这正是如来藏学为如来藏抹上的性空色彩，他们否定如来藏学自有更加强有力的证据。这就是在他们看来，如来藏系经典不但宣说如来藏性空，还标榜烦恼众生已具足佛法功德相。如印顺法师即批评说：

如来藏不但是如来智，也是如来身、如来眼（众生具足），结加趺坐，与佛没有不同。正如《楞伽经》引经所说："如来藏自性清净，转三十二相，入于一切众生身中。"这样的如来藏，与如来同样的相好庄严。众生身内有这样的如来藏，难怪《楞伽》会上，提出一般人的怀疑：这样的如来藏，不就是外道的神我吗？②

吕澂先生也将《起信论》的众生心性本觉说视为邪见：

它③认为众生的心原是离开妄念而有其体的，可称"真心"；

---

① 《大正藏》第 16 册，第 489 页中。
② 释印顺：《如来藏之研究》，台北：正闻出版社 1992 年版，第 112—113 页。
③ 此处"它"即指《起信论》。

这用智慧为本性，有如后人所解"昭昭不昧，了了常知"一般，所以看成本觉。在论中形容这样的"真心"是大智慧光明的，遍照法界的，真实识知的，乃至具足过于恒沙不思议功德的。它说得那样头头是道，就给当时佛家思想以很大的影响。①

松本史朗对心性本觉说的批评也与他们不谋而合："中国佛教中有'本觉'或'本来成佛'的说法，这种本来性（originality）就已有着'dhātu'对于 dharma 所具有的时间先行性。dhātu 比 dharma 为先，为始源。"②

不必讳言，印顺法师等人列举的内容皆为如来藏系经典所具有，如该系早期经典《大方等如来藏经》以九个譬喻显明众生本具如来藏的含义③，其中前文已引用的第一个譬喻中就明文说众生具有如来眼、如来耳等等。不但如此，更早的大乘经典《华严经》也说"无有众生、无众生身如来智慧不具足者"④，同样认为众生本具如来智慧。可以说，无论马鸣菩萨、慧远还是此后的如来藏学家，他们说一切众生具足与佛无二的如来藏，正是根据这些经典的教说立说的。

但是，经典里的类似说法是否等同于实体见呢？笔者以为不能。事实上，如来藏系经典说众生具有与佛不二的如来藏，其含义并非意味着众生事实上已是佛，而是说众生在体性上和佛没有什么不同。换句话说，如来藏学是就理体说众生与佛不二的。如《大方等如来藏经》说："我以佛眼观，众生类如是，烦恼淤泥中，皆有如来性。"⑤《不增不

---

① 吕澂：《〈大乘起信论〉考证》，《吕澂佛学著作选集》第 1 卷，第 367 页。
② 〔日〕松本史朗著，萧平、杨金萍译：《缘起与空》，第 77 页。
③ 高崎直道先生即云："始自《如来藏经》的如来藏说，后来由《不增不减经》《胜鬘经》所继承。"（〔日〕高崎直道：《如来藏思想的历史与文献》，〔日〕高崎直道等著，李世杰译：《如来藏思想》，台北：华宇出版社 1986 年版，第 34 页）
④ （东晋）佛陀跋陀罗译：《大方广佛华严经》卷三十五《宝王如来性起品》，《大正藏》第 9 册，第 623 页下。
⑤ 《大正藏》第 16 册，第 459 页中。

减经》也说：

> 如来藏本际相应体及清净法者，此法如实不虚妄，不离不脱智慧清净真如法界不思议法，无始本际来有此清净相应法体。舍利弗！我依此清净真如法界，为众生故，说为不可思议法自性清净心。①

其如来藏义被印顺法师归入神我说的《涅槃经》前十卷甚至有这样的教诲②：

> 若有说言："我已成就阿耨多罗三藐三菩提。何以故？以有佛性故。有佛性者必定当成阿耨多罗三藐三菩提，以是因缘，我今已得成就菩提。"当知是人则名为犯波罗夷罪。③

波罗夷为梵语 pārājika 的音译，又作波罗移、波罗市迦或波罗阇已迦，意译为弃捐、极恶、断头等，是佛教戒律中最重的戒律，僧人若犯此类戒律将被逐出僧团。经中将那些把众生具有的"佛性"错解为已成就无上菩提者等同于犯极重戒律者，可见也不是说众生事实上已经等于佛。

那么，能不能从体性上说众生心性与佛果德等同一味呢？笔者以为，如果承认佛法身的不生不灭性，那么说众生心的本性为与佛无二的如来藏性就不仅是必然的，而且唯有如此肯认才是合理和圆满的教

---

① 《大正藏》第 16 册，第 467 页中。
② 印顺法师说："《涅槃经》初分十卷，明确的揭示了如来藏义……如来藏就是我（ātman），我就是佛性（buddha-dhātu, buddha-garbha, tathāgata-dhātu），众生身中具有如来的十力、三十二相等功德，与初期的如来藏经——《如来藏经》《央掘魔罗经》《法鼓经》等，主体是完全一致的。"（释印顺：《如来藏之研究》，第 251—252 页）
③ （北凉）昙无谶译：《大般涅槃经》卷七《如来性品》，《大正藏》第 12 册，第 405 页中。

说,否则势必导致无因生果(佛果)的外道见。

应当看到,如来藏学的批判者对如来藏的属性的判决虽然一样,但作出这种判决的依据却有别,进一步弄清其依据,无疑有助于辨明此问题。印顺法师认为,佛教中之所以出现如来藏学,是因为佛法的甚深义很难为一般人理解,为了让习惯于有我论的众生容易理解和听受佛法,佛法的弘扬者就将佛法加以通俗化,从而开展出了类似于神我说的如来藏说。他说:

> 佛说无常、无我、涅槃,是佛法的最甚深处,对一般人来说,是非常难以理解(难以信受)的……前生的业已灭,怎么能感后生的果报?死了而又再生,前死与后生间,有什么联系——这是"业报"问题。如生死系缚的凡夫,经修证而成为圣人。凡夫的身心、烦恼杂染都过去了,圣者的无漏道果现前,灭去的杂染,与现起的清净,有什么关联?如凡夫过去了,圣人现前,凡圣间没有一贯的体性,那凡夫并没有成为圣人,何必求解脱呢——这是"缚脱"问题。这些问题,一般神教就说有我:我能保持记忆;我作业,我受果;我从生死得解脱。有了常住不变的自我,这一切问题都不成问题。然在佛法中,"诸行无常",刹那刹那的生灭;生灭中没有从前到后的永恒者,无常所以无我。这样,这些问题都不容易说明,至少不能使一般人满意而信受。佛法越普及,一般信仰的人越多;在一般人中,无常无我的佛法,越来越觉得难以理解信受了,这就是有我论出现于佛教界的实际意义。①

事实果真如此吗?

必须承认,印顺法师的解释与推演无疑是有经典依据的,《楞伽

---

① 释印顺:《如来藏之研究》,第45—46页。

经》《佛性论》和《宝性论》等如来藏系经典都表明佛陀宣说如来藏的目的具有接引计我外道一义。但是,外道计我,接引计我外道的如来藏类似我,就一定是"有我论"吗?或者说这种"有我论"就是外道实体意义上的有我论吗?笔者以为还得作具体分析。印顺法师说佛学中的无常、无我、涅槃等甚深义难于理解固然不错,但要说如来藏学是大乘佛法适应神我说而通俗化了的佛学①,恐怕也非穷源彻底之论。实际上在笔者看来,如来藏学是更难理解的。与原始佛学、中观学或唯识学相较,那三个法门在教相上都具有与神我说相区别开来的鲜明特征,故其实质比较容易把握;而如来藏学因为在教相(用今天的说法就是理论结构)上类似于神我说,必须解行双运,并深入到其教理的堂奥,才能发现它与神我说的本质区别,这真不是一般人可以做到的。否则,古今也不会有如此多的人迷惑于如来藏学的教相而心存疑问了。不过,如果考虑到佛学是普度众生的佛法的理论形态,笔者恰恰认为如来藏学是佛菩萨们为了广度众生而开出的极为善巧的法门:它先以广大计我众生喜闻乐见的方式接引他们,令其以为如来藏学类似自己从前提倡或信奉的神我论。待到众生进入如来藏学内部,随着理解和修行水平的提高,他们渐渐明白,虽然如来藏学立一生佛不二的如来藏体,将此体说得像神我一样,但并未赋予此体任何实体性,就像《法华经》里所讲的化城一样②,此体不过是消除众生懈怠、我

---

① 这也是印顺法师的观点,他说:"如来藏说的兴起,是'大乘佛法'的通俗化。如来,也是世俗神我的异名;而藏(garbha)是胎藏,远源于《梨俱吠陀》的金胎(hiranya-garbha)神话。如来藏是众生身中有如来,也可说本是如来,只是还在胎内一样,没有诞生而已。大乘以成佛——如来为目标的,说如来本具,依'佛法'说,不免会感到离奇。但对一般人来说,不但合于世俗常情,众生身中有如来,这可见成佛不难,大有鼓励人心,精勤去修持实现的妙用。称之为'藏',又与印度传统神学相呼应,这是通俗而容易为人信受的。"(参见释印顺:《印度佛教思想史》,第162页)

② 《法华经》为了让信心不足的众生志求无上佛乘,一路上设化城安顿众生、诱导他们不断前进,直到证入究竟涅槃[详见(后秦)鸠摩罗什译:《妙法莲华经》卷三《化城喻品》,《大正藏》第9册,第25页下至26页上]。在笔者看来,佛学中如来藏学就具有这样的意义。

慢等心的中间驿站而已,最终是要舍弃的。到此时,众生实际上已深受佛法熏陶,开始自觉神我论的错谬而渐渐远离它了。如此看来,此系统正可谓佛菩萨"先以欲钩牵,后令入佛道"的善巧智慧的典型法门①,不能轻易地将它斥为神我论。印顺法师探求和维护纯正佛法的精神可敬可佩,但因此偏废如来藏一门实在是有些矫枉过正了。

欧阳竟无和吕澂先生则认为,《起信论》的真心是误解相关经典法义的结果。据欧阳竟无先生,《楞伽经》中"'佛以性空、实际、涅槃、不生是等句义说如来藏',是为净八识"②,而"凡称如来藏,必曰'如来藏藏识'"③。意思是说,《楞伽经》中的无我如来藏是佛果位上舍阿梨耶识名以后的清净识,作为善不善因的如来藏则不是此清净识,而是受无始恶习所熏的藏识,即阿梨耶识,所以他说:"'如来藏是善不善因,能遍兴造一切趣生',是以赖耶为不善因也。若非赖耶,无漏如何能为不善因耶?"④《起信论》不明此一差别,说"有不生不灭,有生灭,称不生不灭与生灭和合,是岂如《楞伽》圣言耶?"⑤也就是说,《起信论》以不生不灭的真心为万法所依体与经义不合,故不成立。吕澂先生承其业师之见,进一步证明《起信论》出现这样的错谬,根本原因在于该论所依据的魏译《楞伽经》(即菩提流支译《入楞伽经》)的相关经文就译错了(详见下文)。

欧阳竟无和吕澂二先生的批评涉及三个问题:(一)佛以性空、实际等句说如来藏是否只能是清净第八识?(二)如来藏是否皆为藏识异名?(三)宋魏两译《楞伽经》对如来藏的理解是否截然不同?

在《楞伽经》中,佛以性空、实际、涅槃、不生等句说如来藏义

---

① (后秦)鸠摩罗什译:《维摩诘所说经》卷中《佛道品》,《大正藏》第14册,第550页中。
② 欧阳竟无:《楞伽疏决》卷一,金陵刻经处1925年刻本。
③ 欧阳竟无:《楞伽疏决》卷一。
④ 欧阳竟无:《楞伽疏决》卷一。
⑤ 欧阳竟无:《楞伽疏决》卷一。

是约佛果位说，的确可以理解为清净的第八识，但未必只能作此一种理解，牟宗三先生（1909—1995）对欧阳竟无先生的偏执已提出过疑问："此笼统说的'本性清净的如来藏'岂即是《摄论》之持种之清净的第八识耶？岂定不可以'自性清净心——真常心'说之耶？"① 牟先生依印顺法师称如来藏为真常心虽然未必恰当（印顺法师就因认为如来藏为我而称如来藏学为真常心论，故笔者不能同意），但他的疑问很有道理，因为经中并未明确说应当依中观还是唯识教理来理解空性、实际、涅槃等概念，如来藏学依其宗义将它们理解为全体朗现了的真心的如实空性亦无不妥。

欧阳和吕澂师徒说《楞伽经》中凡言及如来藏皆指藏识明显有问题，首先这种说法就与欧阳竟无先生前一说法自语相违：既然存在清净第八识意义上的如来藏，就不可能凡说如来藏皆为藏识异名，因为即使在唯识学中，清净第八识也不是阿梨耶识的异名，否则唯识经典中就不会说转杂染依（根本是转阿梨耶识）为清净依（究竟为大圆镜智、净识）了。

其实，欧阳和吕澂师徒认可的宋译《楞伽经》中，并非凡言如来藏皆指藏识。他们引以为据的"如来之藏是善不善因"一段经文的原文是：

> 如来之藏是善不善因，能遍兴造一切趣生，譬如伎儿变现诸趣，离我我所。不觉彼故，三缘和合，方便而生，外道不觉，计著作者。为无始虚伪恶习所熏，名为识藏，生无明住地，与七识俱，如海浪身常生不断。②

---

① 牟宗三：《佛性与般若》上册，第437页。
② 《大正藏》第16册，第510页中。

经文的意思恰恰是：如来藏本是"离我我所"的自性清净心，一切善不善法皆依它而起，就像种种形象都由演员变换一样，外道不知它是自性清净心，以为是神我；此心为无始虚伪恶习熏习，则成为生无明地、与七识共俱的藏识。所以，牟宗三先生质问欧阳竟无先生曰：

> 经文"为无始虚伪恶习所熏，名为藏识"，是承"如来之藏是善不善因，能遍兴造一切趣生"云云而来。然则岂不可视首言之如来藏"为无始虚伪恶习所熏"，遂得转名为藏识耶？岂是空头言藏识为无始虚伪恶习所熏耶？（欧阳竟无与吕秋逸俱是这样空头看藏识，不准言如来藏为无始虚伪恶习所熏，岂定是《楞伽》义耶？）①

牟先生揭明，《楞伽经》中作为染净（善不善）二法之因的如来藏完全可以理解为未受无始虚伪恶习所熏的自性清净心；印顺法师于此也所见甚明："依经所说：称为阿赖耶识，是由于如来藏为无始虚伪恶习——虚妄执著种种戏论所熏习。"②

此外，宋译《楞伽经》中还有几段经文中的如来藏，都可理解为未被无始虚伪恶习所熏的自性清净的如来藏。如卷一的"略说有三种识，广说有八相。何等为三？谓真识、现识及分别事识"③一段经文，明代宗泐（1318—1391）、如玘（生卒年不详）的《〈楞伽经〉注解》即视为自性清净的如来藏④；唐译本这段经文不见有真识⑤，但依该译本造疏的宝臣（生卒年不详）亦未武断地判宋译为伪，而是两存其说，

---

① 牟宗三：《佛性与般若》上册，第438页。
② 释印顺：《如来藏之研究》，第242页。
③ 《大正藏》第16册，第483页上。
④ 其文云："真识即如来藏识；现识即如来藏所转，亦名识藏，名转而体不转；分别事识即意根、意识及五识身。"（《大正藏》第39册，第350页中）
⑤ 唐译本相应经文为："识广说有八，略则唯二，谓现识及分别事识。"［(唐)实叉难陀译：《大乘入楞伽经》卷一《集一切法品》，《大正藏》第16册，第593页中］

第三章　如实空如实不空的真识心

其文云：

> "谓现识及分别事识"者，求那译本云，"略有三种"，于现识上加一真识也。若作三种释者，真谓性净本觉，现谓赖耶现识，余七俱名分别事识，虽第七识不缘外尘，缘第八故，亦名分别事识。真谓本觉者，即识实性也。此译即云现识属赖耶，分别事识属前六识，不言第七者，谓第七末那计内为我属赖耶，计外为我所属前六识。真即识实性，亦属赖耶净分。①

宝臣疏《楞伽经》倾向于唯识家义，但他仍将宋译三识说中的真识解为"性净本觉"，实际上也视同于自性清净心。或者以为，前述诸家已受到《起信论》影响，即便如此，这样的解释也未见有任何不当。

又如同卷论转识灭藏识不灭的那段经文②，魏译本为：

> 大慧！如是转识、阿梨耶识若异相者，不从阿梨耶识生；若不异者，转识灭，阿梨耶识亦应灭，而自相阿梨耶识不灭。是故大慧，诸识自相灭，自相灭者，业相灭；若自相灭者，阿梨耶识应灭。大慧！若阿梨耶识灭者，此不异外道断见戏论。③

两相比较，宋译本、魏译本皆以藏识为通于转识的不灭的真相识，故与《起信论》以真心为通于真如、生灭二门的如来藏亦无不同。④

再如卷四说佛"令胜鬘夫人及利智满足诸菩萨等宣扬演说如来藏

---

① 《大正藏》第39册，第444页上。
② 经文如下："如是大慧！转识、藏识真相若异者，藏识非因；若不异者，转识灭，藏识亦应灭，而自真相实不灭。是故大慧，非自真相灭，但业相灭；若自真相灭者，藏识则灭。大慧！藏识灭者，不异外道断见论议。"（《大正藏》第16册，第483页中）
③ （北魏）菩提流支译：《入楞伽经》卷二《集一切佛法品》，《大正藏》第16册，第522页上。
④ 印顺法师亦云："真相，即不生灭的如来藏。"（释印顺：《〈大乘起信论〉讲记》，第96页）

及识藏名，与七识俱生"①一语，其所本《胜鬘经》的相关文字为"若无如来藏者，不得厌苦、乐求涅槃。何以故？于此六识及心法智，此七法刹那不住，不种众苦，不得厌苦、乐求涅槃"②，其含义亦正以如来藏为非刹那灭的自性清净心。因此，将经义理解为识藏与七识俱生、如来藏不与七识俱生亦可谓顺理成章。

欧阳、吕澂师徒相信《起信论》乃是依据菩提流支所译《入楞伽经》造的论，而《入楞伽经》译文错误颇多，因此义根于《楞伽》此译的《起信论》当然不会更好。在他们看来，《入楞伽经》最大的错误是将与阿梨耶识名异实同的藏识误译成了独立的自性清净的如来藏，如吕澂说：

> 原本《楞伽》说，名叫如来藏的藏识如没有转变（舍染取净），则依他而起的七种转识也不会息灭（宋译："不离不转名如来藏藏识，七识流转不灭"）。这是用如来藏和藏识名异实同的基本观点来解释八种识的关系的，但魏译成为"如来藏不在阿黎耶识（即是藏识）中，是故七种识有生灭，而如来藏不生不灭"。这样将如来藏和藏识分成两事，说如来藏不生灭，言外之意即藏识是生灭，这完全将《楞伽》的基本观点取消了。③

而《起信论》"将如来藏和藏识看成两事，如说如来藏之起波澜，如说七识能厌生死乐求涅槃等，莫不根据魏译《楞伽》的异说，并还加以推阐"④，就大错特错了。

---

① 《大正藏》第16册，第510页下。
② 《大正藏》第12册，第222页中。
③ 吕澂：《起信与禅——对于大乘起信论来历的探讨》，张曼涛主编：《现代佛教学术丛刊》第35册，《〈大乘起信论〉与〈楞严经〉考辨》，台北：大乘文化出版社1978年版，第303页。
④ 张曼涛主编：《现代佛教学术丛刊》第35册，《〈大乘起信论〉与〈楞严经〉考辨》，第304页。

那么,《入楞伽经》的相关经文真译错了吗?未必。吕澂先生认定魏译本中将"如来藏不在阿梨耶识中"一段经文译错了,而宋、唐两译的相应经文则没有问题。① 为了说明问题,我们不妨将三个译本中的相关经文排比出来(见表3.1),看看是否只能有吕先生一家之解:

表3.1 《入楞伽经》相关经文各译本对照表

梵本	aparāvṛtte ca tathāgatagarbhaśabdasaṁśabdite ālayavijñāne nāsti saptānāṁ pravṛttivijñānānāṁ nirodhaḥ.
魏译	如来藏识不在阿梨耶识中,是故七种识有生有灭,如来藏识不生不灭。[1]
宋译	不离不转名如来藏识藏,七识流转不灭。[2]
唐译	而实未舍未转如来藏中藏识之名。若无藏识,七识则灭。[3]
黄译	只要名为如来藏的阿赖耶识不转离,其他七识就会转出而不灭。[4]

注:1.《大正藏》第16册,第556页下。2.《大正藏》第16册,第510页中。3.《大正藏》第16册,第619页下。4. 黄宝生:《梵汉对勘〈入楞伽经〉》,北京:中国社会科学出版社2011年版,第453页。

由上表可见,三译中魏译文字固然有所增益,但笔者以为经义没有什么不同。这段经文上承"如来藏是善不善因"的经文,意在说明外道和二乘尽管可以进入灭受想定,但由于此定未转未舍藏识(即阿梨耶识),因此不能称得到了解脱。问题是这里所转所舍为整个如来藏,还是如来藏中的藏识?唐译本明文指未转未舍者乃是如来藏中的藏识。而此处的如来藏还有自性清净义,因该译本下文接着就说:"此如来藏藏识本性清净,客尘所染而为不净。"② 因此可以肯定,唐译本

---

① 吕澂先生说:"今以《楞伽》现存的梵本(日本南条文雄校刊,1923年出版)为标准来刊定,梵本的中坚部分,非但译出较晚的唐译本和它相同,即较早的刘宋译本也和它相同,可见它是始终未曾有过变化,在宋唐之间译出的魏本独时与之异,这自然不会有特别的梵本为魏译所据,而只能是魏译的理解上有问题,翻译的技巧上有问题而已。"(张曼涛主编:《现代佛教学术丛刊》第35册《〈大乘起信论〉与〈楞严经〉考辨》,第301页)

② 黄宝生:《梵汉对勘〈入楞伽经〉》,第453页。

中本性清净的如来藏亦不在阿梨耶识中。仔细审查宋译本的"不离不转名如来藏识藏"一语，其实也可解为"不离不转者乃如来藏中的藏识"，只是文义较为隐晦而已。因此笔者认为，三本宣说的如来藏的差异，最多体现在它与阿梨耶识的分合上，不可轻易执定魏译本为错译。

依据上文的分辨，笔者大致同意印顺法师对该经性格的判定：

> 《楞伽经》本于南天竺真常妙有之如来藏说（"如来性于一切众生身中，无量相好，清净庄严"，一切众生同具，故说一乘），而与西北印之妄染阿梨耶识合流，折衷南北而不尽南北之旧。[1]

也就是说，《楞伽经》是一部以如来藏学统摄唯识学的经典。欧阳和吕澂两位先生意欲将其中的如来藏装入唯识学我法二空的真如中，显然是削足适履了；而当《楞伽经》中的如来藏被他们唯识学化之后，他们反过来又借用它来非难他们认为依该经成立的《起信论》（其实《起信论》所依经典颇多）的真如以及受其影响的如来藏系统的合法性时，就转说转远了。从佛学系统看，玄奘传唯识学以染污阿梨耶识为所依，而因为阿梨耶识为无覆无记性，不能同时兼有真识（觉性）义，故必然将真如推到果位。这一系统无须在因位安立一生佛不二的如来藏体，这固然有其特胜处，但若推本穷源，阿梨耶识本身的根本性质必是空性和觉性，否则，唯识学说转识成智、说二空真如，这智慧和真如是不生不灭的无为法还是生灭相续的有为法？如智者大师（538—597）所说："阿黎耶若具一切法者，那得不具道后真如？若言具者，那言真如非第八识？恐此犹是方便从如来藏中开出耳。"[2] 智者大师的"道后真如""第八识"都指具有觉性的如来藏，而实际上真谛（499—569）所

---

[1] 释印顺：《中国佛教史略》，《佛教史地考论》，台北：正闻出版社1992年版，第40页。
[2] （隋）释智𫖮：《〈妙法莲华经〉玄义》卷五下，《大正藏》第33册，第742页中。

传唯识学就认为阿梨耶识具有解性,已可称为是这样的如来藏。因此笔者以为,如来藏学于众生因位安立一生佛不二的如来藏体,正从另一方面解决了唯识学这一未决的问题:如如智和如如境本为众生所有,佛所证得者只是众生本有的如如智和如如境的圆满显现。由此,我们至少可以说两者是并不矛盾的。智顗将唯识学判为从如来藏学中开出的一门固必然,欧阳和吕澂二先生则将两者视如水火固不然。①

---

① 依太虚大师之见,《起信论》与唯识学非但没有龃龉之处,甚至可以"从《成唯识论》寻得此论立说之依据点,示全论之宗脉,裂千古之疑网"[释太虚:《〈大乘起信论〉唯识释》,《太虚大师全书》第9册《法相唯识学》,台北:善导寺佛经流通处印行,第1409页]。

第四章　真识心受遮蔽的根源与过程

既然一切众生都本具性相如如的真识心，他们为什么不能见到此心而解脱呢？如来藏系经典皆以为，这是因为众生为"客尘所染"而遮蔽了真识心。所谓"客尘"即烦恼，《不增不减经》即云："我依此烦恼所缠不相应不思议法界，为众生故，说为客尘烦恼所染自性清净心不可思议法。"① 众生心性本净，因为烦恼所缠而不净，此烦恼并非众生心本有，而是从外来者，故称为客尘烦恼。烦恼如何能染众生自性清净心？依早期如来藏经典说，这不是一般人可以知道的奥义，如《胜鬘经》就说："有二法难可了知，谓自性清净心难可了知；彼心为烦恼所染亦难了知。如此二法，汝及成就大法菩萨摩诃萨乃能听受，诸余声闻唯信佛语。"② 对于信心坚固的信仰者来说，佛经这样的宣说固然具有斩断其妄想、令其一心修行的作用，但是对于那些凡事喜好究其底里的人则未免不够说服力，所以《楞伽经》和《起信论》就开始借用唯识学的八识理论来阐明如来藏被遮蔽的过程。慧远也本于《楞伽经》和《起信论》，融摄《摄大乘论》的相关思想，开展出了他关于如来藏在生灭门中如何受到遮蔽与得到开显的理论。他关于这个问题的总观点是：众生的流转生死（遮蔽真识心）与解脱涅槃（开显真识

---

① 《大正藏》第16册，第467页下。
② 《大正藏》第12册，第222页下。

心）都是真识心作用的结果。本章将先考察慧远有关如来藏受到遮蔽的思想。

第一节　真与痴合的阿梨耶识

慧远认为，众生之所以不能证见真识心，最根本的原因就在于其真识心无始以来就受到根本无明的熏习，形成了作为"生死之根源"的阿梨耶识。① 他分别从阿梨耶识的名义、产生、事用、相状等方面讨论了这个问题。由于阿梨耶识的事用涉及三识互熏起染问题，笔者将放到本章的第四节中探讨。

一、阿梨耶识的性质：真妄和合

阿梨耶识是佛学中最为深奥和复杂的概念之一，唯识学的整个思想系统可以说都是在围绕阿梨耶识做文章。阿梨耶识的梵文是 ālaya 和 vijñāna 两词的复合词 ālayavijñāna，ālaya 义为 house（房舍）、dwelling（居所）、receptacle（贮藏所）或 asylum（避难所）②，汉译为宅、室、舍、宫、宫殿、巢、窟宅等；vijñāna 由词头 vi（义为分析、分割）与动词词根 jñā（义为知）所合成，原义指 distiinguishing（分别）、discerning（识别）、understanding（理解），或 recognizing（认识）等活动③。汉文的阿梨耶识是 ālayavijñāna 一词的音义合译，又译为阿罗耶识、阿赖耶识，或被义译为本识、家识、宅识或藏识等等。④

---

① 慧远说："八识，生死之根源。"（《〈起信论〉疏》卷上之下，《大正藏》第 44 册，第 183 页上）

② 参见 M. Monier-Williams, *A Sanskrit English Dictionary*, Motilal Banarsidass Publishers Private Limited, 1997, p. 154a。

③ M. Monier-Williams, *A Sanskrit English Dictionary*, p. 961b。

④ 参见〔日〕荻原云来编纂，〔日〕辻直四郎监修：《汉译对照梵和大词典》，台北：新文丰出版公司 1988 年版，第 210 页右。

阿梨耶识的原初义，据 Lambert Schmithausen 在 *Ālayavijñāna* 一书中的考察，是"隐藏于根身中并执持根身的心"[①]，没有"道德属性"[②]。但在唯识学中，阿梨耶识不仅是众生执持根、身、器界的根本，也是他们起惑、造业、受苦而流转三世、不得解脱的总根源。这样，唯识学中的阿梨耶识就不仅是认知中的一种错误认识能力，而且是道德与宗教上不能进步与升华的障碍，既具有认知属性也具有道德属性。

据印顺法师研究，在汉传佛学中阿梨耶识主要有三义：

> 一、圣义，阿梨耶即圣者，如说'阿梨耶婆卢揭谛烁钵啰耶'——圣观自在……二、真谛译阿为无，译梨耶为没。没是失义，无没识即无失识。无失义可有二种：一、无始以来所熏集的一切种子，任持不失；二、众生在生死流转中，无漏的功能性也不失坏。三、玄奘译阿赖耶为藏，有能藏、所藏、我爱执藏的三义。[③]

中国的唯识诸家各重其中一义，并据此开展出三种阿梨耶识理论：（一）阿梨耶识纯真无妄义。这种梨耶观以地论南道派为代表，他们以为阿梨耶纯粹是真心，是能生一切法的真如，此即智𫖮所谓"以法性为依持生一切法"的梨耶论。（二）阿梨耶识真妄和合义。这种梨耶观以地论北道派、摄论学和起信论为主，彼等认为阿梨耶识含有真妄二分，一切法就从这样的和合识中产生，此即智𫖮所谓"以梨耶为依持生一切法"的梨耶论。（三）阿梨耶识纯妄无真义。这种梨耶观以玄奘传唯识学为代表，它以为阿梨耶的含义是藏，有能藏、所藏、执藏三义，三义的性质都是虚妄杂染的，一切染污法就是从此识中产生的，

---

① Lambert Schmithausen, *layavijñāna*, Printed in Japan by Fuji Printing Conpany, 1987, p. 22.
② Lambert Schmithausen, *layavijñāna*, p. 31.
③ 释印顺：《〈大乘起信论〉讲记》，第 90—91 页。

此即所谓阿梨耶识缘起的梨耶论。①

依上述分类，慧远在法统上属地论南道派，其梨耶观自然应当属于南道派了。慧远的梨耶观，表面上看来确实像主张梨耶纯真论的地论南道派，但实际上其所说阿梨耶识的性质却是真妄和合的。我们先且看他如何界定阿梨耶识：

> 阿梨耶者，此方正翻名为无没，虽在生死，不失没故。随义旁翻，名别有八：一名藏识，如来之藏为此识故，是故《经》言："如来之藏名为藏识。"② 以此识中涵含法界恒沙佛法，故名为藏；又为空义所覆藏故，亦名为藏。二名圣识，出生大圣之所用故。三名第一义识，以殊胜故，故《楞伽经》说之以为第一义识。四名净识，亦名无垢识，体不染故，故《经》说为自性清净心。五名真识，体非妄故。六名真如识，《论》自释言："心之体性无所破故，名之为真；无所立故，说以为如。"③ 七名家识，亦名宅识，是虚妄法所依处故。八名本识，与虚妄心为根本故。④

慧远视为阿梨耶识正翻的"无没识"一名不知典据，法藏说"梁朝真谛三藏训名翻为无没识"⑤，待考。所谓"虽在生死，不失没"是指真识心虽处于生死中而其体性不坏。"生死"在佛教中有两层含义：一是分段生死，指凡夫在六道中不断经受肉体的产生和消亡的轮回过程；二是变易生死，指阿罗汉上至十地以下的菩萨虽已超越肉体轮回（分段生死）之苦，但在还没有完全证达真如期间，还得经受意识变易所带

---

① 参见释印顺：《〈大乘起信论〉讲记》，第95、99页。
② 此处为节引，原文见《楞伽阿跋多罗宝经》卷四（参见《大正藏》第16册，第510页中）。
③ 此处是对《起信论》论文的义引（参见《大正藏》第32册，第576页上）。
④ 《义章》卷三末《八识义》，《大正藏》第44册，第524页下至525页上；《〈起信论〉疏》卷上之上，《大正藏》第44册，第182页下。
⑤ （唐）释法藏：《〈大乘起信论〉义记》卷上中，《大正藏》第44册，第255页下。

来的苦恼（生死）。对于不生不灭、清净无染的真识心和与真识心不二的如来法身来说，这两种生死都是生灭法和烦恼法。阿梨耶识为真识在生死中保持不变的状态，实际上是说阿梨耶识已非废缘而论的真识心，而是随缘在缠位的如来藏，故慧远又说："随妄流转，名第八识。"①

这一点，从他对此识旁翻八名的理解中可以得到进一步证明。"藏识"之名本于宋译《楞伽经》和真谛译《转识论》，经以自性清净的如来藏"为无始虚伪恶习所熏名为识藏"②，论以阿梨耶识的"一切种子隐伏之处"一义称之为"藏识"③，皆以染净二义说之。慧远则以阿梨耶识含藏法界恒沙佛法和此佛法为空隐藏义为藏识，纯就其真义说。本于宋译《楞伽经》的"圣识""第一义识"和"真识"，本于《胜鬘经》的"净识"，本于《大乘起信论》的"真如识"，亦皆就其真义而论。此六义实际上与如来藏体性义的真识心相同，旨在显示真识心体随缘在阿梨耶中无有变易。但本于真谛译《转识论》和佛陀扇多译《摄大乘论》的"家识"或"宅识"④，以及本于魏译《楞伽经》、真谛译《摄大乘论》和《转识论》的"本识"则是真识心随缘而有的含义⑤，此时的真识心已成为虚妄法的所依和虚妄心的根本。

因此，阿梨耶识含有真妄二义，从具有了别能力的识边，则可说阿梨耶识具有真识的本觉性和根本无明的不觉性：

> 心生灭中亦有两门：一者本觉，生灭中真；二者不觉，生灭中妄。言本觉者，《论》自释言：以对无明不觉心故，说之为觉；以对后际始觉心故，说为本觉。相状如何？《论》自释言：心体

---

① 《〈起信论〉疏》卷上之下，《大正藏》第44册，第182页下。
② 《大正藏》第16册，第510页中。
③ 《大正藏》第31册，第61页下。
④ 详见《大正藏》第31册，第61页下。
⑤ 《大正藏》第31册，第61页下。

离念，等虚空界，无所不遍，即是如来法身体，故名本觉……言不觉者，谓无明地迷覆真如，出生无量诸虚妄法，故曰不觉。此觉不觉缘集有为一切生死，名心生灭。①

这是慧远依《起信论》的二门结构从心生灭门论真识心，真识心就显现为它本身的相——阿梨耶识。这样，对慧远来说，如果要说阿梨耶识真，只能说其中随妄不失没的真识心体真，至于其中作为虚妄法所依和根本的宅识、本识，即阿梨耶识，则不能称为真。这样的阿梨耶识，在性质上无疑更接近地论北道、摄论学和《起信论》的梨耶观②，而与地论师的梨耶观相隔较远。所以如此，根本原因是在慧远思想中的阿梨耶识之上还有一个离缘真识心作为终极所依体，而其他地论师则没有安立这样的所依体。

二、阿梨耶识的产生：真与痴合

笔者说慧远的阿梨耶识是真妄和合识，更直接的依据还在慧远认为阿梨耶识是根本无明熏习真识心而生起之识，即他所谓"真与痴合，共为本识"③。

在如来藏学中，最重要也最困难的就是说明不生不灭的如来藏如何随缘现起染污法的问题。一方面，如果不说依如来藏而有生死，则根本不成其为如来藏缘起说；另一方面，如果不能善巧地说依如来藏而有生死，则极易被人误解为如来藏自身产生生死。慧远当然也面对同样的难题。

我们知道，虽然《楞伽经》和《起信论》都已经从如来藏与无始无明和合的角度阐明了阿梨耶识的出现问题，但并未进一步论究两者

---

① 《义章》卷三末《八识义》，《大正藏》第 44 册，第 525 页下至 526 页上。
② 他的这一立场，在前文论四识的体相中亦可得到佐证。
③ 《义章》卷三末《八识义》，《大正藏》第 44 册，第 533 页中。

是如何和合的，而慧远则在这方面大大开展了《楞伽经》和《起信论》的思想。下面，笔者就分"真""痴"和"真与痴合"三个方面来讨论慧远关于阿梨耶识产生的思想。

（一）真：真识心的染用

慧远认为，真识心所以被遮蔽，根本原因就是其自身具有被染污的功用，即所谓染用。真识心的染用有依持、缘起两种，依慧远，真识心的依持用指此心能持虚妄、染污法的作用：

（真识心）能持妄染，若无此真，妄则不立，故《胜鬘》云："若无藏识，不种众苦识①，七法不住，不得厌苦、乐求涅槃。"②

文中的藏识本于《楞伽经》。不过，《楞伽经》所说的藏识是已"为无始虚伪恶习所熏"的如来藏③，含有染净两分，而他所引《胜鬘经》的经文为"若无如来藏者，不得厌苦、乐求涅槃。何以故？于此六识及心法智，此七法刹那不住，不种众苦，不得厌苦、乐求涅槃"④，其中的如来藏为体性义的如来藏，即慧远所说的真识心。慧远以藏识称真识心，概念不够准确，但他的意思是明确的：前七识都是刹那生灭的妄识，如果无所依体作为支撑，则不能单独存在，而真识心正是这能持存妄识的所依体。

慧远于此专门就心生灭门论真识心的依持用，所以将妄识分属于前七识了。实际上，在他的系统中，若无真识心，连阿梨耶识也是不存在的，因为与真识心和合而生阿梨耶识的根本无明本身都是依真识

---

① 识字当为衍文，因为《胜鬘经》原文不见此字，而慧远于《义章》卷三末《八识义》论真识心的染污用中的依持用时，此句亦作"七法不住"（参见《大正藏》第44册，第530页上）。
② 《〈起信论〉疏》卷上之上，《大正藏》第44册，第179页中；《义章》卷三末《八识义》，《大正藏》第44册，第530页上。
③ （刘宋）求那跋陀罗译：《楞伽阿跋多罗宝经》卷四，《大正藏》第16册，第510页中。
④ 《大正藏》第12册，第222页中。

心生起的：

> 问："无明依何而生？""依真识生。""真识依何？""真法常住，犹如虚空，更无所依。"①

所以，为了贯通其思想，我们应该补充说：如果没有真识心，则不会有众生根本无明迷执的对象（所缘）；没有所缘，就不能形成前七识的本识阿梨耶识；没有阿梨耶识，前七识非但生灭不住，实际上根本不能存在。既如此，众生就无所谓苦不苦的问题，也无所谓迷不迷的问题，故"不得厌苦、乐求涅槃"。

如果说真识心的依持用是持存妄法的功用，缘起用则是它缘起妄法的功用，也就是依持用的进一步实现。慧远说：

> 言缘起用者，向依持用虽在染中而不作染，但为本耳，今与妄令缘集起染，如水随风集起波浪。是以《不增不减经②》言："即此法界轮转五道名为众生。"③

引文中，以水譬喻真识心、法界，即《不增不减经》中的法身；以风譬喻无明，波浪譬喻七识，合为经中无始已来随顺世间的烦恼④；真识心与根本无明和合，即无始世来为烦恼所缠；由此，真识心中的清净

---

① 《〈涅槃〉义记》卷十之下，《大正藏》第 37 册，第 900 页中。
② 经，原文为"解"，依文义径改。
③ 《〈起信论〉疏》卷上之上，《大正藏》第 44 册，第 179 页中；《义章》卷三末《八识义》，《大正藏》第 44 册，第 530 页上。慧远所引《不增不减经》原文为："即此法身，过于恒沙无边烦恼所缠，从无始世来，随顺世间，波浪漂流，往来生死，名为众生。"（《大正藏》第 16 册，第 467 页中）
④ 他本有"'如大海水'喻第八识，'风'喻无明，'波'喻七识"之说（参见《〈起信论〉疏》卷上之下，《大正藏》第 44 册，第 185 页上）。

六根沦为染污六根,清净六尘沦为染污六尘,如实心(真识)沦为染污妄识,众生亦随之生活于无常、无乐、无我、无净的虚妄世界。慧远依《不增不减经》的教说旨在证明:一切妄法皆非真识心之外独立自存之法,究其实它们皆是真识心这一清净法界中的真法。

慧远认为其真识心的两种染用都依《起信论》而立的,他解《起信论》的真心"能生一切世间出世间善因果"句就这么说:"世间是其染用之义。"① 但是,《起信论》中论真如心的用时并未说它有染用,只说此心"能生一切世间出世间善因果"②,两者显然不同,这一点吉津宜英先生已指出③。那么慧远有什么理由说真识心的染用依《起信论》而立呢?他对此并未作出交代。笔者以为,他是从世间的有漏善与出世间的无漏善相对而称世间善为染、出世间善为净的,而无论世间、出世间的一切法皆依离缘真识心为体,故可说都是此心之用。此解颇契佛理,也切合慧远的思想,不过已在《起信论》的基础上做了相当的发挥。

慧远进而深入论究了真识心何以有此染用。他说:"以彼真如无分别故,能起无明;觉知性故,为惑所覆,便生妄心。"④ 此说的字面意思是:因为真识心无分别,所以能起根本无明;因为真识心具有觉知性,所以一旦为根本无明所遮覆,就会生起妄心。但是,我们切不可误解慧远之义,以为他主张根本无明产生于无分别的真识心,他的意思毋宁是:因为众生的真识心仅仅是一个具有觉知性的无分别理体,而非已经圆满朗现了的佛果,所以众生得以它为迷惑的对象而生起根本无明和种种妄心。这不是笔者曲为解说,慧远本人就有含义相同的表达:

---

① 《〈起信论〉疏》卷上之上,《大正藏》第44册,第179页中。
② 《大正藏》第32册,第575页下。
③ 参见〔日〕吉津宜英:《净影寺慧远の〈起信论〉引用について》,《印度学佛教学研究》第49卷第1号,2001年。
④ 《义章》卷三末《八识义》,《大正藏》第44册,第533页下。

依于真中无分别义,起妄识中无明住地,若彼真心同于佛智,照明显了,无明暗惑无得生义。故《楞伽》云:"如来之藏为彼无始恶习所熏,名为识藏,生无明地。"《起信论》中亦同此说,故彼文言:"真如熏习,生无明地。"①

由此可知,慧远安立真识心的两种染用,是为了阐明在生灭门中真识心具有被众生迷执为妄法的功用。从因缘的角度说,它不是根本无明的生因,而是其所缘的对象,也就是依因。因此,慧远两种染用的安立与佛学的缘起观并不相悖。

学界常有人将佛学中的根本无明与基督教神学中的原罪相比较,以寻求其一致性,这未尝不可,但须注意两者有一个根本区别,即基督教中的原罪是一个道德论上的善恶问题,而佛学中的根本无明本质上却是一个真理论上的正误(真假)问题。

(二)痴:根本无明

既然真识心的染用仅仅为它受遮蔽提供了一个所缘的对象,很明显,仅有此染用尚不足以导致真识心被遮蔽,遮蔽真识心的直接原因是众生的无明。不过,这无明并非一般的无明,而是对真识心的如实空如实不空这一实相的根本无知,即根本无明,所谓"依理起迷,是根本无明也"②。

慧远认为,这迷执真识心的根本无明就是《楞伽经》里所说的无始虚伪恶习:

何者恶习?分别有三:一、本识中无明住地前后相起,以前无明熏于真心,生后无明,如人睡习,时至则睡;二、阿陀那识

---

① 《义章》卷三末《八识义》,第527页上至中。
② 《〈起信论〉疏》卷上之下,《大正藏》第44册,第186页下。

执我之心熏于本识，成（我）种子，此种污真，不见法实，生于无明；三、六识中所起烦恼熏于本识，成染种子，此种污真，不见法实，生于无明。①

这段文字谈论的是阿梨耶识的生起问题，因此文中所谓"无始恶习"无疑就是根本无明。慧远将根本无明分为阿梨耶识中的无明住地前后相起的无明和妄识（阿陀那识）的我执、事识（前六识）所起的烦恼熏于阿梨耶识而起的无明三种，是依据《起信论》的"三细六粗"而做的分类，可视为对《楞伽经》的无始虚伪恶习的具体化。

但是，这种说法自然会引起人们的疑问：妄识和事识本身不是由阿梨耶识所生吗？慧远怎么能将随妄识、事识而起的我执等烦恼与熏于阿梨耶识而起的无明悉归于根本无明呢？这不是倒果为因吗？依笔者浅见，慧远是从佛学中关于根本无明自身的无始性特征来理解这个问题的：既然众生无始以来就已堕入（根本）无明之中，实际上就无法判然分清此无明中的具体内容生起的时间先后，与其强分，毋宁说它们都是阿梨耶、妄识和事识无量世以来相互熏习共同行成的根本无明更为恰当。慧远将根本无明一分为三，其旨趣不过是告诉我们，此无明囊括了三识熏习的内容。② 不过，如果从理论的自洽性看，我们还是应当确定只有第一种恶习才是熏覆真识心而形成阿梨耶识的无始恶习，而与前七识相应的恶习的熏习，其功能则是不断延续阿梨耶识的存在时间。

根本无明之为根本无明，就在于它具有根本性，而所谓根本无明的根本性，指根本无明为其他无明之本，其他无明为此无明之末。慧远说：

---

① 《义章》卷三末《八识义》，《大正藏》第44册，第535页中。
② 此义，后文论及阿梨耶识的事用时还会说明。

> 无量无明本来成就，此之根本也；过恒沙等上烦恼者，枝条末也；我见、爱者，是四住所起也。此众惑者，皆依无明。①

用今天的话来说，根本无明就是最深层的无明，它是众生与生俱来（本来成就）的遮蔽智慧的愚痴性，其他一切烦恼无不因之而起。

根本无明虽然是本来成就的最深层的无明，但不能说它是时间上最初的无明，因为根本不能在时间上说无明有开端，若有开端就走向了第一因，这是佛学所反对的外道见。这就是根本无明的另一个特性，即无始性。在这个意义上，根本无明又可称为无始无明。为什么根本无明具有无始性呢？慧远从根本无明与其他无明的差异和众生的迷悟两个方面进行了论证。就前者，他说："此无明地久来性成，不同起惑作念方起，故曰无始。"②"久来性成"之"久"不是可以在时间上计算长短之久，而是无始之久，谓根本无明无始以来就如此，不像依它而起的其他无明需要起心动念才能生起，故说它无始。就众生迷悟言，因为众生无始以来就生活于无明之中，不曾有一念远离过无明，"本来不离，故名无始也"③。

其实，慧远还可从真识心的无始性证成根本无明的无始性：因为根本无明"依真识生"，而真识心没有开端（不生），因此依此心而生的根本无明自然亦不存在时间上的开端。后来的法藏说"无明依真，同无元始"④，就更为圆满。

就慧远对根本无明的根本性和无始性的论证，必须从其真识心和

---

① 《〈起信论〉疏》卷上之下，《大正藏》第44册，第193页上。
② 《〈胜鬘〉记义》卷下，敦煌文献P.3308号残卷，黄永武主编：《敦煌宝藏》第127册，第404页上。
③ 《〈起信论〉疏》卷上之下，《大正藏》第44册，第184页中。
④ （唐）释法藏：《〈大乘起信论〉义记》卷中本，《大正藏》第44册，第259页上。

三世轮回的思想来加以把握，才能得到真切的理解：众生的根本真相是真识心，而他却对此真相根本毫无觉知，这种无知就是根本无明；众生就是因为过去无量劫以来从未觉悟过这一真相才成其为众生，而只要他仍然执迷不悟，就将继续轮回六道成为众生。依此观之，松本史朗说如来藏学的"所谓'本觉'（original enlightenment），即含有于始源中已觉悟，而现今不觉悟之意"①，实在是对如来藏学本觉思想的严重误解。

（三）真与痴合

现在，就让我们看看慧远是如何论述真识心受根本无明熏习而成为阿梨耶识的吧。

慧远首先对熏习的含义作出界定："熏习义者，如衣无香，熏之令有。心亦如是，真中无染，妄熏令有；妄中无净，真熏使有。"②这是慧远依《起信论》相关思想为熏习下的一般性定义。具体说，熏习可有三义："一者熏生，二者熏转，三者熏成。"③熏生指真妄相熏而生起染净诸法，熏转指染净二法在熏习过程中互为消长，此二义阿梨耶识、妄事和事识皆有④；熏成指识受熏习后积聚成心识种子，此义唯阿梨耶识才有（详见下文）。

根本无明熏真识心而成阿梨耶识，慧远说属于熏生的范畴：

真识之心为彼无始恶习所熏，生无明地，所生无明不离真心，

---

① 〔日〕松本史朗著，萧平、杨金萍译：《缘起与空》，第77页。
② 《义章》卷三末《八识义》，《大正藏》第44册，第533页下；《〈起信论〉疏》卷下之上，《大正藏》第44册，第192页中。
③ 《义章》卷三末《八识义》，《大正藏》第44册，第535页中。
④ 慧远论熏生义时说："言熏生者，三识皆是心生灭门，皆有相熏相生之义。"（《义章》卷三末《八识义》，《大正藏》第44册，第535页中）韩镜清先生说慧远的"三识即指真妄事三"（韩镜清：《净影八识义述》，载张曼涛主编：《现代佛教学术丛刊》第26册，第280页），实为慧远过分相对的论述方式所迷惑，事实上其中一识是指阿梨耶识，因为我们知道，慧远所谓心生灭门中的真识只能是真妄和合的阿梨耶识，而不可能是离缘的真识心。

共为神本,名为本识。此亦名为阿梨耶识,故《论》说言:"如来之藏,不生灭法与生灭合,名阿梨耶。"①

依此说,真识心被根本无明熏习以后生于无明住地,无明住地的根本无明与真识心不相舍离,于是和合成了阿梨耶识,慧远似乎主张真识心产生阿梨耶识了。但问题并非如此简单,关键是真识心通过何种方式生于无明住地?对于这个关键的问题,慧远是如此回答的:

真妄相依,方能造作一切诸法。以共作故,摄法从情,皆是妄为;摄法从本,皆真心作。如人梦中所为诸事,摄事从末,昏睡所为;摄事从本,报心所作。亦如世人见绳为蛇,摄蛇从情,妄情所为;摄蛇从本,皆是绳作。诸法像此,真虽能作,作必随情,如绳作蛇,蛇由暗情;妄虽能作,作必托真,如情作蛇,蛇必依绳。真无由情,名妄熏真;妄作由真,名真熏妄。如此相熏,义无先后,故说一时。真妄相熏,旨要在斯。②

这里的"真"指真识心,"妄"包括根本无明以及由此产生的八识。慧远通过绳蛇之喻表达的意思是清楚的:净法本一真识心,众生由于无始以来受根本无明的障蔽,误将真识心倒执成了种种染法。因此,尽管真识心为染法的所依体,但它显现为种种染法之相,其过不在真识心,而在众生的根本无明。就真识心生于无明住地的方式言,它是以被众生的根本无明迷执的方式生于无明住地的;就阿梨耶识的生起言,它是根本无明迷执真识心的结果。这样,慧远在文中用"造作""共作"等词表达真识心受根本无明熏习生起染法就不太恰当,很容易令

---

① 《义章》卷三末《八识义》,《大正藏》第44册,第529页下。
② 《义章》卷三末《八识义》,第534页中至下。

人觉得他是说染法由两者共同产生；同样，他用熏生义说阿梨耶识的产生也不可取，这仿佛是说真识心本身受根本无明熏习发生了变异，后来法藏以"真心不守自性"解说染法之产生带来的种种歧解①，当多少受到了慧远此说的影响。

既然如此，就难怪人们会将其依真起妄说当成真识心产生妄法说来进行指责了。在佛学界，这种批评的声音出现得很早，天台智者大师已破斥道：

> 地人云，一切解惑、真妄依持法性，法性持真妄、真妄依法性也……若法性生一切法者，法性非心非缘，非心故而心生一切法者，非缘故亦应缘生一切法，何得独言法性是真妄依持耶？②

智者批评的地论师虽无具体所指，但观其义引文字，我们知道慧远就是首当其冲者。依智者大师的说法，地论师的法性依持说已堕入龙树所破的无因生，属于一种邪见。笔者以为，智者大师所持守的实相观固然不错，但他所破斥者也未必真是无因生的邪见。就慧远而言，他所说的真识心本非有自性的实有，而是空性的妙有，既是性空妙有，我们就不能说它不是缘生（无生）而是无因生。慧远所谓真识心生一切染净诸法的主张，实际上意指真识心为无明倒执为染净诸法，也不是说从自因生一切法。这里反映的与其说是教理的对错，不如说是讨论教理的取径不同：智者大师的天台学沿中观学的理路，依空假中三谛圆融的实相立教，所以一切皆从不纵不横的不思议境立论；慧远的如来藏学约众生轮回与解脱的历程立教，所以必须竖论一切诸法生起与还灭的过程。智者对此未必不知，但他为了凸显自宗的圆妙性格，

---

① （唐）释法藏：《〈大乘起信论〉义记》卷中本，《大正藏》第 44 册，第 255 页下。
② （隋）释智顗：《摩诃止观》卷五上，《大正藏》第 46 册，第 54 页上至中。

也就顾不得这么多了。

当代的韩镜清先生对慧远的这一学说也提出了严厉批判，他指责慧远"竟以真如（即真识心）能生一切法能作一切法能摄一切法，而为生死涅槃之根源，不论其'生''作'之意义何若，殆可判为非佛教"①；又指责慧远主张根本无明直接熏习真识心的说法不应道理："若谓妄习直熏其体，则真如可受染，不能是自性清净了；而且真如亦非湛然常了，因为可以变动"②。如果慧远的思想果然如此，韩先生的批判义无可动，但笔者以为韩先生也是被慧远的"熏生""共作"之类概念所迷了。慧远动辄使用这类概念固然殊欠考虑，但韩先生没有深入到这些概念背后去掘法其真实含义，遽然将他的思想判为非佛教，同样有失细察。

不过，慧远的用语究竟有引起歧解的因子，因此也不能全怪破斥他的人。实际上，慧远如果非以熏习来表达阿梨耶识的生起不可，他本来是可以用"熏覆"这个更加恰当的概念的，他论及所熏时实际上已经使用了与之相对的"熏显"这一概念：

> 所熏有二：一者熏生，熏生报佛方便功德；二者熏显，熏显法佛性净功德。③

在解释《起信论》的"依本觉故而有不觉"一语时，他甚至更明确说其含义是"无明之心覆隐真实"④，"熏覆"这个概念已呼之欲出。如果慧远在建构理论和遣词造句方面具有更高的自觉性，上述说法都可以促使慧远顺理成章地说：真识心被根本无明熏覆而成了阿梨耶识。可

---

① 韩镜清：《净影八识义述》，载张曼涛主编：《现代佛教学术丛刊》第 26 册，第 361 页。
② 韩镜清：《净影八识义述》，载张曼涛主编：《现代佛教学术丛刊》第 26 册，第 377 页。
③ 《义章》卷三末《八识义》，《大正藏》第 44 册，第 534 页中。
④ 《〈起信论〉疏》卷上之下，《大正藏》第 44 册，第 183 页中。

惜慧远本人没有这样的自觉，其理论也就始终未能达到如此严谨的高度，这是十分令人遗憾的。

虽然如此，慧远的观点还是很清楚的，这从他对相关邪执的批判也可以见出。有的人听佛经说"依如来藏有生死"，由于不了解经文的意趣，以为这是说如来藏在某一时刻生起生死。如果如来藏在时间中生起生死，则如来藏有终结，否则它就不可能生起生死。同时，众生若为某一刻从如来藏生起的众生，那么众生就有开始，否则他就不可能为如来藏生起；如果众生有开始，则无异肯定第一因的存在，从而将宗于缘起性空的佛教混同于主张冥初生物的外道。这是对真识心之依持用的错误理解。对于这种邪执，慧远明确纠正说："如来藏无始无终，以无始故，依起生死，生死无始。"① 即不生不灭的如来藏在时间上无始，依之而起的众生生死亦无始，这才合于佛法的缘起观。有的人听佛经说"生死二法是如来藏"②，由于不知这是佛密意说生死染法的本性为如来藏，误以为如来藏中具足生死染法。如果如来藏中具有生死染法，则一方面意味着如来藏本身并非自性清净，从而不成其为如来藏；另一方面，如果说真识心中有生死染法，那么佛教说众生能够通过修行悟道而永离生死就是谬论。这是对真识心之缘起用的错误理解。对于这种邪执，慧远亦断然回敬道："如来藏自性清净，从本以来唯有清净恒沙佛法，无有染污……若言有彼缘起作用随世法门，非无此义。"③ 此谓如来藏随众生妄想心缘现起生死，因为现见众生迷倒如来藏性而轮回于生死大海；至于如来藏体本身，则是恒常自性清净、无有染污。这表明慧远很清楚，生死染法与真识心之间实际上并不是生因生果的关系。

---

① 《〈起信论〉疏》卷下之上，《大正藏》第44册，第198页上。
② 此说亦见《胜鬘经》，原文为："死生者，此二法是如来藏。"（《大正藏》第12册，第222页中）
③ 《〈起信论〉疏》卷下之上，《大正藏》第44册，第198页上。

三、阿梨耶识与真识心的关系：不一不异

虽然真识心中无生死，阿梨耶识中有生死，但两者并不是条然隔别的关系，而是一种非一非异的关系，慧远解释《起信论》的"非一非异"句时就说："'非一'者，性常住故；'非异'者，令和合故。"①慧远这是从真识心和阿梨耶识的性质上论两者非一，真识心纯真无妄，而阿梨耶识真妄和合，"真妄相反"，故两者不是一回事。②阿梨耶识既然是真妄和合识，如何说它是妄识呢？因为此识"与虚妄心为根本故"③。不过，这样的论说容易遮蔽阿梨耶识的真妄和合性，所以后来元晓（617—？）和法藏（643—712）等人就另辟蹊径，从真识心的不生不灭性与阿梨耶识的生灭性来论两者的非一关系。④

至于两者的非异关系，慧远则约体相加以论说。论体相，一方面阿梨耶识是依真识心而起的本识，没有真识心就没有阿梨耶识，故真识心为阿梨耶识之体；另一方面阿梨耶识并非真识心外的阿梨耶识，实为被根本无明熏覆后的真识心，故它是真识心心体之相。两者是所谓"真外无妄，妄外无真"⑤的关系，本质上没有什么不同。慧远此说对法藏有很大影响，法藏为真心与阿梨耶识开出的"以本从末""摄末同本"和"本末平等"等三不异义都是以此说为基础的。⑥

真识心与阿梨耶识为何是非一非异的关系？这是一个涉及阿梨耶识是否缘起法的重要问题。慧远对此未加阐明，这或许是因为慧远已详细论述了阿梨耶识的和合过程，故认为没有再讨论的必要。不过，

---

① 《〈起信论〉疏》卷上之下，《大正藏》第44册，第182页中至下。
② 《〈起信论〉疏》卷上之下，《大正藏》第44册，第186页下。
③ 《义章》卷三末《八识义》，《大正藏》第44册，第524页下至525页上；《〈起信论〉疏》卷上之上，《大正藏》第44册，第182页下。
④ 参见（新罗）元晓：《〈大乘起信论〉别记》本，《大正藏》第44册，第228页下；（唐）释法藏：《〈大乘起信论〉义记》卷中本，《大正藏》第44册，第255页上。法藏之说本于元晓，而较元晓细密。
⑤ 《〈起信论〉疏》卷上之下，《大正藏》第44册，第186页中。
⑥ （唐）释法藏：《〈大乘起信论〉义记》卷中本，《大正藏》第44册，第254页下。

从总体上肯定阿梨耶识的缘起法性质也不是多余之举，因为阿梨耶识确实不是一般人所能正确理解的概念，《解深密经》就说："阿陀那识甚深细，一切种子如瀑流，我于凡愚不开演，恐彼分别执为我。"① 笔者以为，法藏对这个问题的论述颇为圆满，可以补慧远之缺。法藏说：

> 若一者，生灭识相灭尽之时，真心应灭，则堕断过；若是异者，依无明风熏动之时，静心之体应不随缘，则堕常过。离此二边，故非一异。又若一则无和合，若异亦无和合，非一异故得和合也。②

此中法藏的意思是：就真（识）心讲，如果真（识）心与阿梨耶识没有不同之处，那么妄识灭尽时真（识）心也应当随之消灭，如此则堕入一无所有的虚无境界，无异于断灭见；如果两者毫无共同之处，那么真（识）心体就不会因根本无明熏习而现起种种识浪，如此则跃出一实体性的真（识）心，无异于真常见。就阿梨耶识论，如果阿梨耶识与真（识）心毫无异处，则无须和合；如果两者全然不同，则不能和合。这意味着如来藏学家们在讨论佛学问题时，是始终以缘起性空的基本教理为归依的。

但韩镜清先生对慧远此说也颇有非议，他指责慧远所谓真妄和合的阿梨耶识犯有性相不一之过："慧远的真妄关系，颇似普通性相的关系。真就是妄的本体，妄就是真的现象。这种说法很不自然。"③ 为什么"很不自然"？因为他认为：

---

① （唐）释玄奘译：《解深密经》卷一，《大正藏》第16册，第692页下；（北魏）菩提流支译：《深密解脱经》（《解深密经》异译本）此偈颂作："诸种阿陀那，能生于诸法，我说水镜喻，不为愚人说。"（《大正藏》第16册，第669页中）偈颂中的阿陀那识皆非慧远所用义，乃是阿梨耶识异名。
② （唐）释法藏：《〈大乘起信论〉义记》卷中本，《大正藏》第44册，第255页中。
③ 韩镜清：《净影八识义述》，载张曼涛主编：《现代佛教学术丛刊》第26册，第375页。

（慧远的）真妄和合乃妄熏动真，而真相随转之谓。波中有真相，同时也有无明风之妄相。如此在波上，或在相上，乃说真妄和合；而妄可熏使之动。性相遂不能一致。①

因此，慧远的上述思想"乃佛教所绝对破斥者，不宜混珠而谈"②。

如果真如韩先生所论，自然应当破斥，但实际上他的论述是对慧远乃至如来藏系统中阿梨耶识义的误解。依前文所述，慧远所谓依真起妄是就众生迷悟说：心本一性相皆空的真识心，而众生因为无知，不能当下了知此真识心，此真识心就被颠倒成了阿梨耶识；真识心虽被颠倒成了阿梨耶识，但其真性并没有因众生的颠倒而有丝毫改变。众生无始以来即具此颠倒心，慧远为让人们明白这一道理，当然可以依《起信论》在心生灭门中建立真妄和合的阿梨耶识。这与从诸法存在的角度认定心本身为真妄二元的存在本体相差悬殊。如果从存在的角度论性相，性相固当一致，但从迷悟的角度论性相，则性相必然各异，因为后者实际上是对同一对象所作的两面观。就像笔直的筷子，放在水里则呈现出弯曲相，知道筷子真相者固然不会被此假相迷惑，但不知其真相者却真以为筷子本身就是弯曲的。不知者虽然以假为真，但其真相并未因此而有所改变。阿梨耶识也是如此，知其真相者，一切无明以及因此而有的种种妄识不再现起，阿梨耶识当体就是真识心；不知其真相者，则以无明以及因此而有的种种妄识为真，真识心当体就是阿梨耶识。韩先生偏从玄奘所传唯识学来理解慧远的阿梨耶识，所以难以与之相契。③

---

① 韩镜清：《净影八识义述》，载张曼涛主编：《现代佛教学术丛刊》第 26 册，第 377 页。
② 韩镜清：《净影八识义述》，载张曼涛主编：《现代佛教学术丛刊》第 26 册，第 374 页。
③ 有意思的是，印顺法师即以其人之道还治其人之身："唯识者的阿赖耶识，实为大乘经义的有部阿毗达磨化，实不合大乘经的本义。"（释印顺：《〈大乘起信论〉讲记》，第 100 页）

四、阿梨耶识的事用：受熏成种

论受熏，必须先确定能受熏之识，慧远说能受熏之识是阿梨耶识，他将此识的受熏成种判属熏习三义中的熏成义。

印顺法师曾说："地论宗的阿黎耶识，论性质，有真有妄，大于唯识宗；而论事用，却最为狭小。"① 这一断语过分笼统，显然不适合慧远。依慧远，阿梨耶识不仅是遮蔽如来藏的根本，而且是产生诸法的根本，因此其事用非但不狭小，实在广大得很。慧远认为，依真而起的阿梨耶识是唯一能受诸法熏习的本识（所以我们不能迷惑于他依《起信论》而说的熏习义，以为他将体性义的真识心视为能受熏之体），所谓"唯有本识受熏成种，余悉不受"②。

为什么只有阿梨耶识能受熏成种呢？慧远列出了七大重要理由：

（一）"以本识缘起之本，能聚能散，能受一切诸法所熏，聚积成种，名为能聚；散生诸法，说为能散。余识不然，所以不受。"③ 这是从识与诸法的关系说，阿梨耶识既能贮藏诸法熏习而成的种子，又能将积聚于其间的各种种子散生为诸法，所以能受熏；其余诸识只能了别本识散生的诸法，既不能执持诸法种子，亦不能散生诸法，故不受熏。

（二）"以本识为诸识原，变起诸识故，于诸识中与④善造恶，悉是其功，摄一切归本，故本识中受诸法熏，积集成种。余不如是，所以不受。"⑤ 这是就诸识之间的关系说，阿梨耶识为诸识之本，诸识皆由阿梨耶识产生，诸识兴善造恶的根源皆在本识，由此可知本识能受熏持种；其余诸识不具有生起其他识的作用，因此不能受熏。

（三）"本识中具有明暗二种之法，真心是明，无明是暗。暗能受

---

① 释印顺：《〈大乘起信论〉讲记》，第95—96页。
② 《义章》卷三末《八识义》，《大正藏》第44册，第536页上。
③ 《义章》卷三末《八识义》，《大正藏》第44册，第536页上。
④ 与，疑为"兴"之形误。
⑤ 《义章》卷三末《八识义》，《大正藏》第44册，第536页上。

染，增长生死；明能受净，趣向涅槃，故遍受熏。余识不尔，所以不受"① 这是从识的内涵说，阿梨耶识具有本觉（明）与不觉（暗）二义，其中的本觉能受清净法熏习而助众生趣入涅槃，不觉则能受染污法熏习而令众生轮回生死；其余诸识皆只具虚妄义，故不能受熏。

（四）"本识中亲含真体，牢固难坏，力能住持一切业果，故受一切染净等熏，聚以成种，用之受果。余不如是，为是不受。"② 这是从三识与真识心的关系说，阿梨耶识直接为不生不灭的真识心所持，故能受染净诸法熏习；其余诸识不直接为此心所持，迁流不住，故不能受熏。

（五）"本识微细，潜通诸法，与一切法同生同灭，相伴义亲③，故能遍受一切法熏。余识不然，所以不受。"④ 这是从识的粗细说，阿梨耶识为最细微之识，能通于一切法，与一切法同生同灭，所以能受熏；其余诸识相对较为粗显，不能通于一切法，故不能受熏。

（六）"本识无缘，于善恶等无别记念，无别念故，彼此诸法不相妨碍，故得通受一切法熏，聚积成种。余识别念，彼此相碍，故不通受一切法熏。"⑤ "本识无缘，于善恶等无别记念"一语令人费解，据韩镜清先生说，这是指本识的"无记"⑥性而言。如此，则慧远所理解的无记是阿梨耶识不对诸法分别善恶，因为本识不分别善恶，善恶诸法于阿梨耶识皆不相妨碍，由此阿梨耶识能受诸法熏习；其余诸识于善恶有分别，有分别则不能受熏习。

（七）"本识是心神知之性，心于诸法性能领记，领别能受，记则

---

① 《义章》卷三末《八识义》，《大正藏》第44册，第536页上。
② 《义章》卷三末《八识义》，《大正藏》第44册，第536页上。
③ 相伴义亲，《大正藏》本为"相伴义观"，据当页校勘注5改。
④ 《义章》卷三末《八识义》，《大正藏》第44册，第536页上至中。
⑤ 《义章》卷三末《八识义》，《大正藏》第44册，第536页中。
⑥ 韩先生说，在慧远那里"'无记'便解成'无别记念'"（韩镜清：《净影八识义述》，载张曼涛主编：《现代佛教学术丛刊》第26册，第381页）。

能持,故本识中通受诸法,持令不失。余非心法,不能如是,故不受熏。"① 从"余非心法"看,此义不是就识与识的关系言,而是就识与色法、非色非心法的关系言②,谓阿梨耶识具有能认识、记忆和保持诸法的特性,因此能够受熏;其余法非心法,不能领受诸法,故不受熏。

此外,慧远还说,识若能受熏,还须具备如下四个条件:一是能受熏者既须相续不断,又要有一定的坚韧性;二是能受熏者须属于非善非恶的无记性;三是能受熏者须有能被熏的性质,即玄奘译本所说"分分展转更相和糅"之性;四是能受熏者与所受熏者之间还要有相应性。③

阿梨耶识受到的熏习有哪些呢?慧远说有言说、我见和有分共三种:(一)言说熏习。言说熏习又称为名字熏习,它可细分为两种:一者为声名;二者为心语名。慧远说:"名有二种:一者声名,曰名言分别;二者心语名,曰觉观分别。以诸凡夫随逐一切阴、界、入等诸法名字,分别取著,熏于本识,成阴、界等诸法种子。"④ 名言即语言(言)文字(名),指众生对五阴、十二入、十八界等一切法的称谓,也就是唯识学中的表意名言;心语即意识活动中呈现的语言,也就是唯识学中所说的显境名言,是表意名言的基础。诸法的种种称谓,不过是在众生心识变现的种种境相上施设的假名,而凡夫不知,分别其能所,取其为真实,由此形成戏论习气。这种习气熏习于阿梨耶识中,便在阿梨耶识中形成种种名言种子。(二)我见熏习。这是指"以阿陀

---

① 《义章》卷三末《八识义》,《大正藏》第44册,第536页中。慧远又说:"真识是其神知之主,集起所依,义说为心。"(《〈起信论〉疏》卷上之下,《大正藏》第44册,第186页下)此真识是慧远从别相门说阿梨耶识之真分为真识,实即此处从共相门说的本识。不过,慧远这样说确实平添了许多混乱。

② 慧远每将法分为心、色和无作三种:"心者,是其三聚法中简色、无作,是心法也……非为木石,神知之虑,故名为心。"(《〈起信论〉疏》卷上之上,《大正藏》第44册,第179页上)"无作法"即指代非色非心法。

③ 《义章》卷三末《八识义》,《大正藏》第44册,第536页中。

④ 《义章》卷三末《八识义》,《大正藏》第44册,第535页上。

那及六识中我见之心熏于本识,成我种子"①。我见包括妄识中的我执性和事识中的我见之心,因此我见熏习就是指此二种识的我见习气熏习阿梨耶识,在阿梨耶识中形成我见种子。(三)有分熏习。有分熏习指"以善恶业熏于本识,成善恶种"②,亦即指众生所作种种善恶业熏习阿梨耶识,在此识中形成转生三界的种子。不问可知,这是根据《摄大乘论》而来的论说。

阿梨耶识受上述三种恶习熏习,由是产生了妄识、事识以及三界一切染法。反过来,事识中"所起染过熏于本识,彼本识中所有暗性受性染熏,成染种子。种子成已,无明厚故,引生六识,于六识中染过转增,如是辗转,积习无穷"③;"彼阿陀那识执我之心熏于本识,成我种子。本识受彼阿陀那熏已,还能引彼心中我性,生阿陀那识,如是相熏,往来无穷"④。这实际上就是说,一方面阿梨耶识中的种子遇缘成熟就产生妄识、事识和与之相应的种种染法,另一方面事识和妄识现行的种种烦恼又累积成种子熏习于阿梨耶识中,三识熏习起染法的过程就是一个互相染污的因果过程。虽然如此,究极而言,妄识与事识也因阿梨耶识而有,所以可以说三界一切法无非阿梨耶识所作:

三界虚伪,唯心所作也。如梦所见,如镜中像,无有自体。若言近者,心谓七识;若谈远者,心是八识。"离心即无六尘境"者,此返释也。"此义云何",设问发起。言一切法者,生死诸法也。"从心起"者,是真识也。妄不孤立,由依真起,名从心起。"妄念而生"者,妄念是其第七识也。若言近者,生死诸法从妄念生……言"唯心"者,唯随于心。以从心故,心生法生,心灭法

---

① 参见世亲造,(陈)真谛译:《〈摄大乘论〉释》卷四,《大正藏》第31册,第178页中至下。
② 《义章》卷三末《八识义》,《大正藏》第44册,第535页上。
③ 《义章》卷三末《八识义》,《大正藏》第44册,第534页下至535页上。
④ 《义章》卷三末《八识义》,《大正藏》第44册,第534页下。

灭，故言"唯心"也。言"虚妄"者，是能随法也。①

这是慧远对《起信论》中"是故三界虚伪，唯心所作"至"以心生则种种法生，心灭则种种法灭"一段文字的疏解。文中的"七识"指阿梨耶识妄分，在这里涵盖了阿梨耶识和前七识；"八识"指阿梨耶识真分，实即真识心。慧远宣示，欲、色和无色三界的一切法都是生死法，如梦中境、镜中像一般虚妄不实。此生死诸法最初皆是由众生无始无明迷倒真识心而来，故说真识心为其远本；此诸法体现为生死法，则是直接以阿梨耶识为本，故说阿梨耶识为近本。这就是慧远依如来藏统摄唯识学而建立起来的独特的远近二本说。

慧远的阿梨耶识受熏成种说，以及以此为基础的三识互熏说，显然都是本于真谛的摄论学，但两者存在着很大差异。其一，摄论学认为种子六义是阿梨耶识受熏的重要条件②，而慧远并未专门论及阿梨耶识的"种子义"③。其二，慧远以"本识为诸识原""本识中具有明暗二种之法"和"本识是心神知之性"三义为阿梨耶识受熏的条件，此义为摄论学所不见。其三，两者皆有的内涵，慧远的解释也有不同。摄论学以阿梨耶识自身的一类相续不断为其坚住性，而慧远则以阿梨耶识所依真识心体的不生不灭为其坚住性；摄论学以阿梨耶识本身的非善非恶为无记性，慧远则以阿梨耶识对诸法不别善恶为无记性；摄论学以阿梨耶识中的种子与能熏诸法同时共存为其相应性④，慧远则似乎是以阿梨耶识能通于一切法并与一切法同生同灭为其相应性。这说明，虽然慧远的阿梨耶识在性质上与摄论学的阿梨耶识都是真妄和合识，

---

① 《〈起信论〉疏》卷上之下，《大正藏》第44册，第187页上。
② 参见世亲造，（陈）真谛译：《〈摄大乘论〉释》卷二，《大正藏》第31册，第165页下至166页上。
③ 韩镜清先生即云："慧远谈八识，详于熏习而较略于种子。"（韩镜清：《净影八识义述》，载张曼涛主编：《现代佛教学术丛刊》第26册，第361页）
④ 参见世亲造，（陈）真谛译：《〈摄大乘论〉释》卷二，《大正藏》第31册，第166页中。

但慧远始终以其中的清净性为万法所依体的体性,而摄论学则仍是以其中的染污性为万法所依体的体性。

慧远以真识心的不生不灭性为阿梨耶识的坚住性,是其如来藏缘起思想在阿梨耶识受熏义上的体现,但容易受到误解。韩镜清先生就误以为慧远这是以真识心体为种子,并说这是慧远的大病:"他的最大病症即以真心当作真种子。"① 果然如此,则慧远安立的真识心就同于染污法,不成其为一切法所依的如来藏体了。慧远的确说过"由本识中净种子故,熏生六识"之类的话②,但笔者以为他这是以阿梨耶识中的真分为净种,而非以体性真识心为净种。这样的净种无须慧远将它当作净种,众生的阿梨耶识本来就处于真妄不断交互消长的动态过程之中,否则众生的轮回六道与转凡成圣都是不可能的事情,这是奘传唯识学也应许的。

慧远对阿梨耶识的受熏义提供的论证当然存在着一些问题。例如,此中"本识为缘起之本"和"本识为诸识原"两义,本来应该是阿梨耶识的受熏问题得到证明后的事情,而不能视为其受熏的理由;"本识是心神知之性"虽然能够简别色法和非色非心法,但却不能简别前七识,因为前七识也具有能知性;所谓"本识于善恶等无别记念",若指阿梨耶识的无记性而言,则其内涵与摄论学所说的无记性相去甚远,也很难成立。同时,由于他重于熏习略于种子,他在论述熏习起染的内容时远不如摄论学充实,显得较为空泛。

不过,笔者以为这些问题仅仅说明慧远未能通达摄论学关于阿梨耶识的奥义,并不意味着他的思想不能成立,但韩镜清先生并不这么看,他认为慧远在这里犯了"二重缘起"说的过错。他说,在慧远的唯识学中,"本原有远有近,即上述二重缘起也。就近而论,乃其正

---

① 韩镜清:《净影八识义述》,载张曼涛主编:《现代佛教学术丛刊》第26册,第362页。
② 《义章》卷三末《八识义》,《大正藏》第44册,第535页下。

体，故第七识为集起之本"①；他又说，慧远所说的阿陀那识（第七识）不合道理，而所以如此，"乃由其两重缘起说所误"②。韩先生虽未直接说慧远所堕"二重缘起"究何所指，但观其"真为远本，妄为近本，远本又为近本之本"③一语，则无疑是指慧远一边持以真识心为本的如来藏缘起说，一边又持以阿陀那识为本的梨耶缘起说。果如此，则慧远就等于将不同的缘起说混为一谈，不成体统，理当遭破。

　　的确，前文已指出慧远从别相门安立的真、妄、事三识存在不少问题，因此韩先生所破也不是空穴来风。但窃以为，佛学说本末与一般哲学不同，它仅仅具有理论言说方便的意义，可以说凡在一相对待的理论结构中，相对说来作为根据的内容就可以称为本，而另一边便是末。慧远论述佛学思想时固然也是这么做的，因此他在论阿梨耶识的生起时，可说真识心为本、阿梨耶识为末；而在讨论阿梨耶识产生妄识和事识两种识时，又可说阿梨耶识为本、妄识与事识为末。但是，我们不能因慧远讲二重本末就说他主张二重缘起，因为尽管缘起所依体也不过是一个方便安立之"本"，但它需要一个其他的"本"不具有的条件，即它必须是生死与涅槃的终极所依本。在慧远的思想中，只有真识心才能满足这样的条件，因为即使是阿梨耶识也是依此本而有者。这里还需要再次强调的是，在慧远的思想系统中这两个本末间的关系是不同的，就真识与阿梨耶识的关系说，真识心是阿梨耶识（末）的凭依本（依因），即众生根本无明迷本（真识心）为末（阿梨耶识），非本（真识心）生末（阿梨耶识）；就阿梨耶识与妄识和事识的关系说，阿梨耶识是余二识（末）的生起本（生因）。也就是说，慧远并未因说二重本末而改变了其如来藏缘起宗的立场，他只是在此基础上援入梨耶缘起说以说明众生迷真识心（如来藏）为阿梨耶识后生死

---

① 韩镜清：《净影八识义述》，载张曼涛主编：《现代佛教学术丛刊》第26册，第369页。
② 韩镜清：《净影八识义述》，载张曼涛主编：《现代佛教学术丛刊》第26册，第365页。
③ 韩镜清：《净影八识义述》，载张曼涛主编：《现代佛教学术丛刊》第26册，第372页。

与还灭的现实开展过程，旨在充实其真识心缘起说。

刘元琪先生也说慧远安立了如来藏和阿梨耶识两种缘起说，不过他认为前者不是慧远本人的思想，而是北道地论师和摄论师的缘起思想。刘先生在其博士学位论文中专列"慧远对唯识学的诠释"一章，其中有云，真、妄、事三识的"真妄和合本末说主要是指当时北道地论师和摄论师在唯识上的主张。这种主张认为，第八识（阿梨耶识）是真妄和合的（妄中有一分清净识），而且第八识为前七识之本，前七识为第八识之末，故称此说为真妄和合本末说。摄论师还将第八识中的一分清净识独立出来，称之为第九阿摩罗识。由于此说以阿梨耶识缘起为本，故下文中称此说为阿梨耶识缘起论"①。接下来，他就以真识缘起论为主线讨论阿梨耶识缘起论以及两者的异同。这无疑是对慧远思想的片面理解。设若此，刘先生将如何回答这个问题：如果慧远所阐述的阿梨耶识缘起论不是他自己的思想，而是北道地论师和摄论师的思想，他怎么能在自己的真识缘起论和北道地论师、摄论师的阿梨耶识缘起论之间大谈八识互具呢？

第二节　认实为虚的妄识

慧远认为，阿梨耶识虽然是遮蔽真识心的根本，但真正遮蔽真识心的主要力量不是阿梨耶识本身，而是由此识转生的妄识，正是妄识进一步将常乐我净的真实法倒执成了"情有体无"的虚妄法。

一、妄识的名义与性质

慧远所谓的妄识就是阿陀那识。阿陀那，乃是梵文 ādāna 的音译，词义为 to binding on（缠缚），fasten to（系缚）②，中国古德译为取、执、

---

① 刘元琪：《净影慧远〈大乘义章〉佛学思想研究》，第82页。
② 参见 M. Monier-Williams, *A Sanskrit English Dictionary*, p. 136c。

执持、执捉、受、摄受、受畜、得等等①。阿陀那识就是执识，即执取众生根身的识。汉语佛典中，作为识的阿陀那识（ādānavijñāna）初见于真谛译品，指阿梨耶识具有的执持众生有色根和自体义②：

> （阿梨耶识）能执持一切有色诸根，一切受生取依止故。何以故？有色诸根此识所执持，不坏不失，乃至相续后际；又正受生时由能生取阴故，故六道身皆如是取。是取事用识所摄持故，说名阿陀那。③

"有色诸根"意指眼、耳、鼻、舌、身五中感觉器官。在一期生命中，众生在睡眠、昏迷等情况下虽然没有意识，但其感觉器官并不像死尸一样不能复生，而是能够重新发挥感觉作用，可见有一种深层的精神作用在支撑着它们，佛学认为这就是阿陀那识。"正受生"指众生前一期生命完结与后一期生命开始时的连接点，即俗话所说的"投胎转世"时。众生生命所以能从过去、现在延续到未来，佛学认为就是因为阿陀那识在父精母血（卵）结合时，能够执取它们并与它们和合而开展出新生命。④ 这是以执持众生三世轮回的生命历程的阿梨耶识义为阿陀那识，与其本义相合。

但慧远对阿陀那识的界定与此有很大差异，他说：

> 阿陀那者，此方正翻名为无解，体是无明痴暗心故。随义傍翻，差别有八：一无明识，体是根本无明地故；二名业识，依无

---

① 参见〔日〕荻原云来编纂，〔日〕辻直四郎监修：《汉译对照梵和大词典》，第191页左。
② 世亲造，（陈）真谛译：《〈摄大乘论〉释》卷一云："此识或说名阿陀那。何以故？由此本识能执持身。"（《大正藏》第31册，第157页中）
③ 世亲造，（陈）真谛译：《〈摄大乘论〉释》卷一，《大正藏》第31册，第158页上。
④ 以阿陀识为众生三世轮回的主体（非实体）是一个信仰问题，我们可以主要从前一义来理解阿陀那识。

明心，不觉妄念忽然动故；三名转识，依前业识，心相渐粗，转起外相，分别取故；四名现识，所起妄境应现自心，如明镜中现色相故；五名智识，于前现识所现境中分别染净、违顺法故，此乃昏妄分别名智，非是明解脱为智也；六名相续识，妄境牵心，心随境界攀缘不断，复能住持善恶业果不断绝故；七名妄识，总前六种非真实故；八名执识，执取我故，又执一切虚妄相故。①

慧远称为阿陀那识正翻的"无解"一名，据印顺法师说本于真谛译品，待考。而在阿陀那识的旁翻八义中，业识、转识、现识、相续识、妄识六名皆取自此《大乘起信论》②，执识取自真谛译的《摄大乘论》和《转识论》③，无明识则为他依《起信论》所创。正如廖明活先生说，慧远的阿陀那识摄义近于《起信论》中的"意"④，事实上他自己在《〈起信论〉疏》中就直接呼阿陀那识为意："妄识总对一切境界发生六识，义说为意。"⑤

不过，在《起信论》中，所谓无明识并非为意所摄，这一点慧远也很清楚，他在解释论中为何不将无明识纳入意中时就说，因为此识"是根本体故"⑥，即属于阿梨耶识。而他则将此识判属阿陀那识，并因此将《楞伽经》中的心也视为妄识：

---

① 《义章》卷三末《八识义》，《大正藏》第44册，第524页下。慧远在《〈起信论〉疏》《〈维摩〉义记》《〈涅槃〉义记》中亦分别为阿陀那识下有定义，前者无无明识、妄识和执识三义，后两者则无妄识和执识两义（参见《〈起信论〉疏》卷上之下，《大正藏》第44册，第187页上；《〈维摩〉义记》卷六，《大日本续藏经》第1辑第27套第4册，第356页正上；《〈涅槃〉义记》卷九，《大正藏》第37册，第864中至下），可见他使用概念非常不一致。
② 参见《大正藏》第32册，第577页中。
③ 世亲《〈摄大乘论〉释》卷一说到"执持识"（参见《大正藏》第31册，第157页下），《转识论》则直接指阿陀那识为"执识"（参见《大正藏》第31册，第61页下）。
④ 参见廖明活：《净影慧远思想述要》，第61页。
⑤ 《〈起信论〉疏》卷上之下，《大正藏》第44册，第186页下。转识与现识之名亦见于《楞伽经》，唯内涵有所不同（参见《大正藏》第16册，第483页上；又见第483页中）。
⑥ 《〈起信论〉疏》卷上之下，《大正藏》第44册，第187页上。

> 《楞伽》云："心为采集业，意为广采集，诸识识所识，现等境说五。"①第七妄识，集起之本，故说为心；依此集起一切妄境，随而分别，名采集业。第六意识遍司诸尘，故说为意；通司六尘，名广采集。五识之心，随境别了，名为诸识。现在五尘，名识所识。唯知现在五尘境别，不通过未，故云现等境五也。②

实际上，《楞伽经》中的心并非这样的意思。寻其所引经本上下文为："譬如海水变，种种波浪转，七识亦如是，心俱和合生。谓彼藏识处，种种诸识转……心为采集业，意为广采集，诸识识所识，现等境说五。"③经文明说心为海水（识藏），第七识为海水变起的波浪（转识）。第七识既为转起之识，就不会是心，只能是意。如果此文文义不易探得，则"意、意识等念念有七，因不实妄想取诸境界种种形处，计著名相，不觉自心所现色相"一语就明确昭示④，意是不知种种境界为自己（自心）所现虚妄色相而执之为实有的第七识，在这里实在找不出慧远理解的内容。慧远无疑错解了《楞伽经》的经义，这一点韩镜清先生已经敏锐地指出来了。⑤而且，笔者前文已指出，他这样做实际上是用纯妄的阿陀那识削弱了真妄和合的阿梨耶识的地位，致使他思想中阿梨耶识本来具有的独立性受到了不应有的忽视。

究其原因，韩先生以为"是他始终认集起之本为第七，遇有申张

---

① 此处引文见宋译《楞伽经》卷一（参见《大正藏》第 16 册，第 484 页中）。
② 《义章》卷三末《八识义》，《大正藏》第 44 册，第 530 页上；又《〈维摩〉义记》卷二亦云："依《楞伽》，七识名心，集起本故；意识名意，同诸尘故；五识名识，了现境故。"（《大日本续藏经》第 1 辑第 27 套第 4 册，第 292 页正上）
③ （刘宋）求那跋陀罗译：《楞伽阿跋多罗宝经》卷一，《大正藏》第 16 册，第 484 页中。
④ （刘宋）求那跋陀罗译：《楞伽阿跋多罗宝经》卷四，《大正藏》第 16 册，第 510 页中。
⑤ 韩镜清先生云："他所依的，全是《楞伽》，但遍寻该经，全不见有符顺彼说之踪影，实是远法师白昼见鬼。明明是人，也非说是鬼不可。第八藏识始为心，千古不移之定解也。"（韩镜清：《净影八识义述》，载张曼涛主编：《现代佛教学术丛刊》第 26 册，第 368 页）韩先生这里的批评虽然很刻薄，但确非凭空污人清白。

集起之本的话，于是便指之为第七"①。这固不错，但未触及其要害。其实，这还是他过分灵活地运用总别圆融观讨论问题的结果。具体说，这是他从别相门将阿梨耶识中的根本无明摄于阿陀那识，并以阿梨耶识的真分为真识、妄分为妄识（阿陀那识）的结果。由于将真妄和合的阿梨耶识一分为二，便只能在论述妄法缘起时以阿陀那识为本。正因为如此，慧远又在《〈起信论〉疏》中以"根本无明"为"众惑根本"②，并不将它作为阿陀那识的一义列入其中。问题是根本无明可以这样时分时合吗？慧远没有回答。笔者以为，从众生生命的事实讲当然可以，诚如印顺法师说："事实上，六识之外只有一细识。这细识摄持一切种子，叫它为心；它摄取种子为自我，为六识的所依，就叫它为意。"③但事实是一回事，理论则是另一回事，有时若将理论与事实一一对应，反而会导致混乱，故印顺法师同时还说："细心是一味的，种子是识的，识是种子的；分出摄取自体熏习摄取根身为自我的一分我执，让它与种子心对立起来，建立心意的不同。不应把染意与梨耶看为同样的现识。"④慧远的问题恰恰在于，他有时在理论上将二识混为一谈了，以致造成了这么多的混乱。⑤

当我们厘清了其问题之后⑥，便可确定慧远实际上就是以《起信论》

---

① 韩镜清：《净影八识义述》，载张曼涛主编：《现代佛教学术丛刊》第26册，第369页。
② 《〈起信论〉疏》云："'当知无明能生一切染'者，众惑根本故也；言'染法皆是不觉相故'者，皆无明用相也。"（《大正藏》第44册，第186页上至中）
③ 释印顺：《〈摄大乘论〉讲记》，第60页。
④ 释印顺：《〈摄大乘论〉讲记》，第60页。
⑤ 太虚大师对此类说法及其影响曾严加破斥道："北魏时菩提流支译世亲之华严《十地经论》等，依之立地论宗。此宗或因阿陀那有执持义，误传此为第七执我之识，不知阿陀那之执持，乃持种及根等不失之意，与第七执我之识不同，误阿陀那为第七识，其谬孰甚！谬种流传，沿袭成典，天台诸籍，往往见引！因容前辈大德承用，后世学者是非莫决，知其出于传译之讹，则其疑可祛矣。"（释太虚：《阿陀那识论》，《法相唯识学》下册，北京：商务印书馆2002年版，第36页）
⑥ 更恰当地说，这暴露了理论与事实之间的紧张关系，因为理论只能摄取事实某一时空点上的部分内涵与特征。由于佛学（包括其他宗教理论）是一种重实践的学问，这种紧张就显得更为突出。

中的五意（业、转、现、智和相续五识）为阿陀那识的内涵。笔者的这一分析与马定波先生的观察不谋而合，不过马先生认为慧远以《起信论》的五意解阿陀那识是完全错误的：

> 慧远以不同体系，不同层次之"意"的作用现相，借作第七识之释，实有欠妥当，何况 ādānavijñāna 之作用，不系属于 ālayavijñāna-maya，且与第七识不同，在这种情形之下，他完全出自于不了佛教心意识说之发展过程……其论心性，无形中造成混乱无礼的似是而非之江湖说。①

笔者以为，这是以现代学者的标准来要求传统以修行为本的佛学家，显得有些不近情理。

依上文所述，可见慧远与摄论学的阿陀那识义有三大不同之处：其一，就阿陀那识与阿梨耶识的关系说，慧远的阿陀那识是依阿梨耶识生起的另一个识，摄论学的阿陀那识仅仅是阿梨耶识的异名；其二，就摄义广狭说，慧远的阿陀那识摄义很广（由于此识为阿梨耶识转起之识，具体内涵待论述其生起过程时再详论），摄论学的阿陀那识只有执持根身义；其三，就性质而言，慧远的阿陀那识为虚妄性的，摄论学的阿陀那识却是无覆无记性的。②

同时，慧远对阿陀那识内涵的理解与法藏的相关思想也具有重大差异。法藏在疏解《起信论》时，并未将五意判属末那识，而是将业识、转识和现识判属阿梨耶识，将智识和相续识判归前六识中的意识，至于末那识则未摄一义。他说："此三并由根本无明动本静心成此三细，即不相应心，属梨耶位摄；自下境界为缘生六种粗相，即分别事

---

① 马定波：《中国佛教心性说之研究》，台北：正中书局1980年版，第70页。
② 参见世亲造，（陈）真谛译：《〈摄大乘论〉释》卷四，《大正藏》第31册，第181页上。

识也。"① "此三"指业、转、现三识，因其依根本无明转现，故法藏称为细相；"六种粗相"指智、相续、执取、计名字、起业、业系苦等六识，因其依妄境转现，故法藏称为粗相。既然三细属阿梨耶识，六粗属事识，则末那识不摄一义。其理由是：第一，就诸识生起本末说，一方面因为末那识的我执恒与梨耶相应，摄末从本，故说三细属梨耶，而不必别属末那；另一方面因为意识必依末那识（意根）才能起而攀缘外境，摄本从末，故说六粗属六识，而不别属末那。第二，就诸识功能说，阿梨耶识为真妄和合识，具有执藏自内种子义，而三细皆计内为我，故属阿梨耶识；事识由外境迁转而起，而六粗皆计外为我，故属事识；末那识既无执自内我义，又无缘外境义，不别属末那。② 很明显，法藏是从玄奘传唯识学的横向八识说来理解末那识的。在玄奘传唯识学的八识说中，末那识唯有恒审思量义，自然不摄三细六粗中的任何一义，而慧远与《起信论》都是从纵向安立八识，所以有此不同。笔者以为，就对《起信论》的理解言，慧远的释义更加切近。

二、真识心被遮蔽的过程：妄识诸义

我们已从前文得知，在慧远看来一切杂染法皆依阿梨耶识生起，现在我们要问他：阿陀那识是如何依阿梨耶识生起的？对此他先总论道：

> 依此本识起阿陀那执我之心，此心恒与粗起无明、我见、我爱及与我慢四惑相应。何因生此？由于无始我习所熏，故起此执。此所生体，然是本识，本识变异为此执故，故《论》名为似我识矣。③

引文中的"无始我习"即《摄大乘论》三种熏习中的我见习气，为根

---

① （唐）释法藏：《〈大乘起信论〉义记》卷中末，《大正藏》第44册，第262页下。
② 详参（唐）释法藏：《〈大乘起信论〉义记》卷中末，《大正藏》第44册，第263页上。
③ 《义章》卷三末《八识义》，《大正藏》第44册，第528页下。

本无明现起以后体现出的最主要的习气。由于无始我见习气熏习阿梨耶识，就在阿梨耶中积聚起我执种子，而阿梨耶积聚我执种子后就引生了阿陀那识。阿陀那识不知从阿梨耶识变现的五蕴和合之身本无实体，执之为我①，此我虚妄不实，故名似我。而由于此似我为阿陀那识执取而有，故称此识为似我识。

"似我识"的概念取自真谛译《〈摄大乘论〉释》，《释》中略说依本识所变虚妄分别识有四种，似我识即其中之一②，相当于同《释》广说依阿梨耶识所变十一种识中的身者识、受者识和自他差别识，为染污意所摄。但《释》只是说此识"执我为尘，此尘实无所有，以我非有故，由心变异显现似我故，说非有虚妄尘显现"③。意谓由于染污意执著阿梨耶识中一类相续但"实无所有"的见分为尘，此尘就以虚妄的我相显现出来，这是约染污意本身的执我性称之为似我识。而慧远则是从阿梨耶识与阿陀那识的本末关系作此说，此故无不可，因为没有阿梨耶识中一类相续的见分种子，阿陀那识就没有可执取的对象，但容易令人误会为阿梨耶识中已有阿陀那识所执取的似我识。

慧远认为，阿陀那识的我执一现起，便恒时与粗起无明、我见、我爱、我慢四种烦恼心所相应。④粗起无明根自根本无明，但不同于根本无明。慧远认为无明有无明地和无明起之分，"任性无知，说之为地；作意分别，说以为起"⑤。"任性无知"指阿梨耶识中的根本无明，

---

① 慧远论阿陀那识执何者为我时说："依彼本识变起阴身，不知此无，执之为我。"（《义章》卷三末《八识义》，第44册，第529页下）

② 文云："虚妄分别，若广说有十一种识，若略说有四种识：一、似尘识；二、似根识；三、似我识；四、似识识。"［世亲造，（陈）真谛译：《〈摄大乘论〉释》卷五，《大正藏》第31册，第181页下］

③ 世亲造，（陈）真谛译：《〈摄大乘论〉释》卷五，《大正藏》第31册，第182页上。

④ 此说亦本于《摄大乘论》，该论将意分为依止意和染污意二种，后者即与此四种心所相应："有染污意与四烦恼恒相应：一、身见；二、我慢；三、我爱；四、无明。"［无著造，（陈）真谛译：《摄大乘论》卷上，《大正藏》第31册，第114页上］

⑤ 《义章》卷五末《八妄想义》，《大正藏》第44册，第575页下。

重于从众生心的根本不觉义说其迷倒真识心的性质，故称无明地；"作意分别"则指从此无明地现起的错误心念，重于从众生心起心动念的过程说分别心的颠倒性。相对于前者而言，后者较粗显，故称后者为粗起无明。我见、我慢和我爱为依粗起无明次第而起的心所，其内容为："颠倒之心于身计我，执我明白，名之为见……执我陵物，名为我慢……顺境染爱，名之为贪；违境忿怒，说之为恚；中境不了，目之为痴。"① 众生以前一刹那的分别心于五蕴和合之身执著为我，便生起我见；此我执心不断膨胀，就转为恃己凌他的我慢；至于我爱，慧远是统摄入贪、恚、痴三毒里说的。

慧远这一思想也是依《摄大乘论》而来的，但他的诠释与该论的文义有所不同。首先，《摄大乘论》中说染污意所执的我是"此阿黎耶识，众生心执为自内我"②，具体说就是执阿梨耶识中的见分种子为我，而慧远则说此识执众生五蕴和合身为我，这表明慧远用语不太恰当；其次，《摄大乘论》中并未对与染污意相应的无明加以区分，而慧远则专以粗起无明为与阿陀那识相应的无明，他的这一辨别则无疑较《摄大乘论》更能显明阿梨耶识和阿陀那识各自的特点；再次，《〈摄大乘论〉释》特以"我贪说名我爱"③，慧远则统以贪、瞋、痴论我爱，这就反不如前者来得简洁明了。

总论之后，慧远一一展示了妄识五义的产生过程。业识指依阿梨耶识的根本无明现起的不觉知法界真如实性的妄念，慧远说："依前无明，不觉妄念忽然而动，动故名业。"④ 不言而喻，慧远此说全依《起信

---

① 《义章》卷五末《八妄想义》，《大正藏》第 44 册，第 575 页上。
② 无著造，(陈)真谛译：《摄大乘论》卷上，《大正藏》第 31 册，第 114 页下。
③ 世亲造，(陈)真谛译：《〈摄大乘论〉释》卷一，《大正藏》第 31 册，第 158 页中。
④ 《〈维摩〉义记》卷六，《大日本续藏经》第 1 辑 27 套第 4 册，第 356 页正上。余说为：(一)"依无明心，不觉妄念忽然动故。"（《义章》卷三末《八识义》，《大正藏》第 44 册，第 524 页下）(二)"依前无明，便有妄念不觉心起。"（《〈起信论〉疏》卷上之下，《大正藏》第 44 册，第 187 页上）(三)"依前无明，不觉妄念忽然而动，动故名业。"（《〈涅槃〉义记》卷九，《大正藏》第 37 册，第 864 页中）

论》而来。依《起信论》，"不觉妄念忽然而动"不是说有根本无明之后不知何时忽然动起妄念，而是说根本不能在时间上讨论妄念何时生起，即元晓所谓"非约时节以说忽然起"①。妄念何以为业识？慧远未明，依《起信论》，因为妄念乃业因，"觉则不动，动则有苦，果不离因故"②。觉就是觉悟法界一相、法法平等，故心无分别；无分别则不动心；不动心则不起惑；不起惑则不造业；不造业则无有苦受。③ 一旦起心动念，则此心此念就是业因，就会驱使众生造业和受苦。慧远从妄念的分别了知义称之为业识，与该论文义不同。

转识，慧远依《起信论》从业识转动义解之，但对此识所摄义慧远有几种不同说法，他在《义章》里说是"依前业识，心相渐粗，转起外相，分别取故"④，在《〈起信论〉疏》里说是"依前业识，心虑渐粗，而取外相，故名为转识"⑤，而在《〈维摩〉义记》里又说为"依前妄念，心相渐粗，转起外境，故名为转"⑥。第二种说法称转识为由较细微的业识转起较粗显的、能取外相的心识，不及于外相；第一、三两种说法都在此义之外增加了转起外境义，第一种说法更将对外境的执取义包罗其中。依《起信论》，转识的定义为"依于动心，能见相故"⑦，仅为心相的能见义，并未涉及所见境，元晓、贤首之疏皆依此义疏释⑧，印顺法师亦释为"内心动发，虽还不曾能及外境，但已转起了

---

① （新罗）元晓：《〈起信论〉疏》卷上，《大正藏》第44册，第215页上。
② 《大正藏》第32册，第577页上。
③ 佛学认为，诸佛菩萨救度众生的实践虽然也是业，但它是一种引领众生趣向解脱的无漏业，他们不会因此而生任何烦恼。
④ 《大正藏》第44册，第524页下。
⑤ 《〈起信论〉疏》卷上之下，第44册，第187页上。
⑥ 《〈维摩〉义记》卷六，《大日本续藏经》第1辑第27套第4册，第356页正上；又见《〈涅槃〉义记》卷九，《大正藏》第37册，第864页下。
⑦ 《大正藏》第32册，第577页中。
⑧ 元晓云："转识中言'依于动心能见相故'者，依前业识之动转成能见之相。然转识有二：若就无明所动转成能见者，是在本识；如其境界所动转成能见者，是谓七识。此中转相约初义也。"[（新罗）元晓：《〈起信论〉疏》卷上，《大正藏》第44册，第213页下至214页上] 贤首

能见分别心"①。从理上讲,此时也不可能有外境现起。可见,慧远的一、三两说不可取,当以其第二说为正义。能见心如何转现?慧远未说,其所依《起信论》亦未论及,依唯识学,此义相当于向内执取阿梨耶识的见分为我的末那识。②

现识,慧远谓为"依前转识所起妄境应现自心"③,即以能映现转识所现境界之识为现识。这与《起信论》的现识义颇不相同。《起信论》中说现识"能现一切境界"④,即以能见心进一步现起一切境界为现识。究其原因,是因为他已将转起外境义摄入转识中了。如此,则慧远所说阿陀那识中的现识一义就很难在心识从细到粗的过程中得到理解,似乎只能从心识静态的映照意义上来理解。而这与阿陀那识的迁流不住性相悖,与他所谓现识前"未有境界"之说也不相协调,故难以成立,还是应以《起信论》之说为正。

现识如何现起一切境界呢?慧远说是"诸境界一时而现"⑤,因为"此识前未有境界,但心识相"⑥,即从业识到转识都只是在心识内将阿梨耶识的见分转现为主体(我),至此识才转起与主体相对的客体(我所)⑦。不过,现识之前无境界并不能证明境界一时现起,因为亦可说境界从现识开始一分分现起。依唯识学的解释,现识顿现一切境界的真

(接上页)之说大致依元晓而来,唯一的差异是他以为"境界所动转成能见者,在事识中"[(唐)释法藏:《〈大乘起信论〉义记》卷中末,《大正藏》第44册,第265页上]。元晓和法藏将转识的能见相判归本识固与《起信论》有别,然两人皆就心识自身的转动论转识,则是与《起信论》一致的。

① 释印顺:《〈大乘起信论〉讲记》,第177页。
② 如真谛译《摄大乘论》卷上云:"此阿黎耶识,众生心执为自内我。"(《大正藏》第31册,第114页下)
③ 《〈涅槃〉义记》卷九,《大正藏》第37册,第864页下;又参《义章》卷三末《八识义》,《大正藏》第44册,第524页下;《〈起信论〉疏》卷上之下,《大正藏》第32册,第187页上;《〈维摩〉义记》卷六,《大日本续藏经》第1辑第27套第4册,第356页正上。
④ 《大正藏》第32册,第577页中。
⑤ 《〈起信论〉疏》卷上之下,《大正藏》第44册,第187页上。
⑥ 《〈起信论〉疏》卷上之下,《大正藏》第44册,第187页上。
⑦ 自然,这样的先后仅仅具有逻辑上的意义。

正原因是转识执阿梨耶识见分为我（即能见心）时，其中的相分亦顿时显现为与之相对的我所（境界）。至于所现起"境界"的内涵，《起信论》仅就色、声、香、味、触五尘说①，慧远认为论中是略说，"若通言之，理实俱有"②，即当有法尘。此说无疑较《起信论》更为完备，故为后来的元晓等人所遵用。③

主体（我）与客体（我所）的现起，是真识心进一步受到遮蔽的关键，因为凡夫不知主客对立的世界本是由阿陀那识的转现二识转起的虚妄不实的世界，误认为真实如此，于是便走向妄识的更深度的迷执——智识。

智识，慧远说"此乃昏妄分别名智，非是明解脱为智"④。此即是说，这是以依无明动起的分别作用为智识，而非以度众生解脱的般若为智识。慧远认为此识是"于前现识所显法中分别染净、违顺差别"⑤而来。这里的"染净"不是一般意义上的染净，而是元晓所说以"爱非爱果名染净法"⑥；违顺亦指智识接触境界时生起的违顺身心的感受。此前，现识现起的境界虽有主客之分，而尚未有明显的染净、违顺之别，但当众生进一步对此等境界生起苦、乐、不苦不乐等感受时，其心识就呈现为或好或恶的分别心——智识⑦。进一步，众生就将给自己带来乐受的

---

① 《起信论》云："犹如明镜现于色像，现识亦尔，随其五尘对至即现，无有前后。"（《大正藏》第32册，第577页中）
② 参见《〈起信论〉疏》卷二，《大正藏》第44册，第187页上。
③ 元晓云，《起信论》"言'五尘'者，且举粗显以合色像，实论通现一切境故"［(新罗)元晓：《〈起信论〉疏》卷一，《大正藏》第44册，第214页上］。
④ （新罗）元晓：《〈起信论〉疏》卷一，《大正藏》第44册，第524页下。
⑤ 《〈起信论〉疏》卷上之上，《大正藏》第44册，第187页上。余二说分别参见《义章》卷三末《八识义》，《大正藏》第44册，第524页下；《〈涅槃〉义记》卷九，《大正藏》第37册，第864页下。
⑥ （新罗）元晓：《〈起信论〉疏》卷上，《大正藏》第44册，第214页上。
⑦ 印顺法师将《起信论》中的"分别染净法"细析为二义："一、境界有染净，所以分别为染净；二、心识缘境，而心起染或起净，名为分别染净。"（释印顺：《〈大乘起信论〉讲记》，第179页）此乃法师为释义周全而列，实际上其中第一义为事识中才有，因为只有在事识中境界的染净方才成为一被执定之事实。

对象视为真、善和美的对象，将给自己带来苦受的对象视为假、恶和丑的对象，整个世界遂因此被赋予了种种它本来没有的含义和性质。

相续识是阿陀那识的最后一义，慧远对此识的界定义有广有狭，《〈涅槃〉义记》和《〈起信论〉疏》所说为义较狭，皆仅以"依前智识，心相转粗，境界牵心，心随境界分别不断"为义①；《义章》和《〈维摩〉义记》则皆以"妄境牵心，心随妄境，相乘不断"和"能持于事识业果令不断绝"为义②，摄义明显较前者广。依《起信论》，相续识两义兼具③，故慧远的后一定义无疑更为恰当。

智识分别境界的作用，一方面为境界添加了它本不具有的染净、违顺等意义，另一方面这种意义作为智识分别所获得的印象，反过来又熏集于阿梨耶识，并现行于智识之中，以强化其染净、违顺等情感、知识和价值判断。智识不断分别，就有相应的染净、违顺等情感、知识与价值判断不断投射到境界中，境界中亦有相应的染净、违顺等印象不断熏集于阿梨耶识，并通过它再度在智识中体现出来。在这"妄境牵心，心随妄境，相乘不断"的交互影响过程中，智识就转变成了念念不断的相续识。

由于相续识念念不断，所以能够住持众生所造善恶等业，不令散坏，此乃其住持业果义。问题是：相续识住持的业果是什么？它怎么能住持业果？关于前一问题，慧远与《起信论》的说法有所不同。《起信论》从时间说相续识"住持过去无量世等善恶之业令不失"和"成熟现在、未来苦乐等报无差违"，慧远则是从识的粗细说相续识住持事

---

① 《〈起信论〉疏》卷上之下，《大正藏》第32册，第187页上；《〈涅槃〉义记》之说则参《大正藏》第37册，第864页下。
② 《〈维摩〉义记》卷六，《大日本续藏经》第1辑第27套第4册，第356页正上至下；《义章》之说则参见《大正藏》第44册，第524页下。
③ 《起信论》云："五者名为相续识，以念相应不断故；住持过去无量世等善恶之业令不失故；复能成熟现在、未来苦乐等报无差违故；能令现在已经之事忽然而念，未来之事不觉妄虑。"（《大正藏》第32册，第577页中）

识所造业果。关于后一问题,慧远和《起信论》皆没有作出更为清晰的阐述,法藏提供的解释是:

> 以此识能起润业烦恼,能引持过去无明所发诸行善恶业种,令成堪任成果之有。若无惑润,业种焦亡,故云"住持"乃至"不失"也。此则引生令熟。又复能起润生烦恼,能使已熟之业感报相应,故言"成熟无差违"也。①

法藏对相续识的定位虽与慧远和《起信论》不同,但是他从此识具有不断引生和成熟业果的功能说它能住持业果,确实能弥补两者的欠缺。

慧远通过对阿陀那识产生过程的动态展示,旨在阐明真识心是如何在众生"认实为虚"和"非有见有"的颠倒历程中被遮蔽的:

> 以有无明染法因故,熏习真如,便起妄心,如人昏睡覆报心故,便起梦心;以有妄心熏习无明,不了真如寂灭平等,不觉念起,便生妄境,如人梦心动发昏睡,起梦境界。②

在这个历程中,从被遮蔽的真识心一面看,由于依阿梨耶识中的根本无明而起的妄识起心动念,遂将常乐我净、寂灭平等的真实法倒执为我与我所(主与客)二元对待的虚妄法,并进而将苦乐、好恶(情感)、真假(知识)、善恶(道德)、美丑(审美)等相互对立的主观判断赋予此二法,这叫"认实为虚";从妄识本身(我、主)与其所见的法(我所、客)以及赋予此二法的种种判断来说,由于它们为妄心所生的虚妄法,非真实法,但众生不明真相,固执地以之为实有(有

---

① (唐)释法藏:《〈大乘起信论〉义记》卷中末,《大正藏》第44册,第265页中。
② 《义章》卷三末《八识义》,《大正藏》第44册,第533页下。

实性）之法，这叫"非有见有"。① 至此，众生完全生活于颠倒的世界之中。

第三节 认虚为实的事识

在慧远的思想中，事识是遮蔽真识心的第三重心识。所谓事识，《楞伽经》称为转识，《起信论》称为意识、分别意识或分别事识，相当于摄论学中的生起识或唯识学中的前六识。此识为什么有这么多名称呢？慧远解释道：

> 言转识者，随六尘转，不同妄识转起外境故为转识；言意识者，《起信论》中第八真识名之为心，第七名意，前六事识从彼意生，故名意识；意识分别六尘境界，故复名为分别意识。约对根尘离分六别，故名离识；分别六尘事相境界，故复名为分别事识。②

这是说，《楞伽经》是从事识随六尘转动而称之为转识，《起信论》则依事识为意（即慧远的阿陀那识）所生而称之为意识，就其功能为对色、声、香、味、触、法六尘的分别而称之为分别意识，据其依六根的不同可分成六种识而称之为离识，约其所了别的六尘为各别存在的事相境界而称之为分别事识。因为《楞伽经》中的转识摄义很宽，有时包括了第八识之外的前七识③，所以慧远特别指出，事识作为转识是

---

① 慧远说："依本起末，认实为虚，非有见有，是其妄识。"（《义章》卷三末《八识义》，《大正藏》第 44 册，第 526 页上）
② 《义章》卷三末《八识义》，《大正藏》第 44 册，第 526 中。
③ 如该经说："转识、藏识真相若异者，藏识非因；若不异者，转识灭，藏识亦应灭。"[（刘宋）求那跋陀罗译：《楞伽阿跋多罗宝经》卷一，《大正藏》第 16 册，第 483 页中] 此转识即总括前七识而言。

约此识随六尘转而言，而不是像阿陀那识那样约转起外境说为转识。慧远多用事识一名，意在强调此识不加反省地了别具体事相的特征。

至于此识的内涵，慧远则以《起信论》中的"执取""计名字""起业""业系苦"四义来相配：

> 言"执取相"者，十使根本，取性无明。言"计名字相"者，所谓五见粗起烦恼，若复通论，十使皆是，此二合为烦恼分也。言"起业相"者，谓依烦恼造种种业也。"业系苦相"者，依业受报也。①

什么是执取相？慧远说是取性无明。不过，这里的"取性无明"是"于心外事相法中执性迷空"[②]，所以既非阿梨耶识所具有的迷倒真识心的根本无明，也非妄识所具有的不知其所变现诸法虚妄不实的无明，而是凡夫在相续识的基础上辗转取著、在事相（包括我们所说的主客观世界）上执取定性的无明，比前两者更加粗显。计名字相有广狭二义，其狭义仅指身、边、邪、戒禁取和见取五见，其广义则包括贪、瞋、痴、慢和疑五盖在内，合称十使[③]。因十使皆本于事识的取性无明，故摄入事识；又因其为于语言文字所指事相上执取决定性相而起的烦恼，故称计名字相。起业相即指依上述粗起烦恼而造的身、口、意三种业，业系苦相则指由造三业感得的苦果，因亲自造业和受苦者都是事识，故慧远将两者皆摄入事识。

慧远认为，事识与妄识一样是虚妄的，唯其"迷于虚假因缘之法，妄取定性"[④]，即此识妄执的对象已是妄识变现的具体的因缘法。事识不

---

① 慧远说："言'执取相'者，十使根本，取性无明。"（《〈起信论〉疏》卷上之下，《大正藏》第 44 册，第 186 页上）
② 《〈起信论〉疏》卷下之下，《大正藏》第 44 册，第 197 页中。
③ 参见《义章》卷七《十使义》，《大正藏》第 44 册，第 582 页上至 589 页上。
④ 《义章》卷三末《八识义》，《大正藏》第 44 册，第 525 页中至下。

知诸法的实体性为妄识幻现的妄相，而又没有反省能力，唯以一种自然态度去了别它们，以为它们是心外独立存在的实有法，"诸可见色依转识起，此起根源，不知自心现故，为从外来"①。因此，事识可谓是"妄中最极"②者。

既如此，为什么不同样称之为妄识呢？慧远说：

> 通亦名妄，但为分别，说之为事。以诸凡夫、二乘人等倒惑转深，认虚为实，故不名妄。于此分中，根、尘及识，若因若果，一切皆实。③

这里，为称前六识为事识列出了两个理由：第一，为了与妄识相区别。虽然事识亦是妄识，但为了与妄识区别开来，所以就从此识所了别对象是具体事相而称之为事识。第二，"凡夫、二乘认虚为实"。这是从修行角度作的解释，谓菩萨知道一切法唯心所现，故倒惑浅少；凡夫没有修行，诚然不知万法唯心所现，二乘虽然胜过凡夫，但仍以为心外实有诸法，故两者倒惑都属于事识的层次。

慧远的前一个理由可以成立，而后一个理由则嫌牵强。凡夫固然是认虚为实，但二乘却未必，从他的四宗观来观察，如果唯论破性，则小乘中较深的破性宗已经遮遣了诸法之性，不能笼统地将二乘与凡夫的见识等而视之，说他们仍然妄取诸法定性，认虚为实。依其判教观，慧远的说法只有以性相皆遣为标准才能成立，因为破性宗虽已破性，而究竟不能破因缘之相。而且，慧远如此说亦与他为事识所下的"事相了别"这一定义相龃龉④，所以很成问题。其实，经论中本来主要

---

① 《〈起信论〉疏》卷下之上，《大正藏》第 44 册，第 195 页中。
② 《义章》卷三末《八识义》，《大正藏》第 44 册，第 526 页中。
③ 《义章》卷三末《八识义》，《大正藏》第 44 册，第 526 页中。
④ 《义章》卷三末《八识义》，《大正藏》第 44 册，第 525 页上。

是从此识所了别对象的特征而称前六识为事识的。如果慧远要凸显此识更深地遮蔽真识心的作用，则说"依本起末，认虚为实，非有见有，是其事识"①便能说明问题，不必如此夹杂。

第四节 众生流转过程总观

慧远借阿梨耶识、妄识和事识向我们展示的众生流转过程，可以分三个层面总结如下：第一层，虽然众生之心本来是如实空如实不空的真识心，众生本身本来是常、乐、我、净四德具足的佛，但由于无始无明的遮蔽，众生无始以来就不能照见自己的这一真如实相。第二层，随着根本无明的不断熏习，进而出现了以我执为本性的妄识，众生受其缠缚，非但不能如实知见真识心常、乐、我、净的实相，反而"认实为虚"，将它颠倒为具有实体性的法（虚妄法）：如实心被颠倒为我（主体），如实法则被颠倒为我所（客体）。由此，主客二元对立的虚妄世界森然角立于众生面前。第三层，转到事识层面，众生不但不知这虚妄的世界是妄识颠倒的结果，反而"认虚为实"，将它执取为具有实体性的世界，众生由此生活在一切实有的世界中。这个世界在众生看来是真实不虚的世界，但在佛法看来，由于它已先后受到妄识和事识的两番颠倒，它只能是虚妄不实的世界。众生基于这种实在世界观获得的种种知识与情感，必然是虚假、不良与丑陋的知识与情感。

慧远（或唯识学）对众生流转生死苦海过程的论述，与现象学对人类知识产生过程的考察具有很多相通之处。现象学通过现象学还原，发现人的意识中存在着一个本真世界，这就是"实事本身"，它是一切科学和知识的最后基础；但它认为，人们由于受到种种不正确的观察世界的立场和方法影响（如自然主义、心理主义等），不能看见这实

---

① 《义章》卷三末《八识义》，《大正藏》第 44 册，第 526 页中、上。

事，由此生活在没有可靠性的、值得怀疑的学说和知识之中；它还认为，人们不能直观实事本身，其原因就在于他们没有弄清意识活动的真相。这些理论在方法上和结构上与慧远的上述思想都是一致的。

但是，我们在看到两者这些共同性的同时，更应该看到两个思想体系的差异。胡塞尔的"实事本身"是先验意识中当体呈现的内容，而慧远所说的万法实相就是真识心自身（唯识学的实相也非阿梨耶识或末那识中的意识内容，而是转舍其染污性后显现的真如）。据慧远（或唯识学）的思想，胡塞尔的先验意识相当于妄识（末那识）层次的意识，尚未深入阿梨耶识的深度，因此他所说的"实事本身"实际上是"认实为虚"的妄识呈现的世界，与慧远的真识心（或唯识学的真如）具有性质上的不同。也就是说，在慧远（或唯识学）看来，胡塞尔还没有真正触摸到世界的真相。所以如此，是因为他仍然存着一实体见，即设定纯粹自我这样一个实体。由于这一实体见，尽管胡塞尔也采取了悬搁、还原等类似佛学内观的方法，他最终无法看清纯粹意识及其内容的虚幻性、染污性和纯粹自我的空性而悟入充满光辉的智慧世界，而是倒回来为人类知识寻求一个可靠的基础。这方面，由于胡塞尔通过内观确实洞察到了许多人不曾梦及的意识深处的现象，因此他为人类知识建构的基础本体论（现象学）可以称得上是西方理性主义传统中最深邃、广博同时也最合理的哲学体系。只是与慧远（或唯识学）相比较，它仍然属于有待转化的知识论体系。

有人可能会问：慧远将相互对待的主客体与以此为基础产生的一切情感、知识和价值都视为虚妄，岂不是等于否定了人类文明的价值吗？这种看法当然是片面的。要回答这个问题，需要了解佛学的终极追求。就笔者的理解，佛学的终极追求是获得所谓身、口、意三业的大自在，这种大自在据《大般涅槃经》说共有如下八个方面的内涵：（一）多少自在，指如来"能示一身以为多身，身数大小犹如微尘充满十方无量世界"；（二）大小自在，指如来能"示一尘身满于三千大千世界";(三)轻举自在,指如来"能以满此三千大千世界之身轻举飞空,过于二十恒河沙等诸佛世界而无障碍";(四)所作自在,指如来"一心安住不动,所可示化无量形类各令有心,如来有时或造一事而令众生各各成办,如来之身常住一土而令他土一切悉见";(五)根用自在,指如来"一根亦能见色、闻声、嗅香、别味、觉触、知法","六根亦不见色、闻声、嗅香、别味、觉触、知法";(六)知法自在,指如来"以自在故,得一切法,如来之心亦无得想";(七)起说自在,指"如来演说一偈之义,经无量劫,义亦不尽","如来尔时都不生念我说彼听,亦复不生一偈之想";(八)遍满自在,指"如来遍满一切诸处,犹如虚空,虚空之性不可得见,如来亦尔,实不可见,以自在故,令一切见"[①]。其中前五义谓身业自在,第七义谓口业自在,第六义为意业自在,最后一义为总显三业自在。

佛教追求的三业自在,实际上可以归结为超越一切现象的束缚。而要实现这一目的,前提就是觉悟万法自性本空,唯有觉悟到万法自性皆空,才能觉悟无一法可得;唯有觉悟到无一法可得,才能解脱一切法的系缚而获得大自在。

由此观之,佛学否定的并不是主客体的存在这一事实,也不是否定在此基础上建立起来的种种知识与价值,而是否定人们将这一切执著为具有实体性存在的观念,从而解开它们对人类精神的捆绑。慧远亦然。当然,可以肯定,如果人类超越了这种执著的观念,在缘起性空的世界观上开展生活,那么我们的生活方式和文明形态都将大为不同,但这已经不是本人所能妄测的事情了。

[①] (北凉)昙无谶译:《大般涅槃经》卷二十三《光明遍照高贵德王菩萨品》,《大正藏》第12册,第503页上。

第五章　真识心开显的基础

众生遭到重重遮蔽的真识心还有开显的希望吗？如果有希望，希望在哪里？慧远认为，尽管众生无始以来迷失了他本具的真识心，生活于颠倒、虚假的世界中，但依然能够翻迷成悟，根本原因就是随缘的真识心具有两种清净的功用，即随缘显用和随缘作用。真识心的随缘显用，指此心随缘显现自己的作用："言显用者，真识之体本为妄覆，修行对治，后息妄染。虽体本来，净随缘得，言始净显也。是故说为性净法佛、无作因果，是名显用。"①这是就通于众生的真识心体本身而说真识心的作用，谓真识心虽然被妄识覆障，但它具有随众生修行之缘显现自己的作用。真识心的随缘作用，则指此心随众生修行之缘实际发挥的清净作用："言作用者，本在凡时，但是理体，无有真用，但本有义，后随对治，始生真用，是故说为方便报佛、有作因果。"②这是对众生而说真识心的作用，谓真识心在凡夫位时虽然仅仅是一个理体，没有清净作用可言，但随着众生修行境界的提升，真识心的作用就会渐渐显发出来，令他得到法喜，而这种法喜又反过来激发他精进修行，直到最终圆满成佛。

无疑，慧远关于真识心两种清净作用的思想，也是本于对《起信

---

① 《〈起信论〉疏》卷上之上，《大正藏》第44册，第179页中；《义章》卷三末《八识义》，《大正藏》第44册，第530页中。

② 《〈起信论〉疏》卷上之上，《大正藏》第44册，第179页中。

论》中真如心之用大义的。慧远说,《起信论》中的真如心生"出世间善因果"义就是其净用,"出世间者,净用之义"。① 慧远的理由是,《论》中说真如心为"一切诸佛本所乘故,一切菩萨皆乘此法到如来地故"②,这正是显明"此识为正因,菩萨修行得成佛道,此之用也"③。应当说,慧远此说是深得《起信论》旨趣的。但与《起信论》不同的是,慧远直接将真识心视为众生本具的正因佛性("此识为正因"),而将此心的两种净用分别等同于从中分出的法报二佛性的开显过程,其随缘显用义为法佛性的开显过程,其随缘作用义则为报佛性的开显过程。这样,他就顺利地把《起信论》和摄论学的心识观与当时的佛性论贯通了起来。④

这里有一个问题:既然一切众生本具佛性,为何现实生活中有善有恶、有凡有圣,有众生能成佛、有众生不能成佛?慧远说:"木虽有火,不能自烧,众生虽有真如之性,不能独熏自成涅槃。"⑤ 言下之意是,众生虽然本有佛性,但佛性的开显需要适当外缘,若无适当外缘,众生还是不能成佛。我们由是得转而考察慧远有关佛性的因性、佛性的有无和开显佛性的方法等问题。

第一节 法报二佛性

"佛性"是相对佛果安立的概念,义指成佛的因性⑥,它主要是从教

---

① 《〈起信论〉疏》卷上之上,《大正藏》第 44 册,第 179 页中。
② 《大正藏》第 32 册,第 575 页下至 576 页上。
③ 《〈起信论〉疏》卷上之上,《大正藏》第 44 册,第 179 页中至下。
④ 笔者以为,这样的差异也可以作为《起信论》并非地论师所作的一个旁证。
⑤ 《〈起信论〉疏》卷上之上,《大正藏》第 44 册,第 193 页中。
⑥ 关于佛性这一概念的源流的研究,参见〔日〕水谷幸正:《佛性について》,《印度学佛教学研究》第 4 卷第 2 号,1956 年;〔日〕篠田正成:《佛性とその原语》,《印度学佛教学研究》第 11 卷第 2 号,1963 年;Sallie B. King, *Buddha Nature*, State University of New York, 1991, pp. 1-5.

理上讨论众生成佛需要哪些条件，这是论定佛性的当现和佛性的开显等内容的前提。

一、法报二佛性的来源

大乘佛教典籍中，对佛性的因性讨论得最为详尽者，当推北凉昙无谶所译《大般涅槃经》，而其旨趣亦最难把握，原因是该经除了从体性上决定说"一切众生悉有佛性，如来常住、无有变易"①之外，都以不定说的原则来讨论佛性问题②。该经论成佛需要的条件时，主要提出了两对共四因佛性说，即正因佛性与缘因佛性、生因佛性与了因佛性。经中以直接产生佛果的佛性为正因佛性，以助成佛果的佛性为缘因佛性："正因者，如乳生酪；缘因者，如酵、煖等。"③而以能生从前未有的佛果者为生因佛性，以能显了本来已有的内容者为了因佛性："能生法者，是名生因；灯能了物，故名了因。"④但该经并未定说哪种佛性属于什么因的佛性，而是相对佛果的不同侧面具体地论定其因性。因此，慧远时代就围绕该经的佛性思想形成了种种佛性异说，这从前文有关佛性的体性义部分已可得知。

慧远对《涅槃经》用功甚深，他也依据该经来讨论佛性的因性问题，但他以为《涅槃经》虽说四因佛性，实际上只有正因和缘因两种佛性，因为"生即是正，了即是缘"⑤。他所谓正因佛性和缘因佛性是什么呢？就是法报二佛性。法佛性是法身佛得以开显的正因佛性，报佛

---

① （北凉）昙无谶译：《大般涅槃经》卷二十七《师子吼菩萨品》，《大正藏》第 12 册，第 522 页下。
② 牟宗三先生的《佛性与般若》上册专辟《〈涅槃经〉之定与不定原则》一节论述此义，可参看。
③ （北凉）昙无谶译：《大般涅槃经》卷二十八《师子吼菩萨品》，《大正藏》第 12 册，第 530 页中。
④ （北凉）昙无谶译：《大般涅槃经》卷二十八《师子吼菩萨品》，《大正藏》第 12 册，第 530 页上。
⑤ 《义章》卷十八《涅槃义》，《大正藏》第 44 册，第 819 页上。

性是报身佛得以成就的正因佛性。由于法佛性是开显法身佛的正因佛性，而法身佛是报身佛的法体，因此综合而言可以说法佛性是正因佛性，报佛性是缘因佛性。这一点，尚未为此前研究慧远佛性思想的诸家所见及。

慧远说，法报二佛性本于《华严》《涅槃》《如来藏》等经，但细考前述诸经，未见有这两个概念。不但如此，其他的经论和此前的佛学家也没有用过，因此，应当说这是他根据对相关经义的理解安立的新概念。如果要为这两个概念寻找教证依据，更可能是受到世亲《佛性论》启发的结果。在《佛性论》中，世亲先于卷二的《三因品》约因位将佛性开为应得、加行和圆满三因佛性，以真如为应得因、菩提心为加行因、三德（智德、断德和恩德）为圆满因，然后于卷四《无变异品》约修行阶位将三因佛性转名为应得因中的三佛性，即住自性性、引出性和至得性，其中至得性即佛的三身。他说，佛的三身都是由住自性性和引出性成就的："佛性有二种，一者住自性性，二者引出性，诸佛三身因此二性故得成就。"[①] 佛的法身由住自性佛性成就，其应身（论中不立报身，其应身即当报身）和化身皆由引出佛性成就。[②] 慧远的法报二佛性有可能就是对世亲的住自性佛性和引出佛性这两个概念的化用，因此慧远所用的佛性概念虽然独特，但也不是无典据可依的奇谈怪论。

二、法报二佛性的内涵

慧远对法报二佛性的内涵都给予了详细的解说，我们先看看他是如何论述法佛性的。慧远说：

---

① 世亲造，（陈）真谛译：《佛性论》卷四，《大正藏》第31册，第808页中。
② 如《论》云："佛说三身果：一者，因住自性佛性故说法身……二者，因引出佛性故说应身……三者，因引出佛性复出化身。"（《大正藏》第31册，第808页下）

> 法佛性者，本有法体，与彼法佛体无增减，唯有隐显净秽为异，如矿中金与出矿时体无多少，亦如冻水与消融时体无增减。①

法佛性就是众生本有的法体，此法体与法身佛的体性毫无二致，唯有隐显净秽的不同。这里的染净是就佛与此前的一切修行者相对而说的染缘和净缘，所谓隐显净秽则指此法体在从一阐提到十地菩萨的染缘中或多或少被烦恼、所知二障遮蔽而处于隐藏的状态，统称为法佛性；而在佛这一净缘中体现为全体朗现的状态，独称为法身佛。

那么，这不生不灭的体性是什么？就是真识心。这一点，我们不妨依慧远用以支持其法佛性的教证来证明：

> 如《胜鬘》说，如来藏中具过恒沙一切佛法；《如来藏经》说，众生中具足如来一切种德；马鸣《论》说，从本以来具足一切性功德法；《华严经》说，一切众生心微尘中具无师智、无碍智、广大智等，当知皆是法佛之性。②

慧远借以证明其法佛性的经文是义引，为了准确地把握其含义，笔者将相关原文分列如下：（一）《胜鬘经》："不空如来藏，过于恒沙不离不脱不异不思议佛法"③；（二）《如来藏经》："一切众生虽在诸趣烦恼身中，有如来藏，常无染污，德相备足，如我无异"④；（三）晋译《华严经》卷三十五《宝王如来性起品》："无有众生、无众生身如来智慧不具足者，但众生颠倒，不知如来智"⑤。《大乘起信论》的原文已见前

---

① 《义章》卷一《佛性义》，《大正藏》第 44 册，第 472 页下至 473 页上。
② 《义章》卷一《佛性义》，《大正藏》第 44 册，第 473 页上。
③ 《大正藏》第 12 册，第 221 页下。
④ 《大正藏》第 16 册，第 457 页下。
⑤ 《大正藏》第 9 册，第 623 页下。

文，兹不赘。这些经文旨在显明，众生虽为烦恼所缠，但其心中本来具有的自性清净的佛法性德与佛无二无别。慧远将其内涵理解为法佛性，实际上就是以真识心的体性为法佛性。慧远本人也有这样的自觉，所以他说："真心之体，本隐今显，说为法佛。"① 慧远虽然没有讲清楚这真识心到底是周遍于一切法的真识心还是局于有情的真识心，但由于这里讨论的是众生的成佛问题，笔者可以肯定他此处的真识心是局于有情、兼摄如实法与如实心二义的真识心。

既然法佛性只有隐显之别，那么它的内涵在众生成佛的过程中就没有任何增减，唯有随其开显的过程而有种种不同的名称，如于外凡位叫做法佛性，上升到内凡位称为性种性，进入解行位名为清净向，登上菩萨初地转名证道，至果德圆满时即是法身佛、性净菩提、性净涅槃。② 同时，无论众生是否能意识到法佛性的存在，它都始终如一地努力开显自己。当然，如果众生意识到它的存在，并与它自我开显的作用相应，它就能自觉地发挥作用，早日圆满显现为性净佛果。如果约真识心的两种净用说，法佛性的开显就是真识心的随缘显用。

至于报佛性，慧远说是成就具有无量功德相好的报身佛的佛性：

> 报佛性者，本无法体，唯于第八真识心中有其方便可生之义。如矿中金有可造作器具之义，非有器具已在矿中；如树子中未有树体，唯有方便可生之义。若无生性，虽以无量百千方便，佛不可生，如焦种中树不可生。③

---

① 《义章》卷十九《三佛义》，《大正藏》第44册，第838页上。
② 慧远说："佛性有二，一法佛性，二报佛性……是二佛性依至性地名二种性，法佛之性转名性种，报佛之性所生行德名为习种；是二种性至解行中名得方便及清净向，彼习性至解行中名得方便，彼性种性至解行中名清净向；彼得方便及清净向至初地上转名二道，彼得方便转名教道，彼清净向转名证道；教道至果转名报佛、方便菩提、方便涅槃；证道至果转名法佛、性净菩提、性净涅槃。"（《义章》卷九《二种种性义》，《大正藏》第44册，第652页中至下）
③ 《义章》卷一《佛性义》，《大正藏》第44册，第473页上。

慧远此处约第八识位判真识心，乃是从摄相门立说的，若从其思想的纵向结构看，应当从分相门判为第八识之体性的真识心。报佛性并不是指真识心中具有的现成佛德，而是指其中具有的"方便可生之义"，就像金矿中的金具有可制作为种种金器、树种具有成长为大树的潜能，报佛性也仅仅是众生真识心中具有的一种成为圆满报身佛的潜能。

这潜能的具体含义，我们还是得通过慧远的教证来确定。慧远为报佛性提供的教证是《涅槃经》：

> 如《涅槃》说，"众生身中未有德体，如树子中未有树体，箜篌之中未有声体"，如是等言，当知皆是报佛之性。①

所谓"众生未有德体"当指《涅槃经》卷八《如来性品》的如下一段经文："诸众生身……虽有四大毒蛇之种，其中亦有妙药大王。所谓佛性非是作法，但为烦恼客尘所覆，若刹利、婆罗门、毗舍、首陀能断除者，即见佛性，成无上道。"②树子喻见于该经卷二十六《师子吼菩萨品》，文云："若树子中有尼拘陀五丈质者，何故一时不见芽、茎、枝、叶、花、果形色之异？"③箜篌喻见于该经卷二十六《光明遍照高贵德王菩萨品》，譬喻极为生动，文繁不录，喻体谓箜篌本身并没有声音，须待乐师善巧弹奏才能出声，比喻"众生佛性亦复如是，无有住处，以善方便故得可见"④。凡此经文皆在强调，一切众生虽然本具佛性，但须依教修种种菩萨行才能显现。

---

① 《义章》卷一《佛性义》，《大正藏》第 44 册，第 473 页上。
② 《大正藏》第 12 册，第 411 页中至下。
③ 《大正藏》第 12 册，第 531 页上。尼拘陀为梵语 Nyagrodha 的音译，又译作尼瞿陀、尼俱陀、尼拘律等，为产于印度的一种树，慧琳《一切经音义》卷十五曰："尼拘陀，梵语，西国中名也。此树端直无节，圆满可爱，去地三丈余方有枝叶，其子微细，如柳花子。唐国无此树，言是柳树者，非也。"（《大正藏》第 54 册，第 402 页上）
④ 《大正藏》第 12 册，第 519 页中。

依上述经文，慧远的报佛性应当包括两个方面的内涵：除了真识心中具有的成就为报身佛的潜能外，还包括助这种潜能得到圆满实现的种种方便，即亲近善友、听闻佛法、正确理解佛法、信仰佛法、发菩提心、修行六度波罗蜜等内容，即包括了佛教的信、解和行的内容，相当于天台宗的缘因和了因两种佛性。换句话说，报佛性的内涵要从众生的整个修行过程中才能得到完整理解。

既然如此，在众生成佛的过程中，报佛性不仅名称随众生修行层次的提高而有所不同，其内涵也各有差异。也就是说，外凡位中的习种性、解行位中的得方便、菩萨位中的教道、佛果位中的报身佛、方便菩提和方便涅槃等名称，既是报佛性在不同阶位的名称[1]，又体现了报佛性在不同阶位的独特内涵。若约真识心的两种净用言，报佛性的开显即其中的随缘作用。

然而，佛不是有法报化三身吗？慧远为何不相对应身佛成立应佛性呢？慧远的确在开佛性为三义时安立有应佛性的概念[2]，但他以为，由于应身佛是法报二身的自然起用[3]，因此可将应佛性并入法报二佛性中，不必单独论说。他的观点与《佛性论》的说法是完全一致的。

从慧远法报二佛性的内涵，我们当知道，他的法报二佛性虽依《佛性论》的住自性和引出二佛性而来，但两者之间还是具有相当大的差异。最大的差异是，世亲的住自性佛性是我法二空的真如，不可论是否具有恒沙佛法，而慧远的法佛性则是如实空如实不空的真识心；由此，世亲论引出佛性开显过程时强调的是正法熏习，而慧远论报佛性开显过程时所侧重的则是真识心具有的生出佛德的潜能[4]。当然，笔

---

[1] 参见《义章》卷九《二种种性义》，《大正藏》第 44 册，第 652 页中至下。
[2] 详参《义章》卷一《佛性义》，《大正藏》第 44 册，第 473 页中。
[3] 他说，应身佛乃"修得真体，自然起用，何须别因？"（《义章》卷十九《三佛义》，《大正藏》第 44 册，第 844 页上）
[4] 或许正是因为这个原因，慧远虽然借用了《佛性论》的二因佛性说，但并不是很看重《佛性论》本身，在其著作中很少引及。

者不同意因此说世亲乃至唯识学的净种新熏说使得众生成佛不具有必然性的普遍看法，笔者以为这样的立论忽略了佛学理论的当机性特点，而流于一种脱离佛教实际的理论演绎推断。实际上，如果不考虑佛教的当机性维度而纯粹进行理论演绎，如来藏学也未必能证明成佛是必然的，因为众生的真心虽有成佛的潜能，但这种潜能能否成为现实，以及在什么层面成为现实，都有赖于接触佛法的机缘、对佛法的理解和修习等条件，而后者也是随缘体现为或有或无、或偏或圆等种种差别状况的。相反，如果我们考虑到佛学的当机性，就会知道世亲乃至整个唯识学是对那些不怀疑自己本有佛性、本可成佛的众生而说的教法，故它侧重讲如何转染还净的问题；而如来藏学是对那些怀疑自己本有真心、本可成佛的众生所说的教法，故须先从其心中点出自性清净的真心，令他们发起转染还净的信心。

三、法报二佛性的关系

法报二佛性之间是什么关系呢？慧远认为两者呈现为体用、理行和正缘三种关系。如果从真识心本身来说，基于慧远以真识心体为法佛性、此心体所具出生无量功德的潜能为报佛性，他实际上是以体用理解法佛性和报佛性之间的关系的。法佛性为发用之体，依法佛性有报佛性；报佛性（包括应佛性）为显体之用，依报佛性的圆满而朗显法佛性。但需要注意的是，此中的体用是在缘中所论的体用，故与他从废缘与随缘相对开佛性为体用二义不同。①

如果从佛性的理体与修行者的修行历程相对观察，则可认为两者是理佛性与行佛性的关系："理性一味，上下义齐；行性差殊，前后不等。"② 所谓"理性一味，上下齐等"即指法佛性在凡（下）在圣（上）

---

① 他说："体用分二，废缘论性，性常一味，是其体也；随缘辨性，性有净秽，是其用也。"（《义章》卷一《佛性义》，《大正藏》第44册，第472页下）
② 《〈涅槃〉义记》卷九，《大正藏》第37册，第869页上。

无二无别，故称为如如一味的理佛性；"行性差殊，前后不等"即指报佛性于因（前）于果（后）内涵不同，前浅后深、前偏后圆，故称为差殊不等的行佛性。①

如果从佛性与佛果相对论，则可以法佛性为正因佛性，以报佛性为缘因佛性，所以他说："若就菩提总为一果，佛性本体起果义强，故说正因；诸度等行（'诸度'即'六度'，是慧远的报佛性的核心内容）方便助发，说为缘因。"②

慧远从体用角度理解法报二佛性的关系，强调的是一切佛德都是真识心的清净性德的显用；他从理行或正缘角度理解二佛性的关系，则旨在揭示众生成佛实际上是一个艰苦修行、二因齐备的过程，二者缺一不可。

四、法报二佛性的开展

慧远依法报二佛性将《涅槃经》中的四因佛性统摄起来，并与法报两种佛果相匹配，进一步开展了二佛性在不同情形中所隶属的不同因性义。

关于正因与缘因，他说：

> 经说正因，其法佛性还望法佛以为正因，如矿中金与出矿金为正因矣；其报佛性还望报佛以为正因，如彼树子不腐不坏，有可生义，与树作因。③

这是单就两者各自的正果而说两者为正因。

如果约法佛论二佛性，则法佛性为正因、报佛性为缘因："若望性

---

① 《义章》卷一《佛性义》，《大正藏》第 44 册，第 473 页中至下。
② 《义章》卷一《佛性义》，《大正藏》第 44 册，第 476 页下。
③ 《义章》卷一《佛性义》，《大正藏》第 44 册，第 476 页下。

净菩提、涅槃，是则佛性同体相起以为正因，诸度等行名为缘因。"① 这里的性净菩提、性净涅槃为从法佛分立的两种佛果（详见下文），佛性即法佛性，六度波罗蜜则属于报佛性。此谓性净涅槃是法佛性自身的显现，故法佛性是其正因佛性；六度波罗蜜则是助法佛性显现的缘因，故称为报佛性。如果约报身佛论二佛性，则法佛性为缘因，报佛性为正因："若望方便菩提、涅槃，诸度等行同类生果，名为正因；佛性理资，说之为缘。"② 因为方便菩提、方便涅槃是报佛性圆满所成就之果（详见下文），所以报佛性为正因；而法佛性作为理体对方便菩提和方便涅槃仅仅具有资成之功，所以是缘因。

生了二因的情况更为复杂，慧远说，若将佛果视为一个整体，则法佛性为生因、报佛性为了因。法佛性在什么意义上是生因呢？慧远说是"同一体性转变相起，义说为生，不同有为因果互与、异体相辨、因谢果起说为生也"③。这是以与佛果同体的法佛性随缘显用的过程为生，不是说法佛性从无生有为生。报佛性在法佛性显现自己的过程中具有显了作用，所以说"诸度等行方便显了，说为了因"④。此中慧远的"同一体性转变相起，义说为生"一说，令我们再一次明白，慧远虽然常常用"生"之类概念，实不可与外道"冥初生物"说中的"生"混为一谈。

若分而论之，对性净菩提、性净涅槃而言，六度等行为了因，法佛性既非生因亦非了因，而仅仅是正因。慧远说：

> 诸度等行是其了因，故彼《金刚般若论》言："檀等波罗蜜，于

---

① 《义章》卷一《佛性义》，《大正藏》第 44 册，第 476 页下。
② 《义章》卷一《佛性义》，《大正藏》第 44 册，第 476 页下。
③ 《义章》卷一《佛性义》，《大正藏》第 44 册，第 477 页上。
④ 《义章》卷一《佛性义》，《大正藏》第 44 册，第 477 页上。

实为了因。"① 斯文显矣。佛性望彼性净之果，但是正因，非生非了。②

此中前者易明，后者深晦，故慧远特别加以阐释说，指出对于性净菩提、性净涅槃来说，法佛性是同一体性意义上的正因佛性，而不是异体相生意义上的生因，也不是方便显了意义上的了因。不过，"佛性随缘转变，籍前起后，满足涅槃，亦得名生"，"佛性在诸地中从缘显了，满足涅槃，亦得名了"。③ 也就是说，从证得涅槃的过程中法佛性需要以前前显现的佛性为后后显现的佛性奠基说，也可以称法佛性是涅槃的生因；从法佛性在各个行位中都需要借助相应的善行（缘）来显现，也可以称法佛性为涅槃的了因。慧远此处的说法很啰唆，但其用意还是很清楚的，即一方面要在法佛性与外道的第一因之间划清界限，另一方面也不能将法佛性和报佛性混为一谈。

对方便涅槃、方便菩提而言：

> 教道之行，亦生亦了。言生因者，籍修诸度起彼报果，故名为生……言了因者，前诸地中所成方便教道行德与体相应，德体虽成，望后犹为暗障所覆，不得显了成大菩提中有所④修方便诸行。遣除暗障，了前诸德，成大菩提，故名了因。⑤

此处的教道是地上菩萨所行六度之道。慧远这里是从六度等行能生起圆满报身佛的佛果而称之为生因，各种行德最终能够显了此佛果而称之为了因。

---

① 此处引文是义引，原文见世亲《金刚般若经论》卷上（参见《大正藏》第25册，第785页上）。
② 《义章》卷一《佛性义》，《大正藏》第44册，第477页上至中。
③ 《义章》卷一《佛性义》，《大正藏》第44册，第477页中。
④ 有所，疑为"所有"误倒。
⑤ 《义章》卷一《佛性义》，《大正藏》第44册，第477页中。

从上文的论述可知，慧远将《涅槃经》的四因佛性论纳入其法报二佛性说中，无疑大大充实了他的佛性思想；而他以此为基础建立起的辩证的佛性当现观，更对当时持续纷纭争执的本始之争实现了一次超越。但同时，他相对方便、性净两种佛果广论其佛性的开合时，却处处拘执于《涅槃经》中的说法，既烦琐又难解，充满了经院哲学的味道，远不如后来智𫖮据《涅槃经》总结出来的正、缘、了三因佛性深得经旨。因此，智𫖮的佛性思想一出，很快就取代了包括慧远在内的种种佛性旧说而成为佛性论的正义。

第二节　佛性的当现问题

佛性的当现问题相当于佛性的本始问题，它涉及众生有无佛性与现有佛性还是当有佛性等问题，对于佛教信仰者来说是极为重要的问题。原因在于，如果众生不具有任何佛性，修行成佛就是一种空谈；如果众生已然具足佛德，那又何必需要修行？

一、佛性当现问题的兴起

大本《涅槃经》未传入中土前，中国的佛学家们多依东晋法显所译六卷《大般泥洹经》和佛陀跋陀罗所译《大方等如来藏经》《华严经》与刘宋求那跋陀罗所译《央掘魔罗经》等经典来理解众生的佛性问题。后三经对此一问题的回答比较单纯，都主张一切众生皆有佛性，但《大般泥洹经》却较为复杂，该经为大本前十卷的异译本[①]，固亦以"一切众生悉有佛性"为宗。但是，由于经本所传不全，经中多处断言

[①] 据印顺法师说，"《大般泥洹经》……传说与宋智猛在凉州译出的二十卷本《泥洹经》，是同本异译。《六卷泥洹记》与《二十卷泥洹记》，一致说经本是从中天竺华氏城 Pataliputra 婆罗门处得来的。昙无谶所译的《大般涅槃经》前十卷，从《寿命品》第一，到《一切大众所问品》第五，也是这部经的异译"（释印顺：《如来藏之研究》，第5页）。

一阐提不能成佛，而未定说此类众生能够成佛，当时的佛学家们难以通达经中说一阐提无佛性的具体内涵，多笼统地以为一阐提本无佛性、不能成佛，一分无性的佛性论遂成为佛性论的主流。①

而当时的竺道生（355—434）以般若慧眼深观六卷经，认为"禀质二仪，皆是涅槃正因，阐提含生之类，何得独无佛性？盖是此经度未尽耳"②。因此，他"剖析经理，洞入幽微，乃说阿阐提人皆得成佛"③，即以为该经的宗趣是"一切众生悉有佛性"。稍后，大本《涅槃经》传译出来，果然宣说一切众生悉有佛性、一阐提人皆得成佛，与生公先见若符合契，于是一分无性说渐渐销声匿迹，而一切众生皆有佛性说则成为南北朝佛性论的主调。④

《涅槃经》虽然解决了一切众生是否有佛性的问题，但并未明确宣说众生在什么意义上具有佛性，如论及一阐提与善根人的佛性时，经中说：

> 或有佛性，一阐提有，善根人无；或有佛性，善根人有，一阐提无；或有佛性，二人俱有；或有佛性，二人俱无。⑤

甚至说"若有说言一切众生定有佛性定无佛性，是人亦名谤佛法僧"⑥。这就存在一个如何理解众生在什么意义上有无佛性的问题。这个问题在道生那里不会出现，从时间上说，道生所处时代尚未掀起有关佛性

---

① 详细研究参见赖永海：《中国佛性论》，第60—66页。
② 此为赵宋延寿《宗镜录》卷八十引竺道生语（《大正藏》第48册，第860页上）。
③ （梁）释慧皎：《高僧传》卷七《竺道生传》，《大正藏》第50册，第366页下。
④ 详细研究参见赖永海：《中国佛性论》，第66—69页。
⑤ （北凉）昙无谶译：《大般涅槃经》卷三十六《迦叶菩萨品》，《大正藏》第12册，第574页下。
⑥ （北凉）昙无谶译：《大般涅槃经》卷三十六《迦叶菩萨品》，《大正藏》第12册，第580页中。

问题的论争①；从教门上说，道生虽然深谙《涅槃》奥义，但他作为鸠摩罗什高足，是一个中观学者而非如来藏缘起论者，所以不必涉及这一问题。但对如来藏缘起论者来说，弄清这个问题却是非常重要的，否则众生将如何起信和修行？

事实上，佛性的当现之争确实是由以如来藏缘起为宗本义的地论师首开其端的。据道宣说：

> 初，勒那三藏教示三人，房、定二士授其心，慧光一人偏教法律；菩提三藏唯教于宠。宠在道北教牢、宜四人，光在道南教凭、范十人，故使洛下有南北二途，当现两说自斯始也。②

依道宣的记载，地论师要么执佛性现有说，要么执佛性当有说，由此开始了争论。这一争论持续了数百年，至玄奘之际仍然不绝如缕，以致促使玄奘因此发愿西行求取正解。③

二、慧远对种种定执的评破

南北朝之际的佛性本始之争虽由地论师开其端，但参与争论者并不限于地论师的范围。关于这个问题，赖永海先生已据吉藏的《大乘玄论》和《〈涅槃〉游意》、灌顶的《〈大般涅槃经〉玄义》、元晓的《〈涅槃〉宗要》、慧均的《大乘四论玄义》等著作的相关记载进行了

---

① 赖永海先生就说："道生时处晋宋之际，似尚无本始之争。"（参见赖永海：《中国佛性论》，第103页）
② （唐）释道宣：《续高僧传》卷七《道宠传》，《大正藏》第50册，第482页下。
③ 慧立《大唐三藏法师传》云："去圣时遥，义类差舛，遂使双林一味之旨分成当现二常，大乘不二之宗析为南北两道。纷纭诤论，凡数百年，率土怀疑，莫有匠决。玄奘宿因有庆，早预缁门；负笈从师，年将二纪；名贤胜友，备悉咨询；大小乘宗，略得披览。未尝不执卷踌躇，捧经侘傺，望给园而翘足，想鹫岭而载怀。愿一拜临，启申宿惑。"（《大正藏》第50册，第225页下）

比较深入的研究①，其结论是："以因释佛性，众生悉具正因佛性，因此说佛性本有；约果说佛性，众生本在凡位，未至果位，约至果说，立佛性始有也顺理成章。"②这应当反映了本始之争的大部分实情，但无可否认的是，当时确有定执佛性为本有或为始有的一流，这可以从慧远对当时有关三佛本始说的批判中得到证明。

慧远没有直接就佛性论介入当时的本始之争，而是约佛性的果性义（即法、报、化三佛）对本始说展开评破，但佛果通于佛性，故我们可以据以考察他对佛性本始之争的立场以及他自己的佛性本始观。

据慧远说，当时偏执三佛本始者有三种类型：其一是执著法、报、应三佛之体皆为本有；其二是执著法佛本有，报、应二佛始有；其三是执著三佛皆为始有。第一家认为："三佛皆悉就实而辨，据实佛论③，本来无因，因本不有，如何待对，而令三佛偏在果时？设言在果，乃是世俗凡情所见，非正道理。又如经说，如来藏中具一切法，明知三佛悉是本有。"④第二家主张："报、应两佛生因所生，偏在果时；法佛之体非生因生，一向本有。"⑤报佛和应佛既为生因所生之佛，故唯于果位始有；法佛湛然一味、非因非果，故一向本有。第三家坚持，在凡夫位只能称为佛性，在果位才能称为佛："三佛是果，偏在果时，因中设有，但可名性，不得名佛。"⑥

慧远对上述三家的观点都进行了严词评破。就第一家，慧远集中破斥其报、应二佛本有说，他从理证和教证两个方面申明反驳此说的理由。约理而言，慧远以为，若依此家说，报、应二佛根本就不存在：

---

① 赖永海：《中国佛性论》，第99—106页。
② 赖永海：《中国佛性论》，第105页。
③ 佛论，二字疑倒。
④ 《义章》卷十九《三佛义》，《大正藏》第44册，第842页中。
⑤ 《义章》卷十九《三佛义》，《大正藏》第44册，第842页中。
⑥ 《义章》卷十九《三佛义》，《大正藏》第44册，第842页中至下。

> 若言就实，本来无因，欲令三佛悉本有者，本来无因，酬何名报？今若就实，本来无因，亦无众生，随何名应？①

慧远的意思是，所谓报身佛是酬报因地的圆满修行而获得的果报体，应身佛则是应众生的机感化度众生的应化佛，如果就无因无果的真如论三佛，既无能酬之因，自无所酬之果，报佛于是不立；众生为因缘所生，如果无因，则连众生都不会有，就更不可能存在随缘度化众生的应佛。在教证上，慧远则依《〈金刚般若经〉论》和《涅槃经》进行批判。世亲的《〈金刚般若经〉论》说受持、演说《金刚般若经》的功德对法身佛来说为了因，对于报身和化身二佛来说则为生因②，慧远即据此反驳三佛本有说道："若使三佛皆悉本有，是则三佛皆了因显，非生因生。"③这是明显违背经文之论，显然是说不通的。慧远认为，《涅槃经》的乳酪等譬喻就是为了破斥报、应二佛本有论的，"若便报应二佛本有，彼何所破？"④

主张三佛本有说者，暗藏着众生事实上已然一切具足、与佛无别的蕴涵，实在是一种外道常见，若任其张扬，则不但佛教正法难彰，而且在实践中会导致废教舍行的严重后果，所以慧远严厉呵斥道："报应本有，佛法大过，宜速舍离，无宜强立。"⑤

就第二家，慧远主要破斥其法佛一向本有说：

> 法佛一种一向本有，是亦不然。如《胜鬘》说："过恒沙法，隐

---

① 《义章》卷十九《三佛义》，《大正藏》第44册，第842页下。
② 参见世亲造，（北魏）菩提流支译：《〈金刚般若波罗蜜经〉论》卷上，《大正藏》第25册，第785页上。
③ 《义章》卷十九《三佛义》，《大正藏》第44册，第842页下。
④ 《义章》卷十九《三佛义》，《大正藏》第44册，第842页下。
⑤ 《义章》卷十九《三佛义》，《大正藏》第44册，第842页下。

时名藏，显为法身。"① 是则法身彰名在显，那得本有？又法佛因即是佛性，《涅槃经》言："众生佛性不名为佛。"② 云何而言法佛本有？③

慧远认为，众生本具法佛性不等于本具法佛，法佛性为因、法佛为果，两者虽无体性的不同，却有隐显的差别。如《涅槃经》所说"众生佛性不名为佛"就是指法佛性而言的，谓众生虽然具有佛性，要借种种方便才能显现。

与三佛本有说一样，法佛本有说也存在同样的危险，所以要加以批判。其实，此说对报、应二佛当有的看法还堕入了断见之中，只是慧远批判第三家时将涉及此义，故于此处略过不表。

对第三家，慧远则三义皆破。他引《维摩》《涅槃》《如来藏经》等相关经证，先破其因中定无法佛说：

> 若言法佛一向本无，如《维摩》说，"一切众生即菩提相，即涅槃相"④；《涅槃》亦云，"大般涅槃本自有之，非适今也"。菩提、涅槃，法佛别称，菩提、涅槃既得本有，法佛云何一向本无？又如《经》说"众生身中具如来智、如来眼"等，何所乏少，不名法佛？⑤

意思是，众生虽然本无法佛，但是本有法佛性，如果众生连法佛性都

---

① 这是对《胜鬘经》相关经文的义引，原文为："世尊！过於恒沙不离不脱不异不思议佛法成就，说如来法身。世尊！如是如来法身不离烦恼藏，名如来藏。"（《大正藏》第12册，第221页下）
② 原文见《大般涅槃经》卷二十八《师子吼菩萨品》（参见《大正藏》第12册，第533页上）
③ 《义章》卷十九《三佛义》，《大正藏》第44册，第842页下至843页上。
④ 《维摩诘所说经》原文为："诸佛知一切众生毕竟寂灭，即涅槃相，不复更灭。"（《大正藏》第14册，第542页中）
⑤ 《义章》卷十九《三佛义》，《大正藏》第44册，第843页上。

没有，那么成佛岂非是无中生有？所以此义不能立。接着，他又引《涅槃》经文证明所谓因中定无报、应二佛的说法也是错误的，旨在说明偏执因中定无报、应二佛者堕入了远离中道的断见，同样应当遮破。

如果从佛性本始角度来看，可以说慧远对上述三家本始说的遮遣体现了一种基于中道见的辩证当现观，是契合于佛法正见的。这一点，下文马上就会加以论述。

三、辩证的佛性当现观

后人论及南北朝之际的佛性本始问题时，往往笼统地说地论师南道派主张佛性本有说。智𫖮在《〈维摩经〉玄疏》中讨论无相三昧时，就指责地论师偏持本有法性说。① 吉藏也以为地论师皆定执清净阿梨耶识为本有，并破遣道："本有阿梨耶者，何用藉十地缘修耶？"② 当代中国首先对佛性论作出深入研究的赖永海先生也告诉我们："南道以法性、真如等为依持，故与佛性本有说相近。"③ 其实，地论师的有关思想并非如此整齐划一，如前文已明，慧远在法脉上虽然属于地论南道派的人物，而且身处佛性本始之争的中心，但他就不偏执其中任何一说，而是采取一种辩证的当现观。

我们先看慧远对佛性当现问题的总体思想：

> 言当现者，若就凡说，因性在现，果性在当；若就佛论，果性在现，因性过去；语其理性，旨通当现；体非当现。④

---

① 智𫖮云："次观无相三昧者，即观无生实相非有相，不如闇室瓶盆之有相也；非无相，非如乳内无酪性也；非亦有亦无相，不如智者见空及不空；非有非无相，取著即是愚痴论。若不取四边之定相，即是无相三昧，入实相也。若尔，岂全同地论师用本有佛性，如闇室瓶盆？"[（隋）释智𫖮：《〈维摩〉玄疏》卷二，《大正藏》第38册，第528页中]

② （隋）释吉藏：《〈中观论〉疏》卷三末，《大正藏》第42册，第47页中。

③ 赖永海：《中国佛性论》，第101页。

④ 《大正藏》第44册，第476页下。

慧远在文中从四个角度论述了佛性的当现问题：（一）从因位论佛性，众生现在具有法、报二因佛性，当来将有法、报二果佛性；（二）从果位论佛性，如来现有法、报二果佛性，过去曾有法、报二因佛性；（三）从理性论佛性，佛性贯通于现在与当来，也就是说现在和当来都是同样的佛性；（四）从体性论佛性，佛性的体性真识心如如不二、不生不灭，非当非现。这种佛性当现观以实统缘、缘实兼顾，不落断常，正可称为基于中道佛性观基础上的辩证当现观。①

不过，我们应当注意，慧远新立"当现"一词来讨论相当于佛性的本始问题，并非一种随意的行为。"当现"与"本始"讨论的虽然同样是佛性的本始问题，但含义多少有区别。这两个概念中的"当"与"始"都是指未来具有的意思，可视为同义，但"本"与"现"的含义却具有差异。本有之义，据法智（生卒年不详）云："禀识之类，源本未造因时，已自有之，故言本有。是则不待业缘为其始，故非始造矣。"②此本有义强调的是众生"本来"具有佛性，它所凸显的是众生所具法佛性的本然性和不变性；"现有"之义则重于指众生当在现行阶位所具有的佛性，它所侧重强调的是修行过程中的众生具报佛性的浅深性和差异性。此义慧远在疏解《涅槃经》中的"本有今无"偈时有明确的说明："凡夫之人现有生死染污之法，名为本有；现无出世涅槃净法，说为今无"，"二乘现有无常、苦等，名为本有；现无诸佛常、乐、净等，说为今无"。③当然，报佛性的圆满过程应当同时就是法佛性的开显过程。而在这一过程中，如来果位以下的众生当位具有的佛性则为现有佛性，将有的佛性则为当有佛性，至如来则归于如如不二的真识心。

---

① 《〈涅槃〉义记》卷六，《大正藏》第37册，第763页上。
② （梁）宝亮等：《〈大般涅槃经〉集解》卷一〈叙本有〉，《大正藏》第37册，第381页上。
③ 《〈涅槃〉义记》卷六，《大正藏》第37册，第763页上。

他这样的处理方法，诚如恒清法师所说，"避开了'本''始'之辩（即避免了用本始讨论问题本身隐含着的二元对待的局限性），其立论颇具创意"①。

四、动态的佛性有无论

这里的"有无"不是指众生是否有佛性，而是指在动态成佛过程中不同阶位的众生已具有什么佛性、尚未具有什么佛性，是慧远佛性当现观的动态开展。

不言而喻，慧远的这一思想主要是依据《涅槃经》而来的。但是，该经在论众生佛性的当现时，针对不同情况提出过几种说法，有时将凡夫至佛的佛性比喻为杂血乳、出血乳、酪、生苏、熟苏、醍醐六种②；有时将成佛比喻为渡涅槃河，依泅渡此河的远近将众生分成常没、暂出还没、出已即住、住已观方、观方已行、行已后住、水陆俱行七种，认为七种众生具有的佛性具有浅深偏圆的不同③；有时又将凡夫到如来的佛性广开为三十三义④。慧远于《义章》卷一佛《佛性义》中将这些说法平列出来，并且更从渡河喻中开出五门，令人莫知其所宗。⑤其实，依据他的凡圣思想，以及他的真识心缘起宗义，我们完全可以将前述种种说法纳入其外凡、内凡和圣人的修行三阶说中，于此三阶

---

① 释恒清：《〈大乘义章〉的佛性说》，《佛学研究中心学报》第 2 期，台北：台湾大学佛学研究中心编辑委员会，1997 年。

② 如经中说："众生佛性如杂血乳，血者即是无明、行等一切烦恼，乳者即是善五阴也，是故我说从诸烦恼及善五阴得阿耨多罗三藐三菩提……须陀洹人、斯陀含人断少烦恼，佛性如乳；阿那含人佛性如酪；阿罗汉人犹如生酥；从辟支佛至十住菩萨犹如熟酥；如来佛性犹如醍醐。"[（北凉）昙无谶译：《大般涅槃经》卷三十五《迦叶菩萨品》，《大正藏》第 12 册，第 571 页下]

③ （北凉）昙无谶译：《大般涅槃经》卷三十六《迦叶菩萨品》，《大正藏》第 12 册，第 574 页下至 579 页中。

④ （北凉）昙无谶译：《大般涅槃经》卷三十五《迦叶菩萨品》，《大正藏》第 12 册，第 571 上至中。

⑤ 参见《义章》卷一《佛性义》，《大正藏》第 44 册，第 474 页中至下。

中再加以细分,将一阐提从外凡中独立为恶趣众生,称善趣众生为外凡;复将初地以上的菩萨开为初至五地、六七八地、九地、十地(后身)、如来五位,加上内凡共成八位。下面,笔者就依这八位说来分述慧远的佛性有无观。

依据《涅槃经》的规定,一阐提指不信佛法、造五逆罪或断尽善根的众生[①],即在佛学看来不仅不知佛性何在,甚至反其道而行之的众生,被称为极恶者。这类众生的佛性如何呢?慧远说他们现有理性和不善五阴,当有善五阴和佛果五阴:"一阐提人有不善阴及理佛性,名为不无;无善五阴及佛果性,名为不有。"[②]文中说一阐提具有两种佛性:一是理性;二是不善阴。以理性为阐提具有的佛性不成问题,因为对慧远来说所谓理性就是法佛性,但以不善阴为阐提具有的佛性却须分疏。"不善阴"是相对"善五阴"的一个概念,在佛学中指三恶道众生具有的身、口、意皆恶的五阴。一阐提作为极恶者,自然是三恶道的主体,因此他具有的五阴就是不善阴。为何说不善阴也是佛性呢?慧远的解释是:

> 不善阴者,凡夫五阴,真妄所集,唯真不生,单妄不成,真妄和合,方有阴生。摄阴从妄,唯妄心作,如梦中身,昏梦心作,如波风作;摄阴从真,皆真心作,如梦中身,皆报心作,如波水作。从真义边,说为佛性,与《胜鬘经》'生死二法是如来藏'[③]其义相似。[④]

[①] 参见(北凉)昙无谶译:《大般涅槃经》卷十《如来性品》,《大正藏》第12册,第425页中。

[②] 《〈涅槃〉义记》卷九,《大正藏》第37册,第866页中。

[③] 此处所引原文为:"死生者,此二法是如来藏。"(《大正藏》第12册,第222页中)

[④] 《义章》卷一《佛性义》,《大正藏》第44册,第473页中。

显然，这依然是从一阐提五阴的体性论其佛性的。一阐提虽然被无明障蔽得很深，但从体性说其五阴究竟而言仍然是真识心中的清净法，即此可说其不善五阴也是佛性。善五阴是善趣以上的众生具有的佛性，佛果五阴是如来具有的佛性，一阐提现在自然不具有这样的佛性。虽然如此，一阐提一定当有善五阴和佛果五阴。慧远在疏释《涅槃经》中的"断善根人以现在世烦恼因缘终能断善根，未来佛性力因缘故还生善根"①一语时，就这么说："望果阴明一阐提未来断惑，得了了见，故说为有"，"以生当善，说性为有"。②意即一阐提哪怕现在遍造恶业、断尽善根，由于其真识心的内在熏习力，所以当来能够遇缘断惑生善、见性成佛。

外凡，依慧远看是这么一类众生："言外凡者，善趣之人，向外求理，未能息相，内缘真性，故名为外；六道分段，凡身未舍，故名为凡。"③这类众生相当于《华严经》中的十信位修行者。外凡位众生已信佛法离苦得乐之道，且开始行善，较一阐提有智慧，但同样不知真识心就是自己的本来面目，向外寻求真理，且未舍分段肉身，所以叫作外凡夫。究竟哪些众生属于外凡呢？经典里说法不一，慧远将大乘中善趣以前的众生判属外凡④，也就是指初发心到种性位前等阶位的众生⑤。慧远认为，此位众生现有的佛性即《宝性论》所说十种佛性中的因性和业性，所以他论及业性时说："因性在于善趣；今此业者，种性

---

① （北凉）昙无谶译：《大般涅槃经》卷三十五《迦叶菩萨品》，《大正藏》第 12 册，第 571 页下。
② 《〈涅槃〉义记》卷九，《大正藏》第 37 册，第 870 页中。
③ 《义章》卷十七末《凡圣义》，《大正藏》第 44 册，第 810 页中。
④ 慧远说："外凡位，小乘法中念处已前"（《义章》卷二《三无为义》，《大正藏》第 44 册，第 499 页下），"大乘法中，善趣已前悉名外凡"（《义章》卷二《三无为义》，《大正藏》第 44 册，第 500 页上）。
⑤ 慧远说："于大乘中，初发心后，未至种性，悉名善趣。"（《义章》卷十七末《凡圣义》，《大正藏》第 44 册，第 809 页中）

以前大乘善趣忻厌心也。"① 此位众生虽有因性和业性，但由于努力方向不对，故尚不具有内凡至如来位众生的佛性，此类佛性对外凡众生来说属于当有佛性。

关于内凡，慧远谓："言内凡者，种性以上，渐息缘故，内求真性，故名为内；六道分段，虽分断离，未有尽处，凡夫身未尽，故亦名凡。"② 这是指从二种种性至初地前等阶位的众生，相当于《华严经》中的十住、十行和十回向三贤位的修行者。此位众生已知道自己本具真识心而向内求真，已成为佛道内众生，所以比外凡众生有智慧；另一方面，此位众生又未全离凡夫的分段肉身，故称为内凡夫。此位众生现有信、闻慧和思慧三种佛性。③ 这里的信非外凡作为因的信，而是圆满了的信，即慧远所谓清净信。对此位众生来说，地上菩萨的佛性则为当有佛性。

初地以上的菩萨，开始随分息妄、随分证真，所以皆称为圣人。虽然都是圣人，但有圆满或不圆满的差异，故各位菩萨具有的佛性的内涵也有差别。

初地至五地菩萨的佛性有五义，即真、实、净、可见、善不善。初地以上菩萨的佛性为什么具有真、实与净三义？慧远在《佛性义》中没有说明，但他在《〈涅槃〉义记》卷九中说道："真之与实是实谛义，实谛理通，真实随之，义无所局"；"净是法义，法宝义宽，上下同依，净随法说，故通不局"。④ 据此，慧远当是说初地以上菩萨已开始证见真实不虚的真识心（实谛），所以才应许此位菩萨的佛性具有真与实二义；此位以上的菩萨所修的法为无漏法，所以才应许此地菩萨

---

① 《义章》卷一《佛性义》，《大正藏》第44册，第475页中。
② 《义章》卷十七末《凡圣义》，《大正藏》第44册，第810页中至下。
③ 慧远说："菩萨种性、解行位中，于八解处净信成就，故名为信……言闻慧者，解行之初，欲求出道，于出世法具足听闻；言思慧者，解行之终，于所闻法具足思量。"（《义章》卷十三《八法摄摩诃衍义》，《大正藏》第44册，第735页上至中）
④ 《大正藏》第37册，第869页中。

的佛性具有净义。不过慧远认为，因为此等阶位的菩萨"未得般若空，但能除粗惑，微障未遣"①，即未得我法皆空的般若智慧，不能破无明细惑，其佛性尚为无明细惑所缠，故有善不善义。

六、七、八三地菩萨的佛性有五义，谓真、实、净、善、可见。与前此诸位相较，六、七、八三地菩萨的佛性所以多一善义，慧远说原因在于"六地已上波若深明，细慢已尽，故唯名善"②。同时，此诸位菩萨已得我法皆空的般若智慧，断除了无明细惑，故其佛性如出水莲花，合体清净无染，皆有善义。

九地菩萨的佛性有六义，谓常、净、真、实、善、可见。与前一地相比，此地菩萨的佛性多一常义。为什么九地菩萨的佛性具有常义而此前则无此义？《涅槃经》中未予宣明，慧远的解释是："九地菩萨虽未眼见，闻见明了，知如来藏是己自体，摄法成身，常随法身，彼亦有之，八地已还未得同彼，故不说常。"③这是以是否闻见自己本具真识心为判断标准说佛性的有无：九地菩萨闻见了了，故其佛性具有常义；八地以前的菩萨未能如此，故其佛性不具常义。

十地菩萨的佛性有六义，即常、净、真、实、善、少见。慧远说，与九地菩萨相比，十地菩萨的佛性有两点差异：一是常的含义不同；二是见的性质有异。此地菩萨的佛性之常，是亲眼得见真识心之常，而非前一地闻见了了意义上之常；此地菩萨的见是眼见，而非闻见。与如来佛性相比，此地菩萨的佛性则有三点不同：一是没有我义；二是不具乐义；三是少见。为何十地菩萨的佛性没有我、乐二义？慧远说：

> 我是佛义，不得同佛究竟自在，故不说我；乐涅槃义，分相

---

① 《义章》卷一《佛性义》，《大正藏》第44册，第475页下。
② 《〈涅槃〉义记》卷九，《大正藏》第37册，第869页中。
③ 《〈涅槃〉义记》卷九，《大正藏》第37册，第869页中。

涅槃唯在佛果，不得永安，故不说乐。[1]

我是约八自在说的自在我[2]，此我唯有如来能得；乐约涅槃说，依慧远，虽然从摄相门说凡圣皆有涅槃[3]，但约分相门论则唯有如来所证一涅槃，无二无三，因此十地菩萨的佛性不具我、乐二义。至于少见，慧远说是因为"后身菩萨于己佛性十分见一，故名少见"[4]。不过，依《涅槃经》，此地菩萨佛性的少见义是"能自知定得阿耨多罗三藐三菩提，而不能知一切众生悉有佛性"[5]，慧远之说不知何据？或许他以经中所说"自知定得"无上菩提为见之一分？

如来的佛性最为圆满，共有常、乐、我、净、真、实、善七义，"不迁[6]名常，自在曰我，永安称乐，无垢曰净，离妄名真，不虚曰实，体顺称善"[7]。因为如来全体朗现了真识心，所以慧远复加上一全见义。[8]

慧远认为，若在初地以上圣位行者的佛性中论当现，初至九地菩萨的佛性皆只有当现义[9]；十地菩萨的佛性具有当现和非当非现二义，约前后二位为过未，约当位为现有，约随分契入真识心为非当非现[10]；

---

[1] 《义章》卷一《佛性义》，《大正藏》第 44 册，第 475 页下。
[2] 参见本书第四章第三节。
[3] 慧远云："极通论之，此五种人齐有涅槃。如《涅槃》说，诸凡夫人依世俗道六行断结，名凡涅槃。"(《义章》卷十八《涅槃义》，《大正藏》第 44 册，第 826 页下至 827 页上)
[4] 《〈涅槃〉义记》卷九，《大正藏》第 37 册，第 869 页上。
[5] （北凉）昙无谶译：《大般涅槃经》卷二十七《师子吼菩萨品》之一，《大正藏》第 12 册，第 528 页上。
[6] 迁，《大正藏》本作"还"，据当页校勘注 1 改。
[7] 《〈涅槃〉义记》卷九，《大正藏》第 37 册，第 869 页上。
[8] 慧远说："此中应更立一名曰全见。"(《〈涅槃〉义记》卷九，《大正藏》第 37 册，第 869 页上)
[9] 慧远说："经中说九地以还闻见佛性，未眼见故，一向是其三世所摄。"(《义章》卷一《佛性义》，《大正藏》第 44 册，第 476 页下)
[10] 慧远云："后身佛性，据前以望，名为未来；就佛返望，名为过去；前门对后，说为现在；随所得处，分离生灭，契合如理……舍对论之，则非三世。"(《义章》卷一《佛性义》，《大正藏》第 44 册，第 476 页中至下)

如来佛性的当现义与十地菩萨同，非当非现义则独出前此诸地：

> 良以如来体穷真性，悟法本如，非先有染，后息为净，德同法性，故非三世；又复所得常不生灭，故非三世。故《涅槃经》《迦叶品》云："如来佛性非是过去、现在、未来。"①

这是说，如来果位具有的佛性是不生不灭的法性的全体朗现，与此法性无二无别，因而称之为非当非现。慧远之说堪称契理。

第三节　慧远佛性论的价值与局限

应当说，慧远的佛性论对当时的本始之争来说无疑是一次超越。首先，他明确主张，一切众生在体性上本有法佛性，从而应许包括一阐提在内的一切众生皆具成佛的正因，皆可成佛。这样，慧远就从理论上克服了偏执佛性始有说者所面临的无因有果的困难，同时也加速了一分无性说的消亡。其次，慧远主张一切众生虽然皆有法佛性、皆可成佛，但此佛性必须借助报佛性的不断增上才能得到相应的开显，只有报佛性圆满显现为报身佛才能完全开显法佛性。这就避免了偏执佛性本有说者暗藏的危险，即众生实际上已一切具足，本来是佛，无须修行。因此，其价值不可忽视。

从理论结构看，慧远的佛性当现观与天台宗的六即佛理论有相当多的共通性。智顗为了说明从凡到圣这一动态过程中不同层次众生的佛性的差异问题，安立了著名的六即佛之说，即理即佛、名字即佛、观行即佛、相似即佛、分真即佛、究竟即佛。理即佛指未闻、未信佛

---

① 《义章》卷一《佛性义》，《大正藏》第44册，第476页中。此处引文见《大般涅槃经》卷第三十五《迦叶菩萨品》(《大正藏》第12册，第571页中)。

法的众生虽然不知不信自己是佛，但其"一念心即如来藏理"①，即从理体上说此类众生自性是佛；名字即佛指已听闻佛法的众生"于名字中通达解了，知一切法皆是佛法"②，已成为名义上的佛；观行即佛指外凡五品弟子位的众生"心观明了，理慧相应，所行如所言，所言如所行"③，已从理论转向实践，初始成为实践意义上的佛；相似即佛指内凡十信位的众生"逾观逾明、逾止逾寂，如勤射邻的"④，其智慧与佛智相邻，故名观行即佛；分真即佛指十住、十行、十回向⑤、十地和等觉五位的众生"因相似观力，入铜轮位，初破无明，见佛性、开宝藏、显真如，名发心住；乃至等觉，无明微薄，智慧转著，如从初日至十四日月，光垂圆、暗垂尽"⑥，即此诸位的众生开始分证佛果，故称为分真即佛；究竟即佛指妙觉位的佛从"等觉一转，入于妙觉，智光圆满，不复可增，名菩提果；大涅槃断，更无可断，名果果"⑦，至此智、断、恩三德圆备，故为究竟即佛。虽然智顗此说的具体内涵与慧远的佛性当现观颇为不同，但其纵向的理论构造或许曾受到后者的启发。

虽然如此，慧远佛性论的局限性也是不容忽视的。第一个问题就是：尽管他强调法、报二佛性只是从真识心中方便分立为二，但他所谓以报佛性的圆满成就开显法佛性的说法，在教相上总令人觉得众生心中似乎存在着一个如如不动的法身佛，修行成就报身佛的作用就是将此法身佛开掘出来，这就容易令人将法身佛误解为报身佛之外的另一尊佛。实际上，他完全可以说报佛性的圆满成就本身就是法身佛，

---

① （隋）释智顗：《摩诃止观》卷一下，《大正藏》第46册，第10页中。
② （隋）释智顗：《摩诃止观》卷一下，《大正藏》第46册，第10页中。
③ （隋）释智顗：《摩诃止观》卷一下，《大正藏》第46册，第10页中至下。
④ （隋）释智顗：《摩诃止观》卷一下，《大正藏》第46册，第10页下。
⑤ 十住、十行、十回向是大乘修行系统中的三贤位，依通常的说法，三贤位的修行者是依信解力修行，尚未见佛性，但天台宗认为圆教教观圆妙，其十住位的修行者已经见性。
⑥ （隋）释智顗：《摩诃止观》卷一下，《大正藏》第46册，第10页下。
⑦ （隋）释智顗：《摩诃止观》卷一下，《大正藏》第46册，第10页下。

或者说法佛性的开显过程就是众生修行成就报佛的过程,但他始终未能迈出这一步。

其二,慧远将一切修行的内容都成报佛性固然不错,但这样的说法似嫌笼统。首先,此说未能凸显佛法中特别注重的众生成佛的重要条件——菩提心。①《大般若经》说佛以三事为无上,其中之一就是发菩提心。②发菩提心所以重要,是因为尽管众生皆有佛性,若不发菩提心,则一切修行皆非成佛之行,众生终当不得成佛,所以《涅槃经》特意约发菩提心与佛性宣说发菩提心为缘因佛性:"正因者名为佛性,缘因者发菩提心,以二因缘得阿耨多罗三藐三菩提。"③慧远虽然在论修行时亦颇重发菩提心,但在佛性论中仅仅视之为报佛性的一义,与其重要性不太相称。同时,此说也没能凸显般若波罗蜜在众生成佛过程中的核心地位。佛法认为,般若波罗蜜为六度万行之母,若没有般若波罗蜜,则前五度皆不成其为菩萨波罗蜜,龙树即云:"是五波罗蜜不得般若波罗蜜,不名波罗蜜……若得般若波罗蜜,共合是名波罗蜜。"④非但如此,若无般若波罗蜜,众生所发的成佛之心亦不可能是真正的菩提心,因为所谓发菩提心就是发证得阿耨多罗三藐三菩提(圆满般若波罗蜜)的无上智慧心。

第三,慧远的佛性论将《涅槃经》的四因佛性说摄入法、报二佛性说之中,固然充实了法、报二佛性的内容,但是同时也模糊了其法、报二佛性的特色以及这两种佛性的主次关系。

---

① 济群法师特别强调菩提心的重要性,欲进一步了解此问题,请参阅释济群:《认识菩提心》(内部资料),苏州戒幢佛学研究所印行(苏出准印 JSE—0001067)。

② 经云:"佛赞三事最为无上,何等为三? 一者发菩提心;二者护持正法;三者如教修行。"(《大正藏》第 7 册,第 963 页中)

③ (北凉)昙无谶译:《大般涅槃经》卷二十八《师子吼菩萨品》,《大正藏》第 12 册,第 533 页中。

④ 龙树造,(后秦)鸠摩罗什译:《大智度论》卷八《放光释论》,《大正藏》第 25 册,第 116 页中。

最后，慧远一方面说初地以上的菩萨已证见真识心，一方面说九地以下菩萨仅仅闻见佛性，同时又不对此闻见的内涵加以具体说明，似乎真识心与佛性在它那里是不同的两物，这就明显偏离了经论和他本人在其他地方表达的相关思想。他虽然在《义章》卷十八《涅槃义》中对此有所会通，谓"菩萨随分亦少见性，于佛所见犹未明了，故言不见"①，但并不能弥补此处的疏漏。

但是，这不等于笔者完全同意智颉和吉藏对其佛性观的批判。智颉的六即佛思想虽然可能受到慧远佛性思想的启发，但他对慧远之类的佛性论颇有微词，将其贬抑为隔生跨世的纵字义：

> 诸大乘师说：法身是正体，有佛无佛，本自有之，非适今也；了因般若，无累解脱，此二当有，隔生跨世，弥亘净秽。此字义纵也。②

《涅槃经》曾经开示，涅槃具有法身、般若、解脱三德，在真正的大涅槃中，这三德是三即一、一即三、不纵不横的关系，宛如伊字∴，经中称为三德秘密藏；反之，如果涅槃中的三德三不即一、一不即三、非纵即横，这样的涅槃就不是大涅槃。智颉贬斥诸大乘师说"此字义纵"，即指他们所说的佛性不是非纵非横的伊字义。智颉的批评虽然没有指名道姓，但揆诸慧远的二因佛性说，他无疑也属于智颉贬斥之列。我们知道，智颉思想的所依是圆融三谛的实相，他的佛性思想也以此为基础，以中道实相为正因佛性、菩提心为缘因佛性、般若为了因佛性，并且以为三因佛性之间是三即一、一即三的圆融关系。从这样的佛性思想出发，他自然不应许慧远安立这种别教历劫成就（"隔生

---

① 《大正藏》第44册，第827页下。
② （隋）释智颉：《摩诃止观》卷三上，《大正藏》第46册，第23页中。

跨世、弥亘净秽"）的报佛性。应当说，从佛学的理境来看，智𫖮的批判不无道理，他建构的三因佛性亦堪称教门中的了义说。然佛陀认为，众生慧根有高下，心行有优劣，毅力有恒促，佛法因此必设多种方便，因此慧远的佛性思想虽落于纵横，我们还是不能非此即彼，更不能去彼取此。然而，世间如实自知者寡而眼高手低者众，所以众生每每力虽不逮而犹自高推圣境，这也是智𫖮的三因佛性说一出世就很快淹没了此前种种佛性论的重要原因。①

如果说智𫖮只是贬低慧远之类的佛性学说，那么在吉藏眼里这种说法根本就不成立：

> 地论师云：佛性有二种，一是理性，二是行性。理非物造，故言本有；行藉修成，故言始有。若有所得心望之，一往消文，似如得旨，然寻推经意，未必如此。何者？但大圣善巧方便，逐物所宜，破病说法，何曾说言理性本有、行性始有耶？例如说如来藏义，《楞伽经》说无我为如来藏，《涅槃》说我为如来藏，此两文复若为配当耶？②

理性本有、行性始有说属于慧远的思想，所以吉藏虽然也没有点名，其矛头直指慧远是毫无疑问的。

吉藏将理、行二佛性说斥为"有所得心"的虚构，是有欠公允的。从前文的相关论述看，慧远所谓的理性本有、行性始有说，实际上是依其系统需要而从非本非始的体性中方便安立的概念，最终还是要归到非本非始的体性中去，并非如吉藏所破的执本始为实有者；吉藏说

---

① 慧远的法、报二因佛性论，除了元晓在《〈涅槃〉宗要》中尚予以措意之外，就再无人承续了。元晓即便绍续慧远之说，但他以法佛性和报佛性分属性净、随染二门，也不是慧远思想的旧观了（参见《大正藏》第38册，第250页上）。

② （隋）释吉藏：《大乘玄论》卷三《佛性义》，《大正藏》第45册，第39页中。

《楞伽经》的无我如来藏和《涅槃经》的我如来藏不能配入本始之中，这完全正确，但依慧远之说，他本来就是将这样的如来藏视为非本非始的体性的，又何尝必须配入本始之中呢？吉藏依中道立宗，故可一往以非当非现的八不中道为佛性[①]，但他因此否弃慧远依真识心立宗而安立的理、行二佛性说，却是难以服人的。

[①] 吉藏云："今一家相传，明佛性义非有非无、非本非始，亦非当现"[（隋）释吉藏：《大乘玄论》卷三《佛性义》，《大正藏》第45册，第39页中]，"八不即是中道佛性也"[（隋）释吉藏：《〈中观论〉疏》卷一本，《大正藏》第42册，第9页下]。

第六章　真识心开显的过程

众生要圆满成就报佛性、全体朗现法佛性，必须依教修行，因此讨论完慧远论述觉悟基础的内容后，自然就要过渡到对他的修行思想的探究。慧远论述修行时，将其内容分成修行之理和修行之观两方面，笔者称之为理行与观行。这两方面的内容皆紧扣其宗义来开展，非常独特。

第一节　熏转三识的教证二行

慧远的真识心缘起思想中的理行包括教证和三识的熏转两层，前者主要论述各阶位修行的内容，后者则是修行这些内容的目的。

一、教证二行的内涵

世亲的《〈十地经〉论》曾说，修行者依不可思议佛法成就闻、思二慧，就能证入见道的菩萨智慧地[①]，慧远依据此说确立了他的教证二行思想。

什么是教行？慧远在《义章》中从不同角度开列了七种义涵，但

[①]　参世亲造，（北魏）菩提流支译：《〈十地经〉论》卷一《菩萨欢喜地》，《大正藏》第26册，第124页下。

此处是在众生如何修行成佛的理上论教行，因此仅当其中的第一义，即指众生的"方便行德依教修起，从其所依，故名教行"①。所谓方便行德，即指随顺佛法修行而生的种种行德，因为此类行德从外缘（教）修起，故称方便行德。可见，慧远这里实际上是以初地菩萨之前诸位行者增长福德的修行为教行②。此类行所以叫作教行，在于彼等诸位行者尚未与真识心相应，须依教修行，外凡位行者必须完全借助外缘才能悟解佛陀教法，内凡位行者虽能独自理解佛陀教法，但于证道之法仍须依教奉行。③

关于证行，慧远说："所言证者，乃是知得之别名也，实观平等，契如名证。"④此"知"不是分别意识的知，而是般若智慧的"知"，即以般若智慧如实观照平等法界、契入如如不二的真识心。这是以增长智慧的修行为证行，而唯有初地以上菩萨的修行才是偏属增长智慧的修行，因此可以说证行属于地上菩萨的修行。⑤地上菩萨的修行所以叫作证行，是因为他们"于诸教法能自宣说，于深证法自能证知，不假他教"⑥，即他们已与真识心相应，能不假言教而随顺真识心的内熏力修行，直至圆满成佛。

那么在慧远眼里，从外凡到十地菩萨的各位行者各修些什么内容呢？在《义章》中，慧远将此过程中的众生大别为外凡、内凡与菩萨三位，然后分别从发心、解心、解法、解缘、六度、断惑、造业、受

---

① 参见《义章》卷九《证教二行义》，《大正藏》第44册，第652页下。
② 参见《义章》卷九《证教二行义》，《大正藏》第44册，第652页下。
③ 慧远说："外凡位中，于佛教法，假他开道，能方（疑为'方能'）悟解，不能自知，是故判为四依弟子；于深证法但能信顺。内凡位中，于佛教法，能自开解，不假他教，故《华严》中说：'十住等随所闻法即自开解，不由他悟。'不由他人，能自解故，堪为初依；于深证法独须他教。"（《义章》卷十九《贤圣义》，《大正藏》第44册，第810页下）
④ 《义章》卷九《证教二行义》，《大正藏》第44册，第652页下。
⑤ 慧远云："初地已上一切诸德同为证行，行熟舍言，证法性故。"（《义章》卷九《证教二行义》，《大正藏》第44册，第652页下）
⑥ 《义章》卷十九《贤圣义》，《大正藏》第44册，第810页下。

报八个侧面阐述三个阶位的行者修行的内容。实际上，依据慧远在"解心"一门中所谓"外凡位中，但依事识修习观解，未有余义；内凡位中，事识渐灭、妄识中慧以渐现前"①；初地已上，妄识中慧以渐息灭、真识中慧以渐现前"②之说，我们可以依事、妄、真三识为本，将其余多少有些重复的内容总括为所发（心）、所修（行）、所断（惑）、所离（业）、所得（报）五义，以令其真识心缘起宗义更加显豁。

先看外凡位行者的教行。慧远说外凡位行者是"依事识修习观解"，理由何在？理由就在于此位行者"心外见法"③。所谓心外见法，谓于自心外见有实在之法，而这正是认虚为实的事识的特点，所以慧远说此位行者"观行初起，解知染净差别法相"④。既然认虚为实的事识是"妄中之极"，反过来，于此识中所起的一切解行就是最初浅的。

（一）约所发论，此位行者发的心是有相菩提心。什么是有相菩提心？慧远说："言相发者，行者深见生死之过、涅槃福利，弃舍生死，趣向涅槃，随相厌求，名相发心。"⑤即外凡位的行者所发菩提心为离生死、求涅槃之心。在慧远看来，这种发心不知生死实苦、涅槃实乐等相实为自己妄识所显现假相，以为实有，随相厌求，故称为（有）相发心。当然，慧远在这里是说事识层面所见的涅槃为假相，并不是说涅槃本身是虚假不实的。

（二）约所修言，此位行者修行的是"有相六波罗蜜"⑥。所谓有相六波罗蜜，就是于"心外法中推求观察，见苦、无常、空、无我等"⑦。此位行者不知一切法皆从自己妄识所生，以为心外有法，这叫有相；

---

① 此句《大正藏》本为"妄识事中慧以渐现前"，"事"字据参当页校勘注4补。
② 《义章》卷十九《贤圣义》，《大正藏》第44册，第810页下。
③ 《义章》卷十九《贤圣义》，《大正藏》第44册，第810页下。
④ 《义章》卷九《证教二行义》，《大正藏》第44册，第651页中。
⑤ 《义章》卷九《发菩提心义》，《大正藏》第44册，第636页上。
⑥ 《义章》卷十九《贤圣义》，《大正藏》第44册，第811页上。
⑦ 《义章》卷十九《贤圣义》，《大正藏》第44册，第810页下。

虽然如此，但他们已能观察、了解种种有相法的苦、空与无常之性，故称为波罗蜜。这种波罗蜜属于缘修波罗蜜。

（三）约所断论，此位行者"修事无漏，断四住地"①。"事无漏"即有相六波罗蜜，"四住地"指"五住地"烦恼中除无明住地外的见一处住地、欲爱住地、色爱住地、有爱住地四重烦恼。不过，此位行者所断并非四住地所有烦恼，而是四住地中的粗显烦恼，即三界的粗显烦恼。

（四）约所离说，"善趣修习身、戒、心、慧，断三涂业"②，也就是远离三恶道的恶业。

（五）约所得说，"善趣位中受分段身"③，即来生转得三善道的分段肉身。

次观内凡位行者的教行。慧远说，内凡位行者渐渐息灭了取相而修的事识，开始深入妄识中生起缘观修习的智慧，原因是"内凡位中，息外归内，见一切法唯从心起，心外无法"④。由于知道心外无法，此位行者不再缘外取相，故取相的事识渐渐息灭；由于见一切法唯心所起，故此位行者妄识中的观解渐渐现前，所以慧远说："性种位中，观解转胜，舍相趣寂，解知无相第一义谛；解行位中，观解转深，破相毕竟，解知非有非无之法。"⑤因此，进入此位后，行者修行的一切内涵都较外凡位行者深。

（一）约所发论，此位行者发的心为息相菩提心。所谓息相菩提心，慧远是这么说的："言息相者，行者深悟诸法平等，知其生死本性寂灭，涅槃亦如。生死寂故，无相可厌；涅槃如故，无相可求。返背

---

① 《义章》卷十九《贤圣义》，《大正藏》第44册，第811页中。慧远此处论断共有四义，但只是开合的不同，并无实质性的差异，故笔者仅取其第四义论之。
② 《义章》卷十九《贤圣义》，《大正藏》第44册，第811页中。
③ 《义章》卷十九《贤圣义》，《大正藏》第44册，第811页下。
④ 《义章》卷十九《贤圣义》，《大正藏》第44册，第810页下。
⑤ 《义章》卷九《证教二行义》，《大正藏》第44册，第651页中。

前相，归心正道，故名为发。"① 这是说内凡位众生所发菩提心为不厌生死、不求涅槃之心。这种发心已超越事识层面的取相发心，进入妄识缘观智慧中的无相可厌、无相可求的境界，所以称为息相发心。

（二）约所修言，此位行者修行的是"破相六波罗蜜"，内容为"观空破悭以起檀行，乃至观空破离痴见而起慧行"②，即以观空的方法破一切相。尽管此位所修六度波罗蜜为破相波罗蜜，但还是属于缘修波罗蜜的范畴，因为它依旧未能令真识心本具的真实六度波罗蜜功德性显发其性净功德。③

（三）约所断讲，"种性已上，事治渐息，修起七识缘照无漏，断无明地"④。这是说，内凡位行者事识层面的有相对治修行已渐渐息灭，依缘破相六波罗蜜断除了无明地。此无明地指的是什么？据《〈起信论〉疏》，慧远将无明中的所知障分为迷相无明与迷实无明两种："迷相无明地前所除，迷实无明地上所遣。"⑤ 据此可知，内凡位行者所断无明地仅为此地的迷相无明，而非指整个无明住地的迷惑。

（四）约所离论，"种性已上，修无漏道，渐断人天分段之业"⑥，即渐渐远离三善道的分段肉身所造有漏业。

（五）约所得说，"种性已上，分段渐舍，受变易报"⑦，即渐渐远离分段肉身，而报得变易生身。

最后论菩萨位行者的证行。慧远说，初地以上的菩萨"妄识中慧以渐息灭，真识中慧以渐现前"。此中，真识实际上就是阿梨耶识中的

---

① 《义章》卷九《发菩提心义》，《大正藏》第 44 册，第 636 页上。
② 《义章》卷十九《贤圣义》，《大正藏》第 44 册，第 811 页上。
③ 慧远说："缘修六度，于彼六识、七识心中缘观修习。"（《义章》卷十二《六波罗蜜义》，《大正藏》第 44 册，第 709 页中）
④ 《义章》卷十九《贤圣义》，《大正藏》第 44 册，第 811 页中。
⑤ 《〈起信论〉疏》卷上之下，《大正藏》第 44 册，第 189 页中。
⑥ 《义章》卷十九《贤圣义》，《大正藏》第 44 册，第 811 页中。
⑦ 《义章》卷十九《贤圣义》，《大正藏》第 44 册，第 811 页下。

本觉义，而不是体性意义上的真识心。初地以上的菩萨能渐渐显现本觉智慧，是因为他们"见一切法唯是真实如来藏性缘起集成，真外无法"①。由于他们已见一切法皆为真识心同体缘起而成，凡有所见皆为究竟无分别的真照解，故慧远说："初地已上观解毕竟，解知真实缘起法界。"②因之，妄识中依缘破相六波罗蜜修行的妄智逐渐息灭，无分别的真智逐渐显现。③既然地上菩萨的修行是逐渐开显真识心之行，当然就是最圆妙、最真实的证行。

（一）约所发论，初地以上的菩萨发的是真实菩提心。此位行者"知菩提性是己体故，菩提即心；无异求故，心即菩提。舍彼异求，归心自实，故名发心"④。这是说菩萨所发菩提心为证见自己本具真识心之心。与此心相较，息相发心虽然已发离相心，但尚未发证实心，故较此心浅；此心则为穷证真识心之心，故称为最真实的发心。

（二）约所修讲，"初地已上，成就真实六波罗蜜，亦名无相六波罗蜜"⑤。此位行者皆从真识心现起波罗蜜行：布施波罗蜜谓真识心本来寂灭，无悭无著；戒波罗蜜谓真识心自性清净，无诸罪垢；忍辱波罗蜜谓真识心体无违恼，忍无可忍；精进波罗蜜谓真识心具摄诸法，无所缺少；禅波罗蜜谓真识心体本无杂念，寂然不动；般若波罗蜜谓真识心光明遍照，永无暗障。具体说，真实六波罗蜜又可分成真实有作六波罗蜜和真实无作六波罗蜜两个层次，前者为依以前的缘修六度行熏习真识心而在此心中集起的六度行德，因从缘修六度生而称为有作

---

① 《义章》卷十九《贤圣义》，《大正藏》第44册，第810页下。
② 《义章》卷九《证教二行义》，《大正藏》第44册，第651页中。
③ 破相六波罗蜜不是一种智慧吗？这里为何说它是妄智呢？这是相对究竟无分别的真智而言的。对此，慧远颇为自觉："龙树说：'如彼觉观，望下为善，望第二禅即是罪过；乃至非想，望下为善，望出世道即是罪过。'缘智如是，望世为善，望其实性亦是罪过。既言罪过，何为非障？"（《〈起信论〉疏》卷下之上，《大正藏》第44册，第190页中）
④ 《义章》卷九《发菩提心义》，《大正藏》第44册，第636页中。
⑤ 《义章》卷十九《贤圣义》，《大正藏》第44册，第811页上。

六度，相当于《〈十地经〉论》所说第八地中的有作净胜行德；后者为真识心体本身具有的六度功德性的显现，因非从缘修六度而有，故称为无作六度。① 但两者都属于真识心具有的内容，故皆称为真实六度。

（三）约所断说，此位行者断除的是遮蔽真识心的最深细的迷实无明②，这种无明从地上开示渐渐断除，至成佛方才断尽。

（四）约所离言，"初地已上，真德渐现，断变易业"③，即逐渐断灭招感变易生身的三业。

（五）约所得论，"初地已上，变易渐舍，得法身报"④，即远离一切生灭法的报应，而证得了不生灭的法身果报。

因为无论有佛无佛，登地以上的菩萨都能随顺真识心的内熏力双除二障、圆满三身，所以他们的修行相对地前行者的教行来说称为证行。尽管如此，他们所证的果报依然与佛陀开示的地上法门（十地法门）若符合节，因为十地法门本身就是如来自证后如实演说出来的，是对真如开显过程的如实教示；而且，行者即使成了见性登地的菩萨，其修行也有一个从浅入深的升进过程。因此，地上菩萨的修行也可相对分成教证二行。

慧远于是以《〈十地经〉论》为典据，约相实、体德、体用、诠实与自分胜进分五门对地上的教证二行进行了论述。⑤

（一）就真中相实相对论，"因分之⑥中得彼出世真证无相说为教

---

① 详参《义章》卷十二《六波罗蜜义》，《大正藏》第 44 册，第 709 页中。
② 慧远说："迷实无明亦有二种：一者迷实相；二者迷实性。空寂无为是其实相，不能知是寂泊无为，故名迷相；如来藏中恒沙佛法真实元有是其实性，不能穷证，说为迷性。""迷实无明，地上所遣。"（《〈起信论〉疏》卷上之下，《大正藏》第 44 册，第 189 页中）
③ 《义章》卷十七，《大正藏》第 44 册，第 811 页中。
④ 《义章》卷十七，《大正藏》第 44 册，第 811 页下。
⑤ 参见《义章》卷九《证教二行义》，《大正藏》第 44 册，第 562 页下至 563 页中；《〈十地〉义记》卷一末，《大日本续藏经》第 1 辑第 30 套第 4 册，第 152 页正上至下。
⑥ 之，《大正藏》为"无"，据当页校勘注 6 改。

行，彼相现于教行中故；寻相得实说为证行"①。"实"即慧远所谓真识心（此时开始显现为法身），"相"不是说法身本身有定相，而是指法身为菩萨位行者所显之相（即报身）；"世间"不是指一般与出世间相对的世间，而是以十地中的前三地尚在有相中修行而称之为世间②。此门谓修行者于前三地中次第圆满行德，则法身对其所显德相愈加圆满。由于此德相有相可说，故名教行；而寻此德相所得的法身无相，不可言说，故是证行。

（二）约真中体德分别论，"无始法性显成今德，是其体也；从缘修起方便之行，是其德也。体为证行，始显净智证自体故；德③为教行，方便行德本依言教修习生故"④。这实际上是约真识心的法、报二佛性的成就来说的，法佛性无分别，只能契证；报佛性藉教修成，故称教行。

（三）就真中体用分别论，"次前教证同说为体，依此体上教智外彰说以为用。体为证行，证法性故；用为教行，正说法智照明世故"⑤。此中"体"统收前门的体与德，"用"则指依此体与德而起的说法智慧。就此论，体为对清净无染的法性的证会，故名为证行；用则是从法性体中流出以摄化世间的言教，故是教行。

（四）就真体约诠就实随义分别论，"平等证体说为证行；即此证体约言分十说为教道"⑥。此中"真"即"平等证体"，亦即《十地经》所说佛的一切智，"诠"特指十地法门。就一切智言，智即境，境即智，境智如如，平等不二，故称为证行；十地法门则为此体在言教中

---

① 《义章》卷九《证教二行义》，《大正藏》第44册，第653页上。
② 慧远说："前三地中随有之行，相同凡夫，未过世间。"（《〈十地〉义记》卷一末，《大日本续藏经》第1辑第30套第4册，第164页背上至下）
③ 故与德，《大正藏》本顺序颠倒，据当页校勘注7改。
④ 《义章》卷九《证教两行义》，《大正藏》第44册，第653页上。
⑤ 《义章》卷九《证教两行义》，《大正藏》第44册，第653页上。
⑥ 《义章》卷九《证教两行义》，《大正藏》第44册，第653页上至中。

的体现，故说为教行。

（五）约真中自分胜进分相对分别论，"自分所成一切行德，若体若用，斯为证行，自于此法已证得故；胜进分中，上受佛教，名为教行"①。此中"自分"指十地修行中修成的一切行德的体用，"胜进分"指尚须进一步圆满的德行的体用。就此论，前者是证行，因为已证成之德离于言教，无法言说；后者为教行，因为未成就之德须依佛教成就，而佛教就是一种言教。

上述三个阶位的教证二行，前两位的修行属于证见真识心之前依教奉行的修行，可叫作缘修；菩萨位的修行属于证见真识心以后随顺此心本身法流的修行，可称为真修。因此，智𫖮就称这样的修行理论为"缘修真修"②说。如果将慧远的教证二行观与其四宗观相对勘，外凡位行者所修当于立性和破性二宗，内凡位行者所修就是破相宗，而地上菩萨所修实即显实宗，也就是真识心缘起宗。这样，在他的系统中，立性、破性二宗的思想就属于只能断除事识层面的四住地粗惑的闻、思二慧，破相宗也不过相当于能断除妄识中烦恼的修慧，只有真识心缘起宗才堪称能够断除最深细的无始无明而全体朗现真识心的真实证慧。③若与其法报二佛性相配，外凡位中的真识心为法佛性，此体所具可成就为报佛的潜能为报佛性；内凡位中有两个层次，种性位的性种性为法佛性、习种性为报佛性，解行位的清净向为法佛性、得方便为报佛性；地上的证行为法佛性，教行为报佛性。

---

① 《义章》卷九《证教两行义》，《大正藏》第 44 册，第 653 页中。
② 智𫖮说："地论师云，缘修显真修，真修发时不须缘修，前两智（一切智和道种智）即是缘修，后智（一切种智）发时即是真修，真修具一切法，不须余也。"［（隋）释智𫖮：《〈妙法莲华经〉玄义》卷三下，《大正藏》第 33 册，第 714 页上］
③ 慧远说："习种位中，依教生解，成就闻慧；性种位中，依义生解，成就思慧；解行位中，依教起行，成就修慧；初地已上，依理成行，成就实证。"（《义章》卷九《证教二行义》，《大正藏》第 44 册，第 651 页下）

二、教证二行的关系

慧远认为，在修行者修行的过程中，教证二行自始至终存在着一种辩证的可说与不可说的关系。他依《〈十地经〉论》从证教相对、证行和教行本身三个角度论究了两者间的这一关系，内容非常精彩。

慧远说，若约教论，诠释伪修的教法为可说、诠释真修的教法不可说：

> 教行之中，义含真伪，伪修可陈，名为可说；真修难显，名不可说，故《地经》中彰彼因分观修之德云"言难说，自心知"①也。②

此义旨在表明，真正的修行是唯证相应、言诠不及的境界；与此相对，凡可诉诸言说者皆可称为伪修。此说与后来禅宗所谓"向上一路，千圣不传""一落言诠，皆成粪土"之说同一旨趣。

若约证教二行相对论，则教行可说，证行不可说。为什么？慧远说：

> 始修之时未出名相，行外犹有名相可得用之显修，是故可说；得证之时，证诸法如，证外更无名相可得，知复用何表影实证？是故证行一向不说。③

这是就修行者的修证过程论教证二行的可说与不可说。对修行者而言，举凡行德未臻圆满时皆可说，因为于其所得行德之外，尚有佛宣说的行德未证，他须依教进修，此即可说；圆满证会如如法性时，更无言

---

① 此处引文见《〈十地经〉论》卷二《初欢喜地》，原文为："是境界难见、难说，自心知。"（《大正藏》第26册，第132页中）
② 《义章》卷九《证教二行义》，《大正藏》第44册，第653页下。
③ 《义章》卷九《证教二行义》，《大正藏》第44册，第653页中。

说可表，故不可说。何以无言说可表？慧远在解释《维摩诘经》的"入不二法门"义时做了绝妙解答：

> 若论自觉相应境界，不可言彰，巨以默显。何故如是？据实以求，法外本无音声文字，何言能彰？法外亦无形相可得，谁用默显？无言能彰，证处亡语；非默能显，证处绝相。诠相悉无，他所莫测，是故名为自觉境界。对处无他，自亦亡对。①

此自觉、自证、自入的究竟境界不可说，是因为此境界本身就是如如一味的法性，这里超四句绝百非，就连"法性""法界""实相""实性""如如""真如"等名相亦属闲话。这是自释尊阐教以来佛门一切教观的起点与终点，慧远于此诚然契会无差。

以上两义都在暴露语言文字在传达修证体验时的局限性。不过，慧远认为教与证之间并非仅仅是一种不即（紧张）关系，它们还是一种不离（相成）关系，因为法界实性的不可说性恰恰是由契证此境界者（诸佛菩萨）开演的教法才得以显豁的。这样一来，问题就变成修行者所证境界在什么意义上可说、在什么意义上不可说了。

慧远以为，我们可以采取五种方式对法界的实性进行巧说。第一种是总相玄标：

> 可以总相玄标，名为可说……不可即相指以示人，名不可说。故《地经》云："言说不及。"此义如彼空中所有鸟迹、风画等处，可以玄谈，名为可说；不可即相指以示人，名不可说。②

---

① 《义章》卷一《证教二行义》，《大正藏》第44册，第482页中。文中"对处无他，自亦亡对"句，《〈维摩〉义记》中为"觉处无他，自亦亡对"，文义更显（《〈维摩〉义记》卷六《入不二法门品》，《大日本续藏经》第1辑第27套第4册，第354页背下）。

② 《义章》卷九《证教两行义》，《大正藏》第44册，第653页中至下。

这种言说的特征是，或用语言标举法界实相的总体相状（总相），或以玄言谈论其奥义（玄），但不对其加以具体的规范和界定。

第二种是拂相显示：

> 可以拂相显示，名为可说；不可相论，名不可说。何故如是？证离名相，不可说闻，今还道证不可说闻。言当彼法，名为说证……若言证法可说可闻，言乖彼法，则不名说。[1]

这种言说是通过不断扫相的方式显示法界实相，但不直接就任何一相说它是什么，也就是众所周知的遮诠。

第三种是况诠显示：

> 可以况诠显示，名为可说。故《地经》中用彼因分所修之行，况显果分离相真德……不可直诠显示彼法，名不可说。[2]

这种言说方式是从行德因果相显立论，即假借因位所修行德比况不可说法界实相之果，就像《十地经》中用可说的菩萨十地行德来显示不可说的一切智境界一样，但不直接就佛果说一切智境界。

第四种是自体真法互相显示：

> 可以自体真法互相显示，名为可说……不可用彼情相显真，名不可说。[3]

---

[1] 《义章》卷九《证教两行义》，《大正藏》第44册，第653页下。
[2] 《义章》卷九《证教两行义》，《大正藏》第44册，第653页下。
[3] 《义章》卷九《证教两行义》，《大正藏》第44册，第653页下。

这种言说方式为从真妄相对立论,指通过法界实相自体中的清净法来互相显示(如常、乐、我、净等),但不以种种我执妄法来显示。具体说,这种言说方式又可细分为三种:其一是"因果相显",即以教为因、行为果(不同于第三种言说方式中的因果)来相互显示,如《十地经》中举十地教法以显十地行法;其二是"体用互相显示",即以离言绝相、境智不二的法界实相之体与其种种妙用(如慈、悲、喜、舍等妙用)互相显示,如《十地经》中举金所成种种庄严器具显示金性是比喻以法界实相的妙用显示其体,以摩尼光显示其无所不照则是比喻以法界实相的体显示其用;其三是"行法互相显示",即以同有显示法界实相功用的修行法互相显示,如《十地经》中用真智显示十地法。①

以上诸种言说方式,又可以总为遣相和融相二门。慧远论不二法门时云:

> 所辨虽异,要摄唯二,一、遣相门,二相双遣,名为不二,非有所留;二、融相门,二法同体,名为不二,非有所遣。②

遣相门由假名妄相入手扫相,故"有相皆遣",纤毫不著;融相门就法界实相巧说,故"有理悉收",遣无所遣。前者以"拂相显示"为宗主,后者以"自体真法互相显示"为旨归,各援"总相玄标"和"况诠显示"以成其行。遣相说者,即真识心缘起宗说真识心如实空之法也;融相说者,即此宗中说真识心如实不空之法也。两者说法不同,显真无异,盖性相尽则实相自显,实相显则性相悉无。

---

① 此外,慧远还就情实相对立有第五种言说证行的方法,文云:"第五,情实相望以说。据情望实,情外有实可以谈论,名为可说;就实望情,实外无情,知复用何施名说实,故不可说。"(《义章》卷九《证教两行义》,《大正藏》第44册,第653页下)笔者认为慧远将此义置于此处不太恰当,实当归入上面的约教证相对论一门,故不加论。

② 《〈维摩〉义记》卷六《入不二法门品》,《大日本续藏经》第1辑第27套第4册,第354页正上至下。

三、教证二行的目的：熏转三识

教证二行的目的是什么呢？慧远认为就是为了转化三识而成佛，他称之为三识的熏转。

慧远认为，众生是次第于事、妄、梨耶三识中修空与真二观，次第断除三识的二障、转化三识，而最后圆满成佛的。

先是事识的熏转。慧远说六识中的熏转有层层递进的三义，第一义是：

> （于）六识中修善造恶，熏于本识，成善恶种；此种成已，熏生六识善恶不定，恶种熏起，恶增善减，如断善人；善种熏起，善增恶减，如生善人。①

此中的六识不是泛指事识，而是指事识中的六识，可称为事六识。这是指尚未具修习空观的众生在事识层面随事兴善造恶的情形，由于其所造之业善恶不定，故熏习于阿梨耶识中的业种也随之或善或恶，阿梨耶识由此新造的业同样随之或善或恶。

第二义是：

> （在）六识中修习空观，观生无我，观法无我，熏于本识，成解种子；此种成已，坏本识中有见种子；有种坏故，所生六识不起有见；有见息故，分段渐减。②

这是指在事六识中修习我法二空的空观，这种空观的力量熏习于阿梨耶识中，形成理解我法二空的种子；阿梨耶识中有了解空种子，就能

---

① 《义章》卷三末《八识义》，《大正藏》第44册，第536页上。
② 《义章》卷三末《八识义》，《大正藏》第44册，第536页上。

除断有见种子；除断了有见种子，新生的事六识就不再堕入有见；息灭了有见，就渐渐远离了转生三界的分段肉身。这相当于修立性宗、破性宗和破相宗的行者转化心识的层次。

第三义是：

> （于）六识中修习真观，观法本来纯真无妄，能令妄法更不生，复熏于本识，坏无明地；无明坏故，本识不成；本不成故，六识种子无处存立；种不立故，分段之中六识不生；六不生故，空观亦灭；空观灭故，变易转尽；变易尽处，名得涅槃。①

这是指在事六识中修显实宗一切法皆真的真实观，熏于梨耶中，破其无明住地；无明住地崩毁，则梨耶识本身灭坏（这是指该识中的妄分被熏转）。由于梨耶灭坏，事六识的种子就无处可藏，是则不再生起分段肉身中的六识；六识不生，则外相不立；外相不立，则无空可观；无空可观，则断事识层面的变异生死而证涅槃。

其次是妄识的熏转。妄识的熏转有浅深不同的两义，第一义是：

> （于）六识中闻说无我，起闻思修，熏于本识，成无我种；此种力故，熏阿陀那，我执渐微，无我解起。②

此中的六识是妄识中的六识，可称为妄六识。这是指在妄六识中听闻并修习前三宗（依慧远的四宗观主要是破相宗）教法而熏习梨耶，于梨耶识中形成无我种子，此无我种子复熏妄识，从而在妄识中不断产生无我的观解。第二义是：

---

① 《义章》卷三末《八识义》，《大正藏》第44册，第536页上。
② 《义章》卷三末《八识义》，《大正藏》第44册，第535页下。

> （于）六识中闻说佛性常住真我古今平等，如如一味，起闻思修，熏于本识，坏无明地；无明坏故，本识不成；本不成故，种子不立；种不立故，执识不生；执不生故，无我解灭。前离我执，经中名为灭烦恼障；后离无我，名除智障。①

这是指在妄六识中听闻并修习显实宗而熏习梨耶，渐渐坏其无明住地、灭无我观解，双除妄识中的烦恼所知二障而证得涅槃。

有人认为妄识中不能产生无我观解，慧远对此给予了特别的遮破：

> 有人宣说（阿陀那识）唯生我执，不得生起无我之解……道理不尽。其义云何？凡夫本来数闻说我，生于我想，熏于本识，成我种子。此种力故，生于执心，定计有我。此人后时闻说无我，生无我解，熏于本识，成无我种。此种之力，生于执心，定计无我，何为不得？②

慧远这里是要说明，妄识最重要的特点是执著，它既可以执著有我，也可以执著无我，受染法熏时它执著有我，受净法熏时它则执著无我，这与摄论学的阿陀那识义和玄奘传唯识学的末那识义也没有多少不同。

最后是阿梨耶识的熏转。阿梨耶识的熏转亦有两义，第一义是：

> 由诸识修善起恶，熏于本识，令本识中善恶二种迁转不定，或增或减。③

这里的诸识就是上面的事识和妄识，谓由事、妄二识修善修恶熏于梨

---

① 《义章》卷三末《八识义》，《大正藏》第44册，第535页下至536页上。
② 《义章》卷三末《八识义》，《大正藏》第44册，第535页下。
③ 《义章》卷三末《八识义》，《大正藏》第44册，第535页下。

耶识中，梨耶识随之或善或恶，或善增恶减，或恶增善减。这是比较浅层的观修。第二义是：

> 由修习真观力故，熏灭无明，令真称本，常寂不动。①

即由事、妄二识修习一切法皆真的真观力量熏灭根本无明，令真识心合体朗现，证得涅槃。这是更深层面的观修。这实际上是说，阿梨耶识本身并不起正修，它的熏转是由事、妄二识修习净法转化自身后的结果，此与摄论学和唯识学的相关论义也相一致。

四、慧远教证思想的意义与问题

慧远说他的教证思想本于《〈十地经〉论》，实际上他依据的经典除了《〈十地经〉论》外，主要的还有《华严经》和《菩萨地持经》，他对这些经论的承续包括成佛的修道历程和具体内容两方面。自然，他是本于其真识心缘起宗的宗义来理解这些经论的具体内容的。例如，他主张三个阶位的行者分别修行渐次圆妙的四宗的思想，不见《〈十地经〉论》有所论述；他分别称地前的性种性与习种性、清净向与得方便以及地上的证行与教行为法报二佛性，也是他以为典据的《菩萨地持经》中所不曾有的思想。

特别是他关于修教证二行转化三识的思想，虽然所用名相悉数取自摄论学，而其内涵却与摄论学相当不同。

首先，摄论学虽然认为阿梨耶识中具有解性，但尚未以此解性为生起净法的正因，其主张出世净法的正因为正闻熏习。如真谛译《摄大乘论》说：

---

① 《义章》卷三末《八识义》，《大正藏》第 44 册，第 535 页下。

> 此出世心从何因生？汝今应答："最清净法界所流正闻熏习为种子故，出世心得生。"①

但我这样说，得先辨明牟宗三先生的一个相关观点。牟先生曾在《摄论》与摄论学之间作出区分，以为《摄论》是以梨耶识为染法之因、正闻熏习为净法之因，而真谛则"视阿赖耶识不但为'流转'之因，且亦为'还灭'之因"。他还说，真谛视阿梨耶识"为'流转'之因只是流转杂染法之凭依因，而不是其生因。其为'还灭'之因倒是无漏清净法之直接的生因"②。牟先生见真谛译《〈摄大乘论〉释》中有解性梨耶一说，就论定他以阿梨耶识为无漏清净法的生因，笔者认为实为"见卵而求时夜"之论。果如此，真谛就不太可能如笔者前文所引那样，说阿摩罗识是我法二空所显真如了。笔者以为，《摄大乘论》中真谛为梨耶新增的解性一义，实际上就是奘传唯识学中阿梨耶识本具的无漏种子，否则他怎么会说圣人由正闻熏习转梨耶而成③而不是由解性显现而成呢？因此笔者认为，《摄论》与摄论学在性质上是相同的，否则就不能叫作摄论学，而这性质上的一致性就体现在两者都以梨耶识为万法所依，也都以正闻熏习为解脱正因。慧远则不然，他才真正是以阿梨耶识的妄分为染法生因，而以其中本具的真识心体为无漏净法正因。这是两者最重要的区别。

其次，在论识的转依的理路上，虽然摄论学与慧远一样，也是先

---

① 无著造，（陈）真谛译：《摄大乘论》卷上，《大正藏》第31册，第117页上。
② 牟宗三：《佛性与般若》，第291页。牟先生认为无漏净法之因是生因也是不对的，因为这无异于将无漏净法等同于无常法了。
③ 真谛说："由本识功能渐减，闻熏习等次第渐增，舍凡夫依作圣人依。圣人依者，闻熏习与解性和合。"［参世亲造，（陈）真谛译：《〈摄大乘论〉释》卷三，《大正藏》第31册，第175页上］这几句话不见于玄奘译本［参见世亲造，（唐）释玄奘译：《〈摄大乘论〉释》卷三，《大正藏》第31册，第334页下］，知为真谛本人释文。

遣境（即慧远的相）后遣识①，但是慧远所谓次第于三识中修四宗之说，则为摄论学所未道，同时也不是《起信论》所有的法义，而是他自己的独特开展。

再者，摄论学最后证入的境界是能所二取皆不可得的真如，重于真空②；而慧远依教证二行转化三识证得的境界则是"体穷真性、义充法界"的大涅槃③，重于妙有。

慧远的教证观本于其四宗观、三识论和法报二佛性说，强调成佛是一个次第修行、不断圆满的过程，具有非常重要的意义，这种意义可以从它的实际影响和理论价值两个方面来加以把握。

就实际影响而言，主要体现在后来华严宗的思想中，此影响既体现在方法上，也体现在思想上。从思想上看，我们可以将华严宗的核心思想视为对十地法门所包含的教、理、行、果的展显。华严宗将《华严经》所开显的世界理解为"行布不碍圆融，圆融不碍行布"的无碍缘起世界④，其根本原因固然是华严行者对《华严经》和《〈十地经〉论》的觉悟，但慧远所谓初地以上菩萨观解毕竟、证知"真实缘起法界"之说无疑也是其重要外缘。这是其一。其二，华严宗三祖法藏认为，十地的大意有实十地和相十地二义，前者"唯佛所知，佛智所行，名为果分"，后者为"菩萨所行，名为因分"。⑤这一思想也不出慧远上文关于地上菩萨教证观的内容，所谓实十地即慧远所说"寻相"所

---

① 如真谛译《中边分别论》就说："一切三界，但唯有识，依如此义，外尘体相决无所有，此智得成；由所缘境无有体故，能缘唯识亦不得生。"[世亲造，（陈）真谛译：《中边分别论》卷上，《大正藏》第31册，第451页下]
② 《中边分别论》接着上引文即云："以是方便，即得入於能取所取无所有相。"[世亲造，（陈）真谛译：《中边分别论》卷上，《大正藏》第31册，第451页下]
③ 《〈涅槃〉义记》卷一上，《大正藏》第37册，第613页下。
④ 澄观明《华严经》世界的圆融性云："以行布是教相施设，圆融是理性德用。相是即性之相，故行布不碍圆融；性是即相之性，故圆融不碍行布。圆融不碍行布故，一为无量；行布不碍圆融故，无量为一。无量为一故，融通隐隐；一为无量故，涉入重重。"[（唐）释澄观：《〈大方广佛华严经〉疏》卷一，《大正藏》第35册，第504页中]
⑤ （唐）释法藏：《〈华严经〉探玄记》卷十，《大正藏》第35册，第299页上。

得之实,所谓相十地即慧远所说"证真"之相。因此,法藏对十地大意的把握受其影响实是彰明昭著的。

慧远的发菩提心三义,则完全为华严二祖智俨(602—668)所继承。智俨《〈华严经〉孔目章》卷二《贤首品初立发菩提心章》中有这么一段关于发菩提心的文字:

> 随义不同,略有三种:一、相发;二、息相发;三、真发。言相发者,深见生死之过、涅槃福利,弃舍生死,趣向涅槃,随相厌求,名相发心;言息相发者,深悟平等,知其生死本性寂灭,涅槃亦然。生死寂故,无相可厌;涅槃如故,无相可求。返背前相,归正如道,故名为发……三、真发者,菩提真性由来己体,妄想覆故,在而不觉,名为生死。后息妄心,契穷自实由来己体。知菩提性是己体故,舍彼异求,实相现前,故名发心。①

这几乎就是慧远发菩提心思想的翻版。

约方法讲,慧远论述教证观时确立的动态的可说不可说的言说方法,也深为华严宗所借重。法藏说:"果分玄绝,当不可说;因分约机,是即可说。"② 前者即慧远所谓自觉境界,超绝语默,不可言说;后者即慧远所谓趣向此自觉境界的教证二行,有言可诠,有相可显,故可言说。而华严宗约普贤圆因位修行彰显如来果海的四法界和十玄缘起无碍境界思想③,完全可以看成是慧远善巧言说证行的四种方法的实践。

就其理论意义而论,则可分成具体意义和一般意义两个层面加以观察。就具体意义而言,慧远的教证观使那些笼统地指责如来藏学的

---

① 《大正藏》第45册,第549页上至中。
② (唐)释法藏:《〈华严经〉探玄记》卷十,《大正藏》第35册,第299页上。
③ 澄观云:"四法界、十种玄门皆约因分。"[(唐)释澄观:《〈大方广佛华严经〉疏钞》卷三十五,《大正藏》第36册,第271页中]

修行观不待外缘的偏见不攻自破。吕澂和松本史朗先生都指责如来藏学的修行观存在不待外缘的问题。吕澂先生说：

> 虽然他们[1]主张悟入有渐次和顿超的不同，但都从把握"真心"而入，并且由悟而修以达到恢复原来面目为目标。而依据"真心"的本来具足功德，将修为方法看作是可以取给于己，不待外求。这些都使学人走上反本还源的路子……这种说法，与印度佛学的主张完全背道而驰。[2]

松本史朗也同样认为，本觉说者要我们做的"就是'归源''复初'和'还源'"[3]，并由此斥责道，若依本觉说的开悟观，"所有的教导都是方便，没有任何真实的教导"[4]。他们对如来藏学的批判包括三层含义：一是反本还源；二是不待外缘；三是否定教法的真实性。他们的第三个观点待阐明慧远教证观的普遍意义时再说，此处先讨论其前面两个观点。

吕先生说："真正的修为方法，应是革新的，而不是反本的。"[5]这种说法须加以具体分析。如来藏学的修行观的确是"反本的"，但是，我们如果从觉悟法界实相来看，不仅如来藏学的修行方法是"反本的"，可以说佛学诸家的修为方法都是"反本的"而非"革新的"，只是入手方便不同而已。如以十二支缘起为所依的法门，昭示"一切诸行无常，一切法无我，涅槃寂灭"[6]的三法印，众生于此三法印蒙昧无知（无明），以为自己的五蕴有常有我，遂致三世轮回生死苦海。若断除对五蕴的常见、我见，则灭除无明而现证涅槃，这就是反本还源。

---

[1] 此中他们，指《起信论》以及受该论影响的如来藏学和禅学。
[2] 吕澂：《〈大乘起信论〉考证》，《吕澂佛学著作选集》第1册，第367—368页。
[3] 〔日〕松本史朗著，萧平、杨金萍译：《缘起与空》，第78页。
[4] 〔日〕松本史朗著，萧平、杨金萍译：《缘起与空》，第65页。
[5] 吕澂：《〈大乘起信论〉考证》，《吕澂佛学著作选集》第1册，第368—369页。
[6] （刘宋）求那跋陀罗译：《杂阿含经》卷十，《大正藏》第2册，第66页下。

以性空缘起为所依的般若法门，深观诸法实相毕竟空寂，众生亦然，并称不能见此实相的众生为有垢的颠倒众生，若众生"除诸烦恼，不著颠倒"①，则名为无垢众生，这同样是反本还源。以阿梨耶识为所依的唯识法门，其修行方法在教相上的确类似吕澂先生所说是"革新的"，但究实而言，玄奘传唯识学的染污阿梨耶识中不是也本有无漏种子吗？若约无漏种论，其实也是"反本的"路子。如果从革新来说，可以说佛教各家的修行方法无不是"革新的"，因为各家的修行目标最后都是转凡成圣。因此，吕澂、松本先生试图将反本还源视为如来藏学修行观的特义，并进而对它加以指责和否弃，是有失公允的。

但松本史朗比吕先生更极端，他认为像开悟等内容都是非佛教的东西："像开悟、体验、冥想，以及禅定、精神集中、纯粹经验等，都与佛教没有任何瓜葛。"②果真如此，那他就不仅仅否定了如来藏学，甚至连整个佛教都否定掉了，因为在笔者看来，释迦牟尼创立佛教的目的，就是要将迷执于生死苦海的众生导向觉悟涅槃的彼岸。松本为何有此一论呢？这是因为他片面地理解十二支缘起思想的结果。他说："缘起，特别是十二支缘起，笔者把他理解成完全是法与法之间的时间性的因果关系。"③这固然不错，问题在于他仅仅停留于这一层面。他说：

> 我所看到的只是缘起的诸法（缘起支）。如果说世界的话，对于我来说的世界仅此而已。而且，这种诸法缺乏存在论的根据，是一种完全不安定的、充满危机的、可灭的东西。④

---

① 这里是转述龙树的论义，其原文为："诸法实相无相可取，是故无净……除诸烦恼，不著颠倒，是名无垢。"〔龙树造，（后秦）鸠摩罗什译：《大智度论》卷九十五《释七喻品》，《大正藏》第 25 册，第 724 页上〕
② 〔日〕松本史朗著，萧平、杨金萍译：《缘起与空》，第 65 页。
③ 〔日〕松本史朗著，萧平、杨金萍译：《缘起与空》，第 26 页。
④ 〔日〕松本史朗著，萧平、杨金萍译：《缘起与空》，第 40 页。

基于此，他确实不仅反对如来藏学，凡是与他对十二支缘起的理解不相合的佛学思想他都一概拒斥，这只要翻开他的《缘起与空》一书即可得知。然而，十二支缘起是否只有他理解的这一层含义呢？笔者认为未必。众所周知，《阿含经》的根本思想是苦、集、灭、道四谛（总摄起来即为三法印），十二支缘起是其中集谛的主要内容。十二支缘起一方面揭示了众生流转生死的根源和过程，另一方面更重要的是要依此过程逆行而还灭这生死流转的根源（无明），证入灭谛之中。如《杂阿含经》卷十云：

> 如来离于二边，说于中道，所谓此有故彼有，此生故彼生，谓缘无明有行，乃至生、老、病、死、忧、悲、恼苦集；所谓此无故彼无，此灭故彼灭，谓无明灭则行灭，乃至生、老、病、死、忧、悲、恼苦灭。①

松本不承认或看不到十二支缘起有此一义，故将开悟等修行内容悉数从佛学中取消了。基于此，笔者以为他的看法是难以凭据的。

所谓"取给于己，不待外求"，就是在他们看来，如来藏学的修行方法不需要借助于闻、思、修、证的过程，因此是错误的。这种责难同样值得怀疑。慧远的教证观告诉我们，行者在外凡和内凡两位都必须依教修行，只有达到初地菩萨以上的见道位后，真识心才能现起足够的清净德用，令行者不必依教断惑。此思想本来就依《菩萨地持经》的思想而来，因为该论所谓菩萨"有佛无佛，堪能次第断烦恼障及智慧障"就是慧远此说的典据②。《菩萨地持经》是《瑜伽师地论》《本地分菩萨地》的异译本，同一段文字玄奘译本为"若遇大师，不遇

---

① 《大正藏》第 2 册，第 67 页上。
② 弥勒造，（北凉）昙无谶译：《菩萨地持经》卷三，《大正藏》第 900 页上。慧远对此论文的引用，见《义章》卷十九《贤圣义》（参见《大正藏》第 44 册，第 811 页上）。

大师，皆有堪任、有大势力，无间能证烦恼障断、所知障断"①，文字小异而文义相同，可见昙无谶并未译错。是则行者至菩萨位能自证真如、自断二障也是为唯识学所应许的教说，两位先生、特别是吕先生为什么说如来藏学的修行不待外缘呢？其实，真正的佛教宗派没有一家是不尊崇佛陀言教的，就拿吕先生同样毁损的、依自性起修的禅宗来说，禅师们呵佛骂祖、毁经弃教之举都是针对学人当时的具体问题解粘去缚的方便，实际上他们在一定阶段还是要依经教修行的，圆悟克勤（1063—1135）甚至说："离经一字，即同魔说。"②其中即使有悖理肆情、毁教弃修的末流，过错也在修行者本身而不在禅宗这个法门。因此，他们的批判要么是基于宗派偏见的结果（吕澂），要么是难以契会大乘佛教意趣的结果（松本史朗），很难说是持平之论。

从一般意义看，慧远的教证观是中国佛学中最深刻地阐明了宗教经验与语言文字关系的理论。一方面，他深刻地领会到了语言文字与宗教经验之间的紧张关系。修行者的修行经验本身是一流水般的意识过程，是语言之先、之外的非对象化状态，而任何语言都只能以将其所描述的内容对象化为前提，两者属于不同的范畴。在意识将经验对象化的过程中，活生生的经验之流的一部分内涵就被凝固下来加以把握，另一部分内涵则因不能为感觉它的意识所把握而不可避免地流失了；如果进一步诉诸语言文字，语言文字只能描述前一部分内涵中最主要的内涵，于是造成经验事实的再一次剥落。在此意义上，可以说佛法的究竟实相不可说。慧远亦然，他的教行可说、证行不可说的思想，可以说不是一个对宇宙人生真理没有任何觉悟的理论家的推断，而是一个佛教修行者内在经验的流露。在这一面，他与此前般若学的

---

① 弥勒造，（唐）释玄奘译：《瑜伽师地论》卷三十七《本地分中菩萨地第十五初持瑜伽处成熟品》，《大正藏》第 30 册，第 496 页下。

② （明）释居顶：《续传灯录》卷二十八《成都府昭觉彻庵道元禅师》，《大正藏》第 51 册，第 657 页中。

"离言扫相"说和此后禅宗的"教外别传,不立文字,直指人心,见性成佛"说毫无二致,都是佛家本色。当然,这里的不可说暴露的只是语言文字的局限性,并非指佛教修行者对其所追求的如如境界暧昧不清,实际上此境在佛教修行者的内在经验中是明明了了、朗如日月的。

其实,不仅佛教修行者如此,但凡对宇宙人生秘密有所了悟的哲学家对语言文字的态度都莫不如此。中国老子"绝圣弃智""复归于无极"的思想,庄子"得鱼忘筌""得兔忘蹄"的思想,以及王弼"言不尽意""得意忘言"的思想自不必说,笔者认为当代西方大哲维特根斯坦(1889—1951)的语言观也具有异曲同工之妙。他在《逻辑哲学论》中明确宣称:

> 确实有不能讲述的东西。这是自己表明出来的;这就是神秘的东西。①

他所谓自己表明出来的东西就是在人的内在经验中自己显现的境界,类似慧远所说的证行,他认为这样的境界是不能言说的,"应当沉默",语言能够说清楚的仅仅是逻辑范围内的事实。从不可言说的境界来看,人类的语言只不过是拥有共同游戏规则的人之间进行的一种"游戏",是不能当真的。② 这同样告诉我们,语言是具有非常大的局限性的。

更为可贵的是,慧远不仅注意到语言文字与宗教经验之间的紧张关系,同时也注意到他们之间是一种动态的能诠与所诠的关系;即使是最为究极的证境,他也认为并非绝对不可说,而主张可以通过种种善巧的方法来言说,这有如维特根斯坦所言,不可说者只是不可说直

---

① 〔英〕维特根斯坦著,郭英译:《逻辑哲学论》,第97页,北京:商务印书馆1962年版。
② 参见〔英〕维特根斯坦著,汤潮、范光棣译:《哲学研究》,北京:生活·读书·新知三联书店1992年版。详细研究参张志林、陈少明:《反本质主义与知识问题》,广州:广东人民出版社1995年版。

接言说，但可以通过显示它的方法来言说。这样，作为如来藏学者的慧远非但不会像松本所指责的那样，因为视所有教法为方便，遂认为教法中"没有任何真实的教导"，"又因为所有的教导都是指月亮之物，而月亮为'不可说的真理'"，复将"所有的教都变为真实了"。① 相反，通过动态的教证观，慧远恰恰显明了佛陀教法的真实性和确定性，以及众生依之修行求得解脱的必然性。同时，这对肆情毁教的佛门末流也具有补偏救弊之功。

  笔者以为，慧远教证观的问题倒不是反本还源的问题，也不是不待外缘的问题，而是三识修行的内容如何贯通和真缘二修之间的关系问题。慧远将四宗的内容配入浅深不同的事、妄和阿梨耶三识的观修中，就其自己的系统而言完全可以贯通。依其一乘观，四宗都是依一真识心集起的佛学系统，所谓三乘同一佛性，"就实唯一大乘"。因此，四宗虽然有浅深的差别，但不过处于开显同一佛性的不同层面，究实而言它们完全可以贯通起来。既然如此，他将四宗分别配入三识中，在理论上就不存在问题。但是，如果从修行的实践来说，则未必尽然。在实践中，有的众生可能须依慧远安立的次第修行，但有的却可以一开始就在事识层面发真实菩提心、修真实六度行，然后渐次深入妄识位中增上修行、转入阿梨耶识位圆满修行。这里虽然也有浅深，但不是修行的内容本身具有浅深，而是行者是否圆满同样的修行内容的浅深。慧远从教上将修行者的成佛历程一例纳入从小向大、由浅入深、自偏至圆的纵向系统中，既过分曲折，又与其圆融精神不太协调。后来澄观就对慧远的这类做法提出了批评："此公（指慧远）坚将大小事理以配五味，乃成屈曲，如何不说大乘十二部等耶？"② 这无疑击中了慧远的要害。

---

① 〔日〕松本史朗著，萧平、杨金萍译：《缘起与空》，第66页。
② （唐）释澄观：《〈大方广佛华严经〉疏钞》卷二十四，《大正藏》第36册，第182页下。

与此相关者，是真缘二修之间的关系问题。由于慧远将四宗纳入一个纵贯的修行过程，他就不得不处理四宗的内容在修行者修行过程中的浅深过渡问题。尤其是从证见真识心前的缘修转入地上证见真识心的真修时，他不得不在真识心中安立从缘修而起的真实有作六度和从此心体中显现的真实无作六度两种行德，好像法佛性与报佛性真是隔别的两种佛性一样。对这类论义，智顗毫不客气地破斥道：

若竖待者，我于将来破除盲冥而得大明，待今是无智无明。如是智明为是缘修、为是真修、真缘合修、离真离缘？若缘修者，缘是无常，云何生常？若是真修，真不应修。释此有两家：一云缘修显真修；二云缘修灭真自显。真自显是自生，由缘显是他生，真缘合是共生，离真缘是无因生。①

这是说，无论主张以缘修显真修还是缘修灭真自显，都难出自生（后者）、他生（前者）、共生（真缘合）或无因生（离真缘）的外道见。智顗的批评无疑过分严厉，因为慧远的法、报二佛性本为从一真识心中方便安立者，但慧远的说法不够善巧，确实容易授人以柄。也许是吸取了慧远的教训，后来诸家多专就自宗宗义论修行的内容和行位，就避免了类似问题。

第二节 三转成佛的三识观

一、三识观的内涵

慧远论真识心开显的方法，并没有停留于理行上，而是依理行进一步开出了观行方法，这正体现了他作为一个佛教修行者的本色。慧

---

① （隋）释智顗：《摩诃止观》卷六下，《大正藏》第46册，第82页中至下。

远在《义章》中约其宗义成立了许多观法，但紧扣其三识还灭过程的观行方法主要是三识观。慧远的所谓三识观，即第六、第七和第八三识中的观修，我们可以称之为意识观、妄识观和梨耶观。

慧远在《〈起信论〉疏》和《义章》里都阐述了他的三识观，前者是约众生一念的生、住、异三相起观，后者则直接约事、妄、梨耶三识明观，本书依后者为本加以论述，而借助前者帮助说明有关问题。

首先是意识观。慧远阐明心识思想时总说事识或六识，他为什么明观时仅就意识立观呢？对此他有一解释："五识之中不别明其迷悟修舍，于中迷悟修舍之义随意说之。"① 这一说明很有道理，眼、耳、鼻、舌、身五官只不过属于生理性的感观，它们只是纯粹感觉外境，至于感觉不感觉什么确实不由自己做主，所以不必修观。但意识就不同了，一方面它是前面五种感官的支配者，另一方面它有迷有悟，迷则"谬执我人"，悟则"解会空理"②，因此需要修观以令其转迷成悟。

意识中如何修观？慧远说，在意识中，随众生悟解水平可分为三种观：

> 一、生空观，观察五阴无我人故；二、法空观，观法虚假，无自性故；三者如观，观察诸法非有无故。云何观法？知非有无之一切法犹如幻化，幻化之有，无法为有，有则非有；幻化之无，有法为无，无则非无。然则说此幻有无为非有无，亦无非有非无可得；还即说此非有非无为有无故，有无之相亦不可得。进退推求，无法可取。境界既然，心想亦尔。是故心想自然息灭。此三皆是心外法中以求理故，通摄以为意识观也。③

---

① 《义章》卷三末《八识义》，《大正藏》第44册，第536页中。
② 《义章》卷三末《八识义》，《大正藏》第44册，第536页中。
③ 《义章》卷三末《八识义》，《大正藏》第44册，第536页中。

此观分三阶：（一）观察五阴不过是构成众生的色、受、想、行、识五蕴，并没有真正的众生；（二）观察构成五蕴之法不过是因缘和合的假有，无有自性可得；（三）观察一切法非有非无，即既非自性有，也非断灭空。前两阶是约具体事相修观，故慧远称之为增相观；后一阶是在前两观修行成熟以后约理所修之观，故慧远称之为息相观，即息灭取缘心外境相的观法。由于后一观所观对象是诸法非有非无的如如性，他又称之为如观。①

意识观相当于四宗中哪几宗的观法？刘元琪先生说相当于立性、破性和破相三宗观法。②这是很有眼光的见地，慧远《〈起信论〉疏》的相关论述就可以证明这一点。具体地说，这里的意识观相当于《〈起信论〉疏》中约念之异相而起的第二位观法，因为他在阐明此观的能观人时就说："二乘、初发心菩萨是第二位。"③我们还可以依他的"前二观者是二乘所观，后一观者菩萨所观"的说法进一步加以配当④，即从分相门来讲二乘所修观法属于立性、破性二宗的增相与息相观，大乘菩萨所修观法属于破相宗的如观。不过，这里的菩萨不是地上的真修菩萨，而是处于地前种性位的缘修菩萨。

意识观成就后，接着就可以修妄识观。妄识观亦有次第圆满的三观，关于其中的第一观，慧远在《义章》里给出的定义是：

> 妄想依心之观，观察三界虚伪之相唯从心起，如梦所见，心外毕竟无法可得。⑤

---

① 《义章》卷三末《八识义》，《大正藏》第44册，第536页下。
② 参见刘元琪：《净影慧远〈大乘义章〉佛学思想研究》，第90页。
③ 《〈起信论〉疏》卷上之下，《大正藏》第44册，第183页下。
④ 《〈起信论〉疏》卷上之下，《大正藏》第44册，第183页下。
⑤ 《义章》卷三末《八识义》，《大正藏》第44册，第536页中。

但在《〈起信论〉疏》中,他论同一观所用概念却是"妄相观"①。笔者认为这不仅仅是名相的差异问题,而涉及观行的阶位问题。基于他上文中也说此观的内容是观"三界虚伪之相唯从心起",笔者认为此观的名称应当是"妄相观"或"妄相依心观"之误,因为此时刚刚遮遣外相,接下来自然是转入观种种妄相生起之因的阶段,而妄想依心观是观妄想产生的根源,已是下一步的事情了。

妄识中所修的第一层观法,功用在于证见凡意识所取相皆为妄心(妄识)生起,由此破尽心对外面一切境相的执取。破外境执后,还须继破产生妄境的妄心,于是须进一步转进到妄识层面的第二层观法,即妄想依真实观。妄想依真实观观些什么,如何观法?慧远说:

> 妄想依真实观,观妄想心虚构无自,依真而立,如波依水、迷依妄。②

这里的妄想指慧远所谓妄识心体或业识,此观观妄念本身没有自性,是迷真而起的心想,由此破遣对妄想实体性的执著。

遮破了对妄想实体性的执著,有可能堕入偏空,因此需要有第三观来远离执著于空本身这一妄想,此即真实离妄想观:

> 真实离妄想观,观一切法唯是真实缘起集成,真外毕竟无有一法可起妄想。既无有法可起妄想,妄想之心理亦无之。③

此观观一切法皆为真识心同体集成,所以法法皆真,由此破尽一切妄想,彻底转舍以执我为性的妄识。

---

① 《〈起信论〉疏》卷上之下,《大正藏》第44册,第183页下。
② 《义章》卷三末《八识义》,《大正藏》第44册,第536页中至下。
③ 《义章》卷三末《八识义》,《大正藏》第44册,第536页下。

虽然转舍了妄识，犹存有"舍妄想"这一念根本无明（慧远所谓无明识），因此还须在阿梨耶识中修观。梨耶观也分成浅深不同的三观，其中的第一观为息相观（即息"舍妄想"之念，此念即相），第二、三两观则是真识心本身的真实体用观。

息相观是观生死涅槃无相可得。慧远说：

> 生死、涅槃本是真识随妄所起，证实返望，由来无妄；妄想既无，焉有随妄生死、涅槃法相可得？故名息相。①

现证真识心后，从此心反望来时之路，方知一切皆真，从前因妄想而起生死，又因妄想而求涅槃，皆是妄心所生的妄相；诸佛菩萨因众生有生死妄想，故方便安立涅槃以令他们远离此妄想，不过是以楔出楔，同样自性本空、无相可得。此观成就，就显现真识心的如实空境。

实性观是观一切法的自性就是清净的如来藏性。慧远说：

> 内照真实如来藏性唯是法界恒沙佛法同体缘集、互以相成，不离不脱、不断不异。良以诸法同体缘集、互相成故，无有一法别守自性，虽无一性而无不性。无有一性即是如如一实之门，而无不性即是真实常、乐②、净等法界门也。体性常然，古今不变。③

此观成就，则显现真识心的如实不空境。

前两观是如实观自证境界，第三观则是如实观化他境界。慧远说：

> 观察一切诸佛菩萨化用之门，是用门中备含染净三乘诸法。

---

① 《义章》卷三末《八识义》，《大正藏》第44册，第536页下。
② 乐，原文为"示"，当为抄误，据文义改。
③ 《义章》卷三末《八识义》，《大正藏》第44册，第536页下。

> 法既圆具，依之成德，德无不施，是以大圣善入，随顺世间，故能现一切烦恼等事。①

这里的"染净三乘诸法"并不是说诸佛菩萨具有的法本身有染有净，而是指他们具足当机化度九界众生的一切染净法门，染法为化度三界染污凡夫所用的方法，类似台家所说"佛不断性恶"之旨；净法则为化度声闻、缘觉和菩萨所用的方法，即前文论述的缘修和真修等内容。此观实际上是总显佛菩萨的无住涅槃境界。

二、三识观的特色

在中国佛学中，与以后的几种唯识观相较，慧远的三识观都是颇有特色的观法。慧远之后，中国佛学中依识建立的观法主要有两家：其一是窥基建立的五重唯识观；其二则为法藏创设的十重唯识观。

窥基在《〈般若波罗蜜多心经〉幽赞》卷上和《大乘法苑义林章》卷一，对其五重唯识观都有专门论述②，今据其后一书所论先略述其要点如下：（一）遣虚存实。此一重观法观遍计所执性唯识所起，性本虚妄，依他起性、圆成实性自相是有，从而遣除对外境的计执。（二）舍滥留纯。此一重观法进一步观内境由心、心所引生，从而遣除对内境的计执。（三）摄末归本。此一重观法观更深入地观心所由八识生起，从而遣除对心所的计执。（四）隐劣显胜。此一重观法观前七识依阿梨耶识变现，故隐伏前者而独显后者。（五）遣相证性。此一重观法观阿梨耶识中依他起的事相（前七识）皆空，从而证入圆成实性。

刘元琪先生认为，慧远的三识观与窥基的五重唯识观之间具有三大不同：一是慧远观法中的证性是体证体性，而窥基的证性只是认识

---

① 《义章》卷三末《八识义》，《大正藏》第44册，第536页下至537页上。
② 分别参见《大正藏》第33册，第526页下至527页上；《大正藏》第45册，第258页中至下。

唯识的道理；二是慧远的证性是离妄契本，而窥基的证性则是靠一步步外熏修思辨生起；三是慧远的证性必须舍弃依他起法，而窥基的证性则不要求去掉依他起法。① 对刘先生的第二个看法笔者深表赞同，但对其余二义则有所保留。笔者认为，如果从所证性来讲，慧远固然是体证诸法体性，窥基也同样是体证诸法体性，因为窥基最后要证的圆成实性即我法二空所显真如，而这就是诸法的体性。窥基固然长于思辨，但他并不仅仅是一个佛学家，所以也不能说他的证性只是认识唯识的道理。就是否舍依他起性（不是依他起这一法门，而是依他起性的实体性），不但慧远要舍，窥基同样要舍，因为窥基用绳蛇譬喻这一点时就明确说道：

> 此中所说起绳觉时遣于蛇觉，喻观依他遣所执觉；见绳众分遣于绳觉，喻见圆成遣依他觉。此意即显所遣二觉皆依他起，断此染故，所执实蛇实绳我法不复当情。②

窥基明言观依他起遣遍计所执性、见圆成实性遣依他起性，我们怎么能说他不遣依他起性呢？

笔者认为，慧远三识观与窥基五重唯识观的差别主要体现为如下几方面：（一）就所观之体说，慧远的所观体是如实空如实不空的真识心，窥基的所观体是我法二空所显真如，前者为本觉之体，后者则是本寂之体。（二）就能观之智说，慧远是以真识心的本觉智慧为因，以依教而起的闻、思、修慧为缘；窥基则是以依教而起的闻、思、修慧为因，以清净法界无漏种子为缘。（三）就观修之方便说，慧远的观法是纵向观，窥基的观法是横向观。慧远的观法是一个从事识、妄识到梨耶识逐渐向

---

① 参见刘元琪：《净影慧远〈大乘义章〉佛学思想研究》，第92页。
② （唐）释窥基：《大乘法苑义林章》卷一《唯识义林》，《大正藏》第45册，第259页上。

上转进乃至圆满的过程,窥基的观法则是以依他起性为中心横观染净迷悟,见依他起实则为染为迷,见依他起空则为净为悟。(四)就所得之果说,慧远的真识心重于妙有,窥基的真如还是重于真空。

慧远的三识观不但与正宗唯识家的观法有如此多差异,也与深受其影响的华严宗的唯识观大不相同。华严宗的观法,除了独显其宗义的法界观外,还有一种很重要的观法,这就是法藏开出的十重唯识观。这一观法见于法藏的《华严经探玄记》①,其基本内容如下:(一)相见俱存。此观观八识、各种心所以及由之所变现的尘境具足无缺,因有分等熏习变现三界依正等报。(二)摄相归见。此观观三界依正等报(相)为能见识生起后带影而起,由此摄相归性。(三)摄数归王。此观观心所依八识心王而起,无有自体,从而摄数归王。(四)以末归本。此观观前七转识皆是本识的差别功能,无有别体,故此以末归本。(五)摄相归性。此观观八识皆无自体,皆是如来藏平等显现,八识之相因此悉尽,而归于如来藏真性。(六)转真成事。此观观如来藏(真)不守自性,随缘显现八识、诸心所和三界依正等报(事)。(七)理事俱融。此观观如来藏举体随缘成办诸事(事),而其自性(理)本不生灭,故即净之染不碍真而恒俗,即染之净不碍俗而恒真,理事混融无碍。(八)融事相入。此观观因为理性圆融无碍故以理成事,同样一入一切、一切入一,无有障碍。(九)全事相即。此观观事依理成,事无别事,一即一切。(十)帝网无碍。此观观一中有一切,彼一切中复有一切,一门中如是重重不可穷尽,其余一一门皆各如是,如因陀罗网重重影现,皆是真实如来藏法性圆融,故令彼事相如是无碍。②

---

① 法藏在文中说,这十重唯识"是约教就解而说",若"就观行,亦有十重,如一卷《华严三昧》中说"[(唐)释法藏:《〈华严经〉探玄记》卷十三,《大正藏》第35册,第347页下],但今本《华严三昧章》(即《华严发菩提心章》)不见十重唯识观的内容,不知何故。虽然如此,但依他说,所谓教解即所观理,而所观理与能观智本为一体之两面,不可两分,所以笔者可以从能观边将其视为一种观法(华严宗的法界观也具有这样的特点)来予以讨论。

② 详参(唐)释法藏:《〈华严经〉探玄记》卷十三,《大正藏》第35册,第347页上至下。

两相比观，它们都是通过唯识观证入如来藏自性清净心，这是一致的，但是在所观体、观入次第和所证果等方面都有不同。从所观体讲，慧远的所观体虽然通于法藏的所观体，但慧远尚未广显其中的融事相入、全事相即和帝网无碍的事事无碍法界义；从观入次第说，慧远的观法纯为纵向观，而法藏尽管摄入了唯识宗的观法，其最终目的则是观入事事无碍法界，故其观法既有纵横观，也有不纵不横观，前五观为横观，六、七、八三观为纵观，九、十两观则为不纵不横观；自然，如同所观体，两者所证果也有同样的差异。因此，慧远的三识观别具一格，具有不容忽视的价值。

　　但是，慧远的三识观同样存现在严格依次第由小转大的问题，兹不详述。

第七章　真识心的朗现

以涅槃为众生修行成就的圆满果德，是大乘佛教的一致立场，但由于各家安立的所依体有差异，对此果德的展示也就有侧重的不同。依性空为所依体开展出来的大乘般若学，由于直接以诸法的毕竟空性说涅槃，故其涅槃重于无所得的空性；依阿梨耶识为所依体开展出来的唯识学，转向从众生修行历程的果位说涅槃，已开始倾向展显涅槃的庄严果德；依如来藏为所依体开展出来的如来藏学，将众生具足恒沙清净德性的真心视为涅槃之体，故其最重于对涅槃圆妙果德的展示。作为一个如来藏学者，慧远也是如此，他甚至可以称得上是中国佛学史上第一个全面显示涅槃妙有果德的佛学家。

慧远的涅槃思想非常丰富，但其中最能凸显其真识心缘起论特色的内容主要有两个部分：一是以性净、方便二菩提为核心的菩提观；二是以性净、方便二涅槃为宗要的涅槃观。其涅槃观中又包括了以法、报、应三种佛身为主体的三身观（正报）和以法性、实报、圆应三种净土为极则的净土观。由于后者内容太多，笔者将它方便分为三节来论述。当然，这样的安排并非慧远本人所为，而是笔者理解其思想的结果。笔者这样处理，一方面是依佛学系统而来，另一方面也有慧远自身的思想支持。从大乘的佛学系统来说，涅槃是总的果体，而菩提、佛身、净土则是从此果体中约人（菩提与佛身）法（净土）所作的分论；从慧远的思想本身来看，他虽然说从摄相论菩提就是佛身、涅槃，但他同时还说菩提是果、涅槃是果果①，因此我们既可以将他的菩提思想列入果德一章，又可以将它作为涅槃之因置于其涅槃思想前面。

第一节 德体无壅、妙用自在的无上菩提

一、菩提的名义

菩提为梵文 bodhi 的音译，义为觉、觉悟或智慧。证得菩提是佛教徒的根本目的，佛教信仰者尊崇的教主释迦牟尼就被称为证得无上菩提的觉者。同时，追求菩提也是佛学的根本内涵和归宿，可以说一切佛学理论都是围绕菩提二字开展起来的，一方面是从教理上阐明什么是菩提，另一方面是从观行上显明怎样证得菩提。

慧远认为菩提的本质特征是圆通，也就是解脱者精神上体现出的明彻四达状态。他主要是从修行的因果相对观来定义圆通的。约断障说，"障累斯尽，德体无壅，名之为通"；约证果说，"证实返望，从来无染，自体清净，无壅自在，名之为通"；约果德说，"菩提道中诸德同体相成，一成一切，一切成一，虚融无碍，名之为通"；约含义说，"戒、定、慧等行数各异，道、如、迹、乘四义宽通"；约行者说，菩提"能通行人至涅槃处，因之为通"。②不过他说，虽然菩提的本义是圆通，但不能因此将菩提等同于菩提道，因为"一切因道名为末伽，一切果道说为菩提"③。这样的定义可谓深得菩提意趣。

虽然佛学的所诠所求无非是菩提，但大乘佛学兴起后，小乘佛学被视为佛陀对中下根器开示的教法，他们所求所证的菩提也被看成不

---

① 他说："通而论之，性净、方便，俱是菩提，并是涅槃；为别两门，异名互说，此之二果，虽复同时，随义分之，得以菩提显彼涅槃。菩提能显，义说为因；涅槃所显，义说为果。"（《义章》卷一《佛性义》，《大正藏》第 44 册，第 474 页上）
② 《义章》卷十八《无上菩提义》，《大正藏》第 44 册，第 828 页下。
③ 《义章》卷十八《无上菩提义》，《大正藏》第 44 册，第 828 页下。

究竟的二乘菩提，而大乘自家所求所证的菩提则被高扬为无上菩提，追求无上菩提的修行者则被称为菩萨①。慧远本于其一乘观，也宗归无上菩提：

> 言无上者，叹胜之辞。菩提有三：一、声闻所得；二、缘觉所得；三、佛所得。如来所得超过前二，前二不如，故曰无上。②

慧远为菩提所下的定义是"妙寂离相、德备众义"③，因此，虽然都是无上菩提，但从教相上看，他所归宗的无上菩提与般若学中偏于究竟不可得者不同④，而与《金刚仙论》（疏解《金刚经》的论书）所说"于万德中不少一法"的无上菩提义相同⑤，皆重其妙有义。

二、菩提的体相

慧远在具体开展其菩提思想时，只将其开分为性净、方便二菩提一门，并且基于此二菩提说讨论菩提的有得无得、通局和菩提与涅槃一异等思想，因此我们可以说方便、性净二菩提说是慧远菩提思想的核心。

性净菩提和方便菩提这两个概念此前虽未出现，但相关思想早就开始流布了。如世亲的《〈妙法莲华经〉优波提舍》释佛具有十种无上义，其中一义即示现应化佛菩提、报佛菩提和法佛菩提三种菩提：

---

① 印顺法师说："菩萨是求（无上）菩提的有情，这是多数学者所同意的。依古代'本生'与'譬喻'所传的菩萨，也只是求无上菩提的有情。"（释印顺：《初期大乘佛教之起源与开展》，第130页）
② 《义章》卷十八《无上菩提义》，《大正藏》第44册，第829页上。
③ 《义章》卷十八《无上菩提义》，《大正藏》第44册，第830页中。
④ 如《摩诃般若波罗蜜经》卷一《习应品》即云："是菩萨摩诃萨不见有法出法性者，亦不见有法行般若波罗蜜，亦不见有法诸佛授记，亦不见有法得阿耨多罗三藐三菩提。"（《大正藏》第8册，第225页上）
⑤ 《金刚仙论》卷八云："明法身如来万德圆满，无所缺减，虽在烦恼染法，于万德中不少一法，非以修行因缘后方满足，故得名为无上菩提。"（《大正藏》第25册，第858页下至859页上）

> 一者应化佛菩提，随所应见而为示现故……二者报佛菩提，十地行满足，得常涅槃证故……三者法佛菩提，谓如来藏性净涅槃常恒清凉不变故。①

菩提流支译《金刚仙论》里也曾说："受持此经，生闻乃至能得十地证智，终与法身作其了因，与报、应二佛以为生因。"论中并进一步对二因阐释道：

> 法身古今一定，湛然常住，体非作法，受持此经教，但能作其了因，不能作生因，故言"皆从此《经》出"……受持经教，依而修行，报得佛果用，义说了为生，故言"从此经生"，非如世间法辨体为生也。②

《论》中经教指宣说六度等行的教法，借指六度等行，法、报、化三身以智慧为体性，而此智慧即菩提，因此慧远之说确有所据。可以说，上述思想都是慧远建立性净、方便二菩提说的依据。

不过我们注意到，上述两部论典都是偏于从如来藏的体性说性净菩提，而慧远则是偏于从佛法身的果位说性净菩提；而且，慧远更将二菩提与其法报二佛性贯通起来，将它们构成了一个说明佛教修行因果的井然有序的系统。这些都与两部论典有所差异。这说明，慧远的二菩提说虽有所本，但最终还是依其体系的需要加以抉择的。

依慧远说，所谓性净菩提者，"了因所显，说为性净"③。什么是显现性净菩提的了因？了因所显现的具体内容又是什么？慧远在《义章》卷一《佛性义》中这样说："若望性净菩提、涅槃，诸度等行是其

---

① 《大正藏》第 26 册，第 18 页下。
② 金刚仙造，（北魏）菩提流支译：《金刚仙论》卷四，《大正藏》第 25 册，第 821 页上至中。
③ 《义章》卷十八《无上菩提义》，《大正藏》第 44 册，第 830 页上。

了因……佛性望彼性净之果但是正因。"① 据此我们知道，在慧远那里，性净菩提的了因就是六度波罗蜜，而正因则是法佛性。因此，可以说法佛性的圆满显现就是性净菩提。

性净菩提具有如实空如实不空二义。如实空包括我空与法空，其中我空有二义：

> 一、情所取我、众生等能得菩提，于理本无，故名为空；二、菩提真性缘起集成我、众生等，于真常寂，故名为空。②

前一义谓心存我人之见，则差别不等，不能得菩提，菩提是超越了人我见而等视众生的平等智慧，这是以凡夫我见空寂为众生空；后一义谓菩提真性缘起的众生本性恒常寂静，这是以依真识心而起的众生本来自性空寂为菩提。

性净菩提的法空也有二义：

> 一、妄情所取诸佛果德于理本无，故名为空；二、菩提真性妙寂离相，故名为空。以彼佛果性相俱空，是故无有少法可得。又此空中无有三乘果德差别，故曰平等、无有高下。③

这是从法的角度说菩提既无凡夫所取的佛果相，也无其他任何性相。

依此，此菩提的如实空义，实际上就是真识心中本觉性之如实空性的合体朗现。慧远认为，《金刚经》中的"是法平等，无有高下，是名阿耨多罗三藐三菩提；以无我、无人、无众生、无寿者修一切善法，

---

① 《义章》卷一《佛性义》，《大正藏》第 44 册，第 477 页上至中。
② 《义章》卷十八《无上菩提义》，《大正藏》第 44 册，第 830 页中至下。
③ 《义章》卷十八《无上菩提义》，《大正藏》第 44 册，第 830 页中。

则得阿耨多罗三藐三菩提"①一语，就是他尊奉的教证。其实，该经中的前述经文只有前一义，后一义则是慧远基于其真识心缘起论来理解经文的结果。

关于性净菩提的如实不空义，慧远说：

> 言不空者，如《涅槃》说："第一义谛亦名菩提，亦名为道，亦名涅槃。"②

为什么作为菩提的第一义谛不空呢？他说，因为第一义谛就是如来藏中的恒沙佛法性德的显现："彼云何有？如来藏中具过恒沙一切佛法，彼法显了，说为菩提一切种德，故名为有。"③这其实就是真识心的如实不空相的圆满朗现。

因此，慧远说："要而言之，妙寂离相，圆备众义，是菩提相。"④所谓方便菩提，慧远说是生因所生的菩提："生因所得菩提，名方便净。"⑤成就方便菩提需要哪些因？慧远说："若望方便菩提、涅槃，诸度等行，同类生果，名为正因；佛性理资，说之为缘。"⑥因为方便菩提为从缘修起的方便智德，故说六度等行为其生因；法佛性在此行德成就的过程中具有资成的作用，故为其缘因。如此，则方便菩提就是报佛性圆满的结果。

既然如此，它的相状就要从众生实际修行的过程中来理解。慧远分别从行断、真应和随义三个侧面展示了方便菩提的内涵。行断是从

---

① （后秦）鸠摩罗什译：《金刚般若波罗蜜经》，《大正藏》第 8 册，第 751 页下。
② 原文参见（北凉）昙无谶译：《大般涅槃经》卷十七《梵行品》，《大正藏》第 12 册，第 465 页下。
③ 《义章》卷十八《无上菩提义》，《大正藏》第 44 册，第 830 页下。
④ 《义章》卷十八《无上菩提义》，《大正藏》第 44 册，第 830 页下。
⑤ 《义章》卷十八《无上菩提义》，《大正藏》第 44 册，第 830 页上。
⑥ 《义章》卷一《佛性义》，《大正藏》第 44 册，第 476 页下。

自利行的果说，行指修行所得的行德，即法身、般若和解脱；断指修行所断的障碍。就此而论，慧远认为可约分相门和摄相门说：

> 分相论之，断是灭谛，非是菩提；行德是道，方是菩提。摄相言之，行断二门俱是菩提，故《地持》言："二断二智是名菩提。"①……此二皆从行修方便断障而得，名方便净。②

约分相门说，只有对治惑、业、苦的行德才是菩提，因为它就是般若；断德则非菩提，因为它本身不是般若。

约摄相门说，则断德也是菩提，因为它是般若断除惑、业、苦所得的果。慧远将法身、般若和解脱都视为菩提，乃是其圆融思想的体现，不过，一般而言都只称般若为菩提。

真应是从自利利他说，真菩提指真识心之本觉性的显现，即《起信论》所谓"净智相"或"究竟觉"；应菩提指从真菩提发起之应化世间的菩提，即《起信论》所谓"不思议业相"。就此而论，真应二菩提都是方便菩提，因为"真则方便修习而得，名方便净，应亦同然"③。他还从应菩提中开出"应用断"一义作为方便菩提，义为以佛息化归真为方便菩提。其实，这些分别太琐碎，且有些不应理，实际上只消从修行所得果说真应二菩提都是方便菩提就足够了。

慧远还依《菩萨地持经》从佛的自性、无上、名称功德、随念功德、勘能、最胜六义阐明方便菩提的内涵。④自性指菩提行德体性三德

---

① 此处引文见《菩萨地持经》卷三，文义完整的原文如下："略说二种断二种智，是名菩提。二种断者，烦恼障断及智障断；二种智者，烦恼障断离垢清净一切烦恼不相续智，及智障断一切所知无障碍智。"（《大正藏》第30册，第901页中）
② 《义章》卷十八《无上菩提义》，《大正藏》第44册，第830页下。
③ 《义章》卷十八《无上菩提义》，《大正藏》第44册，第830页下。
④ 《菩萨地持经》的相关内容见该经卷三《方便处无上菩提品》（参见《大正藏》第30册，第901页中至902页下）。

圆满，即解脱毕竟、般若圆备、法身穷满。无上指佛德胜过二乘，共有七义：一是身无上，谓佛身相好殊妙；二是道无上，谓佛自度度他，哀愍世间，利安天人；三是正无上，谓佛以正戒、正见、威仪及正命成就；四是智无上，谓佛具四无碍智；五是神力无上，谓佛具足六通；六是断无上，谓佛二障毕竟断除；七是住无上，谓佛以圣、天、梵三住为住。名称功德指佛美响外彰，令人归敬。随念功德指佛随众生系念功德起化，有响必应。勘能指佛能够广益群生。最胜指佛德行和身形皆无比殊胜。[1]

慧远罗列出这么多门来充实方便菩提的内涵，归结为一句话就是：方便菩提即佛的圆满智慧德相。

性净、方便二菩提之间是什么关系？慧远对此没有作出清楚的阐述，甚至尚未达到圆融的体证，以致他在论述菩提的有得无得时说："方便菩提，修起在缘，一向有得，断除生死得菩提故；性净菩提，亦得不得。"[2] 这近乎将两者视为各不相同的两种菩提了。其实，《起信论》的始觉同本觉之说已将二菩提的关系显露无遗，《论》中的始觉即方便菩提、究竟觉即性净菩提，依《论》说性净菩提就是方便菩提的圆满显现，两者是非一非异的关系：就性净菩提本来具足、方便菩提从缘修起言，两者非一；就方便菩提圆满即同性净菩提说，两者非异。但不知为什么，慧远在这个关节点上却一间未达。

三、菩提的通局

依据性净、方便两种菩提的思想，慧远进而辨析了菩提的通局问题。这个问题的出现，是因为与佛性的本始之争相联系，当时或有人定执凡夫本有性净菩提，或有人定执凡夫本无方便菩提，或有人定执

---

[1] 《义章》卷十八《无上菩提义》，《大正藏》第44册，第831页上至下。
[2] 《义章》卷十八《无上菩提义》，《大正藏》第44册，第831页下。

凡夫俱有性净、方便菩提。

慧远认为，性净菩提有通有局，并从体性（就实）、行者（约人）和教相（就相）三个方面对此给予了说明。就实通论，"体通染净，因中亦有，故《经》说言：'一切众生即菩提相'"①。就体性论，菩提的体性究竟而言就是如实空如实不空的本觉，这种智慧为真识心本具，它在凡不减、在圣不增，因此凡夫亦有。

约人论实，"菩提真性穷证在佛，就佛返望，由来常是，本无妄染能覆障故。故《经》说言：'凡夫未成佛，菩提为烦恼；圣若成佛时，烦恼是菩提'"②。从圆满体证本觉智慧的佛反观，凡夫本无烦恼，他们只不过是将菩提本身误认为烦恼；佛也没有断什么烦恼，只不过了知烦恼本性即菩提，烦恼就成了菩提。刘元琪先生谓慧远此说与禅宗的"烦恼即菩提"之说不同，"禅宗的提法是指在因位中的行者顿悟自己烦恼本灭超升自己，而慧远所说的是指在果位中的佛看凡夫的烦恼本寂灭"③，此说颇得其旨。

就相辨实，"在因之时但名佛性，未名菩提，至果显了方名菩提，菩提是其了因果故"④。从成佛的因果过程看，性净菩提是佛果，它要借六度万行方能显了，所以在凡夫位只能叫作佛性，此即他所谓"性虽可显，显必藉缘，若无众缘，毕竟不显，如暗室中及并七宝，若无灯照，无由自显"之旨⑤。这佛性是正因佛性。其具体内容，据刘元琪先生说是法佛性之体和报佛性之方便可生义⑥，而笔者觉得应该仅仅是前

---

① 《义章》卷十八《无上菩提义》，《大正藏》第44册，第832页上。此处引文见《维摩诘所说经》卷一《菩萨品》（参见《大正藏》第14册，第542页中）。
② 《义章》卷十八《无上菩提义》，《大正藏》第44册，第832页上。此处引文见《仁王般若波罗蜜护国经》卷上《二谛品》，原文为："菩萨未成佛时，以菩提为烦恼；菩萨成佛时，以烦恼为菩提。"（《大正藏》第8册，第829页中）
③ 参见刘元琪：《净影慧远〈大乘义章〉佛学思想研究》，第114页。
④ 《义章》卷十八《无上菩提义》，《大正藏》第44册，第832页上。
⑤ 《义章》卷十八《无上菩提义》，《大正藏》第44册，第830页上。
⑥ 参见刘元琪：《净影慧远〈大乘义章〉佛学思想研究》，第114页。

一义，因为慧远是将真识心中的方便可生之义视为方便菩提的正因佛性的。

通过如上论证，慧远要说明凡夫是否本有性净菩提要具体分析，从体性和佛果两个角度可以说凡夫本有性净菩提，但从成佛的因果角度却不能说凡夫本有性净菩提，因为这样就等于否定了修行的必要性。但他的论证总嫌烦琐，实际上只要说对凡夫来而言，性净菩提尚须借缘显现，就完全可以说明问题。

关于方便菩提的通局问题，慧远说凡夫只有产生方便菩提的潜能，而不具有方便菩提："方便菩提凡时全无，设言有者，但于佛性真心体上有可生义，未有法体。"①因此，此菩提必须从缘修生，所谓"体虽能为，为必藉缘"②。依其报佛性只有可出生功德的潜能之说，他有这样的菩提观实属必然。

慧远说，方便菩提的通局可以从法与人两个方面进行论证。他约法对方便菩提所作的论证与他对报佛本始问题的论证完全一样，不必繁赘；而他约人对此思想所作出的论证则依其三识观而来，颇值一提。

慧远说，若从得果的圣人论方便菩提，其通局共有五阶：

（一）"极通论之，三乘贤圣悉得菩提，故《地持》云：'声闻得于声闻菩提，缘觉得于缘觉菩提，菩萨得于无上菩提'。"③这是从三乘圣人都已分断烦恼的意义上说他们都具有方便菩提。

（二）"简大异小，菩提在大，不通小乘，故《大品》中说五菩提偏在大乘。"④《大品》，依当时惯例本指《摩诃般若波罗蜜经》，此处则借指疏解该经的《大智度论》，《论》中说菩萨有发心、伏心、明心、

---

① 《义章》卷十八《无上菩提义》，《大正藏》第44册，第832页上。
② 《义章》卷十八《无上菩提义》，《大正藏》第44册，第830页上。
③ 《义章》卷十八《无上菩提义》，《大正藏》第44册，第832页中。引文见《菩萨地持经》卷一《初方便处种性品》(参见《大正藏》第30册，第888页中)。
④ 《义章》卷十八《无上菩提义》，《大正藏》第44册，第832页中至下。

出到与无上五种菩提，不及小乘。① 慧远认为，这是从大小乘相对论大乘圣人有方便菩提，小乘人则无。

（三）"简作异退，菩提局在种性已上。"② 他认为，《华严经》中的"初发心时便成正觉"③，《涅槃经》中的"须陀洹者八万劫到，乃至辟支佛十千劫到于阿耨多罗三藐三菩提"④ 等教说，即是以种性位菩萨修得智慧为菩提的教证。为什么此位菩萨修得的智慧可称为菩提呢？慧远的理由是：

> 以种性上事识之中缘观渐⑤ 息，八识真心薄障中现，依之成德，故种性上名得菩提；前未同此，所以不说。⑥

依前文，可知慧远这是以种性位行者已修成对真识心的坚固信心为方便菩提的，并认为这样的菩提就不会退转了。这无疑深刻地洞察到了宗教以信为根本基础的特征。

（四）"简圣异凡，菩提局在初地已上，不通地前。"⑦ 他认为，《妙法莲华经》中有关"菩萨闻说寿量，或有八生乃至一生得大菩提"⑧ 之说，世亲明确解说为"证初地菩提法"⑨ 就是文证，而其理由则是：

---

① 参见龙树造，（后秦）鸠摩罗什译：《大智度论》卷五十三《释无生品》，《大正藏》第25册，第438页上。
② 《义章》卷十八《无上菩提义》，《大正藏》第44册，第832页下。
③ （东晋）佛陀跋陀罗译：《大方广佛华严经》卷八《梵行品》，《大正藏》第9册，第449页下。
④ （北凉）昙无谶译：《大般涅槃经》卷二十一《光明遍照高贵德王菩萨品》，《大正藏》第12册，第491页下。
⑤ 渐，《大正藏》本作"时"，据当页校勘注4改。
⑥ 《义章》卷十八《无上菩提义》，《大正藏》第44册，第832页下。
⑦ 《义章》卷十八《无上菩提义》，《大正藏》第44册，第832页下。
⑧ 参见《大正藏》第9册，第44页上。此处引文为义引，原文见《妙法莲华经》卷五《分别功德品》（参见《大正藏》第9册，第44页上）。
⑨ 世亲造，（北魏）勒那摩提译：《〈妙法莲华经〉优波提舍》，《大正藏》第26册，第10页上。

> 以初地上，七识心中缘观渐息，真智渐现，名得菩提；地前未同，所以不说。①

这是以行者证入真识心后，真识心中渐渐显露的真实智慧为方便菩提。

（五）"简果异因，菩提在佛，不通余人。"②其教证即《菩萨地持经》所谓"彼得义者，无上菩提；得方便者，一切菩萨所修学道"③一说。考《论》中在慧远所引前文字前有"有得方便，则能得义"④之说，谓菩萨依方便则能成佛而证得无上菩提，故可以证成他的立论。依其三识观，这实际上就是以佛完全契合真识心的圆满智慧德相为方便菩提。

慧远虽然强调他的菩提观并非偏本偏始的菩提观，但吉藏还是认为这种菩提观与偏执本始者没有本质的不同，他说："此犹是旧本始之义……本性清净名为本有；约缘始悟本净故名始耳。"⑤在笔者看来，这是吉藏从自家宗义作出的责难，未能切于慧远思想实际，难以信从。

第二节　体真、德圆、妙博的大般涅槃

一、涅槃的名义

涅槃，一开始就被视为依佛陀教法（智慧）修行现证的境界，初期佛教中的三法印即以修八正道现证的涅槃为归结，此即所谓"先知法住，后知涅槃"⑥。虽然如此，在小乘佛学中，佛教的注意力集中于让

---

① 《义章》卷十八《无上菩提义》，《大正藏》第44册，第832页下。
② 《义章》卷十八《无上菩提义》，《大正藏》第44册，第832页下。
③ （北凉）昙无谶译：《菩萨地持经》卷三《菩萨地持方便处力种性品》，《大正藏》第30册，第902页下。
④ （北凉）昙无谶译：《菩萨地持经》卷三《菩萨地持方便处力种性品》，《大正藏》第30册，第902页下。
⑤ （隋）释吉藏：《大乘玄论》卷四《二智义》，《大正藏》第45册，第53页上。
⑥ （刘宋）求那跋陀罗译：《杂阿含经》卷十四，《大正藏》第2册，第97页中。

众生深切地体会五浊世间的苦迫,并令他们早日从中得到解脱(即先知法住),所以在教理上重于从缘起法的现象讨论有为法的缘起与还灭,至于涅槃则被认为是远离语言、思维而不能言说的寂灭之境,甚至将讨论涅槃有无之类问题划归为戏论之列。

大乘般若学对佛法的理解,与小佛学有侧重点的不同。般若学不广阐明苦集二谛,而直接显示诸法的空性,如印顺法师所说:"'佛法'从缘起入门,'初期大乘'是直显诸法的本性寂灭。"① 此空性,既是诸法的实相,又是行者修行契证之境,从后一个角度说,空性也就是涅槃,《大般若经》即云:

> 一切法皆无自性,无性故空,空故无相,无相故无愿,无愿故无生,无生故无灭。是故诸法本来寂静,自性涅槃,如来出世,若不出世,诸法法界法尔常住。②

因此,涅槃有大小之分,依道品智推观缘起法而现证的涅槃为二乘证得的悟理不彻(离生死涅槃为二边)、行愿狭劣(自度不度他)的小涅槃,而依无上菩提直下现证诸法不生不灭的空性显现的涅槃则为菩萨证得的悟理圆极(涅槃世间如如一味)、行愿广大(自度度他)的大涅槃。如《大宝积经》中说,"如人求一钱,声闻亦如是,不求真解脱,而取小涅槃。若起狭劣心,自度不度他,犹如小医师,唯自治己身"③;而菩萨"如善巧医王,通达众方已,救无量千亿,病苦诸众生"④,其所证得的涅槃相对前者来说自然是大涅槃。

---

① 释印顺:《〈印度佛教思想史〉序》,《印度佛教思想史》,第2页。
② (唐)释玄奘译:《大般若经》卷四百七十六《第二分道土品》,《大正藏》第7册,第414页中。
③ (北魏)佛陀扇多译:《大宝积经》卷九十九《无畏德菩萨会》,《大正藏》第11册,第551页上至中。
④ (北魏)佛陀扇多译:《大宝积经》卷九十九《无畏德菩萨会》,《大正藏》第11册,第551页中。

同时，虽然大乘佛学皆以证得诸法空性为涅槃，但如前文所述，如来藏系经典与般若系经典对空性的把握具有侧重点的不同。般若系经典说一切法空、空亦复空，故以究竟无所得为涅槃，如青目（生卒年不详）释《中论》大意所说：

> 从《因缘品》来，分别推求，诸法有亦无，无亦无，有无亦无，非有非无亦无，是名诸法实相，亦名如、法性、实际、涅槃。①

而如来藏系经典则说诸法性空蕴涵着真空妙有两义，空是生死烦恼空，清净佛德不空。这样，该系就侧重以显现具足佛德的妙有为涅槃，如以涅槃常住为宗的《大般涅槃经》即说：

> 空者，谓无二十五有及诸烦恼，一切苦、一切相、一切有为行，如瓶无酪，则名为空；不空者，谓真、实、善、色、常、乐、我、净，不动不变。②

这样的涅槃只空生死，而不空涅槃本身的妙德。③

慧远本于《涅槃经》，也主张涅槃德无不备，但他反对当时一些人因此说涅槃一名的基本内涵就是万德总名④，而坚持认为寂灭才是其

---

① 《大正藏》第30册，第36页中。
② （北凉）昙无谶译：《大般涅槃经》卷五《如来性品》，《大正藏》第12册，第395页中。
③ 关于涅槃思想的进一步研究，可参阅张漫涛：《涅槃思想研究》，台北：大乘文化出版社1981年版。
④ 这是当时涅槃师的见解，如法智曰："夫言象生自数内，形名起于累中，至人神道既无象无言，岂复有其形名者哉？圆道不可以遍称，故以该德总名强谓之涅槃。"[（梁）宝亮等集解：《〈大般涅槃经〉集解》卷一，《大正藏》第37册，第379页中] 慧远从四个方面对此作出了反驳：（一）"准昔以来，如来昔于余契经中每常宣说烦恼灭无、身亡智丧以为涅槃，今日涅槃名不异昔，何忽为总？"（二）"据终以验，如来垂灭，大音普告：'今日如来将欲涅槃。'时诸众生闻佛涅槃，咸皆悲恼，诣佛请住，若使涅槃名含万德，是则宜唱万德示人，众生应喜，何故悲恼，诣佛请住？"（三）"准定方言，外国之人见人死灭，咸皆称言某甲涅槃，世人死灭，何德可总，亦称涅

基本内涵。那么在他看来，涅槃的寂灭有哪些含义呢？慧远在《义章》和《〈涅槃〉义记》里都说有四义，但名称互有不同，《义章》说为事灭、能灭、应灭、理灭，而《义记》则说为事灭、德灭、应灭、理灭。依据《义章》能灭一义最后的"此是德寂之灭"一语以及《〈涅槃〉义记》的相关记载①，《义章》中的"能"字实为"德"字之误写或误抄，正确者应当是"德灭"。

（一）事灭谓涅槃"断生死因，灭生死果"②，此即指涅槃断尽了分段、变易二种生死的因果。

（二）德灭的含义有二：一为无相。"诸佛涅槃圆备万德，虽具众德，妙寂离相，称之为灭。"③这是指涅槃体虽实有，但既无他相也无自相。无他相指涅槃中没有色、声、香、味、触、生、住、灭、男、女、苦、乐、不苦不乐十三相，广则为《涅槃经》中说的无二十五有相及诸苦恼相；无自相指大涅槃中"虽有色身而无色相，虽有觉知而无知相，虽有一切无一切相"④。但此处的色、觉知并非上述他相，而是佛具有的清净妙色和真实觉知的妙有相。二为无性。所谓涅槃"又复离性，亦说为灭"⑤。无性指大涅槃中"诸德同体缘起相成，无有一法别守自性，如就诸德宣说常义，离诸德外无别常性，我、乐、净等类亦同尔；又就常等宣说法身，离常等外无别身性，余亦如是"⑥。这样的德灭，实际上就是真识心的如实空如实不空的合体朗现。

（三）应灭亦有两义："一、现断有因，尽生死果，名之为灭；二、

（接上页）槃？""（四）"取文为证，如《涅槃》中'佛叹纯陀：善哉善哉！能知如来示同众生方便涅槃'，世间众生何曾有彼万德涅槃？'如来示同'，此说如来同世尽灭，名同涅槃。"（详见《义章》卷十八《涅槃义》，《大正藏》第44册，第814页中）

① 参见《〈涅槃〉义记》卷一，《大正藏》第37册，第614页上。
② 《义章》卷十八《涅槃义》，《大正藏》第44册，第814页下。
③ 《义章》卷十八《涅槃义》，《大正藏》第44册，第814页下。
④ 《义章》卷十八《涅槃义》，《大正藏》第44册，第814页下。
⑤ 《义章》卷十八《涅槃义》，《大正藏》第44册，第814页下。
⑥ 《义章》卷十八《涅槃义》，《大正藏》第44册，第814页下。

息化归真，用息称灭。"① 此谓如来示现断二种生死因果、息灭化度众生的德用为涅槃。

（四）理灭亦有二义："一者相虚，妄情所起一切诸法相有体无名之为灭，此即经中空如来藏；二者真空，真如来藏离相离性名之为灭。"② 接着，慧远就以离相离性二义来论证涅槃的理灭。不过，理灭的离相离性与德灭中涅槃万德的离相离性具有层次的差异，此乃是指涅槃理体即真识心的如实空如实不空性：

> 言离相者，如马鸣说（中略），如是一切妄心分别悉不相应，唯证境界。言离性者，如来藏中具过一切恒沙佛法，是诸佛法同一体性缘起相成，不离、不断、不脱、不异。以同体故，无有一法别守自性；虽无一性，而无不性。无有一性，法如也；而无不性，法界别也。今说如是，以之为灭。③

这实际上还是以空有如如的真识心为涅槃的理灭。

上述涅槃四义是一个以理灭为本、其余三义为末的涅槃体："由见理中相空之灭成前事灭，悟理舍情，离生死故；由证理中真空之灭成前德灭，如彼真法离性相故；依德起用，故有应灭。"④ 如此说，则涅槃就是一个寂而常用、用而常寂的境智如如之体。慧远说，这样的涅槃是"凡夫、二乘乃至十住不能到"的涅槃⑤，即佛陀特有的大涅槃。说它大，因为它常（不生不灭）、广（其大无外）、多（妙法无量）、深（唯佛能至）、高（渊深难测）、胜（殊胜无比），而最重要的就是以

---

① 《义章》卷十八《涅槃义》，《大正藏》第44册，第814页下。
② 《义章》卷十八《涅槃义》，《大正藏》第44册，第815页上。
③ 《义章》卷十八《涅槃义》，《大正藏》第44册，第815页上。
④ 《义章》卷十八《涅槃义》，《大正藏》第44册，第815页上。
⑤ 参见《〈涅槃〉义记》卷一，《大正藏》第37册，第613页中至下。

体、相、用三大为内容的殊胜义:

> 大有三种:一者体大,性净涅槃体穷真性,义充法界;二者相大,方便涅槃过无不尽,德无不备;三者用大,应化涅槃妙用旷博,化现无尽。故《涅槃》云,"大般涅槃能建大义"①,义犹用也。②

应当说,这样的大涅槃确实已不仅仅是《涅槃经》中宣说的涅槃了。虽如此,他将经中涅槃的常住不变义理解为"体穷真性、义充法界"的性净涅槃(体),将涅槃的空(二十五有)与不空(真实妙色等法)义诠释为"过无不尽、德无不备"的方便涅槃(相),将涅槃的"能建大"义摄入"妙用旷博、化现无尽"的应化涅槃(用),又是深得《涅槃》旨趣的。

慧远本是从大涅槃本身论灭的内容,但刘元琪先生却将其中的事灭配入破相宗、德灭配入显实宗,这显得有些突兀。其实,慧远的事灭即指即涅槃断除了二十五有及一切烦恼,德灭即指断除此种种烦恼后现出的寂灭德相,一为就遣相立说,一为从融相立论,不必胶柱鼓瑟,刻意作配。否则,其中的理灭和应灭应该分别配到哪一宗里头呢?

刘先生说德灭彰显了慧远的"涅槃佛性学的根本精神",基于他的

---

① 《涅槃经》中,迦叶菩萨不明白为何已断除烦恼的佛又共耶输陀罗生罗睺罗,这从佛教教理看来岂不正是未断烦恼吗?佛告诉他:"汝不应言:'如来久度烦恼大海,何缘复共耶输陀罗生罗睺罗?以是因缘,当知如来未度烦恼诸结大海。'善男子!是大涅槃能建大义……是菩萨摩诃萨住大涅槃,则能示现种种无量神通变化,是故名曰大般涅槃。是菩萨摩诃萨所可示现如是无量神通变化,一切众生无能测量,汝今云何能知如来习近婬欲,生罗睺罗?"[(北凉)昙无谶译:《大般涅槃经》卷四《如来性品》,《大正藏》第12册,第388页上至中]意即此乃佛化度众生的方便示现,凡夫、二乘乃至大菩萨皆不可妄测。

② 《义章》卷十八《涅槃义》,《大正藏》第44册,第814页上。

研究角度笔者完全同意，但他说慧远关于理灭的圆融思想"仅局限于如来藏中"，不同于后来华严宗的法界缘起论，笔者却以为是有待商榷的。在笔者看来，慧远的圆融思想不仅仅局限于如来藏中，而且也真实地显现于佛的境界中；华严宗的法界圆融境界也不能泛泛地说在现实世界中，它也只能在已转凡成圣的佛心中，所以法藏的十玄门中最重要的一门是"唯心回转善成门"。因此，依笔者看来，两者圆融思想的差异毋宁在是否依法界缘起为宗这一点上：慧远未依法界缘起为宗，所以他的圆融境界需要历别修行才能达到，由此他的注意力就集中于揭示真识心被遮蔽与得到开显的过程；华严宗以法界缘起为宗，则重于直接显示事事无碍法界的圆融境界，而略于论究此境界被遮蔽与得到开显的过程。当然，笔者非常同意刘先生的另一论断，即华严宗的法界缘起论受到了慧远圆融思想的影响。①

二、涅槃的体相

慧远具体开展其涅槃思想时，也以增一数法将涅槃从一到多分成了很多门，但他主要论述者为从涅槃体上安立的性净、方便二涅槃，从涅槃行德上说的法身、解脱、般若三德，以及从涅槃的果德上说的常、乐、我、净四德。依笔者所见，其涅槃思想的主体也无非这三大内容，而且后两者可以统摄于前者之中。本书此处先讨论他的性净、方便二涅槃的思想。

应当看到，慧远从体上不仅开分了性净、方便二涅槃一义，还有真应二涅槃、体相用三涅槃、各约行断二德分性净方便为四涅槃等几种，但实际上他着墨最多的还是性净、方便二涅槃说，而且从内容上讲，后面诸门皆可纳入此说中来。四涅槃说固不待论；体、相、用三涅槃的体即性净涅槃，相即方便涅槃，用即性净、方便二涅槃的化用，

---

① 详参刘元琪：《净影慧远〈大乘义章〉佛学思想研究》，第135页。

也可摄入二涅槃中；真应二涅槃说中的真涅槃相当于性净与方便涅槃之和，应涅槃相当于应化涅槃，同样可依前例处理。在此，笔者就依此原则彰显其涅槃思想的宗趣。

什么是性净涅槃？依慧远的真识心缘起论系统，性净涅槃就是性净菩提显现之果，究极而言乃是法佛性圆满显现的果体。慧远说，性净涅槃包括性净涅槃、性寂涅槃和同相涅槃三义，三义皆可从对因论果、对体彰用两门观察，原因在于：

> 性净涅槃有其二种：一、本隐法性显成今德，名为性净；二、涅槃体净，说为性净。于此门中，莫问修生修显功德，对用论体，齐称性净。①

这是说，如果相对于涅槃的化用来说，无论修生的功德还是修显的涅槃都是已然成就的涅槃体，都可以称之为性净涅槃。

这样，若据性净涅槃，就其前一门论，"无始法性名之为性，是性本为妄想隐覆，相以②不净，故《胜鬘》云，'自性净心不染而染'；后息妄染，彼性始净，始净法性说为涅槃，是故名为性净涅槃"③；就其后一门说，"涅槃法体名之为性，涅槃体净名为性净"④。这里约涅槃说的法性，指的就是真识心中通于有情无情的如实法，亦即被妄想隐覆的法性圆满显现和显现后的法性皆清净无染性。若据性寂涅槃，就其前一义论，"无始法性从缘飘动，如海波浪，名性不寂；后除妄染，法性始寂，始寂法性说为涅槃，是故名为性寂涅槃"⑤。这是指法性本来自性

---

① 《义章》卷十八《涅槃义》，《大正藏》第 44 册，第 818 页上至中。
② 以，疑"似"之误。
③ 《义章》卷十八《涅槃义》，《大正藏》第 44 册，第 818 页中。
④ 《义章》卷十八《涅槃义》，《大正藏》第 44 册，第 818 页中。
⑤ 《义章》卷十八《涅槃义》，《大正藏》第 44 册，第 818 页中。

寂灭，因无始无明遮蔽而不寂（非法性本身不寂，而是被无始无明倒执为不寂），经修行断尽无明，法性得显其本寂。就后一门说，"涅槃体寂，非是用寂，故云性寂"①。这是指涅槃之体本身寂灭不动。若据同相涅槃，就前一门论，可从三方面说：其一是约染净说，诸佛所证涅槃与通于染净（凡圣）的法性一相无二相；其二是约法性体性说，诸佛所证涅槃即如如不二的法性；其三是约法性受染与息妄的过程说，诸佛所证涅槃息灭了此前法性相似幻现的种种差别相，"息相称本"②，与法性无有差别。这是从多方面显示诸佛所证涅槃与法性的不二相。就后一门说，"涅槃体同，故曰同相"。涅槃体何以同相？慧远说是因为涅槃自体本空，其中"一切法如"，"恒沙佛法莫不皆是一心中法"③。这是说，因为涅槃中诸法自性空寂，同为空相，故称为同相涅槃。

就方便涅槃，慧远则分方便净、方便寂、方便坏、不同相四种涅槃来阐述，且认为四涅槃皆可各从对因论果、对体彰用两门论说，其理由是：

> 方便涅槃有其二种：一、从因修得名方便净；二、从体起用名方便净。④

这是将修行成就的涅槃和从涅槃体起用的应化涅槃皆归为方便净涅槃了。

依此，若据方便净涅槃，就前一门论，"教行功德本无今有，从因方便断障得净，名方便净"⑤。这里的教行指涅槃中具有的化度众生所

---

① 《义章》卷十八《涅槃义》，《大正藏》第44册，第818页中。
② 《义章》卷十八《涅槃义》，《大正藏》第44册，第818页中。
③ 《义章》卷十八《涅槃义》，《大正藏》第44册，第818页中。
④ 《义章》卷十八《涅槃义》，《大正藏》第44册，第818页上。
⑤ 《义章》卷十八《涅槃义》，《大正藏》第44册，第818页上。

用教法，慧远认为这种教法从缘修起，所以叫作方便净涅槃。就后一门说，"作用善巧称曰方便，作用中净名方便净"①。这是以应化涅槃的度化之行清净无染为方便净涅槃。据方便寂涅槃，"若就初义，从因方便断障得寂，名方便寂；若就后义，作用善巧故曰方便，作用中寂名方便寂"②。这是以涅槃中从缘所得的寂灭义和应化涅槃的用而常寂义为方便寂涅槃。据方便坏涅槃，"若就初义，从因方便坏障得灭，名方便坏；若从后义，作用善巧名曰方便，用相不同名方便坏"③。这是以涅槃中从因修断的二障和应化涅槃的作用随缘转变为方便坏涅槃。据不同相涅槃，若"从其初义，方便涅槃断染得净，染净别体，名不同相；若从后义，作用差别名不同相"④。这是指涅槃与其所断染污法的体性各不相同，以及应化涅槃的作用互有差异。

　　慧远对性净、方便二涅槃内涵的阐述可谓曲尽其致，于理不能说不当，但多显得过分烦琐夹杂。就性净涅槃而言，此涅槃本以其自性清净立义，因此他设立对用论体一门实在多余，只会增添烦扰，实际上只消说性净涅槃自体清净，其义已足。如果非立三义不可，也只需说涅槃体本身具有性净（自性清净）、性寂（自性寂灭）和同相（因果无别）三义。就方便涅槃而论，他所设对体彰用一门也是多余的。方便涅槃本来就是从缘所得清净立论的，实际上从对因论果门说方便净涅槃为后得的清净涅槃，就足以说明问题。如果非立四义不可，也只需对从因论果门说方便净涅槃从因修得，所以具有方便净（对因无清净教行显果有清净教行）、方便寂（对因不寂显果寂）、方便坏（对因有烦恼显果无烦恼）、不同相（对因不净显果净）。

　　慧远认为，性净涅槃与方便涅槃的内涵都是相对的，如果从涅槃

---

① 《义章》卷十八《涅槃义》，《大正藏》第44册，第818页上。
② 《义章》卷十八《涅槃义》，《大正藏》第44册，第818页上。
③ 《义章》卷十八《涅槃义》，《大正藏》第44册，第818页上。
④ 《义章》卷十八《涅槃义》，《大正藏》第44册，第818页上。

中的功德是否修生论,则方便涅槃的内涵最少,性净涅槃的内涵最多;反之,如果从理法与事法相对论,则方便涅槃的内涵最多,性净涅槃的内涵最少。他分别从五门来展示二种涅槃之间的这种相对关系:

(一)就方便修生行德论,"修生德中有二种作:一者缘修对治熏发真心,诸功德生,其犹腊印印泥文生;二者体作,真随行缘集成诸德,如金随缘作庄严具。缘作义边名方便净,体作义边说为性净"①。这是将从缘修生的涅槃行德外的一切皆归于性净涅槃。

(二)就修生修显相对说,"次前二种修生之德悉名方便,无始法性显成今德说为性净"②。这是仅以法性在果位显现的涅槃之体为性净涅槃。

(三)约修证以分,"次前二种,约修以论,方便修生、方便修显悉名方便,证实亡缘说为性净"③。以穷证法性的佛来看,法性"从来无隐,亦无今显,净非缘饰,故名性净"④。这是仅以涅槃的体性为性净涅槃。

(四)约体用分二,"向前所说一切涅槃体名性净,用称方便,用相善巧故名方便,德体常寂故云性净"⑤。这也是以涅槃的体性为性净涅槃,不过此义是就果分的体用说体,与前一门从因果说体性不同。

(五)约理事分二,"向前所说一切涅槃行德善巧悉名方便,理体常寂说为性净"⑥。此门中的理即第三门中的无始法性,但讨论角度不同,前者是摄法从人而论,此门则唯就"凡佛一如、染净不易、非隐非显、非因非果"⑦的涅槃常法本身而论。

---

① 《义章》卷十八《涅槃义》,《大正藏》第44册,第818页中。
② 《义章》卷十八《涅槃义》,《大正藏》第44册,第818页中至下。
③ 《义章》卷十八《涅槃义》,《大正藏》第44册,第818页下。
④ 《义章》卷十八《涅槃义》,《大正藏》第44册,第818页下。
⑤ 《义章》卷十八《涅槃义》,《大正藏》第44册,第819页上。
⑥ 《义章》卷十八《涅槃义》,《大正藏》第44册,第819页上。
⑦ 《义章》卷十八《涅槃义》,《大正藏》第44册,第819页上。

其意思是，性净、方便涅槃不能定执，要看从什么角度论，这无疑是契理的。但是，他在展示此二涅槃的关系时，终究未能说出对其思想系统来说最为重要的一句话：方便涅槃的圆满即是性净涅槃。

慧远的性净、方便二涅槃说亦本于《金刚仙论》，该论说：

> 佛有二种：一法身佛，古今湛然，体性圆满，非修得法，此即性净涅槃；二者报佛，藉十地方便修行因缘，本有之性显用之时名为报佛，即方便涅槃。①

这正是慧远性净、方便二涅槃说的张本。但是，该论中以本有法性显用为方便涅槃的说法，将二涅槃合而为一，远较慧远详于条析而疏于会通来得高明。当然，慧远将此二涅槃与其真识心和法报二佛性思想贯通成为一个完整的如来藏缘起系统，也不失为一种开新。

后来，智𫖮和吉藏对此类涅槃说都提出了批评，智𫖮指性净、方便二涅槃摄义不尽：

> 地人言，但有性净、方便净，实相名为性净涅槃，修因所成为方便净涅槃。今以理性为性净涅槃，修因所成为圆净涅槃，此则义便；薪尽火灭为方便净涅槃，此文便。若将修因所成为方便涅槃者，以薪尽火灭为何等涅槃？故知应有三涅槃。②

从前文可以看出，智𫖮的批评并不十分切合慧远的涅槃说，慧远在方便坏一义中也含有以薪尽火灭为方便涅槃一义，只是为他那烦琐的涅槃义门所淹没而得不到显明。智𫖮的批评虽然不太切实，但这反映出

---

① 金刚仙造，(北魏) 菩提流支译：《金刚仙论》卷八，《大正藏》第 25 册，第 858 页下。
② (隋) 释智𫖮：《〈妙法莲华经〉玄义》卷五下，《大正藏》第 33 册，第 745 页中至下。

慧远对法义的过分相对观确实削弱了其概念的确定性，以致人们很难窥见其要领。

吉藏则指责性净、方便涅槃之说实际上既落进了本有说，又堕入了始有论：

> 十地师明性净、方便净，方便净修因所得，性净则古今常有。然方便净犹是始有异名，性净则本有殊称。①

吉藏看到了慧远的性净、方便二涅槃的结构模式可能带来的问题，但慧远的涅槃说本身并没有这样的毛病。实际上，与其二佛性说一样，慧远反对定执涅槃本有始有，而主张应当就具体对象讨论涅槃的本始问题。如他认为，从修行人的角度论涅槃，"始在凡时，未见法性，性为妄隐，未名涅槃；后成佛时，返望生死，由来不有，由谁覆真？真本常净，不待缘饰，是故本来常是涅槃"②。这样的论义是不能划然归为本始说的。

三、涅槃的果德

慧远论涅槃具有的果德，有法身、般若、解脱三德说，常、乐、我、净四德说，常、乐、我、净、有五德说，常、乐、我、净、有、善六德，以及常、乐、我、净、善、尽、真、实八德说等，这些都是依据《涅槃经》开示出来的法义。不过，他主要论述者为三德说和四德说，其他几说无非是四德说的增益而已。而且，他的四德说几乎是《涅槃》法义的重述，无须申论，这里仅论及其较有新意的涅槃三德说。

---

① （隋）释吉藏：《〈中观论〉疏》卷十本《涅槃品》，《大正藏》第42册，第155页上。
② 《义章》卷十八《涅槃义》，《大正藏》第44册，第818页上至中。

《涅槃经》的重要法义之一，就是彰显佛的涅槃果德，经中说，佛陀经过历劫修行证得的大涅槃具有法身、般若与解脱三大果德。法身是佛证得的与法性如如不二之身，般若为佛具有的无上智慧，解脱指佛断尽一切烦恼的自在状态，这三大果德一即三、三即一、不纵不横，共同构成一个圆融无碍的大涅槃体，该经称之为三德秘密藏。①

慧远关于三德的释义大致依《涅槃》而来，他说法身有二义："一、显本法性以成其身，名为法身；二、以一切诸功德法而成身故，名为法身。"②这是本于其法佛性所下的定义，前者指从真识心的如实法性显现而成者，后者指从真识心本具的恒沙佛法性德显现而成者。这样的分疏与其佛性理论是相当一致的。

不过，他以"能鉴照"定义般若显得非常笼统，依其下文的阐释和涅槃中般若的应有之义，般若应当特指法身（即佛）具有的"一切智及一切种智"或"清净智、一切智、无碍智"。③

解脱的含义比较单纯，他以"自体无累名为解脱"④。这自体是什么？应当就是法身。此谓法身断尽了一切烦恼障与所知障，无有烦恼缚累，如从系缚中脱身，故称解脱。

慧远进而揭示了大涅槃中具足上述三德的原因。他认为，大涅槃中具有三德有两个原因：其一是众生修行过程中所断的障碍有三种；其二是成就涅槃的因有三种。就前者说，生死法中具有无明、业与苦报三种障碍，涅槃则是由断除这三种障碍而来，断无明即成般若，离有漏业即成解脱，尽苦报即成法身。就后者言，成就涅槃有福、智、

---

① 经云："何等名为秘密之藏？犹如伊字三点，若并则不成伊，纵亦不成，如摩醯首罗面上三目，乃得成伊三点。若别亦不得成。我亦如是，解脱之法亦非涅槃，如来之身亦非涅槃，摩诃般若亦非涅槃，三法各异亦非涅槃。我今安住如是三法，为众生故，名入涅槃，如世伊字。"[（北凉）昙无谶译：《大般涅槃经》卷二《寿命品》，《大正藏》第12册，第376页下]

② 《义章》卷十八《涅槃义》，《大正藏》第44册，第820页下。

③ 《义章》卷十八《涅槃义》，《大正藏》第44册，第821页上。

④ 《义章》卷十八《涅槃义》，《大正藏》第44册，第821页上。

净报三种因，福为前五度波罗蜜，智即般若波罗蜜，净报为修六度波罗蜜所得果报，其中福行满足为解脱、智行满足为般若、净报满足为法身。① 这实际上还是从断与这证两面立论。

至于大涅槃中三德之间的关系，他说应当辩证地看，如果从摄相门论，三德同体，所以三德互即相同：

> 诸德聚积悉名法身，又德自体亦名法身；诸德无累咸称解脱，诸德明净齐名般若，同一真心觉知性故……以同体故，得成涅槃。②

如果从别相门论，则三德各异：

> 随义别分，此三异体，异中慧数名为般若。法身、解脱进退不定，若说诸佛相好之色以为法身，自余诸德悉名解脱；若当宣说解脱之数而为解脱，自余诸德同名法身。③

慧远在摄相门中所说的"同体"，是指三德同以如实空如实不空的真识心为体，由于它们皆为同体缘起集成，所以可以就诸德随取一义或称为法身，或称为解脱，或称为般若；而他从分相门所说的"异体"，则指三德各自具有不同的个别特性（如般若以慧为体、解脱以寂灭为体、法身以功德为体），因此三德各异。

他不但认为涅槃中的三德不能执定一异，也反对在涅槃与三德之间执定同异。他说，涅槃与三德之间的异同也应从总别二门观察，若从总相门论，任举一德皆可统摄其余诸德：

---

① 参见《义章》卷十八《涅槃义》，《大正藏》第 44 册，第 820 页中。
② 《义章》卷十八《涅槃义》，《大正藏》第 44 册，第 821 页中。
③ 《义章》卷十八《涅槃义》，《大正藏》第 44 册，第 821 页中。

> 论总皆总，论别斯别。以皆总故，涅槃为门，统摄三事皆成涅槃；法身为门，统收涅槃、解脱、般若皆成法身……解脱为门，涅槃、法身及与般若皆成解脱，如《涅槃》中百句解脱，有德皆收；般若为门，统摄诸德皆成般若。①

若从别相门论，则四者名义皆别：

> 言义异者，涅槃寂灭义；法身是体义，又亦聚积义；解脱无累义；般若鉴照义，故云义异。又复分相，断德是涅槃，色报是法身，智慧是般若，余德是解脱，是故皆别。②

这种圆融的涅槃观，无疑是以其六相圆融观为基础的。涅槃作为真识心全体显现的结果，当然同时是此体中的恒沙佛法性德如实显现的结果。真识心中的恒沙佛法，既然"无有一法别守自性"，又"无有一性而无不性"，则它们显现为涅槃中的一切行德自然也是如此。这样，由"无有一法别守自性"，涅槃、法身、解脱、般若等功德法可得同体缘集、互以相成，一即一切，一切即一；由"无有一性而无不性"，则是等功德法又各住自性，不相杂乱。三德既总别无碍，故得共成涅槃。

基于此，慧远对《涅槃经》中所说法身、般若、解脱三德必须以一种非纵非横、一即三、三即一的方式才能结成涅槃的思想作出了深刻的理解，由此建立了一种动态的涅槃观，并分别从"大小乘相对"和"但就大乘"两门来讨论了这一问题。

就大小二乘相对论，他认为小乘圣者的三德不成涅槃，大乘圣者

---

① 《义章》卷十八《涅槃义》，《大正藏》第44册，第822页上。
② 《义章》卷十八《涅槃义》，《大正藏》第44册，第822页上。

的三德方成涅槃，理由有五：

（一）就有无分别，小乘我空法未空，视三德为实有性相（这是指小乘依因缘为三德所立的性相）之法，而其究竟涅槃则是"身智尽竟"的无余涅槃，是不即万法的无为法，涅槃与三德有无隔别，故不成大涅槃；大乘不同，其三德体皆为妙有，其涅槃体亦是妙有，两者同体，故其三德得成涅槃。

（二）就常无常相对分别，小乘的三德仅仅为破除心外境相所得的缘修行德，尚未熏起真识心中本有的德性，因此是无常法。但小乘的涅槃却是常法，常与无常别异，故小乘三德不成涅槃。大乘三德的体性常恒不变，其涅槃的体性也常恒不变，两常相顺，所以能够成为涅槃。

（三）就同体异体分别，小乘三德体性各别（如般若以智慧为体、解脱以寂灭为体、法身以功德为体），体性各别则未能完全寂灭，所以不成涅槃；大乘三德是同体随义而分的行德，如此则无有一法别守自性，无别自性则众德之体悉皆寂灭，所以能成涅槃。

（四）就并不并相对分别，小乘三德的心法与心所法虽然同时，但各别异体，别体同时则成三德并列，故不成涅槃；大乘三事既同时，又同以真识心为体，同体则不存在并列问题，故得成涅槃。

（五）就纵不纵相对分别，小乘三德的体性虽然同时，而其作用有先后，此则为纵，别体纵列，故不成涅槃；大乘三德既同体同时，其作用亦无有先后，此则非纵，非纵则不存在纵列问题，故得成涅槃。①

慧远的五条理由，总归在一起都是基于三德是否为真实法立论的，而判断三德真实与否的标准，则是三德是否为真识心同体缘起集成的行德。若三德同体，则三德为妙有、为恒常、为同时、为不纵，故能成为非纵非横亦非别异的涅槃；若三德非同体，则三德非妙有、非恒

---

① 详见《义章》卷十八《涅槃义》，《大正藏》第44册，第821页中。

常、非同时非不纵,故不能结成涅槃。因此,慧远辨明大小二乘三德成不成涅槃后,还要在大乘中辨别一番,最后的结论是大乘中"缘修三事体妄不真,不成涅槃;真德三事乃成涅槃"①。缘修阶位的行者具有的三德不是从真识心体所显,虚妄不实,不能结成涅槃;进入真修阶位的行者具有的三德为真识心本具德性的显现,所以能结成涅槃。依其四宗观,前者实指破相宗的三德,而后者则指显实宗的三德,所以慧远最终以为,唯有显实宗的三德才是能够圆满成就涅槃的真实妙有的三德。由此可见,慧远的宗门意识是非常自觉的。②

慧远虽然自认为其涅槃观深契《涅槃经》的非纵非横之旨,但智𫖮并不这么看,他认为此说仍然未及于该经中涅槃非纵非横的不可思议境界。他说:

（诸师言）三德无前后,一体具足,以体从义,而有三异,盖乃体横而义纵耳;又言体义俱不殊,而有隐显之异。俱不异,未免横;隐显异,未免纵。③

观智𫖮此论,慧远上述三德思想正是其遮遣的对象。那么,为什么慧远自认为非纵非横的三德观,却被智𫖮斥为既纵且横的三德观呢?为了弄清这个问题,我们还是先看智𫖮如何界定三德的非纵非横义吧。智𫖮说:

即三道是三德,性德因时不纵不横,名三佛性;修得果时不纵不横,如世伊字,名三德涅槃。④

---

① 《义章》卷十八《涅槃义》,《大正藏》第 44 册,第 821 页下。
② 慧远还在真德中开出真应、性净方便和性净三门辨三德成不成涅槃,都属于显实宗内之事,不必具论。
③ （隋）释智𫖮:《摩诃止观》卷三上,《大正藏》第 46 册,第 23 页中。
④ （隋）释智𫖮:《摩诃止观》卷九下,《大正藏》第 46 册,第 126 页下。

智顗从当体圆融三谛的实相境出发,直显三道(惑、业、苦)即三德(法身、般若、解脱),此三道在因为非三非一、一三三一的正、缘、了三佛性,在果则为非三非一、一三三一的智、断、恩三德,且其修行是当体全是的"不断断",所谓"虽言断尽,无所可断,不思识断,不断无明、爱、取而入圆净涅槃,不断名、色七支而入性净涅槃,不断行、有、善、恶而入方便净涅槃"①。依这样的圆教观看来,慧远之类的三德观尽管同体,仍然只是不相即的同体,所以为横;三德须经缘修、真修历别断尽三道(即慧远说的三障)才能开显,自然难免纵。

智顗这种即三道成三德的圆教三德观确非慧远所能想象。但是,依笔者看,其差异主要体现为两者证得涅槃方法上的不同,并非意味着他们要到达的实际理地也有同样的不同。这就类似儒学中"自诚明"与"自明诚"两门,前者是适合于上根器的顿悟法门,后者是适合于中下根器的渐修法门,两条道路虽有顿渐之异(中国传统修行思想中的顿渐二门最早就是由《中庸》提出的),最后证达的中庸境界却无二无别。再者,智顗的三德观标义太高,非一般人所能望其项背,所被根机并不多;慧远的三德观虽然必须缘理断九,难免于纵字义,但大量中下根器的佛教信仰者正需借助这梯子才能达到目标,因此它无疑是更适合大多数人的法门。

四、涅槃与生死的一异问题

涅槃与生死的一异问题在小乘教法中本不存在,是由大乘教法开出一切法自性皆空的甚深法义后才出现的:既然万法自性皆空,哪里有真正的生死可离?哪里又有远离生死的涅槃可证?如龙树说:"涅槃与世间,无有少分别,世间与涅槃,亦无少分别。"② 问题是,既然涅

---

① (隋)释智顗:《摩诃止观》卷九下,《大正藏》第46册,第127页上。
② 龙树造,(后秦)鸠摩罗什译:《中论》卷四《观涅槃品》,《大正藏》第30册,第36页上。

槃与生死了无分别，释迦牟尼佛为什么在在处处殷勤劝说众生远离生死呢？为什么他要称赞解脱的圣者"生死已尽，梵行已立，所作已办，不受后有"①呢？于是大乘佛学家纷纷对此加以会通，慧远也不例外。

慧远认为，涅槃与生死的一异要具体分析，不能一概而论。他的观点有三：一是从众生本身而言，涅槃与生死不同；二是就众生与其体性相对而言，生死与涅槃亦同亦异；三是就众生的体性本身而言，生死与涅槃不异。

关于第一义，慧远说："就缘说缘，断生死体，得涅槃性，生死涅槃，体性全别。"②他以《涅槃经》中的"本有今无"偈来对此说进行论证：

> 若就凡夫二乘论之，望于当果，宣说未成佛前为本，还即说此未成佛前以之为今。彼于现在有生死身名为本有，无常法身说为今无；又于现在无常法身名为本无，现有生死无常之身故曰今有。③

虽然如此，"彼本所有生死之身三世恒有无是处故，当必除断；彼本所无常住法身三世恒无无是处故，当必修证"④。此谓凡夫与二乘本有生死而今无涅槃、本无涅槃而今有生死，但众生断除生死之身即能证得常住法身。慧远旨在说明，生死与涅槃本身并没有差别，是因为众生本身为无始无明障蔽而有生死，由此才自异于涅槃了。对这样的众生来说，生死为虚妄，涅槃为妙有，二者体别，故需要转生死证涅槃。这是如理的解说。不过，慧远在论证中的用语有问题。他以法身指代涅槃固然可通，但笼统地说众生无法身、无涅槃却有欠周到。依其极

---

① （后秦）佛陀耶舍、（后秦）竺佛念译：《长阿含经》卷二，《大正藏》第1册，第12页上。
② 《义章》卷十八《涅槃义》，《大正藏》第44册，第828页上至中。
③ 《〈涅槃〉义记》卷四，《大正藏》第37册，第718页上至中。
④ 《〈涅槃〉义记》卷四，《大正藏》第37册，第718页中。

具分析能力的头脑，他本来应当在此辨别清楚，众生本无者不是非因非果的法身和性净涅槃，而是圆满显现法身的报身和依缘修得的方便涅槃。

就第二义，慧远说：

> 约缘论实，转生死体即是涅槃，非全别体。良以迷时迷涅槃性为生死故，是故解时解生死体即是涅槃。如人迷时，正方为邪，及至解时，邪方即正；亦如夜暗，见绳为蛇，及后明时，蛇即是绳。①

从众生论涅槃，众生体性即是涅槃体性，即同为无始法性，众生迷此性而成生死，悟此性则成涅槃，一如前引《仁王经》所说："菩萨未成佛时，以菩提为烦恼；菩萨成佛时，以烦恼为菩提。"这表明生死与涅槃的差异仅仅是众生的迷悟问题。

最后，慧远说：

> 就实论实，生死之体即是涅槃，不得还转，如蛇是绳，岂待至明？②

就诸法实际论涅槃，生死涅槃之体皆是一如如寂灭的真识心，既不存在需要转离的生死，也不存在有待证取的涅槃。

慧远的上述说法，自然也是依其四宗观立论的。依其四宗观，凡夫取心外境相为实有，自然以为生死性相皆为实有；即使是二乘行者，因其尚在事识层面随相造修，其最高境界也只能空生死之性而不能空生死之相，更不能了知生死的体性就是涅槃性，所以在他们的层面生

---

① 《义章》卷十八《涅槃义》，《大正藏》第 44 册，第 828 页中。
② 《义章》卷十八《涅槃义》，《大正藏》第 44 册，第 828 页中。

死与涅槃全然二体，需要远离生死而证取涅槃。破相宗的行者虽然已经破除生死之相而回心深入妄识层面修行，但仍然未见生死涅槃的实性，所以尚须有生死性的一转。正是在这意义上，慧远才说此宗"虽说无相，未显法实"①。显实宗不但了知生死无实体性的性相，而且证知二乘、菩萨所离生死与所证涅槃（方便涅槃）都是由"清净法界如来藏体缘起造作"而成②，所以自性无生、本来涅槃，转无所转。

虽然慧远在教理上已达于生死即涅槃之境，但他并没有依此为宗，他仍然提倡通过由低到高、从浅入深的渐修过程达到此境，而往后的天台宗、特别是禅宗就直接以生死涅槃一如为宗起修了。

五、如来藏学的涅槃观不是戏论

印顺法师有一个非常特异的看法，即认为如来藏学的涅槃观是戏论。他说：

> 真常论者说：涅槃有二义：一、空义，是空却一切戏论妄见；二、不空义，是常住真实不变的。真常不变，是微妙的妙有，所以说非无；戏论妄见，是虚幻不实，可以说非有。这也不能说是涅槃，因为毕竟空寂中，不但遮有、遮无，也遮亦有亦无的。③
>
> 中国的圆融论者，大都说：有就是无，无就是有，有无是统一的。但毕竟空寂中，差别的综合不可得，并行的统一也不得成，这都是戏论涅槃。④

对如来藏学来说，这是一个极为根本的是非判断，如果果真如此，那

---

① 《义章》卷一《二谛义》，《大正藏》第 44 册，第 483 页上。
② 《义章》卷一《二谛义》，《大正藏》第 44 册，第 483 页下。
③ 释印顺：《〈中观论颂〉讲记》，第 506 页。
④ 释印顺：《〈中观论颂〉讲记》，第 507 页。

么中国的佛学绝大多数都属于没有意义的戏论了。也许正是基于这一认识，印顺法师才穷其毕生精力弘扬他眼中的"原始"佛教和"初期"大乘佛教，而弹斥中后期大乘、特别是如来藏学和秘密佛教。

印顺法师为什么这样论定他眼中的"真常论"者的涅槃观呢？因为他认为佛法的涅槃应当如此：

> 佛说涅槃，不是断灭实有的生死（所以涅槃非无），也不是另得真常乐净的涅槃（所以非有）；本性空寂，有何可断？有何可得？只是在见色、闻声、举心、动念中，"不"执"受"取著"诸因缘"法，现觉法性空寂，而还复诸法的本性空寂，所以名为涅槃。①

这是印顺法师在疏解龙树《中论》两个偈颂②时阐发的涅槃思想，自然没有问题。但窃以为，龙树的涅槃思想并非仅有印顺法师所说的上述内涵。依笔者浅见，龙树论涅槃有两门：一是体性门；二是断证门。从体性门论涅槃，无生死可断，无涅槃可得，一切皆不受，方可名涅槃。法师的理解义当此门。但是，龙树并没有因从体性门说二边不住的涅槃就执定无烦恼可断、无涅槃可得，相反他认为，对流转世间的众生来说，是实有生死可断、涅槃可得的。正是在这一意义上，他并不遮破圣人所得的涅槃，而只遮破凡夫定执为有、无、亦有亦无、非有非无四句义的涅槃。这一点，我们只要看看他对《摩诃般若波罗蜜经》"第一义空"的疏解，就会豁然开朗。他说：

> "第一义空"者，"第一义"名诸法实相，不破不坏故，是诸

---

① 释印顺：《〈中观论颂〉讲记》，第504—505页。
② 这两个偈颂是："受诸因缘故，轮转生死中，不受诸因缘，是名为涅槃。如佛经中说，断有断非有，是故知涅槃，非有亦非无。"［龙树造，（后秦）鸠摩罗什译：《中论》卷四《观涅槃品》，《大正藏》第30册，第35页中］

法实相亦空。何以故？无受无著故。若诸法实相有者，应受应著，以无实故，不受不著。若受、著者，即是虚诳。①

这是从体性门论涅槃。但他接着说：

> 不得言涅槃无，以众生闻涅槃名生邪见，著涅槃音声而作戏论：若有若无。以破著故，说涅槃空。若人著有是著世间，若著无则著涅槃，破是凡人所著涅槃，不破圣人所得。何以故？圣人于一切法中不取相故。②

此则为从断证门论涅槃。笔者认为，这后一门的涅槃义，对完整地把握龙树的涅槃思想是极为重要的。龙树在这里向我们传达了这样的信息：只要不执著于相，说涅槃毕竟空与说涅槃妙法有都无障碍。如此，《涅槃经》说"空者一切生死，不空者谓大涅槃，乃至无我者即是生死，我者谓大涅槃"③的妙有涅槃固无不可；如此，依涅槃等如来藏系经论建构其教理系统的如来藏学说涅槃妙有也无不可。印顺法师斥之为戏论涅槃，与龙树的相关论义大不合。

近来，松本史朗后来居上，他将佛教中所有有关涅槃的思想都视为非佛教思想而否定了，这恐怕是连印顺法师也没有想到的。松本的《缘起与空》一书中载有一专文，题目就是"解脱与涅槃——此非佛教之物"，文中说道：

---

① 龙树造，（后秦）鸠摩罗什译：《大智度论》卷三十一《释初品中十八空义》，《大正藏》第 25 册，第 288 页中。
② 龙树造，（后秦）鸠摩罗什译：《大智度论》卷三十一《释初品中十八空义》，《大正藏》第 25 册，第 288 页下。
③ （北凉）昙无谶译：《大般涅槃经》卷第二十七《师子吼菩萨品》，《大正藏》第 12 册，第 523 页中。

> 解脱（vimukti）这个观念，是在把我（ātman）看成实在的我论（ātmavada）的非佛教思想或反佛教思想基础上建立起来的。不独解脱，涅槃（nibbāna）的观念、禅定（jhāna，samadhi）的思想，以及重视心（citta）的思想等，均是基于我论的反佛教思想。①

他的理由是，"解脱与涅槃的根本逻辑，是'阿特曼（A）从非阿特曼（B）的脱离、退出，这种 A 与 B，可进而被认为'精神'和'肉体'。因此，完全的解脱是开始于舍弃肉体，故一切解脱思想的唯一理想，就是'死亡'"②。也就是说，在他看来，因为涅槃思想提倡精神从肉体中解放出来，堕入了应许自我的本体论泥坑，因此不是佛教思想。

松本指责涅槃思想的基础是我论，前文已有回应，这里不妨再强调一次：并非如来藏系统本身应许一个所谓的我，而是在如来藏学看来，有一类执我众生需要一个真我作为努力的目标才能渐渐信仰佛教，如来藏学家们遂当机方便安立一个常乐我净的涅槃，以策励他们断除那本来没有的烦恼。换句话说，如来藏学只是在理论上采取了类似本体论或本源论的结构，而其理论的内涵和实质却是完全契合于佛法缘起性空这一根本思想的。松本不知此义，一方面偏执于他所谓"原始"佛教的十二支缘起观，另一方面又不能细心体察如来藏学的微言大义，所以会得出这样的结论。

松本将一切解脱思想的唯一理想判为"死亡"，这就是他没有信心体察如来藏学微言大义的表现。诚然，小乘佛教的圣者中，曾有因极度厌离生死或担心自己道行退转而自杀的现象，小乘佛教甚至以灰身灭智的无余涅槃为终极追求，但依大乘佛教的中道见来看，这都是应当被呵斥的边执见。针对小乘行者的自杀现象，释迦牟尼特制定了严禁自杀的戒律：

---

① 〔日〕松本史朗著，萧平、杨金萍译：《缘起与空》，第116页。
② 〔日〕松本史朗著，萧平、杨金萍译：《缘起与空》，第147页。

> 若比丘，若人，若似人，若自杀，若与刀药杀，若教人杀，若教自杀，誉死赞死……作是心，随心杀。如是种种因缘，彼因是死，是比丘得波罗夷，不共住。①

既然如此，怎么能说佛教一切解脱的唯一理想就是死亡呢？笔者以为，松本出现这样的错误，倒不是因为他学问不广博，而是因为他对佛学的修行维度没有多少契会。

第三节 妙色湛然的佛身

一、三佛的由来

佛身是涅槃中的正报。慧远在《义章》中就佛身开列了九种佛身义，但其所宗者是三佛观中的"开真合应"一门，即从真佛中开出法、报二佛而与应佛共同构成的法、报、应三佛观，这从他讨论佛身的佛因、体性、本始、观入等问题皆依三佛观立论即可得知。

学界一般认为，在佛学中，佛身一开始仅仅指释迦牟尼的肉身，释迦牟尼佛圆寂后，大众部最先传出了佛有常住身的说法：

> 诸佛世尊皆是出世；一切如来无有漏法；诸如来语皆转法轮；佛以一音说一切法；世尊所说无不如义；如来色身实无边际，如来威力亦无边际。诸佛寿量亦无边际；佛化有情，令生净信，无厌足心……一刹那心了一切法，一刹那心相应般若，知一切法。②

由此，佛学渐渐在佛的肉身外别立一常住法身。大乘佛学兴起后，形

---

① （刘宋）佛陀什、（刘宋）竺道生等译：《五分律》卷二《第一分初第三事》，《大正藏》第22册，第8页中。
② 世友造，（唐）释玄奘译：《异部宗轮论》，《大正藏》第49册，第15页中至下。

成了法身、报身和化身的完整佛身观,释迦牟尼的肉身则被视为此法身变现的化身。

据印顺法师研究,这样的佛身观根源于佛涅槃所引起的佛弟子对佛的永恒怀念。他说:

> 本来,佛也是称为阿罗汉的,但"多闻圣弟子"(声闻)而得阿罗汉的,没有佛那样的究竟,渐渐被揭示出来,就是著名的大天(Mahādeva)"五事"。上座部(Sthavirah)各派,顾虑到释尊与比丘僧共同生活的事实,虽见解多少不同,而"佛在僧数",总还是僧伽的一员。"佛在僧数,不在僧数",是部派间"异论"之一。佛"不在僧数",只是大众部系,佛超越于比丘僧以外的意思。无比伟大的佛陀,在怀念与仰信心中,出现了究竟圆满常在的佛陀观。"佛身常在",弥补了佛般涅槃以来的心理上的空虚。①

他还说,这种佛身观虽经过了佛法的净化,但"也应该是,无始以来,人类为无明(愚昧)所蔽,所表现出的生命意欲的愚痴相"②。这实际上是说,佛身是佛陀涅槃后信徒们寻求心里安慰的结果。这种基于历史学和心理学的解释或许能够说明一定的问题,但却是基于趣识立场观察佛法的结果,抹杀了佛陀所证涅槃的超越性与神圣性,甚至取消了涅槃乃至佛教存在的根本出发点——诸法实相。

笔者以为,既然大乘佛经同样是佛所说真经(这是印顺法师表面同意实际不赞成的)、大乘佛法同样是佛所传正法(这是印顺法师同意的)③,那么其佛身观也应依其教理本身及其所教化的众生来加以理解。

---

① 释印顺:《初期大乘佛教之起源与开展》,第13页。
② 释印顺:《初期大乘佛教之起源与开展》,第169页。
③ 关于这个问题的详细讨论,参见周贵华主编:《菩提树下的抉择——无锡反思会议论文集》(内部资料),2018年5月印刷。

从大乘佛法的教理说，既然诸法（包括佛）实相为不生不灭、不增不减的真如，而佛是现证此真如的大觉者，自然可以将佛等同于其所证真如。这就是为什么《大般若经》要这么说：

> 如来法身即是诸法真如、法界，真如、法界既不可说有来有去，如来法身亦复如是，无来无去。①

由此，将佛于因地广修六度万行证得法身所显现的相好之身称为报身就顺理成章了："佛报身者，谓诸如来三无数劫修集无量福慧资粮所起无边真实功德，常住不变，诸根相好，智慧光明，周遍法界。"②至于化身，则可理解为是佛证得法身、获得大自在后任运化度六道众生而化现的无量身："言化身者，为彼有情，随所应化，故现无量阿僧企耶诸化佛身……如是种种善巧方便无量无边，皆是如来自在神力。"③

从佛法所被众生来说，如印顺法师所说，大乘佛法所被众生确实是生命意欲比较强烈的一分，不但如此，他们还是喜追问、好求索的一分。对这样的众生，《阿含经》那种偏重罗列苦相、推求苦因、修灭苦道的说法方式已不敷应用，必得将重点转移到对灭谛的开显，向众生方便展示佛法追求的佛果盛德，以摄受更多众生信仰佛法。佛身理论的出现也是如此，如果一分众生听闻修行佛法能获得如此妙身，自然会更容易信仰佛法。因此，如果从佛教立场看，与其说大乘佛法的佛身观是众生愚痴相的体现，毋宁说是佛陀教化众生善巧方便的显现。

慧远正是从佛学本身的立场来理解三身成立依据的。他认为，依

---

① （唐）释玄奘译：《大般若经》卷三百九十九《初分法涌菩萨品》，《大正藏》第6册，第1068页上。

② （唐）般若译：《大乘理趣六波罗蜜多经》卷一《归依三宝品》，《大正藏》第8册，第866页下。

③ （唐）般若译：《大乘理趣六波罗蜜多经》卷一《归依三宝品》，《大正藏》第8册，第866页下至867页上。

据《金光明经》①，佛身可以从起因、治障、所净、随化四门来观察。他安立的四门中，就起因不同一门所说与上述般若经典的内容差不多，但他约治障、所净和随化三门所开展的内容却颇有特色。

他说，如果从治障不同论，因为众生被三心所障，法、报、化三身为对治此三心而立：

> 言三心者：一、起事心，所谓四住所起烦恼，此惑粗强，能起业事，名起事心，障佛化身。菩萨修习伏结之道，伏除此心，故得化身。二、依本心，谓四住地依无明起，名依本心，障佛应身。菩萨修习断结之道，断除此心，故得应身。三、根本心，谓无明地与彼四住烦恼为本，故名本心，障佛真身。菩萨修习胜拔之道，灭此本心，故得真身。②

文中的应身即报身。这三心与三识是什么关系呢？慧远未告诉我们。但据慧沼（651—714）记载，真谛是将此三心配于前六识、阿陀那识和阿梨耶识的："一、起事心是六识皮；二、依根本心是第七肉；三、根本心是阿梨耶识骨。"③据此，我们可以推想慧远应当将三心分别对应于事识、妄识和阿梨耶识。为什么对治此三识能分别得到化身、报身和法身呢？笔者据其开显真识心的思想判断，慧远这里不是从佛身的体、相、用结构论三身，而是从众生修行成佛的过程论三身：众生于事识中随修善业，则造业的事识渐灭，事识渐灭则新业渐少，新业渐少即感得随类化身；众生深入妄识中修行，断根本无明所起烦恼，入见道位，始证真识心，证真识心即渐渐证得报身；众生深入阿梨耶识位修行，进断根本无明，真识心全体朗现，即证得法身。

---

① 参见《大正藏》第16册，第363页中、364页下。
② 《义章》卷十九《三佛义》，《大正藏》第44册，第841页上。
③ （唐）释慧沼：《〈金光明最胜王经〉疏》卷二末，《大正藏》第39册，第218页中。

如果从所净不同看，慧远说：

> 所净别者，如彼《经》说，"如如法性极清净故，摄受法身"，此名真心为法身矣；"如如智慧极清净故，摄受应身"，依真起用故，说智净摄受应身；"以三昧门极清净故，摄受化身"①，依定起用故，三昧净摄受化身。②

这是依所得清净佛果的不同侧面安立三身，即以如如法性为法身、如如智慧为报身、三昧为化身。

如果约随化不同论，慧远说，佛有为见道前的凡夫示现者，有为初见道的声闻示现者，有为地上菩萨示现者，前者为化身、中者为报身，后者为法身。原因在于，凡夫随相修行而所喜不同，声闻一意愿求相好佛身，菩萨则已不执著身相。③这一门与第一门内容一样，立义角度则不同，第一门是从修行者断惑角度立论，此门则是从佛示现角度立论，所以不算是重复。

慧远以其法、报二佛性思想为本，将《涅槃经》中的佛性说统摄进来，进一步考察了众生成就三佛的原因。

关于法身佛因，慧远认为可以从生因与了因、缘因与正因两门来观察。从生了二因看，"法佛唯从了因所得，非生因生，以本有故"④。这是说法身佛的体性是法佛性，法佛性本有，所以法身佛唯须借了因来显现。从缘正二因看，法身佛的显现须分凡圣二时论，法身佛在凡夫位时只有正了因，在圣人位时则有正了因和缘了因两种了因。正了

---

① 此中引文皆见《合部金光明经》卷一《三身分别品》（本品为真谛译），原文为："性极清净，摄受法身；智慧清净，摄受应身；三昧清净，摄受化身。"（《大正藏》第16册，第364页下）
② 《义章》卷十九《三佛义》，《大正藏》第44册，第841页上至中。
③ 参见《义章》卷十九《三佛义》，《大正藏》第44册，第841页中。
④ 《义章》卷十九《三佛义》，《大正藏》第44册，第843页中。

因即直接显了法身佛的了因，缘了因即间接显了法身佛的了因。就凡时而言，"佛性以为正了"，即以"此佛性体从本已来有可从缘显了之义名为了因"①；就圣时而论，真实无作六度波罗蜜为正了因，即"彼前佛性渐显成行，说为六度，此之六度亦有可了圆显之义，说为了因"②。圣时法身佛还有两种缘了因："一、缘修六度能显真体，说为缘了，如火炼金；二、真实有作六波罗蜜能显真体，说为缘了，如庄严具，显金清净。"③慧远对法身佛因作如此细致的分疏，主要是因为依据他的法佛性说，善趣凡夫只有法佛性，所以凡夫唯有以法佛性作为正了因；修行至圣人位，法佛性则显现为真实无作六度波罗蜜，故此时以真实无作六度为正了因；而到了圣位，缘修六度（行者借以修行的六度法门）和依缘修六度在真识心中熏生的真实有作六度都能帮助显了法身佛，故称之为缘了因。

慧远认为，报身佛因也有生了和缘正两门。从生了一门论，"报佛一向生因所生，以本无故"④。这里的本无义，是说凡夫本无现实的报身佛，不是说本无报佛性，报身佛凡时本无，故须生因生。接下来，慧远就详细辨明报身佛在凡圣二时的佛因：凡时报佛的正因是报佛性，即真识心体"从本已来有可从缘生报佛义"⑤；圣时其正因则是真实有作六波罗蜜，这是说凡时的报佛性"遇缘熏发，便有无量诸功德生，所生功德说为有作六波罗蜜，此六亦能出生报佛，故名正因"⑥。报身佛的修生还有两种缘因：一是能熏真识心出生报佛的缘修六度；二是法佛性和真实无作六度能助成报佛功德，所以是报身佛圆满的缘因。⑦

---

① 《义章》卷十九《三佛义》，《大正藏》第44册，第843页下。
② 《义章》卷十九《三佛义》，《大正藏》第44册，第843页下。
③ 《义章》卷十九《三佛义》，《大正藏》第44册，第843页下。
④ 《义章》卷十九《三佛义》，《大正藏》第44册，第843页中。
⑤ 《义章》卷十九《三佛义》，《大正藏》第44册，第843页下。
⑥ 《义章》卷十九《三佛义》，《大正藏》第44册，第843页下。
⑦ 《义章》卷十九《三佛义》，《大正藏》第44册，第843页下至844页上。

约化身佛因，慧远说，"应因不定，摄用从体，更无别因，修得真体，自然起用，何须别因？"① 所谓"应因"即应身佛之因，而此中的应身佛实即化身佛。慧远的意思是，如果从摄用归体的角度说，因为化身佛是法身佛的自然显用，所以没有佛因，不必讨论，而这就是他在佛性论中只立法、报二佛性的原因。如果要从分相门讨论，化身佛因也可以开出同类因和异类因两门，同类因指化身佛在成佛过程中示现出来、为众生看见的菩萨行，异类因则指化身佛在成佛过程中实际修习的各种菩萨行。前者众所周知，后者则是慧远的特义。慧远还进一步从化身佛中分出从法身佛起用的法化佛和从报身佛起用的报化佛，然后分别辨定其正缘二因，以为法化佛以"如来藏中缘起法门以为正因，大悲愿力以之为缘"，报化佛以"大悲愿力以为正因，三昧法门以为缘因"。②

慧远对三佛之因演说了如此众多内容，就他的系统而言，这样的条分缕析确实很详细地揭示了三佛的因缘，但如果我们对它们作一归纳，其实只有简洁明了的两句话：法身佛以法佛性为了因，以报佛性与真实有作六度为缘因；报身佛以缘修六度为生因，以法佛性与真实无作六度为缘因。

二、以真识心为体的三佛观

慧远虽然依据《金光明经》论述三身成立的理由，但其三身佛的内涵却是显实宗自家的。他说，四宗随其浅深各有三佛之设，而以显实宗的三佛最为究竟：

> 小乘法中宣说如来事识为体，于事识中，戒、定、慧等五品

---

① 《义章》卷十九《三佛义》，《大正藏》第44册，第844页上。
② 《义章》卷十九《三佛义》，《大正藏》第44册，第844页上。

功德说为法身，王宫所生相好之形名为报身，如来、猕猴、鹿、马等化说为应身。若就大乘破相门中，宣说如来七识为体，于中宣说破相空理以为法佛……七识缘智照空之解说为报佛……丈六等化名为应佛……若据大乘显实门中，宣说如来真识为体。据佛以论，真识之外更无余识可为佛故……三佛皆用真识为体，真识之心本隐今显，说为法身；即此真心为缘熏发，诸功德生，说为报佛……如来藏中真实缘起法门之力起种种化，说为应佛。①

由于小乘立性、破性二宗的教法对真识心的觉知仅仅停留于事识层面，其修行也是随相造修，所以依此修行所得的三身也只能是以事识为体的事相三身。

大乘破相宗的教法处于什么层面？廖明活先生说是"执取内识为自我，执取外境为实有"的"执相"层面。② 笔者以为廖先生恐怕是将流转过程中的妄识与解脱过程中的妄识弄混了，因为此说难以与慧远所说破相宗的"破相"这一特点相合。慧远此处当是说，大乘破相宗的教法虽然破了一切相，了知一切心外境相皆从心起，较小乘教法高深，但其修行仍在妄识层面依六度教法缘观，尚未真正显现真识心和熏发此心中具有的种种清净功德，因此其所见三佛只是在妄识中显现的三佛。但是，慧远这里的说法与其三识观的相关内容不太协调，他在那里并不应许破相宗观入了妄识层面。笔者认为，这正是慧远未能在判教时处理好破相宗的后果之一。

显实宗的教法体穷真性，其观修也深入真实无作六度层面，并完全朗现了真识心、圆满熏发了此心具有的种种清净功德，因此该宗的三佛才是以真识心为体的究竟三佛。可见，慧远论述问题是万法不离

---

① 《义章》卷十九《三佛义》，《大正藏》第 44 册，第 839 页上至中。
② 廖明活：《净影慧远思想述要》，第 159 页。

其宗的。

现在我们就看他如何界定自宗三佛。

（一）法身佛：

> 法身佛者，就体彰名。法者，所谓无始法性，此法是其众生体实，妄想覆缠，于己无用，后息妄想，彼法显了，便为佛体，显法成身，名为法身……法身体有觉照之义，名法身佛。①

文中将佛身佛分成两义：一是法身佛之体，即无始法性，此无始法性实即真识心中的如实法；二是佛智，即法身所具有的觉照，实即真识心中已显了的如实心（究竟觉）。此实即以全体朗现的境智如如的真识心为法身佛，与《金光明经》中仅仅以如如法为法身佛不同。

（二）报身佛：

> 报身佛者，酬因为报，有作行德本无今有，方便修生，修生之德酬因名报，报德之体名之为身；又德聚积亦名为身。报身觉照，名之为佛。②

这是以真识心中从缘修生的无量功德及其照用能力为报身佛。

（三）化身佛：

> 如似世间，有人呼唤，则有响应。此亦如是，众生机感，义如呼唤，如来示化，事同③响应，故名为应。应德之体，名之为

---

① 《义章》卷十九《三佛义》，《大正藏》第44册，第837页下。
② 《义章》卷十九《三佛义》，《大正藏》第44册，第838页上。
③ 同，《大正藏》本作"问"，据当页校勘注6改。

身；又此应德聚积名身，应身应①觉照，目之为佛。②

这是以如来法身应众生机感而化现救度他们的佛身为化身佛。

从慧远的这种佛身观，不难看出他始终是以一个《华严》《涅槃》《如来藏》《胜鬘》《起信》等经论为宗的如来藏学家。

慧远界定显实宗的三佛时，最独特的思想就是他对三佛觉照内容的诠释，而最有价值的思想则莫过于法性成佛说了。

关于前者，他说虽然三佛都以同一觉照（无上菩提）为体、都以觉照得名，但从分相门说，三佛觉照的地位和觉照的对象都有不同。从三佛觉照的地位说，他们的觉照体现为一种体、相、用的关系，"无报，法则不显，但使显法，必有报性"③；同时，法佛觉照为"心性照明，为非事用"，所以须报佛显其事用。慧远不及化佛，是因为他将化佛的觉照摄入报佛觉照中了，实际上从分相门说，体现为事用者主要还是化佛的觉照。

从三佛觉照的对象来说，有两大差异：（一）"法佛唯知无始法性"，"报佛能知行修对治"，"应佛了知三乘化教"，其范围具有广狭之别；（二）三佛虽然皆知理性，但法佛所知为不生不灭的无始法佛性，报佛所知是从缘显现的报佛性，化佛所知是真识心"缘起集成生死、涅槃一切种法"的作用。④不过他又说，若通而论之，三佛"俱名法身，齐得名报，并得云应"：

> 佛莫不依法以成，是故通得名为法身；又三皆以功德法成，故名法身。良以三佛皆法身故，于彼《涅槃》三事之中，三佛皆

---

① "应"字疑衍文。
② 《义章》卷十九《三佛义》，《大正藏》第44册，第838页上至中。
③ 《义章》卷十九《三佛义》，《大正藏》第44册，第838页上。
④ 《义章》卷十九《三佛义》，《大正藏》第44册，第838页下。

悉法身所摄。望因以论，三俱名报。是义云何？报者是其果之别称，三佛望因并得称果，是果酬因，故通名报。约化以论，三俱名应，应随物情显示此三，令诸众生同见闻故。①

慧远从分相门所论三佛觉照种种，是从《起信论》所谓法身有大智慧光明、遍照法界、真实识知的智慧三义而作的推演，为后人所不道。他的这番推演虽然颇为精细，也颇为独特，但近乎增语。依经论来说，一般仅讲三佛无非是从不同角度对一佛的三种说法（如他从摄相门论者），所幸他在以通相门显明的涅槃义上不失这一要义。

就后者，他还是从摄相与分相二门立论。他说，如果从分相门看，"能觉真心说为法佛，所觉法性是其真谛法宝门收，不名为佛"②。联系其佛性论思想，我们知道此话的意思是，从分相门看，唯有真识心中局于有情的如实心才能显现为法身佛。其理由如他上面所说，虽然法身佛本自如如、本来觉照，但如果不依教修行成就报身佛，法身佛就处于一种理体状态，不能得到开显。而开显法身佛的觉性只有有情才具有，从这个意义上讲，唯有有情自觉开显者才能称为法身佛。这就是慧远说"若无真心觉知性者，终无妄知，亦无正知"这句话的意义所在。

但是，如果从摄相门看，则通于有情无情的如实法也是法身佛。为什么？慧远提出了四项理由：（一）"所觉法性是佛体故，通名为佛。"（二）"所觉法性虽非佛智，而是佛身，故得名佛。如佛色身，虽无觉照，而得名佛。"（三）"所觉法性虽非佛智，而是佛性，故得名佛。如似五阴，成众生法，名曰众生。"（四）"所觉法性③，是佛境界，

---

① 《义章》卷十九《三佛义》，《大正藏》第44册，第838页下。
② 《义章》卷十九《三佛义》，《大正藏》第44册，第837页下至838页上。
③ 性，《大正藏》本为"法"，据当页校勘注3改。

为佛觉照，能生佛智，从其所生，故得名佛。"① 既然法性是佛体、佛身、佛性、佛境，法性当然就是佛，其中最重要之点是法性为"佛所觉悟的境界"。也就是说，法性并非自身即佛，而是在佛穷证的万法如如之境的意义上才成为佛的。在佛的境界中，"心不异如，如不异心"，一切法性相皆融，无情自然是佛。

慧远的这一思想，是其从分相与摄相二门界定如来藏体真识心的必然结论。可以说，慧远是中国佛学中无情成佛说的首创者，他的这一思想经过吉藏的发挥，后来就成为天台宗和禅宗思想的重要组成部分。而且，笔者认为后来禅宗六祖慧能（638—713）在得法偈中所倡的"有情来下种，无情花即生，无情又无种，心地亦无生"的无情无佛性、不能成佛说②，以及南阳慧忠（682—769）和洞山良价（810—872）所拈的"无情说法"的无情有性、无情成佛说③，都应该从这一辩证的立场出发，才能得到切实的理解和会通。

三、妙色湛然的佛身

三佛的体相问题，就是佛身是否具有色法、心法和非色非心法的问题。这个问题慧远在论述菩提和涅槃时已经涉及，笔者为什么要放到这里来讨论呢？原因有二：首先，慧远在分别讨论菩提和涅槃、三法的关系时，都是就三佛立论的，而且内容大同小异，不必重复；其次，在佛学中，论佛果是否具有三法的法义多收入佛身一门。不过，要说明的是，慧远在菩提、涅槃、佛身等法义中都重复这一内容，不

---

① 《义章》卷十九《三佛义》，《大正藏》第44册，第838页上。
② 杨曾文校写：《新版敦煌新本〈六祖坛经〉》，北京：宗教文化出版社2001年版，第69页。
③ 道原《景德传灯录》卷二十八载南阳慧忠国师语云："问：'无情既有心性，还解说法否？'师曰：'他炽然常说，无有间歇。'曰：'某甲为什么不闻？'师曰：'汝自不闻。'曰：'谁人得闻？'师曰：'诸佛得闻。'"（《大正藏》第51册，第438页上）洞山良价开悟偈亦云："也大奇，也大奇，无情说法不思议，若将耳听终难会，眼处闻时方可知。"[（唐）释良价：《洞山大师语录》，《大正藏》第47册，第507页下］

能说是他考虑欠周，实乃其《义章》体裁所致。

三佛中，由于法身佛为本，所以三佛是否具有三法这个问题最根本的就是法身佛与诸法的关系问题。

印顺法师曾指出：

> "初期大乘"经，重于甚深智证的，如《般若经》，与文殊（Mañjuśrī）有关的圣典，观佛如观虚空；佛是不能于色声相好中见的，被称为"法身无色说"。以如来藏、佛性等为主流的"后期大乘"经，可说是继承大众部（Mahāsāṃghika）"如来色身无有边际"的信仰而来；受到重信的念佛三昧（buddhanusmṛti-samadhi）所启发，形成"法身有色说"。①

如来藏学重"法身有色"，这的确是颇有见地的看法，但这并非如法师所说，是如来藏系佛经继承大众部思想的结果，而是大乘真空妙有的佛身观应有之义。从教理上观察，般若经典说法身无色即法身性空，但性空非离色的断灭空，而是即色的真空。既然法身是即色之空，那么所谓无相就不是无一切色，而是无被迷执众生倒执为实体之妄色，而不是无诸佛妙有真色。既如此，佛教经论既可以说法身无色，也可以说法身有色。其实，般若学大师鸠摩罗什也主张法身有色，他说：

> 如法相不可戏论，所得身亦不可戏论若有若无也。先言无四大五根，谓三界凡夫粗法身。如法相寂灭清净者，身亦微细，微细故说言无。如欲界天身，若不令人见，则不见也。②

---

① 释印顺：《印度佛教思想史》，第171页。
② （后秦）鸠摩罗什、（东晋）慧远：《鸠摩罗什法师大义》卷中《问法身感应并答》，《大正藏》第45册，第130页上。

这是鸠摩罗什回答庐山慧远询问法身问题的文字，文中明确说佛由无量功德成就的法身所无者只是三界众生粗显色相，至于微妙色身则是有的。

如来藏系经典正是从实相的妙有义说法身有色，举凡《华严》《涅槃》《金光明》《央掘魔罗》《如来藏》《楞伽》等如来藏系经论，无不宣说法身有色。慧远宗本于这些经典，自然力主佛身有色，并且认为佛身不但有色法，而且有心和非色非心二法。

他先论法身佛所具有的三法道："法身色根相好光明，是其色法，此义云何？如《涅槃》说，佛性是色，可以眼见，彼色显了，为法身色。"① 但慧远强调，法身具有的色是真识心中真实妙有而无有一相的色性法门显现的妙色：

> 法身色者，如来藏中色性法门显成佛体，体虽是色，而无色相。如似比丘无作戒法，亦如阴阳五行等法，虽无色相，而是色性。②

慧远所谓法身色，实即唯识宗所说净色根，只不过唯识宗认为此净色根在凡夫位并不净，须经过转阿梨耶识以后才能清净；而慧远认为清净色根本为真识心所具，成佛只是将它显了出来罢了。其心法则是"真识之心从缘显了，说为智慧、三昧行等"③，即以从真识心中显现的般若智慧、三昧等行为法身佛的心法。至于其非色非心法，慧远认为是真识心本身的空性："真如之空绝离一切心等相，是其非色非心之法。"

就报身佛具有的色法，慧远说要从法身佛和应身佛（此处应身佛

---

① 《义章》卷十九《三佛义》，《大正藏》第 44 册，第 839 页中。此处引文是对《涅槃经》相关经文的义引。
② 《义章》卷十八《涅槃义》，《大正藏》第 44 册，第 815 页中。
③ 《义章》卷十九《三佛义》，《大正藏》第 44 册，第 839 页中。

摄得报、化二身）两方面来论。如果依法身佛论，报身佛具有的色法与法身佛相同："依法说，如来报身诸根相好、光明音声与彼平等法门身同，妙寂离相①、虚融无碍，还似阴阳五行之法。"②若依应身佛说，一是地上菩萨所见相好之身，二是地前行者所见粗色身。③后者为从修行者断除烦恼和圆满报身佛的过程立论，在这里实在无多大意义。其心法和非色非心法分别是"智慧、三昧、解脱行等"和"数灭涅槃"。④数灭涅槃不是应当属于涅槃吗？慧远为什么说它是报佛的非色非心法？他说这是从摄相门说的，"摄相言之，涅槃是佛，故《华严》中说'涅槃佛永灭度故'"⑤。

应身佛体中具有的三法则分别是："所观色形是其色法，应化修成智慧行等是其心法，五阴所成假名行人名非色心。"⑥引文中"所观形色"当为"所现形色"之误。慧远以法身所显形色为应佛的色法，以五阴所成假名我为应佛的非色非心法，这都说得通，但以在应化中修成的智慧为应佛的心法却不伦不类，应佛的智慧是法身智慧的化用，因此不能说是在应化众生之中修成的，而只能说是在应化众生之中得到运用的。慧远这样的见解，无异于说应佛的智慧还要单独修成，于理不合，这是其过分烦琐的分析带来的问题。

慧远的这种佛身观，是建立在其真识心思想的基础上的。因为他

---

① 离相，《大正藏》本为"虽相"，据当页校勘注18改。
② 《义章》卷十九《三佛义》，《大正藏》第44册，第839页下。
③ 为什么报身佛的色法具有三义？他从其三识观作出了解释："一、随事修，得第三报，良以修时随有可见，是故得报随有可见"；"二、舍相修，破有入空，得第二报，良以修时所有诸行依空以成，无相可见，得报还尔，无相可见"；"三、依实修，息妄契真，得第一报，良以修时无念无缘，得报还尔，无相离缘"。（《义章》卷十九《三佛义》，《大正藏》第44册，第840页上）
④ 《义章》卷十九《三佛义》，《大正藏》第44册，第840页上。
⑤ 《义章》卷十九《三佛义》，《大正藏》第44册，第840页上。此处引文见晋译《华严经》卷三十六《宝王如来性起品》（参见《大正藏》第9册，第628页下）。
⑥ 《义章》卷十九《三佛义》，《大正藏》第44册，第840页上。

安立的真识心本来就是具有如实心、如实法的自性涅槃，成佛只不过是借助佛法将这些本具的功德性显了出来而已，所以三佛必定亦有色、心、非色非心三法。

慧远依据此说，对当时关于法身与三法关系的种种异说进行了严厉评破。有人说法身佛仅仅是一无色无心的空理，慧远引《涅槃》等经驳道：

> 如《涅槃》说，教空得实，云何唯空？又如《经》说，如来之藏是真识心，复言佛性体性是色，彼法显了，说为法身，云何说言都无色心？①

当时，持法身无色说者主要是竺道生，他在《义章》卷十九《净土义》中就指名说："如生公说，佛无色身，亦无净土。"②可见，这是对竺道生等人思想的批判。竺道生虽然精研《涅槃》，但久受般若学熏陶，故说法身时偏于无色之义，并著有《法身无色论》以广其说。③不过，依笔者的看法，虽然道生"法身无色"说的具体思想内容不可得知，但应当不离即色之空义。若如此，则慧远的评破未必是切实和公平的。

然而，不仅般若经典以法身无色为佛身观的根本义，即使是他宗奉的《涅槃经》也宣说法身无色，而他颇为借重的《起信论》更归本于法身无色。④慧远不可能不知道这些经论的法身观，那么他如何消解这一难题？他是这样回答的：

---

① 《义章》卷十九《三佛义》，《大正藏》第44册，第839页下。此中引文皆为对《涅槃经》相关经文的义引。

② 《大正藏》第44册，第837页上。

③ 参见（梁）释慧皎：《高僧传》卷七，《大正藏》第50册，第366页下。

④ 《涅槃经》卷十五《梵行品》云："愿诸众生皆悉普得无色之身，过一切色，得入无色大般涅槃。"（《大正藏》第12册，第455页中）《起信论》亦云，菩萨"若离业识，则无见相，以诸佛法身无有彼此色相迭相见故"（《大正藏》第32册，第579页下）。

> 经说入于无色大般涅槃者,无于凡下虚伪之色,非无真色,故《涅槃》云:真解脱者,亦空不空。言其空者,谓无生死二十五有;言不空者,谓有、善、色、常、乐、我、净。①

他就这样将涅槃的真空化为妙有了。但妙有的涅槃不是实体化的涅槃,所以,当有人说法身佛因为具有色心二法而一向非空时,他又破斥道:"《楞伽》云,如来藏中过恒沙法,一切皆依法无我说,彼法显了说为法身,云何不空?"②应当说,他的会通不仅有教证,而且也是契合佛理的。

刘元琪先生认为,慧远关于佛身具有三法的思想具有优劣的两面:"优点是承认佛法僧三宝,佛因佛果等佛教所追求的这一切都有真实性,能惬伏人心之所望;缺点是世上的一切事物一旦有真实性,往往就会各有自我并互相隔碍、互相斗争。如果事物一方面真实、各自有差别,另一方面事物同体互相缘起相成,这样就既有真实性又有虚融性,既有差别性又有统一性,这才是比较合宜的世界图景。"③刘先生认为慧远的佛身观"能惬伏人心之所望",笔者完全赞同。联系到他与北周武帝的有关争论,笔者甚至以为慧远不厌其烦地强调菩提、涅槃和佛身具足三法,并坚决驳斥相关异说,主要用意并非在理论上标新,而是为了让更多初机众生"藉像生信"。但是,刘先生或许以为慧远将三宝、佛果等法当成实体意义上的真实法了,所以他会将此真实法与隔碍、争斗等现象联系在一起。他如此理解慧远所说佛身的"真实性",令笔者不得其解,因为我们不能从慧远上述思想中找到这种

---

① 《义章》卷十九《三佛义》,《大正藏》第 44 册,第 840 页中。此处引文为对《涅槃经》相关经文的义引(参见《大正藏》第 12 册,第 395 页中)。
② 《义章》卷十九《三佛义》,《大正藏》第 44 册,第 839 页下。
③ 刘元琪:《净影慧远〈大乘义章〉佛学思想研究》,第 111—112 页。刘先生是在讨论慧远的菩提思想时作此议论的,唯据笔者前文所述理由,可以置于此处加以回应。

结论的根据来。依笔者的看法，慧远上述思想要展示的，恰恰是佛眼照彻的如实空如实不空的圆融无碍世界：一方面，三身之体非色非心，性相寂灭，无有一相可得；另一方面，三身之相即色即心，妙相湛然，无一相非佛身。此即慧远所说"如外无心，心不异如；心外无如，如不异心。心不异如，照而常寂；如不异心，寂而常照"①的色心如如的妙境。

慧远这种具足真空妙有、自性解脱的三佛观，对华严宗和禅宗的三佛观都有一定影响。华严宗依《华严经》立法身、智身、化身、意生身、菩提身、威势身、福德身、愿身、相好庄严身、力持身的十佛身观。据澄观称，若约三身融十身，则"如来身通三身，智身亦通三身，法身、虚空身即法身，余六通法化"②。关于其中作为报、化之体的法身，法藏说有六义：一是"广穷无尽"，谓法身尽虚空遍法界，不可穷尽；二是"一切色象"，谓法身周遍一切色相；三是"不可见"，谓法身虽周遍一切色相，而无形可见；四是"无障碍"，谓法身不同世间色法有限碍；五是"无为"，谓法身无始无终；六是"色身别异"，谓法身"能通容受色相"。③这样的法身，实际上就是慧远法身观的开展；法身如此，以此法身为体的报、化二身同然。

禅宗六祖慧能立有自性三身之说，其法身三义即"自性常清净""万像参罗"和"智慧常明"④。在笔者看来，所谓自性常清净义即当于慧远的"真如绝离一切心等相"义，万象森罗义即当于慧远的具足恒沙佛法义，智慧常明义即当于慧远的智慧、三昧义。所不同者，禅宗将三身佛悉数收入自性而成为自性三身佛，而慧远则是将三身佛置于历劫修行的果位。

---

① 《大乘义章》卷三末《八识义》，《大正藏》第44册，第529页中。
② （唐）释澄观：《〈大方广佛华严经〉疏钞》卷四，《大正藏》第36册，第31页上。
③ （唐）释法藏：《〈华严经〉探玄记》卷十四，《大正藏》第35册，第364页上。
④ 杨曾文校写：《新版敦煌新本〈六祖坛经〉》，第24页。

不唯如此，慧远的三佛观还具有更广泛的思想意义。后来的理学家们高推仁者之境，大谈"圣人无心，以天地之心为心"，"我的良知就是草木瓦石的良知"，"仁者与天地万物为一体"等境界，如果没有一"妙寂离相"而又"妙相湛然"的心色不二之身为前提，根本难以想象，差别只在于理学家们将此妙身归结为垂范世间的圣贤，慧远则将此妙身归结为超世间而入世间的佛菩萨。可见，儒释两家的思想亦非像有些人想象的那么隔碍。

第四节　妙寂离相、随物应现的纯真净土

一、净土寻义

净土，简单地说就是指修行者成佛以后的生活世界，因为佛教认为佛生活的世界不像凡夫的世界那样杂染不净，而是清净无染的乐土，所以称为净土。佛教的目的固然是求解脱和成佛，但解脱成佛不仅仅是某个众生自己超越生死苦恼而已，它还有一个崇高的理想，这就是要改良这个苦难丛生的娑婆世界，让这个充满了贪婪与仇恨的五浊世间转化成清净的佛国净土。这才是大乘菩萨道的根本精神所在，也才是大乘佛学的终极目的。

净土思想在小乘佛教与大乘佛教中的表达方式不一样，但根本旨趣并没有什么同，即都是以清净众生自心为根本。在《杂阿含经》中，佛陀就开示了佛教通过清净自心来净化环境的净土思想要义：

> 诸比丘！长夜心贪欲所染，嗔恚、愚痴所染，心恼故众生恼，心净故众生净。①

---

① （刘宋）求那跋陀罗译：《杂阿含经》卷十，《大正藏》第2册，第69页下。

经文说得很清楚，众生的清净与否决定于其心是否受到贪、瞋、痴三毒染污，受染污则不清净，绝其染污则清净。众生清净了，他们生活的世界自然随之称为清净的净土。不同之处只在于，小乘佛教侧重于"自净其意"，而大乘佛教则主张自净净他，而且强调"菩萨未净佛土、未成就众生，是时不应实际作证"①。

大乘佛学开显的净土思想，根本还是来自佛陀对诸法实相的现证。佛陀现证诸法实相后，就生活在完全清净污染的实相世界，此世界就是根本净土——实相净土。据《摩诃般若波罗蜜经》描述：

> 是国土中乃至无三恶道之名，亦无邪见、三毒、二乘——声闻、辟支佛——之名。耳不闻有无常、苦、空之声，亦无我无我所有，乃至无诸结使烦恼之名，亦无分别诸果之名。风吹七宝之树，随所应度而出音声，所谓空、无相、无作；如诸法实相之音，有佛无佛，一切法相一切法相空，空中无有相，无相中则无可作出。如是法音，若昼若夜，若坐若卧，若立若行，常闻此法……何以故？诸法实相中皆是法，无有非法。②

这其实是无生死可离、无涅槃可证的佛世界的形象化表达。

佛陀为了依净土法门度化众生，便依其本愿，随千差万别的众生根机示现种种净土，方便摄受他们，令其随分得益，并最终证得实相净土。从修行者一边论，依其是否证见实相、圆满成佛，一般便将佛显现的净土开分为同居化土（地前修行者所得净土）、庄严报土（初地以上现证实相而未圆满的修行者所得净土）和实相净土（成佛者所得

---

① （后秦）鸠摩罗什译：《摩诃般若波罗蜜经》卷二十一《三慧品》，《大正藏》第 8 册，第 375 页下。

② （后秦）鸠摩罗什译：《摩诃般若波罗蜜经》卷二十六《净土品》，《大正藏》第 8 册，第 409 页上至中。

净土）三种净土。

上述三土无非一土，对佛来说只是救度众生的不同显现，但对未成佛的众生来说，他们则不会这么看，对他们来说，三种净土是有浅深、粗妙差别的净土。从佛的高度看来，这是众生的心未得到彻底清净的结果，这道理《维摩诘经》讲得极为明白，《经》中舍利弗听到佛说"随其心净则佛土净"，即心生疑惑：既然如此，难道释迦牟尼佛的心不清净？否则他为什么会生活在这个杂染不净、多苦多难的五浊世间？佛就告诉他："舍利弗！众生罪故，不见如来佛土严净，非如来咎。舍利弗！我此土净，而汝不见。"① 于是，问题就转到什么样的教法才能彻底净心上来了。

二、以真（识）心净土为归趣的净土观

从佛教修行的实践上说，净心的方法多种多样，但体现在理论上则无外乎难行道和易行道两种，难行道即依佛陀传授的菩萨乘次第修行成就之路，易行道则是依佛的摄受力修行之路。依佛经的讲法，修难行道者要经过三大阿僧祇劫的修行才能达成实相净土，故称为难行道；后者借助佛力加持，行者只需一心观想佛的身相或念诵佛的名号（如念阿弥陀佛、弥勒佛、药师佛、释迦牟尼佛等等），达到"都摄六根，净念相续"即可速疾成就②，故称为易行道。由于众生根机的不同，佛在两道中都有方便施设和究竟了义两种教法，唯有依究竟了义教法才能证入实相净土。可是，究竟何者是证入浅层方便净土的方便教法？何者是证入究竟真实实相净土的了义教法？此则因佛学家宗义各不相同，在教相上呈现出种种差异来。

慧远是一个非常重视净土思想的佛学家，他对难行、易行二道的

---

① （后秦）鸠摩罗什译：《维摩诘所说经》卷上《佛国品》，《大正藏》第14册，第538页下。
② 佛教中念释迦牟尼佛的法门是求证入其所居报佛土，而不是其化佛土，因为释迦牟尼的化佛土本身就是包括人道众生在内的同居土。

第七章　真识心的朗现　373

净土思想都进行了深入研究。对提倡易行道的净土三经，除《阿弥陀经》外，《无量寿佛经》和《观无量寿佛经》，他都有专门的注疏①；而对于难行道中的净土思想，他则依据其四宗观作出了抉择。由于本书的主题是研究其真识心缘起思想，所以笔者只能对他建基于四宗观的（难行道）净土思想加以论述。

慧远认为，从修行者修行所得的依报果这个意义上说，净土可以分成事、相和真三种净土。事净土是凡夫所居之土，此土所以称为事净土，是因为这是"凡夫以其有漏净业得净境界，众宝庄严饰，事相严丽"②。这是由有漏善业求有漏果和取相执定两个特点导致的。由于众生行善是为了求有漏果，其"修因之时，情有局别"，故"受报之时土有分限，疆畔各异"；由于众生在修行时"取相执定"，故"受报之时，国土庄严，诸相各定"。③

如果细分，事净土中又有浅深各异的两种，"一是凡夫求有净业所得之土，如上诸天所居等"④。这里的"诸天所居土"指欲界、色界和无色界的二十七天所居净土，这些净土由于从求有善业感得，因此此土"受用之时，还生三有烦恼结业，不生出道；设⑤有生者，别由善友教化之力，所以能起非是所受境界之力"⑥。这是说凡夫行善所得的净土自身只能产生流转三界的有漏业，不能产生出离三界的善业。

第二种事净土"是凡夫求出善根所得净土，如安乐国、众香界等"。"安乐国"指阿弥陀佛净土，"众香界"指香积佛净土，这些净土

---

① 对慧远的易行道净土思想的研究，请参阅 Kenneth K. Tanaka, *The Dawn of Chinese Pure Land Buddhist Doctrine*（〔美〕肯尼斯·K. 田中著，冯焕珍、宋婕译：《中国净土思想的黎明》，上海：上海古籍出版社 2008 年版）；廖明活：《净影慧远思想述要》，第 191—214 页。
② 《义章》卷十九《净土义》，《大正藏》第 44 册，第 834 页上至中。
③ 《义章》卷十九《净土义》，《大正藏》第 44 册，第 834 页中。
④ 《义章》卷十九《净土义》，《大正藏》第 44 册，第 834 页中。
⑤ 设，《大正藏》本无，据当页校勘注 4 补。
⑥ 《义章》卷十九《净土义》，《大正藏》第 44 册，第 834 页中。

虽然是凡夫以分别心行有漏善业所得，但由于它们是"从出世善业所得"净土，因此凡夫受用此土时"能生出道"①，即能产生出世间道业。虽然此土能生出世间道业，但它毕竟也是有漏善业所得净土，因此"能招有为生灭果"，即都是不出人天界的净土，所以还是属于事净土。

如果配入慧远的四宗观，第一种事净土尚未进入四宗修行层面，第二种事净土则相当于初修立性、破性二宗所得净土。依其系统，这两宗的行者只能在事识层面随相造修，故其所得必为事净土。可见，慧远对修净土法门所得净土的判位是比较低的。虽然如此，如果因为慧远将阿弥陀佛和香积佛净土归入事净土，就笼统地以为在他看来这些净土本身属于浅层的净土，这也是有问题的。② 他在这里谈论的是凡夫由自己所修净土因为有漏因感得的极乐净土或香积佛土，因此其浅深、净秽只能从凡夫说，此即鸠摩罗什所谓"若随其罪福自致净秽者，非示之谓也"③之意；如果从佛的净土本身讲，阿弥陀佛和香积佛净土则属于圆应土，同样是纯真净土。

相净土是声闻、缘觉和菩萨所居净土，这种净土为阿罗汉、辟支佛和菩萨修习圆观所得：

> 修习缘观对治无漏所得境界，妙相庄严，离垢清净。土虽清净，妄想心起，如梦所睹，虚伪不真，相中离垢，故名相净。④

这里所谓菩萨，依其下文对真净土的定义看，当不是指地上的真修菩萨，而是指大乘种性位至地前诸阶位的缘修菩萨（所谓三贤十圣），相

---

① 《义章》卷十九《净土义》，《大正藏》第44册，第834页中。
② 如廖明活先生说："慧远把阿弥陀佛的极乐净土归入'事净土''圆应土'这些较低层次的净土，跟日后净土宗人主张极乐净土为实报土，处处强调其崇高性，立场显然不同。"（廖明活：《净影慧远思想述要》，第197页）
③ （后秦）释僧肇等：《注〈维摩诘所说经〉》卷一，《大正藏》第38册，第338页中。
④ 《义章》卷十九《净土义》，《大正藏》第44册，第834页下。

净土就是这些圣者修"缘观对治无漏所得境界"。慧远将相净土分为事识中修缘观无漏所得净土和妄识中修缘观无漏所得净土两重，而其中又各有增相观与息相观所得两种净土。关于修事识缘观无漏所得两种净土，慧远说："一、增相观所得净土相续住持，证实方舍；二、息相观所得净土暂现如幻。"① 事识中的增相观就是上文所说的生空观和法空观，息相观则是其中的如观。既然增相观是对具体事相观我空或法空，那么由此观所得净土之相（即我空与法空境）就相续住持不断（因为行者此时不知此净相亦不真），要待现证真识心（进入初地）时才能舍离；如观由于是就具体事相观其非有非无的如如相，所以由此观所得净土也是旋显旋灭的生灭相，从此土有相现起边称为相净土。

修妄识缘观无漏所得两种净土是："一、增相观所得净土相续住持，证实方舍；二、息相观所得净土暂现即灭。"② 我们知道，慧远的妄识观中的增相观有二：一是观察三界虚伪之相唯从妄心起，心外毕竟无法可得；二是观察妄想心虚妄不实，依真识心而立。因此，由此而得的净土即指修妄相依妄心、妄心依真识心之观行而有的净相，这种净相同样要待行者进入初地后方能舍离。妄识观中的息相观，是观察一切法唯是真识心缘起集成，此外毕竟无有一法可起妄想，由此舍离妄识本身。因此，由此观所得净土是旋显旋灭的。但需要注意的是，此时舍离妄识是由依教修观（缘修六度）而舍，而非由真识心本具六度功德行被熏发而舍，是缘修的终结和真修的开端，所以舍离妄识所得净土仍然属于证见真识心以前的相净土。

如果从修行者的悲愿大小看，可将相净土区分为自行善业所得的声闻净土和化他善业所得的菩萨净土两种。前者"虚寂无形，如无色界所安止处"，而且"受用之时但生自行厌离善根，不能自然起慈悲

---

① 《义章》卷十九《净土义》，《大正藏》第44册，第834页下。
② 《义章》卷十九《净土义》，《大正藏》第44册，第834页下。

愿、利他之行，设有起者，由佛菩萨教化之力，非是所受境界之力"①；后者"不舍众生，随物受之，如维摩室"，而且"受用之时自然能起利他善行"。②但无论声闻和缘觉的相净土，还是菩萨的相净土，由于都是现证真识心以前所得的净土，因此相对现证真识心所得净土而言，都属于在妄想心层面所感虚妄不真的净土。

望月信亨认为，慧远"立诸菩萨化他之土为相净土，以此配当于维摩之丈室"是穿凿之举③，他实不知此"相"非菩萨所化净土本身之相，而是见此土的修行者自心所现之相。至于刘元琪先生说慧远的相净土"是第七识所变现"④的净土，这是明显说不通的，若真如此，就无法与慧远本人的说法相协调，因为他明确说相净土中有事识中修观所得的净土。笔者以为，慧远所谓相净土，并不是指妄识（第七识）变现的相净土，而是指在妄识中修习缘观无漏六度行、断除相应烦恼而感得的相净土。这种净土当然可以说是在修行者的妄识层面显现的净土，但不能说是其妄识本身变现的净土。

如果与慧远的四宗观相匹配，他所谓相净土相当于圆满修行了立性、破性和破相三宗观法后所得的净土。修破相宗所得净土为什么也称为相净土？这是因为在慧远的思想中，破相宗虽然已破掉了一切虚妄染污相，但不能说它同时破掉了一切清净相，破清净相是修显实宗的阿梨耶识观独有的妙用，因此可以将修前一宗观法所得净土视为相净土。

但有必要指出，关于修破相宗行者的行位，慧远在不同地方的判决是不一致的。在三识观中，他将破相宗的观法判属菩萨地行法，而在这里却将它判为地前行法，这就在理论上给人模糊不清的印象。其

---

① 《义章》卷十九《净土义》，《大正藏》第 44 册，第 834 页下。
② 《义章》卷十九《净土义》，《大正藏》第 44 册，第 834 页下。
③ 〔日〕望月信亨著，释印海译：《中国净土教理史》，新竹：福严精舍 1974 年版，第 70 页。
④ 刘元琪：《净影慧远〈大乘义章〉佛学思想研究》，第 129 页。

原因依然是他未能处理好破相宗在其四宗观中的地位，依其四宗观，他应当将修行破相宗者的行位判为地前的阶位；而依其大乘经典平等观，他又难以做到这一点，遂陷入了一种两难之境。

真净土是初地以上菩萨所居净土，其根本性质是真实：

> 言真净者，初地以上乃至诸佛所在土也。诸佛菩萨实证善根所得之土，实性缘起，妙净离染，常不变故，故曰真净。①

为什么这种净土是真净土呢？慧远说："此真净因无缘念②，土无相状……又此真土因无定执，土无定所；因无分别，土无彼此、自他之异。"③此中所谓"因无缘念"，指修得真净土之因不是此前阶位中缘一理境而修的缘修六度波罗蜜，而是真识心本具的真实六度波罗蜜，这种波罗蜜就像源头活水一样可以凭借自身的力量逐渐显现自己；真实六度波罗蜜既无缘念，当然也就没有定执，没有分别。因此，它所显现的净土就是无相、平等的真实净土。如果用观日出打个比方，事净土和相净土就如观日出者在登山路上所想象的日出景象，真净土则如观日出者亲自见到太阳喷薄而出的景象。

虽然地上菩萨所入净土都是无相、平等的真实净土，但还有偏圆的不同。偏真者即从初地到十地菩萨所入净土，慧远称之为离妄真净土：

> 离妄真谓④诸菩萨所成真行为妄所离，所得真土还与妄合，如空在雾。于此门中，土随位别，阶降不等，随诸地位，分分渐增，妄土渐灭，真土渐现，如雾渐消，虚空转现。⑤

---

① 《义章》卷十九《净土义》，《大正藏》第44册，第835页上。
② 此处《大正藏》本有"土无缘念"四字，据当页校勘注2删。
③ 《义章》卷十九《净土义》，《大正藏》第44册，第835页上。
④ 谓，《大正藏》本作"保"，据当页校勘注4改。
⑤ 《义章》卷十九《净土义》，《大正藏》第44册，第835页上。

慧远没将真净土配于三识观来说，实际上据其三识观，真净土就是菩萨登地以后渐次在阿梨耶识中真修无漏六度波罗蜜而证入的净土。阿梨耶识中修的息相观，就是观察"生死涅槃本是真识随妄所起，证实返望，由来无妄"，以息灭生死染相和涅槃净相。生死染相与涅槃净相都是修行者在转凡成圣过程中产生的相，真实心中本不存在，因此从根本上说这两种相都是未清净无始无明前残存的妄相，它们就像浮游于虚空中的云雾，虽然不能障碍虚空，但虚空的面目依然不能得到完全真实的显现。行者于阿梨耶识中修息相观息灭此类相后，真识心就完全朗现出来，有如云开雾散，虚空朗现。

佛所证入的真净土则是圆真净土，慧远称之为纯真净土："纯真谓佛如来所在之土，纯真无杂，如净虚空。"① 这是真识心全体朗现后的净土，因此它的内涵可依真识心来界定：

> 约法分别，于彼真实如来藏中法门有二：一、寂灭门，依之得土，还同彼法寂灭离相；二、是缘起作用法门，依之起土，无所不现，如如意珠，随心所求，无所不现。②

这实际上是在真识心中修实性观和真用观所证得的净土。

如果用日出比喻真净土，则初地到十地菩萨所证净土犹如正在跃出地平线的太阳，佛所得净土则犹如朗照于清澈天心的太阳。

慧远归趣的净土，就是这种唯有修显实宗观法才能获得的寂灭离相（如实空）而又无所不现（如实不空）的纯真佛土。诚如廖明活先生所指出，正因为如此，慧远在"《大乘义章》《净土义》之'辨相门'所提出的其他净土分类，便大都是有关佛所居的土的"③。不过，廖

---

① 《义章》卷十九《净土义》，《大正藏》第 44 册，第 835 页上。
② 《义章》卷十九《净土义》，《大正藏》第 44 册，第 835 页上。
③ 廖明活：《净影慧远思想述要》，第 184 页。

先生同时说慧远的事、相、真三净土"跟《大乘义章》自身所提出的'净土'为佛所居的土的定义，其实不大相应"①，这却值得商榷。笔者以为，慧远提出事、相、真三净土恰恰是为了从净土角度证明其四宗判教观是正确的判教观，即修其他宗门的观法所得都是虚妄不实的事净土或相净土，唯有修他宗本的显实宗观法才能获得纯真的佛国净土。

三、法性土、实报土和圆应土

慧远认为，如果总而言之，佛法所说的净土就是一纯真的佛土；如果方便开分，则可有二土、三土、七土等种种义门。在从分相门具体讨论净土时，他主要依法性、实报和圆应三净土立论，因此他所宗还是三净土一门，而其他各门则是三净土门的补充。

法性土指诸法真实本性在修行者心中显现的净土，此土中"诸义同体，虚融无碍，犹如帝网，亦如虚空，无碍、不动、无所有等同体义分"②。此即以真识心如实空性朗现的境界为法性土。

实报土，依慧远的界定是"菩萨显前法性土时，旷修法界无尽行业，以此净业勋③发之力，于彼无边净法界处无量殊异庄严事起，名实报土"④。这一界定颇为晦奥，但实际上就是他在七义门中的如下说法要表达的意思："菩萨旷修净土行业⑤，得妙净土，诸相庄严，纯⑥净无秽。"⑦此即以真识心如实不空相朗现的境界为实报土。

圆应土指法性土和实报土随化度众生而示现的净土："前二真土犹如净珠，能随众生种种异现，用无缺少，名圆应土。"⑧这样的说法，意

---

① 廖明活：《净影慧远思想述要》，第185页。
② 《义章》卷十九《净土义》，《大正藏》第44册，第835页中。
③ 勋，当为"熏"之误。
④ 《义章》卷十九《净土义》，《大正藏》第44册，第835页中。
⑤ 业，《大正藏》本无，据当页校勘注8补。
⑥ 纯，《大正藏》本作"能"，据当页校勘注9改。
⑦ 《义章》卷十九《净土义》，《大正藏》第44册，第836页上。
⑧ 《义章》卷十九《净土义》，《大正藏》第44册，第835页中至下。

味着慧远不仅仅将诸佛所居的净土（如阿弥陀佛的西方净土、弥勒佛的兜率净土、药师佛的琉璃光净土等等）视为圆应土，而且也将一切能够引众生趣向美善的环境都纳入了圆应土范畴。

慧远认为，三净土是一个体、相、用皆清净的和谐整体。首先是体清净，三净土皆以法性为体，因此各佛土之间毫无隔碍，一切国土平等清净，一切佛土即一佛土，一佛土即一切佛土。其次是相清净，三土中皆有人、法、事三种庄严：此土中的众生都是具有殊胜善德的众生，是为人庄严；此土中具足一切佛法，是为法庄严；此土中的一切事相妙不可言，是为事庄严。第三是用净，众生证入净土境界，能灭烦恼。①

这样的佛土，只要众生自净其心即可得见；众生所以只见秽土而不见净土，根本原因就是他们的心不净。从这里可以看出，佛学要求众生清净自心有多么重要：我们如要生活在一个真善美的世界（净土）中，关键不在于去外界求取世界的改善，因为这种改善本身扎根于众生的私欲，成则刺激私欲而生更大的贪欲，败则刺伤私欲而生更大的瞋恨，而无论成败都未必如其他众生心愿，所以无法成就净土；只有改弦更张，回向内心，泯灭私我之爱恨，超越我执之邪见，清净染污之心识，才是达成净土的便捷、彻底的妙道。

基于上述净土观，慧远严厉地驳斥了当时有关净土有无的异说，而集中摧破者则是道生提出的"佛无净土"论。据《高僧传》卷七《竺道生传》载，道生撰有《佛无净土论》②，但具体内容已不得而知。依慧远转述，道生的净土思想内容如下："佛无色身，亦无净土，但随化物，应现住于众生土中。"③ 如是，则道生是本于般若学的净土观说佛无净土可得，这也未尝不可。但慧远对此说却严词拒斥：

---

① 详见《义章》卷十九《净土义》，《大正藏》第 44 册，第 835 页下至 836 页上。
② 参见《大正藏》第 50 册，第 366 页下。
③ 《义章》卷十九《净土义》，《大正藏》第 44 册，第 837 页上。

第七章 真识心的朗现

> 生公所立"佛无色身,全无净土",是①义不然……又《经》中说菩萨修习一切种行为净土因②,《经》说有因,云何无果?人亦救言:"非全无果③,但应非真。"若使土果唯应非真,如《维摩》说一切种行为净土因应是应修,修因既实,果宁不真?若自不解,唯应访诸,何宜辄谤?谤佛果德,其罪至重,勿复更言!④

《维摩诘经》说"心净则净土净",即只要众生清净了心识,净土自然显现。但是,净心是一个修行菩萨道的过程,需要行者修习从"直心""发行""深心""意调伏""如说行""回向""有方便""成就众生""佛土净""说法净""智慧净"到"心净"的广大因行,才能达到"一切功德净"的净土世界。⑤慧远认为直心就是菩提心,因此在他看来这是一个从种性位到十地菩萨的完整修行历程⑥,这就是净土因;他认为这一切的因行都是真实不虚的,并非维摩示现的应修因行,既然

---

① 是,《大正藏》本无,据当页校勘注 10 补。
② 此处是《维摩诘所说经》的义引 [参见 (后秦) 鸠摩罗什译:《维摩诘所说经》卷一《佛国品》,《大正藏》第 14 册,第 538 页中至下]。
③ 果,《大正藏》本作"界",据当页校勘注 12 改。
④ 《义章》卷十九《净土义》,《大正藏》第 44 册,第 837 页中。勿复更言,《大正藏》本为"勿后更言",据当页校勘注 14 改。
⑤ 详参 (后秦) 鸠摩罗什译:《维摩诘所说经》卷一《佛国品》,《大正藏》第 14 册,第 538 页中至下。
⑥ 他对《维摩诘经》的相应经文解释道:"'随其惠("慧"当为"直")心'是种性心,种性已上心无邪伪,故名为直;'则能发行'是解行心,解行发求出世间行,故名发行;'随其发行',因前起后;'得深心'者,初地心也,初地已上信乐憨至,故曰深心;'随其深心则意调伏'是二地行,第二地中持戒离过,名为调伏,故彼二地十直心中宣说软心、调伏心矣;'随其调伏则如说行'是三地行,依闻修宣,名如说行,故三地云'如说行者乃得佛法,不可但以口言得净、入诸禅'等;'随如说行则能回向'是其四、五、六地行,修习顺忍,趣向无生,故曰回向;'随其回向则有方便'是七地修习十方便慧,名为方便;'随其方便则能成生'者,还是七地发起胜行,亦可七地修无量种化众生德名成众生;'随其众生则佛土净'是八地行,八地修习净佛国土,名佛土净;'随佛土净则说法净'是九地行,九地辩才,为人说法,名说法净;'随说法净则智慧净'是十地行,十地成就智波罗蜜,名智慧净;'随智慧净则心净'者,金刚心净;'随其心净'因前起后,'则一切功德净'佛果净也,由金刚心得佛一切净功德矣。净土之果即是一切德净所摄。"(《〈维摩〉义记》卷一末,《大日本续藏经》第 1 辑第 27 套第 4 册,第 296 页背下)

如此，净土当然也就真实不虚。

刘元琪先生已指出，这表明道生是以"性空无相解涅槃法身佛土等义"，而慧远则以"不生不灭真体妙有常乐我净解涅槃法身佛土等义"①，二者强调的重点不同。笔者还可以作两点补充：从理论上说，慧远并不是不理解道生"佛无净土"说的本义，而道生所谓"既明不净罪在众生，则为净之旨居然属佛，故云我此土净"②一说与慧远也无太大相异之处。那么他为什么仍然拿道生的净土观下手呢？笔者以为，这是因为当时确有很多人偏执此说，并且对他以真识心缘起为宗的整个理论系统乃至人们对佛教的信仰构成了严重威胁，所以他才在讨论菩提、涅槃、佛身、净土等思想时不厌其烦地驳斥此等说法。同时，从修行上讲，联系到他对一音教的评破，他反对将《维摩诘经》中的净土因行理解为维摩诘示现给众生看的应因，还体现出他特重依教奉行的渐修特点。

四、慧远净土思想的特色

慧远的法性、实报和圆应三净土说，虽然也是依其三识观而来，但与唯识宗的净土思想仍然体现出相当的差异。其差异主要有三：

（一）净土的体性不同。依《成唯识论》卷十，其法性土的定义是：

> 自性身依法性土，虽此身土体无差别，而属佛法相性异故，此佛身土俱非色摄，虽不可说形量小大，然随事相，其量无边。③

此谓法性土本质上即法身（唯识宗的自性身即法身），而法身就是"诸

---

① 刘元琪：《净影慧远〈大乘义章〉佛学思想研究》，第132页。
② （后秦）释僧肇等：《注〈维摩诘所说经〉》卷一，《大正藏》第38册，第337页下。
③ 《大正藏》第31册，第58页中。

如来真净法界"[1]。依此，则唯识宗是以我法二空所显真如境为法性土，也就是以自性本寂的真如理体为法性土的体性，而慧远则是以自性本觉的真识心为法性土的体性。

（二）证得净土的方式不同。唯识宗认为凡夫心识染污、其土污秽，因此众生要通过转八识成四智才证得相应的净土，《成唯识论》卷十论及与四智相应的净土时就说："此转有漏八、七、六、五识相应品，如次而得"[2]；慧远认为，凡夫心识清净，其土也自性清净，因此众生虽然也要通过修习三识观证得净土，但这只不过是显现真识心的自性净土的方法而已。这一点，由于《义章》的《净土义》是从果位论，并未及之，但实为其净土思想中的本有之义，例如他疏解《维摩诘经》的"随其心净则佛土净"一语就说："有人宣说心净在果，当应不然。"[3]因此，可以说唯识宗是通过转染污八识而成就净土，慧远则是通过三识观而回归净土。

（三）净土的类别不同。唯识宗为与其四智相配，从受用身（即报身）中分出佛自受其乐的自受用身和令初地以上菩萨受乐的他受用身，而慧远则将此二身总摄为一报身。相应的，慧远就没有像唯识宗那样从报身佛的净土分立自受用土和他受用土。

慧远的净土思想，无疑与华严宗的华藏世界更为接近。据法藏描述，华藏世界里的一切法具有三大特点：其一是"一尘普周法界遍"，谓华藏世界中"尘无自性，揽真成立，真既无边，尘亦随尔"[4]，因此随举一尘皆周遍法界一切尘，一即多、多即一，事事无碍；其二是"一尘出生无尽遍"，谓此世界中"尘无自体，起必依真，真如既具恒沙众

---

[1] 护法等造，(唐)释玄奘译：《成唯识论》卷十，《大正藏》第31册，第57页下。
[2] 护法等造，(唐)释玄奘译：《成唯识论》卷十，《大正藏》第31册，第56页中。
[3] 《〈维摩〉义记》卷一末，《大正藏》第38册，第437页下。
[4] (唐)释法藏：《修华严奥旨妄尽还源观》，《大正藏》第45册，第627页下。

德,依真起用亦复万差"①,因此"华藏世界海中无问若山若河,乃至树林、尘毛等处,一一无不皆是称真如法界,具无边德","理无不显,事无不融",理事无碍;其三是"一尘含容空有遍",谓"幻色无体,必不异空;真空具德,彻于有表"②,因此此世界中一一尘皆即空即色、即色即空,具足真空妙有。这样的净土,实际上就是慧远所谓"一切佛土即一佛土,一即一切"的净土思想的进一步开展。

---

① (唐)释法藏:《修华严奥旨妄尽还源观》,《大正藏》第45册,第627页下。
② (唐)释法藏:《修华严奥旨妄尽还源观》,《大正藏》第45册,第637页下至638页上。

结语　慧远的遗产

在《续高僧传·慧远传》中，道宣曾对慧远的人格与其思想魅力发出过这样的赞叹："传持教道，所在弘宣，并皆成诵在心，于今未绝。"道宣生活的唐代，天台、三论、华严、唯识、禅等宗派已相继兴起，可谓大德辈出、百家争胜，而慧远的人格和思想还能为人们传颂不绝，这表明他在佛教界确实是非常重要的。慧远留给后人的遗产非常丰富，这里仅就其中对中国佛学具有显著价值或能够给我们以重要启发的思想略加总结和申说。

一、诸法仗缘而起

佛法最崇尚因缘，它认为因缘既是世间一切法存在的根本方式，也是我们观察世间一切法的根本方法，所谓"一切世间从缘生，不离因缘见诸法"①。慧远能够成为中国佛教中的一流佛学家，也完全是他本人之因和他所处时代之缘两相和合的结果。

慧远时代，使他成长为一流佛学家的缘是非常殊胜的。这种缘主要体现在三个方面：一是佛教信仰极为普及。以慧远十岁左右的534年为例，北魏全国寺庙超过三万多所、僧人多达二百万，同时期的萧

---

① （唐）释法藏：《修华严奥旨妄尽还源观》，《大正藏》第45册，第637页下至638页上。

梁也有寺庙两千八百多所、僧尼八万多人，如果考虑到当时的北魏和梁朝分别只有三千余万和大约两千万的总人口，真可以说佛教信仰的普及达到了"户户弥陀佛，家家观世音"的程度。慧远生活在这样的时代，就像生活在一个佛化大家庭之中，无形中已深深受到佛教的信仰、思想和价值的潜移默化了。二是佛经翻译活动非常兴盛。当时，虽然长安和庐山这两个翻译中心的翻译活动已趋衰落，但建康、洛阳、邺城、广州等翻译中心接踵兴起，翻译了大量的佛教经典，大小二乘的经、律、论三藏都被系统地译成了汉文。这样丰富的思想资源，无疑为慧远深入经藏提供了博大的空间。三是讲经弘法蔚为风尚。慧远时代，不仅经典众多，更重要的是研习、讲论经典的风气十分兴盛，从而在他周围形成了一个具有深厚和广博佛学修养的僧团，为他成为陈寅恪所谓"综贯包罗数百年间南北两朝诸家宗派学说异同"的一代佛学大师造就了众多可以请益的大善知识。

当然，无论外缘如何殊胜，始终只是辅助原因，在同样的外缘中，一个人的生命往什么方向开展、开展到什么层次，主要还是取决于人本身，慧远固不例外。慧远一生的行持与著述向我们昭示：他不仅善根深厚、道心坚固，而且勤修戒定慧，几乎在三学上都达到了圆满的境界。在戒学上，他精严持戒，不畏威权，慈悲摄众；在定学上，他禅修不辍，禅功渊深，以定疗疾；在慧学上，他勤于研习，乐于讲疏，著作等身。慧远的这些素养，与上述殊胜外缘两相和合，宜乎他能成为"隋代三师"之一。

今天，每一个佛法的信仰者都希望佛教再现隋唐时代的辉煌景象。这愿望固然好，但仅有良好愿望是不够的，还必须要求信仰者在力所能及的范围内如法如律地实践。如果我们以佛法的信仰者为因、他们所归依的教团为缘，那么从因来讲，首先，要求信仰者确立正确而坚定的信仰。佛教徒信仰的对象是佛法僧三宝，他们认为三宝所以值得信仰，根本理由是：佛是觉悟了宇宙人生真相的圣者，法是宇宙人生真相本身以及佛陀如实宣说此真相的教法，僧是追随佛陀及其教法修行依求觉悟宇宙人生真相的人。信仰三宝，就是信仰事实和实事求是的圣贤。① 如此信仰三宝，就是清净的信仰。如果确立了清净信仰，就等于奠定了产生、聚集和增长一切善法乃至成佛的基础，如《华严经》所说：

> 深心净信不可坏，恭敬供养一切佛，尊重正法及圣僧，信敬三宝故发心。
>
> 深信诸佛及正法，亦信菩萨所行道，正心信向佛菩提，菩萨因是初发心。
>
> 信为道元功德母，增长一切诸善法，除灭一切诸疑惑，示现开发无上道。
>
> 净信离垢心坚固，灭除憍慢恭敬本，信是宝藏第一法，为清净手受众行。
>
> 信能舍离诸染著，信解微妙甚深法，信能转胜成众善，究竟必至如来处。②

相反，如果信仰者不能建立起对三宝的"净信"，要么将三宝当成名利窟宅，要么将三宝视为学问对象，要么将三宝贬为止痛汤药，要么将三宝推为神圣偶像，则恐怕连佛法的慧命都难以为继了。

其次，要求信仰者发起并切实修行菩提心。菩提指无上菩提，即佛智慧，发菩提心就是从内心发起追求佛智慧的心愿，慧远称之为真发心。对信仰者来说，如果确立清净信仰是成佛的基础，那么发菩提心则是成佛的起点，其地位极为重要，《华严经》就说：

---

① 参见本书《导论》中的第一部分"佛教、佛学与佛学研究"。
② （东晋）佛陀跋陀罗译：《大方广佛华严经》卷六《贤首菩萨品》，《大正藏》第9册，第433页上。

> 菩提心者则为一切诸佛种子，能生一切诸佛法故；菩提心者则为良田，长养众生白净法故；菩提心者则为大地，能持一切诸世间故；菩提心者则为净水，洗濯一切烦恼垢故；菩提心者则为大风，一切世间无障碍故；菩提心者则为盛火，能烧一切邪见爱故；菩提心者则为净日，普照一切众生类故；菩提心者则为明月，诸白净法悉圆满故……因菩提心出生一切诸菩萨行，三世诸佛成正觉故。①

信仰者发起求菩提的心愿后，还要切实地将此心愿落实到日常生活的每一个心念、语言和作为之中②，只有如此思考、说话和行事，才能不为"诸天、魔、梵、沙门、婆罗门、人及非人、声闻、缘觉"所动，才能成就一切自度度他的"胜妙功德"③。否则，纵使佛教的信众多如恒河沙，佛教的兴盛恐怕还是谈不上的。

最后，要求信仰者教观双运。依据佛陀的教示，证得无上菩提有"随信行"与"随法行"两门④，有些人以为这是说有一类众生只要信仰坚固，无须通达教理就能成佛。其实，这样的理解是不够圆满的。笔者以为，佛教本身是一种强调"理"信而非"迷"信的宗教，其信→解→行→证的学修系统已清楚地显明了这一点。以此为坐标来理解这个问题，笔者以为佛陀"随信行"与"随法行"的区分只是为了表明，由于众生慧根有高低、兴趣有差异，因而他们修行的入手处有以信仰为重者、有以教理为重者，而不是说"随信行"者无须通达教理，"随法行"者无须由理入行。否则，所谓"随信行"者必然沦为盲修瞎

---

① （东晋）佛陀跋陀罗译：《大方广佛华严经》卷五十九《入法界品》，《大正藏》第9册，第775页中至下。
② 《华严经》中的开示周全无遗而切实可行，兹不妨敬录于本书附录，以待有缘人。
③ （东晋）佛陀跋陀罗译：《大方广佛华严经》卷六《净行品》，《大正藏》第9册，第432页下；唐译本，第72页上。
④ 如《摩诃般若波罗蜜经》卷二《往生品》说："菩萨摩诃萨以法眼知是人随信行，是人随法行。"（《大正藏》第8册，第227页下）

炼之徒,"随法行"也难免堕入世智辩聪之流。因此,无论随信行还是随法行,都应如蕅益大师的教示来对待教与观的关系:"观非教不正,教非观不传;有教无观则罔,有观无教则殆。"① 这就是所谓教观双运。如果我们要培养慧远那种大德,那就更非深入经藏、穷究教理不可。

从缘来说,除了社会提供和平、宽松的环境之外,更重要的是需要佛教界在僧团的管理和教育上都能为尚未确立正信正见的人提供确立正信正见的机缘,为已有正信正见的人提供进一步学修的条件。这些问题非常重要,但具体讨论起来则非常复杂,恐非此处所能及,故暂时按下不表。

如果具足了上述因缘,隋唐佛教盛境的重光于今天,应非海市蜃楼。

二、如来藏学是正宗的佛教

慧远依《华严》《楞伽》《涅槃》等经和《起信》《摄大乘》等论为典据开展出来的真识心缘起思想,以本觉的真识心为所依体说明染净二法的生起过程,又将染污法的还灭和清净法的显现看成是向本觉真识心的回归,无疑是典型的如来藏思想,因此笔者才将本书命名为"回归本觉"。

但是,众所周知,本觉思想古来就屡遭责难,如与慧远同时代而稍晚出的智顗就非难说,法性本身是非因非缘的实相,不可能生法,而地论师以之为万法依持,显然不成立。② 此后,唐代复礼③(生卒年

---

① (明)释智旭:《教观纲宗》,《大正藏》第46册,第936页下。
② 参见本书第四章第一节"真与痴合的阿梨耶识"。
③ 复礼对《起信论》责难道:"真法性本净,妄念何由起?许妄从真生,此妄安可止?无初则无末,有终应有始,无始而有终,长怀懵斯理。愿为开秘密,析之出生死。"[(唐)释澄观:《〈大方广佛华严经〉随疏演义钞》卷第五十八引,《大正藏》第36册,第456页上] 这就是著名的《起信论》三大难。

不详）、慧沼①等人又以《起信论》为矛头所向，对本觉思想发起过攻难。降及近代，此风犹盛。先是内学院的欧阳竟无、吕澂、王恩洋（1897—1964）等人，于20世纪20年代发起了一场波及教内外、历时20余年的拒斥《起信论》以及受其影响的中国佛学的运动；未几，日本的松本史朗、袴谷宪昭等人，又于20世纪80年代公开喊出"如来藏不是佛教"的口号，全面否定如来藏系的佛学思想，形成了一股引起国际佛学界关注且至今余波未息的"批判佛教"运动。此外，当代佛教界著述最为丰富的印顺法师，以中观思想为究竟说而以唯识和如来藏为方便说，对如来藏思想也颇有非议。对于这些批评，本书虽已在正文相关各章有所回应，但较为分散而不易了解，因此这里不妨再予以简要的归纳和引申。②

在反对者眼里，如来藏学的过失大致可以归纳为如下几项：（一）真如实体论；（二）真如缘起论；（三）无明缘起论；（四）真妄互熏论；（五）反本还源论。其实，这些指责要么是误解如来藏学的结果，要么是宗派偏见的结果，都不成其为如来藏学的过失，今试综论如下。

批评者对如来藏学最严厉的指责是，如来藏学安立一个生佛不二的真如，犯了"真如实体论"的过失。果真如此，如来藏学纵然讲得头头是道，也不能称作佛教。毋庸讳言，如来藏学确实安立了一个生佛不二的真如，但如来藏学这么做是有教与两方面的依据的。就教而言，《华严经》中说众生本有无师智、自然智，《如来藏经》说众生心中具足相好圆满的如来，《胜鬘经》《楞伽经》《涅槃经》说一切众生悉

---

① 慧沼对《起信论》作出了正面批判："《起信论》中，体大即真如体；相大即是无量性功德相；用即生世出世善因果者。用大，有为行是如用故能生一切者，此亦不尔。真如岂有作用？若有作用，同诸行故。如增上用，诸法得生，此理可尔，不为生用。"［(唐）释慧沼：《能显中边慧日论》卷二，《大正藏》第45册，第426页中］

② 欲了解笔者对这个问题更详细的研究，请参阅冯焕珍：《〈大乘起信论〉"非佛教"吗——关于"〈起信论〉非佛教"说的教理学反省》，《中华佛学研究》2005年第9期。

有清净无染的如来藏（佛性），这些都是如来藏学安立生佛不二的真如的教证。从理上说，依如来藏系经典对真如和慧远对真识心的解说，此如来藏体虽具足清净佛德而性相皆空，是如实空如实不空的实相，而不是不生不灭、独立自在、自作主宰的实体，此其一。其二，如来藏体虽然生佛不二，但此不二是就体性和果德两位说的不二，而不是在因果过程中说的不二，因此其意趣是说众生自性是佛、必然是佛，并不是说众生实际上等同于佛。其三，如来藏安立这样一个生佛不二的如来藏，其目的不是执著于理论建构，而是为了用广大计我众生喜闻乐见的方式接引他们，令其远离自己曾经信奉的实体论。

由此可知，如来藏学中的真如虽似实体而实非实体，如来藏学的理论系统虽似实体论而实非实体论，从佛教化度众生的角度说，正可说如来藏学是佛教圣者契理契机地施设教化的典型范例。何以见得？对于众多计我众生来说，他们初初接触如来藏学，会以为类同自己信奉的实体论而欣然亲近之、信受之。待到他们进入如来藏学内部，随着理解和修行水平的提高，他们就渐渐明白，虽然如来藏学立一生佛不二的真如，将此体说得像实体一般，但并未赋予此体任何实体的性格和内涵，就会恍然觉悟这是佛陀善巧接引他们的方便施设。到此时，众生实际上已深受佛法熏陶，开始自觉实体论之错谬而能渐渐远离它了。这无疑是《维摩诘经》所谓佛菩萨"先以欲钩牵，后令入佛道"[①]的大权智慧的妙用。有鉴于此，如果见到如来藏学貌似实体论就将它混同于实体论，无疑是被其表象所迷惑了。

与"真如实体论"紧密相关，人们还指责如来学是"真如缘起论"。在批评者看来，他们判定如来藏学的真如是实体，正是因为它具有产生万法的功用。不错，如来藏学的缘起论确实是真如缘起论，但问题在于：如来藏学的"真如缘起"是否能像批评者那样理解为真如

---

① （后秦）鸠摩罗什译：《维摩诘所说经》卷中《佛道品》，《大正藏》第14册，第550页中。

"产生"万法？如果不能，又应当如何理解其义？能否如此理解其义？

第一个问题，可分为真如缘起染污法和清净法两个方面来讨论。通过对如来藏经论和慧远相关思想的考察，可以断定如来藏学说真如缘起染污法，并非如批评者指责如母亲"生"子女那样产生染污法，而是说众生将如实空如实不空的真如"颠倒"成了染污法。依慧远，众生心本来是一性相皆空的真识心（即真如），而众生因为根本无明，不能知此真识心，此真识心遂被颠倒成阿梨耶识；这不是众生本具的真如不守自性的结果（《释摩诃衍论》和法藏的《〈起信论〉义记》却出现过这种易致歧解的说法），而是其无始以来具有的根本无明执取真识心的结果。在此过程中，真识心不过为无明执取它提供了"依持"和"缘起"两种作用，所谓"依持用"是说无明如果没有真识心就没有依靠对象，就像人类没有地球就没有依靠对象一样；"缘起用"则指真识心本性空寂、无分别心，不会阻碍无明将它颠倒为阿梨耶识。换句话说，如来藏学说真如缘起染污法的意思是"依真起染"，真如不是染污法得以生起的因缘而是所缘缘。至于真如缘起清净法，因为如来藏学主张真如本来足一切清净法，只是有待开显而已，因此可以说真如是清净法得以显现的因缘。

如来藏学能不能如此说真如缘起染净诸法呢？从教证上说，不仅《起信论》的"不生不灭与生灭和合，非一非异，名阿梨耶识"之说可为此说供支持，而且《胜鬘经》的"自性清净心难可了知，彼心为烦恼所染亦难了知"之说，《楞伽经》的"如来藏自性清净，转三十二相，入于一切众生身中，如大价宝垢衣所缠"之说，早就明确宣说依真起染的教说了。从理上讲，因为真如只是染污法的所缘缘，所以它虽被颠倒成了阿梨耶识，而其真性并没有因众生颠倒而有丝毫改变，它依旧是不生不灭的无为法；但由于众生不知其颠倒的对象是真如，因此真如在众生心中无始以来就呈现为染污法的相用了。换句话说，如来藏学说真如缘起染污法，不是从法存在的意义上说的，而是从众生迷悟的意义上说的。这就像本来笔直的筷子，放在水里显现出弯曲相，知道其真相者固然不会被此假相迷惑，但不知其真相者却真以为筷子本身就是弯曲的，这就是慧远所说的"认虚为实"。不知者虽然以假为真，但其真相并未因此而有所改变。如来藏学此说，既保全了真如的不生不灭性，又阐明了众生迷执的根源和觉悟的根据，非但没有违理之处，相反是非常善巧的教说。

确如批评者所说，如来藏学不是从法尔本有义而是从依真如缘起义说无始无明的存在的，《起信论》中"所谓以依真如法故有于无明"一语即是明证。然而，这样的法义是否就没有典据可依呢？不然。《胜鬘经》早就明文开示："生死者依如来藏……有如来藏故说生死，是名善说。"① 经中的"生死"含摄了无明，因此《起信论》遵循该经说无明依如来藏而有并无隔碍。此处需要进一步辨明的是，我们同样不应当将如来藏学宣说的"依真如有无明"误解为"真如产生无明"，而应当理解为"依真如而有无明"。这两种理解天地悬殊：依前一种理解，则真如为无明生因，真如因此成为实体，如来藏学亦因此沦为非佛教；依后一种理解，则真如为依因，真如因此为如实空如实不空的实相，如来藏学因此堪称真佛教。

笔者这样理解并非自出机杼，因为《起信论》中本身就专门破斥了类似的两种邪执。

其一，有些人认为，经中说依如来藏有生死涅槃就是说迷执的众生有开始、觉悟的佛陀有终结：

> 闻修多罗说：依如来藏故有生死，依如来藏故得涅槃。以不解故，谓众生有始。以见始故，复谓如来所得涅槃有其终尽，还

---

① 《大正藏》第12册，第222页中。

作众生。[1]

如果如来藏在时间中生起生死，则如来藏有终结，否则它就不可能生起生死。同时，众生若为某一刻从如来藏生起的众生，那么众生就有开始，否则他就不可能为如来藏生起；如果众生有开始，则无异肯定第一因的存在，从而将宗于缘起性空的佛教混同于主张冥初生物的外道了。依《起信论》，这是由于不明白根本无明没有开端的事实造成的邪执。依该论，根本无明虽依如来藏而有，但它却没有开端。为什么呢？一是因为如来藏无始，众生迷执如来藏的根本无明也不可说有始；二是因为众生妄念无始以来念念相续，从来未曾远离过妄念，因此根本无明不可说有始。此类人不知此义，遂生出了这样的邪执。慧远进一步指出，这是错误理解真识心依持用的后果。也就是说，由于人们将真识心的依持作用误解成了生成作用，遂导致了此类谬见的出现。

其二，另一些人认为，经中说一切染污法依如来藏而起的意思是如来藏中具有染污法：

> 如经中说，一切世间诸杂染法皆依如来藏起，一切法不异真如。凡愚闻之，不解其义，则谓如来藏具有一切世间染法。[2]

如来藏学从迷悟论法义时，非常讲究具体的位次和角度，同一句话从不同位次和角度理解，其含义往往大异。譬如，上述引文本来是说，因为一切染污法都是依颠倒真如而起之法，所以其体性与真如无二无别，如果不明白染污法依真而起的道理，又不知道这是从体性上说，

---

[1] 《大正藏》第32册，第580页上。
[2] 《大正藏》第32册，第588页中至下。

就会得出如来藏中具有一切染污法的邪见。依《起信论》，这是不明白自性清静的如来藏从来就与染污法不相应的事实。慧远更具体地指出，这是错误理解真识心之缘起用的真正内涵的后果。对于这种邪执，慧远断然驳斥道，如来藏确有现起染污法的作用，但这是众生的根本无明执取它的结果，而不是它本身具有染污法，它本身是恒常自性清净、无有染污的。

由上所述，可知如来藏学家们尽管有时使用了"无明熏动真如""真如生一切法""真妄和合共作妄法"等不太恰当的说法，但我们不能以文害义，他们的真正旨趣仍然很清楚——无明依缘真如而起，而非从真如生起，即《起信论》所谓"不了真如法故，不觉念起，现妄境界"。这还是从众生的迷悟说真如为无明依因，而非从法的存在说真如为无明生因。宗于唯识学的批评者，从染净依说染污（被缠）的如来藏为种子识固无不可，如来藏学从迷悟依说清净的如来藏为染净依亦无不可；批评者们从染净依说有漏、无漏两种种子法尔本有固无不可，如来藏学从迷悟依说无明依真如而有同样没有什么不可。至于论者指责如来藏学说，无明依真如而起包含有众生"于始源中已觉悟，而现今不觉悟之意"，就近乎对如来藏学的毁谤了。

真妄互熏是如来藏学特有的法义之一。如来藏学以众生本具真如，为阐明杂染法的现起，必然成立无明熏习真如一义；为凸显真如作为成佛正因的功德，必然成立真如熏习无明一义。否则，染净法的缘起缘灭都得不到说明。问题是，如来藏学的真妄互熏义是否必然如批评者所指，将真如混同于诸行而淆乱体用了呢？也不然。

首先，我们必须了解，如来藏学并不是抽象地而是在论及心的生灭因缘时谈论熏习的，这就意味着它是在心生灭门谈论熏习。依《起信论》，在心生灭门中，"是心生灭因缘相能示摩诃衍自体相用"。这句话前人往往理解为"生灭因缘中的种种法相能够显示大乘法体（真如心）的体、相、用"，这种解释其实是不够确当的。①《起信论》安立的体是如如不二的真如，此体虽然具足清净佛德，但性相皆空，因此是无相之体。正是因此，论中论及法身（果位的如来藏）时才宣示法身无相，凡有相皆非法身，而是无明所显幻相。既然如此，笔者以为"是心生灭因缘相能示摩诃衍自体相用"的确切含义应当是：心生灭门中由熏习而起的种种相，能够显示真如自体的相和用。② 慧远依据《摄论》的相关教说，广显真妄和合的阿梨耶识受熏持种的根据，也明确告诉人们只有在生灭门才存在着熏习现象。这正是欧阳竟无等人所说的在相用边熏习。

从具体内容看，以《起信论》和慧远为代表的如来藏学的真妄互熏思想，可作如下归纳：真如受无明熏习，真如的体性隐覆，其相用随潜；而无明以及依无明而起的染法相互熏习，一方面令真如体性渐遮渐深、令其相用渐减渐小，另一方面令无明本身之相用渐增渐大，因而显现出来的是日益深厚的染污相用。无明受真如熏习，无明的相用渐消，真如的相用渐显。由于这种清净相用是在无明中显现出来的，故可称为无明发挥的清净相用 。③ 不过，此时的无明不是生灭门之流

---

① 参见（新罗）元晓：《〈大乘起信论〉别记》本，《大正藏》第227页中至下；（唐）释法藏：《〈大乘起信论〉义记》卷上，《大正藏》第44册，第251页上。其实，元晓和法藏也曾见及此义，唯他们要与真如不守自性之义相合，只好弃而不顾。如法藏承袭元晓之说云："问：'真如是不起门，但示于体者，生灭是起动门，应唯示于相用？'答：'真如是不起门，不起不必由起立，由无有起故，所以唯示体；生灭是起动门，起必赖不起，起含不起，故起中具三大。'"［（唐）释法藏：《〈大乘起信论〉义记》卷上，《大正藏》第44册，第251页上］尽管法藏强调这体乃是生灭门之体，但的确难免有以体入用之嫌。

② 慧远以真如（他所谓第九识）为离缘本，以阿梨耶识（他所谓第八识）为随缘本，已初步揭示了这样的法义，如他说："第九识是其诸法体故，故言即示摩诃衍体故也；'是心生灭因缘相'者是第八识，第八识是其随缘转变，随染缘故，生灭因缘相也。何以知者？文中言'即示摩诃衍体相用'故也。用是正义，体相随来。於一心中，绝言离缘为第九识，随缘变转是第八识……是第八识随缘本故。"（《〈起信论〉疏》卷上之上，《大正藏》第44册，第179页上）但是，由于慧远时而约体将阿梨耶识等同于第九净识，时而又约相将该识视为染净相杂的第八识，影响了人们对其真实思想的把握。

③ 《起信论》中虽然分别只及于染相和净用，实则摄入了染用和净相。

转门的无明，而是生灭门之还灭门的无明。换句话说，此无明是趋向于解脱的修行过程中的无明，它相对圆满断除根本无明的法身来说仍为无明，但相对流转门的无明则可说是已经显现了清净相用的无明。因此，对于真如的体来说，熏习只带来隐（慧远所谓"无明熏覆真识心"）显（慧远所谓"真如熏显自身"）的不同，而不产生性质的变异。此中真者自真而妄者自妄，不存在将真如沦为有为法的危险。

但批评者还会进一步责难：体性清净的真如如何能显现染污的相用，这难道不是体用淆乱的另一种说法吗？韩镜清先生就是这样评破慧远的。在笔者看来，这个问题依旧由不明如来藏学说法的特点而来。如来藏学以自性清净的如来藏为体，倡言一切法无非真如，凡所有相皆是虚妄，其宗义近于般若而远于唯识。既然本无有相，那么生心灭门中的染净诸相从哪里来？它们皆从众生的无明来，由于众生无始以来不了达真如无相的体性，对它横生妄执，因而现起了染污和清净两种差别的相用。换句话说，依如来藏学，在心生灭门中真如的体性固然未变，但其相用却非称性而起的真实相用，而是被众生倒执以后的差别相用；另一方面，这差别相用虽由众生倒执而起，但毕竟是因执真如而起，因此如来藏学家们可以约体将它们说成是真如的相用的某种显示。此中也非从法的存在而是从众生的迷悟说真如自体在生灭门显现的染污清净两种相用，同样不存在体用淆乱问题。

当然，批评者未能契会如来藏学的真妄互熏义，与古代有的如来藏学家对相关论义的模糊疏解也有关系。例如华严三祖法藏就说，"良以真心不守自性，随熏和合，似一似常，故诸愚者以似为真，取为内我"[1]；又说，"一心中含于二义，谓不守自性随缘义及不变自性绝相义"[2]；还说，"梨耶心体不守自性是生灭因，根本无明熏动心体是生灭

---

[1] （唐）释法藏：《〈大乘起信论〉义记》卷中本，《大正藏》第44册，第255页下。
[2] （唐）释法藏：《〈大乘起信论〉义记》卷中本，《大正藏》第44册，第256页上。

缘"①。类似这种对阿梨耶识、一心二门、心生灭因缘的疏释,很容易令人觉得真如可以蜕变为有生有灭的有为法,而染污法就是直接由真如产生的。到了子璇,当他说出"生灭之相起时实赖真如为因,以真如不守自性,为无明熏,成诸染相"②之类论义时,无论他如何强调真如随缘不变,确实已将真如混同于有为法生因了。然而,笔者以为这不是《起信论》、慧远为代表的如来藏学的过失,而是后来的解经家的过失③,我们不能因噎废食。

最后,我们看看批评者指责如来藏学在修行上主张返本还源、不待外缘是否有道理。以《起信论》为代表的如来藏学,以及受该论影响的中国佛教,其所宗本者诚然是反本还源的修行观,问题是反本还源的修行观就不是佛教的修行观吗?这首先要看其所"返"所"还"是什么样的"本"与"源"了。

前文已经辨明如来藏学安立之体并非外道的实体,这里我们要看看该论是在什么意义上安立此体。如来藏学的真如共有三义:一是体性义,即自性清净的如来藏或绝染真如;二是因性义,即在缠位的如来藏或随染真如;三是果德义,即出缠位的如来藏或离染真如。如来藏学认为,众生心在体性上是自性清净的真如,在现实上则是受无始恶习所缠的如来藏,此义《楞伽》《涅槃》《起信》等经论都有明文指呈。如果从《起信论》的体、相、用三义说,众生只是在体性上与如来的法身等一无二,在相(相好功德)和用(度生妙用)上则与如来相差悬殊。由此可知,如来藏学的修行所"返"所"还"的"本"与

---

① (唐)释法藏:《〈大乘起信论〉义记》卷中末,《大正藏》第44册,第264页中。
② (宋)释子璇:《〈起信论疏〉笔削记》卷六,《大正藏》第44册,第327页下。如果我们同意《释摩诃衍论》为《起信论》的注疏,那么该论早已开启了这种误解的端绪,如该论卷三就说:"清净始觉智,不守自性故,而能受染熏,故名染净觉。"(《大正藏》第32册,第614页中)
③ 华严家说真如不守自性具有多重含义,他们此说的真义更可能是:真如本性空寂,本无自性可守,因此不碍无明将它颠倒为实体。但是,此义需要解释方才显了,并非一看即知,其文字的歧义性不待言。

"源"是体性义的真如,而不是果德位的法身。

问题是能不能从体性上肯认众生心性与如来果德等同一味?笔者以为,如果承认佛法身的不生不灭性,那么肯认众生心本为与佛无二的真如不仅是必然的,而且唯有如此才是当理的和圆满的,否则,势必导致无因生果(佛果)的外道见。既然如此,我们首先就可以否定那种将如来藏学所说生佛不二的真如混同于众生事实上就是佛的偏见。

如来藏学讲修行时,虽然特别侧重彰显真如内熏的功用,但要因此指责它的修为方法是不待外缘的有因无缘论却是不近情理的,因为如来藏学里头找不到这样的教说。相反,如来藏学特别强调,众生要成佛,必须要因缘和合才能达到目的:《涅槃经》明确宣称,众生成佛需要正因和缘因(或生因和了因)两种佛性,正因佛性即众生的本性(第一义空),缘因佛性是修行道路上实际修习的一切菩萨行。慧远依《涅槃经》安立的法、报二佛性说同样如此,一方面主张一切众生在体性上本有法佛性、皆可成佛,另一方面坚持法佛性必须通过切实的修行圆满了报佛性才能得到全体朗现。《起信论》也从因缘和合的角度告诉我们,众生虽然具有能够发起内熏力的真如,但如果没有佛菩萨和善知识的引导,没有精勤的修行,要想断烦恼、入涅槃是不可能的;反过来,如果仅仅有佛菩萨等外缘的帮助,但其真如的内熏力未得显发,要想断烦恼、入涅槃同样是不现实的。只有内因外缘双双具足,才能"趣向涅槃道"。吕澂先生等人执守玄奘所传唯识学一门为正理,对这样的教说就未免视而不见了。

三、慧远思想在中国佛学中的价值

尽管笔者认为古代高僧们的佛学成就根本来源于他们个人对佛教经论的切身体悟,因而具有强烈的个体性特征,但这并不是说在时空中先后开展的种种佛学理论就像老死不相往来的绝缘体,实际上他们既然生活在时空这个因缘的网罗中，先前或同时代其他人的思想正是他们建立自己佛教理论的外缘。慧远以前人和同时代人的思想为缘建立起了自己的思想，他的思想又成了此后中国佛学家们建构其佛学理论的外缘。因此，他的思想在中国佛教中的价值，就可以从其本身的独特性和它对此后中国佛学思想的影响两方面来把握。依本书所见，慧远思想在中国佛学中的价值，较为重要者可总结为如下数端：（一）最全面而合理地阐发了如来藏缘起思想系统；（二）建立起了今天所见最早、内容非常全面、论证较为严密的判教观；（三）最早提出并阐发了一种比较合理的佛性思想；（四）为华严宗的出现提供了最重要的思想资源。

众所周知，大乘佛学的教理有中观、唯识和如来藏三大系统，三大系统在中国都得到了契理契机的发展，以僧肇（384—414）和吉藏等为代表的佛学家较早发展了中观学，以玄奘、窥基（632—682）等为代表的佛学家较早开展了唯识学，而慧远则最全面而合理地发展了如来藏学。

根据印顺法师的研究，如来藏学的开展经历了从如来藏说到如来藏缘起说两个阶段：早期的如来藏学经论重在宣说"一切众生悉有如来藏"的根本教理，还没有从万法所依体意义上安立如来藏，属于如来藏说；大概与《宝性论》同时，传出了立"如来藏藏识"（thatāgatagarbha-ālayavijñāna）的《楞伽经》，将如来藏与藏识结合在一起，如来藏学才深入到如来藏缘起说。① 如此，则可将《楞伽经》视为如来藏缘起说的根本经典。虽然，《楞伽经》既没有展显如来藏的内涵，也没有说明如来藏如何为无始恶习熏习而变成了藏识，只是为如来藏说确立了致思的方向和理论的框架。《起信论》出现后，论者以

---

① 释印顺：《如来藏之研究》，第8页。

《楞伽经》为宗，将其理论框架具体化为"一心二门"的结构，博取如来藏系诸经论的法义，又援入唯识学教典的心识思想，对这些问题予以初步解决，才完成了如来藏缘起思想的系统建构。

《起信论》虽然已经完成了如来藏缘起系统的建构工作，但对其中有些关节点还未作出详细、明确的论说，其中最重要的就是这样两个问题：不生不灭的真心（如）为什么能与生灭的妄心（根本无明）和合？真心得到开显的理由是什么？慧远通过对如来藏学经论的深刻领悟，提出真识心分别具有染净两种功用，圆满地解决了这两个问题：真识心的染用阐明了如来藏虽能持存染污法但却不是其生因（依持用），而如来藏必然被根本无明颠倒则是由于它本无分别心（缘起用）；真识心的净用则说明了如来藏所以得到开显，理由在于它本身具有开显自己的功用（随缘显用），以及在显现过程中有增上、圆满众生功德的作用（随缘作用）。在这方面，此后的元晓和法藏等人的见地反而不及慧远。此其一。其二，慧远与《起信论》虽然都是从无相入手显示真如或真识心的如实空性，但慧远在《起信论》基础上对此义有所补充。首先，慧远遣相的范围更全面。慧远不仅像《起信论》从无相这个层面显示真识心的空性，而且进一步从无性层面显示真识心的空性，这不能不说是对实有见的彻底遮遣；即使从无相遣相的层面看，慧远在《起信论》的有无、一异和众生心念三门的基础上，增加自他、大小和彼此相对这三门而成六门，并将六门按照遣相的粗细纳入一个井然有序的论证系统之中，也较《起信论》来得详密。其三，《起信论》虽然从无相显示真如的如实空性，但并未进一步阐明具足恒沙佛法功德的真如何以无相，慧远则从离相与离性两个侧面揭示了这个道理：因为真识心中的一切法是同体缘集之法，所以真识心无相无性。另一方面，他认为真识心中同体缘集的一切法都是总别圆融无碍的真法。这已非《起信论》所能范围，而是《华严经》和《〈十地经〉论》中才有的"缘起无尽法界"①的思想了。其四，虽然《起信论》对熏习问题论述颇详，但没有揭明阿梨耶识能受熏持种的理由，慧远依据《摄大乘论》的相关思想对此广为解说，从而丰富了如来藏学的阿梨耶识思想。最后，《起信论》因主法身无色说而没有广显如来果德，慧远则因主法身有色说而全面展现了大般涅槃的三德秘密相，使得人们有缘目睹如来藏学关于依正二报的庄严妙相。

依上所述，我们完全可以下这样一个断语：慧远是中国佛学中建立了最完善、最庞大的如来藏缘起思想体系的佛学家，堪称如来藏学的集大成者。

中国佛教的判教工作虽然并非首创于慧远，但他却建立了今天能见到的第一个内容非常全面、论证较为严密的判教观。慧远是在评破当时种种判教异说的基础上建立起自己的判教观的，此判教观包括两个方面的内容：一是以一佛乘为究竟的教乘观，二是以显实宗为宗趣的四宗论。慧远是中国较早主张并辩证地阐明了一乘观的佛学家，他的一乘观以佛性为教乘之体，既主张由实（一乘）开权（三乘），又主张汇权归实，不但本身相当契理，而且经天台、三论、华严、禅宗诸家进一步弘扬，渐渐成为中国佛教教乘观的主流；他的四宗观虽然没有处理好破性宗的问题，但其思路和框架都得到华严宗十宗观的采纳，而其大乘平等思想更因理圆彻而为此后大多数佛教学者共尊。

慧远最早提出并合理论地论证的"无情有性"说，在中国佛学中也有重要的价值。慧远时代，佛学家们非常关心众生成佛的根据即佛性问题，但由于集中宣说佛性思想的《大般涅槃经》除了决定说"一切众生皆有佛性"②外，对诸如佛性有哪些种类、众生具有的佛性是

---

① 《义章》卷九《二种种性义》，《大正藏》第44册，第651页中。
② 学界不少人认为大本《涅槃经》在阐提是否有佛性的问题上前后不一致，前十卷主张阐提无佛性，后三十卷则改变了说法，主张阐提也有佛性，本人曾撰文认为该经前后文一致主张阐提有佛性（参见冯焕珍：《〈大般泥洹经〉的传译及其与〈大般涅槃经〉的异同问题》，载冯达文、李志刚主编：《面向神圣人生》，成都：巴蜀书社2004年版）。

什么、什么层次的众生有什么佛性等问题都采取不定说，并且还提出了与《大智度论》的"一切法皆有涅槃性"说不同的"无情无佛性"说，令人难窥其奥义，种种异说于是相互是非、争执不休。慧远先从人法相对的角度着眼，将《涅槃经》所说的佛性分为所知性（如实法）和能知性（如实心），指出前者是一切有情无情众生都具有的佛性，后者是只有有情众生才具有的佛性；接着又从有情众生成佛的根据入手，将该经所说佛性归纳成法佛性和报佛性，指出一切众生都具有的是法佛性，众生随其因缘或有或无、或现有或当有、或多或少、或圆满或欠缺的佛性是报佛性；众生只有通过圆满修行报佛性而全体显现法佛性才能成佛。他的法、报二佛性说既成功地揭示了《涅槃经》佛性思想的旨趣，又较好地会通了该经和《大智度论》的佛性异说，而且还最早提出并论证了"无情有性"说，因而远远超越了当时的各种佛性定见，不愧是一种当理的佛性论。另一方面，他的佛性思想虽然被统摄在一个历别修行的纵向系统之中而显得不够圆融，以致很快为智顗的三因佛性说所超越，但一望可知智顗的佛性思想是深受其影响的。

慧远思想在中国佛教中的价值，还在于为华严宗提供了思想资源。关于地论学对华严宗的影响，学界许多前辈都有所见，哈佛大学的吉梅罗（Robert Michael Gimello）教授为了追溯华严二祖智俨的思想资源，还详细考察了6世纪至7世纪间中国的地论学和摄论学思想。① 本书前文虽然对此偶有论及，但这里仍有必要从慧远与华严宗二祖智俨（602—668）的思想关联切入，给予较为集中的总结。

虽然道宣的《续高僧传》和法藏的《华严经传记》都未明文论提及慧远对智俨的影响，但只要我们打开二人的著作，就会发现这种影

---

① Robert Michael Gimello, "Chih-Yen and the Foundations of Hua-Yen Buddhism," Columbia University, Ph.D., 1976, pp.134-337.

响是明显而多面的，智俨著作中有的文字简直就像慧远说法的翻版，如《华严经孔目章》卷二《贤首品初立发菩提心章》①与《大乘义章》卷九《发菩提心义》就如出一手。依笔者所见，慧远对智俨的影响主要体现在以下几个方面：

（一）以自性清净心（慧远称为真识心或真识）为法界、一切诸法为法界缘起之法的思想。5世纪以来，如来藏系和瑜伽行派的经论开始传到中国，它们不像性空学那样从诸法的缘起现象直接显明空性，而是紧紧围绕众生的修行实践讨论佛学问题。这样，众生的本来面目如何、众生何以会迷执以及如何能觉悟等就成了佛学讨论的重要问题。如来藏学认为，众生心性本净，因无始无明遮蔽而有不净，修行者的修行实践就是除去这无明遮蔽、朗显本具自性清净心的过程；以《摄大乘论》为代表的瑜伽行思想则认为，众生心识本不净，须通过听闻佛法熏成清净种子，至清净种子现行才转染成净，故修行实践是一个革故鼎新的过程。由于如来藏学的心性本净思想不但与中国传统儒家的人性论相通，更重要的是为信仰者成佛提供了成佛的必然性，因此智俨更偏爱心性本净的思想。②虽然如此，但只有慧远才明确将众生的自性清净心称为"法界"，而将一切法称为"法界缘起"（或真性缘起）之法，所谓"一法界者，是一心也"。③这无疑为智俨和此后的华严家门在一真法界中纵论无碍缘起准备了思想基础。

（二）六相圆融思想。六相即总相、别相、同相、异相、成相、坏相，是《华严经》和《十地经》中的概念。总相指具足众德的法界整体，别相指这个整体中的个别行德；同相指各差别行德互不相违，共成一义；异相指各差别行德互不相同；成相指法界整体由个别行德缘起而成；坏相指各差别行德各住自法，而不倾动。六相相即相入，圆

---

① 《大正藏》第45册，第549页上至中。
② 参见 Robert Michael Gimello, "Chih-Yen and the Foundations of Hua-Yen Buddhism," p. 420。
③ 《〈起信论〉疏》卷上之上，《大正藏》第44册，第180页上。

融无碍，共成一大法界缘起。六相圆融是华严宗的重要思想之一，从某种意义上讲，六相圆融是华严宗的法界缘起思想得以成立的根据。据《〈华严经〉传记》记载，智俨的六相思想乃得自一异僧传授[①]，其实从历史上看，可以说慧远正是这个异僧。慧远在世亲和他的亲教师法上（495—580）的基础上，阐发了六相思想的三大内涵：一是更为明确地阐明了总别二相及其所具有的圆融关系；二是将六相圆融观化用为一种论述佛学问题的方法；三是认为法界一切事法也具有六相圆融的特性。他非常推崇《〈十地经〉论》的六相思想，称"此六乃大乘之渊纲，圆通之妙门，若能善会斯趣，一异等执，逍然无迹"。可以说，智俨的六相圆融和十玄无碍思想，都是在慧远的六相圆融思想基础上发展起来的。

（三）教证思想。按理说，佛法界本是诸佛果位的事情，因地凡夫根本不能妄加谈论，而华严家不但盛谈佛境，而且谈得十分善巧，这全得益于该宗思想家的教义（证）观。依据华严家的教义观，众生修行成佛的因果过程，因可说，叫作教；果不可说，叫作义。智俨说，"因是能生之位，教是能目方便义"，"果是所剋之位"，"证分绝言，是发趣者究竟所归"。[②] 最后一个能够诉诸教、也最接近佛果德的因位便是普贤菩萨圆因位，所以华严家便能自在地寄普贤圆因显示佛陀满果。而相关的思想，慧远已经作出了非常全面、深刻的揭示，并且提出了总相玄标、拂相显示、况诠显示、真法互相显示（这种显示方法又分为因果相显、体用相显和行法相显三种具体方法）等显示法。智俨以及后来的华严家能够善巧彰显佛法界果海胜境，不能不说是受到了慧远这一思想的直接启发。

（四）借助摄论学的心识理论来说明染净诸法的缘起。华严宗的宗

---

① 参见（唐）释法藏：《〈华严经〉传记》卷二《智俨传》，《大正藏》第51册，第163页下。
② （唐）释智俨：《〈华严经〉孔目章》卷三，《大正藏》第45册，第562页中。

义虽然是彰显一真法界的重重无尽缘起妙境,但也面对说明染污法起源的问题。我们发现,智俨在阐明这个问题时,将法界缘起分成了染净二门,净门包括本有、本有修生、修生、修生本有四义,讨论一真法界的体性、遮蔽与开显等内容;染门则包括"缘起一心门"和"依持一心门"两门,缘起一心门依真妄和合的阿梨耶识来说明染法皆依真心而起,而依持一心门则进一步阐明阿梨耶识与第七识和意识的依持关系。[①] 这也是与慧远的相关思想一脉相承的。正是慧远率先依《起信论》将世出世间法视为真识心的染净二用,并吸纳《摄大乘论》的八识理论分别开出染净法的依持用、缘起用和随缘显用、随缘作用等具体的法门来论究染净二法的缘起,才构成了有效解释染净诸法缘起的理论框架。因此,如果我们说智俨阐明染净诸法缘起的理论根源于慧远,一点也不过分。

[①] (唐)释智俨:《〈华严经〉搜玄记》卷三下,《大正藏》第35册,第62页下。

主要参考文献

一、慧远著作

1. 《〈大般涅槃经〉义记》合十卷分二十卷，《大正藏》第 37 册（以下凡属此藏著作，仅标明册数）。

2. 《〈维摩经〉义记》合四卷分八卷，第 38 册；《大日本续藏经》第 1 辑第 27 套第 4 册。

3. 《〈胜鬘经〉义记》二卷，《大藏新纂卍续藏经》第 19 册，台北：台湾白马精舍印经会影印。

4. 《〈胜鬘〉义记》下卷写本残卷，P.2091、P.3308，《敦煌宝藏》第 114、127 册。

5. 《〈仁王般若经〉疏》，第 85 册；又见 S.2502，《敦煌宝藏》第 20 册。

6. 《〈无量寿佛经〉义疏》二卷，第 37 册。

7. 《〈观无量寿佛经〉义疏》二卷，第 37 册。

8. 《〈温室经〉义记》一卷，第 39 册。

9. 《〈十地经论〉义记》合七卷分十四卷，存卷一至卷八共八卷，《大日本续藏经》第 1 辑第 71 套第 3 册。

10. 《〈大乘起信论〉义疏》合二卷分四卷，第 44 册。

11. 《〈地持论〉义记》合五卷分十卷，现存卷三下、卷四上和卷五下三卷,《大日本续藏经》,第 1 辑第 61 套第 2—3 册。

12.《〈地持〉义记》卷四下写本残卷,第 85 册;又,敦煌文献 P.2141V⁰ 号残卷,《法藏敦煌西域文献》第 6 册。

13.《大乘义章》合十四卷分二十六卷,第 44 册。

二、佛教典籍

(一)经典

1.(西晋)竺法护译:《佛说方等般泥洹经》二卷,第 12 册。

2.(西晋)竺法护译:《佛说如来兴显经》四卷,第 10 册。

3.(西晋)竺法护译:《大哀经》八卷,第 13 册。

4.(西晋)竺法护译:《光赞般若经》十卷,第 8 册。

5.(西晋)无罗叉译:《放光般若经》二十卷,第 8 册。

6.(西晋)白法祖译:《佛般泥洹经》二卷,第 1 册。

7.(东晋)佛陀跋陀罗译:《大方等如来藏经》一卷,第 16 册。

8.(东晋)佛陀跋陀罗译:《大方广佛华严经》六十卷,第 9 册。

9.(东晋)释法显译:《佛说大般泥洹经》六卷,第 12 册。

10.(东晋)释法显译:《大般涅槃经》三卷,第 1 册。

11.(东晋)僧伽提婆译:《中阿含经》六十卷,第 1 册。

12.(东晋)僧伽提婆译:《增一阿含经》五十一卷,第 1 册。

13.失译:《般泥洹经》二卷,第 1 册。

14.(刘宋)求那跋陀罗译:《大法鼓经》二卷,第 9 册。

15.(刘宋)求那跋陀罗译:《胜鬘经》二卷,第 12 册。

16.(刘宋)求那跋陀罗译:《楞伽阿跋多罗宝经》四卷,第 16 册。

17.(刘宋)求那跋陀罗译:《央掘魔罗经》四卷,第 2 册。

18.(刘宋)求那跋陀罗译:《杂阿含经》五十卷,第 2 册。

19.(北凉)昙无谶译:《大般涅槃经》四十卷,第 12 册。

20.（北凉）昙无谶译：《大方等无想经》六卷，第12册。

21.（隋）宝贵合昙无谶译：《合部金光明经》八卷，第16册。

22.（后秦）鸠摩罗什译：《摩诃般若波罗密经》二十七卷，第8册。

23.（后秦）鸠摩罗什译：《金刚般若波罗蜜经》一卷，第8册。

24.（后秦）鸠摩罗什译：《维摩诘所说经》三卷，第14册。

25.（后秦）鸠摩罗什译：《妙法莲华经》七卷，第9册。

26.（后秦）鸠摩罗什译：《佛说仁王般若波罗蜜经》二卷，第8册。

27.（后秦）佛陀耶舍、（后秦）竺佛念译：《长阿含经》二十二卷，第1册。

28.（北魏）菩提流支译：《入楞伽经》十卷，第16册。

29.（北魏）菩提流支译：《佛说不增不减经》一卷，第16册。

30.（北魏）菩提流支译：《深密解脱经》五卷，第16册。

31.（陈）真谛译：《佛说无上依经》二卷，第16册。

32. 失译：《金刚三昧经》一卷，第9册。

33.（唐）释玄奘译：《缘起经》一卷，第2册。

34.（唐）释玄奘译：《大般若经》六百卷，《大正藏》第5、6、7册。

35.（唐）实叉难陀译：《大乘入楞伽经》七卷，第16册。

36.（唐）实叉难陀译：《大方广佛华严经》八十卷，第10册。

37.（唐）般若译：《大乘理趣六波罗蜜多经》十卷，第8册。

38.（唐）菩提流志译：《大宝积经》一百二十卷，第11册。

39. 杨曾文校写：《新版敦煌新本〈六祖坛经〉》，北京：宗教文化出版社，2001年。

40. 黄宝生：《梵汉对勘〈入楞伽经〉》，北京：中国社会科学出版社，2011年。

（二）论典

1. 法胜造，（东晋）僧伽提婆、释慧远译：《阿毘昙心论》四卷，第 28 册。

2. 法救造，（刘宋）僧伽跋摩译：《杂阿毗昙心论》十一卷，第 28 册。

3. 弥勒造，（北凉）昙无谶译：《菩萨地持经》十卷，第 30 册。

4. 龙树造，（后秦）鸠摩罗什译：《中论》四卷，第 30 册。

5. 龙树造，（后秦）鸠摩罗什译：《大智度论》一百卷，第 25 册。

6. 龙树造，（后秦）鸠摩罗什译：《十二门论》一卷，第 30 册。

7. 提婆造，（后秦）鸠摩罗什译：《百论》一卷，第 30 册。

8. 龙树造，（后秦）鸠摩罗什译：《十住毗婆沙论》十七卷，第 26 册。

9. 诃梨跋摩造，（后秦）鸠摩罗什译：《成实论》十六卷，第 32 册。

10. 世亲造，（北魏）菩提流支译：《〈十地经〉论》十二卷，第 26 册。

11. 世亲造，（北魏）菩提流支、（北魏）昙林等译：《〈妙法莲华经〉优波提舍》二卷，第 26 册。

12. 世亲造，（北魏）菩提流支译：《金刚经论》三卷，第 25 册。

13. 金刚仙造著，（北魏）菩提流支译：《金刚仙论》十卷，第 25 册。

14. （北魏）勒那摩提译：《究竟一乘宝性论》四卷，提 31 册。

15. 世亲造，（北魏）勒那摩提、僧朗译：《〈妙法莲华经〉优波提舍》一卷，第 26 册。

16. 世亲造，（陈）真谛译：《〈涅槃经〉本有今无偈论》一卷，第 26 册。

17. 世亲造，（陈）真谛译：《佛性论》四卷，第 31 册。

18. 无著造，（陈）真谛译：《摄大乘论》三卷，第 31 册。

19. 世亲造，（陈）真谛译：《〈摄大乘论〉释》十五卷，第 31 册。

20. 马鸣造，（陈）真谛译：《大乘起信论》一卷，第 32 册。

21. 佚名造，（陈）真谛译：《转识论》一卷，第 31 册。

22. 世亲造，（陈）真谛译：《大乘唯识论》一卷，第 31 册。

23. 佚名造,(陈)真谛译:《显识论》一卷,第 31 册。

24. 世亲造,(陈)真谛译:《中边分别论》二卷,第 31 册。

25. 弥勒造,(陈)真谛译:《决定藏论》三卷,第 30 册。

26. 无著造,(陈)真谛译:《三无性论》二卷,第 31 册。

27. 世亲造,(陈)真谛译:《阿毘达磨俱舍释论》二十二卷,第 29 册。

28. 弥勒造,(唐)释玄奘译:《瑜伽师地论》一百卷,第 30 册。

29. 无著造,(唐)释玄奘译:《摄大乘论》三卷,第 31 册。

30. 世亲造,(唐)释玄奘译:《〈摄大乘论〉释》十卷,第 31 册。

31. 护法等造,(唐)释玄奘译:《成唯识论》十卷,第 31 册。

32. 世亲造,(唐)释玄奘译:《唯识二十论》一卷,第 31 册。

33. 坚慧造,(唐)提云般若译:《大乘法界无差别论》一卷,第 31 册。

34. 大目乾连造,(唐)释玄奘译:《阿毘达磨法蕴足论》十二卷,第 26 册。

35. 世友造,(唐)释玄奘译:《异部宗轮论》一卷,第 49 册。

(三)律典

1.(后秦)佛陀耶舍、(后秦)竺佛念译:《四分律》六十卷,第 22 册。

2.(刘宋)佛陀什、(刘宋)竺道生译:《五分律》三十卷,第 22 册。

3.(唐)释道宣:《〈四分律〉删繁补阙行事钞》合三卷分十二卷,第 40 册。

三、古德佛学著述

1.(后秦)鸠摩罗什、(东晋)释慧远:《鸠摩罗什法师大义》三卷，第 45 册。

2.（后秦）释僧肇：《肇论》一卷，第 45 册。

3.（后秦）释僧肇等：《注〈维摩诘所说经〉》十卷，第 38 册。

4.（北魏）释法上：《〈十地经论〉义疏》两卷（残本），第 85 册。

5.（梁）释宝亮等集解：《〈大般涅槃经〉集解》七十一卷，第 37 册。

6.（隋）释智顗：《〈妙法莲华经〉玄义》合十卷分二十卷，第 33 册。

7.（隋）释智顗：《〈妙法莲华〉文句》合十卷分二十卷，第 34 册。

8.（隋）释智顗：《摩诃止观》合十卷分二十卷，第 46 册。

9.（隋）释智顗：《四教义》十二卷，第 46 册。

10.（隋）释智顗：《〈观音〉玄义》二卷，第 34 册。

11.（隋）释智顗：《〈金光明经〉玄义》二卷，第 39 册。

12.（隋）释灌顶：《〈大般涅槃经〉疏》三十三卷，第 38 册。

13.（隋）释灌顶：《〈大般涅槃经〉玄义》二卷，第 38 册。

14.（隋）释吉藏：《〈中论〉疏》十卷，第 42 册。

15.（隋）释吉藏：《大乘玄论》五卷，第 45 册。

16.（隋）释吉藏：《〈三论〉玄义》二卷，第 45 册。

17.（隋）释吉藏：《〈华严〉游意》一卷，第 35 册。

18.（隋）释吉藏：《〈胜鬘经〉宝窟》六卷，第 37 册。

19.（隋）释吉藏：《〈涅槃经〉游意》一卷，第 38 册。

20.（隋）释昙延：《〈大乘起信论〉义疏》二卷（存上卷），《大日本续藏经》第 1 辑第 71 套第 3 册。

21.（唐）释杜顺：《华严五教止观》一卷，第 45 册。

22.（唐）释智俨：《〈华严经〉搜玄记》合五卷分十卷，第 35 册。

23.（唐）释智俨：《〈华严经〉孔目章》四卷，第 45 册。

24.（唐）释智俨：《华严一乘十玄门》，第 45 册。

25. （唐）释法藏：《〈华严经〉探玄记》二十卷，第35册。
26. （唐）释法藏：《〈大乘起信论〉义记》五卷，第44册。
27. （唐）释法藏：《〈大乘起信论〉别记》二卷，第44册。
28. （唐）释法藏：《华严一乘教义分齐章》四卷，第45册。
29. （唐）释法藏：《修华奥旨妄尽还源观》一卷，第45册。
30. （新罗）元晓：《〈起信论〉疏》二卷，第44册。
31. （新罗）元晓：《〈大乘起信论〉别记》二卷，第44册。
32. （新罗）元晓：《〈金刚三昧经〉论》三卷，第34册。
33. （唐）释慧能：《六祖大师法宝坛经》一卷（宗宝本），第48册。
34. （唐）释良价：《洞山大师语录》一卷，第47册。
35. （唐）释窥基：《〈成唯识论〉述记》合十卷分二十卷，第43册。
36. （唐）释窥基：《大乘法苑义林章》七卷，第45册。
37. （唐）释慧沼：《〈金光明最胜王经〉疏》十卷，第39册。
38. （唐）释慧均：《大乘四论玄义》十卷，现存九卷（残），《大日本续藏经》第1辑第74套第1册。
39. （唐）释澄观：《〈华严经〉疏》六十卷，第35册。
40. （唐）释澄观：《〈华严经疏〉钞》九十卷，第36册。
41. （唐）释澄观：《华严法界玄镜》二卷，第45册。
42. （唐）释宗密：《注〈华严法界观门〉》一卷，第45册。
43. （唐）释宗密：《华严原人论》五卷，第45册。
44. （唐）释湛然：《〈法华玄义〉释笺》二十卷，第33册。
45. （唐）释湛然：《金刚錍》一卷，第46册。
46. （宋）释延寿：《宗镜录》一百卷，第48册。
47. （明）释德清：《〈大乘起信论〉直解》二卷，《憨山大师法汇初集》第6册，香港：香港佛教法喜精舍、香港佛经流通处，1997年影印本。

48.（明）释智旭:《〈大乘起信论〉裂网疏》六卷，第 44 册。

49. 黄永武主编:《敦煌宝藏》，台北：新文丰出版公司，1986 年。

50. 上海古籍出版社、法国国家图书馆编:《法藏敦煌西域文献》，上海：上海古籍出版社，1998 年。

四、传记、经录、文史

1.（北魏）杨衒之:《洛阳伽蓝记》五卷，第 51 册。

2.（梁）释慧皎:《高僧传》十四卷，第 50 册。

3.（梁）释僧祐集:《弘明集》十四卷，第 52 册。

4.（隋）费长房:《历代三宝纪》十五卷，第 49 册。

5.（隋）释法经:《隋众经目录》七卷，第 55 册。

6.（唐）释道宣:《续高僧传》三十卷，第 50 册。

7.（唐）释道宣纂集:《广弘明集》三十卷，第 52 册。

8.（唐）释道宣:《大唐内典录》十六卷，第 55 册。

9.（唐）释智升:《开元释教录》二十卷，第 55 册。

10.（唐）释法琳:《辩正论》八卷，第 52 册。

11.（唐）刘世珩:《南朝寺考》，台北：新文丰出版公司，1987 年。

12.（宋）释赞宁:《大宋僧史略》三卷，第 54 册。

13.（宋）释志磐:《佛祖统纪》五十四卷，第 49 册。

14.（宋）释道元:《景德传灯录》三十卷，第 51 册。

15.（元）释念常:《佛祖历代通载》二十二卷，第 49 册。

16.（明）释居顶:《续传灯录》三十六卷，第 51 册。

17.〔日本〕圆超:《华严宗章疏》一卷，第 55 册。

18.〔高丽〕义天:《新编诸宗教藏总录》三卷，第 55 册。

19.〔日本〕永超:《东域传灯目录》一卷，第 55 册。

20.〔日本〕安远:《三论宗章疏》一卷,第55册。

21.(北齐)魏收:《魏书》一百一十四卷,《二十四史》合刊本,北京:中华书局,1997年。

22.(梁)萧子显:《南齐书》六十卷,同上本。

23.(唐)姚思廉:《梁书》五十六卷,同上本。

24.(唐)姚思廉:《陈书》三十六卷,同上本。

25.(唐)李百药:《北齐书》五十卷,同上本。

26.(唐)令狐德棻:《周书》五十卷,同上本。

27.(唐)魏徵等:《隋书》八十五卷,同上本。

28.(唐)刘知幾:《史通》,影印《四部精要》第11册,载浦起龙笺《史通通释》本,上海:上海古籍出版社影印版,1993年。

29.(唐)李吉甫:《元和郡县图志》,北京:中华书局,1983年。

30.(清)戴震:《戴东原集》,北京:中华书局四部备要本。

31.(清)章学诚:《章氏遗书》,吴兴刘氏嘉业堂刻本。

32.(清)王昶编:《金石萃编》,北京:中华书局刻印本。

33.(清)严可均校辑:《全上古三代秦汉三国六朝文》第4册,北京:中华书局,1958年。

34.(清)董诰等编:《全唐文》第1册,上海:上海古籍出版社,1990年。

35.(清)叶奕苞:《金石录补》,《丛书集成初编》第1520册,北京:中华书局,1991年。

五、现代著述

(一)中文

A. 研究慧远的著述

1.陈寅恪:《〈大乘义章〉书后》,《金明馆丛稿二编》,北京:生活·读书·新知三联书店，2001年。

2. 韩镜清：《净影八识义述》，载张曼涛主编：《现代佛教学术丛刊》第26册，台北：大乘文化出版社，1981年。

3. 华方田：《隋净影慧远的判教说》，载杨曾文、方广锠主编：《佛教与历史文化》，北京：宗教文化出版社，2001年。

4. 刘元琪：《净影慧远〈大乘义章〉佛学思想研究》，北京大学博士学位论文，2000年。

5. 廖明活：《净影慧远思想述要》，台北：学生书局，1999年。

6. 廖明活：《净影寺慧远的心识思想》，《中国文哲研究所集刊》第3期，台北："中研院"中国文哲研究所，1993年。

7. 廖明活：《净影寺慧远的佛性学说》，《中国文哲研究所集刊》第4期，台北："中研院"中国文哲研究所，1994年。

8. 廖明活：《净影寺慧远的判教学说》，《中华佛学学报》第6期，台北：中华佛学研究所，1993年。

9. 廖明活：《净影寺慧远的二谛观》，《谛观》第73期，台湾：《谛观》杂志社，1993年。

10. 廖明活：《净影寺慧远的净土思想》，《中华佛学学报》第8期，台北：中华佛学研究所，1995年。

11. 廖明活：《净影寺慧远的涅槃观》，《正观》第2期，台湾：《正观》杂志社，1997年。

12. 释恒清：《〈大乘义章〉的佛性说》，《佛学研究中心学报》第2期，台北：台湾大学佛学研究中心编辑委员会，1997年。

B. 佛学与佛学史著述

1. 曹志成：《〈十地经〉与〈十地经论〉的缘起观与唯识观之关系研究》，台北：《国际佛学研究》第2期，1992年。

2. 陈英善：《天台缘起中道实相论》，台北：东初出版社，1995年。

3. 杜正民：《如来藏研究小史》（上、下），台湾：《佛教图书馆通讯》第 10—12 期，1997 年 9—12 月。

4. 方东美：《华严宗哲学》，台北：黎明文化事业出版公司，1981 年。

5. 方立天：《魏晋南北朝佛教论丛》，北京：中华书局，1982 年。

6. 方立天：《中国佛教心本源说的创立与发展》，台北：《中国佛学》第 1 卷第 1 期，1998 年。

7. 方立天：《中国佛教哲学要义》（上、下卷），北京：中国人民大学出版社，2002 年。

8. 范祥雍校注：《洛阳伽蓝记》，上海：上海古籍出版社，1958 年。

9. 冯焕珍：《六世纪华严学传承考辨》，《世界宗教研究》2001 年第 2 期，北京：中国社会科学院世界宗教研究所，2001 年。

10. 冯焕珍：《经藏游意》，上海：上海古籍出版社，2017 年。

11. 傅伟勋：《〈大乘起信论〉义理新探》，《中华佛学学报》第 3 期，台北：中华佛学研究所，1990 年。

12. 龚隽：《大乘起信论与佛学中国化》，台湾：文津出版社，1995 年。

13. 龚隽：《近代中国佛学研究方法及其批判》，《二十一世纪》总第 43 期，香港：香港中文大学中国文化研究所，1997 年。

14. 龚隽：《作为思想史的禅学写作》，《佛学研究中心学报》第 5 期，台北：台湾大学佛学研究中心编辑委员会，2000 年。

15. 葛兆光：《论晚清佛学复兴》，《学人》第 10 辑，南京：江苏文艺出版社，1996 年。

16. 古正美：《定义大乘及研究佛性论上的一些反思》，《佛学研究中心学报》第 3 期，台北：台湾大学佛学研究中心编辑委员会，1998 年。

17. 韩廷杰：《摄论师的师承及其哲理》，《中华佛学学报》第 12 期，台北：中华佛学研究所，1999 年。

18. 黄忏华：《佛学概论》，扬州：江苏广陵古籍刻印社，1992 年。

19. 姜义华主编：《胡适学术文集·中国佛学史》，北京：中华书局，1997年。

20. 季羡林等校注：《大唐西域记》，北京：中华书局，1985年。

21. 季羡林：《季羡林学术论著自选集》，北京：北京师范学院出版社，1991年。

22. 赖贤宗：《如来藏与唯识的交涉——以〈佛性论〉为中心的比较研究》，台北：《国际佛学研究》创刊号，1991年。

23. 赖贤宗：《如来藏与唯识的交涉——〈中边分别论·相品〉及〈佛性论·显体分〉所呈现的"境界思路"》，台北：《国际佛学研究》第2期，1992年。

24. 赖永海：《中国佛性论》，北京：中国青年出版社，1999年。

25. 廖明活：《华严宗性起思想的形成》，《中国文哲研究集刊》第6期，台北："中研院"中国文哲研究所，1995年。

26. 刘梦溪主编：《中国现代学术经典·杨文会 欧阳渐 吕澂卷》，石家庄：河北教育出版社，1996年。

27. 吕澂：《吕澂佛学论著选辑》（1—5卷），济南：齐鲁书社，1991年。

28. 马定波：《中国佛教心性说之研究》，台北：正中书局，1980年。

29. 梅光羲：《相宗新旧两译不同论》，南京：金陵刻经处刻本。

30. 牟宗三：《佛性与般若》（上、下册），台北：学生书局，1993年。

31. 南怀瑾：《〈楞伽〉大义今释》，台北：老古文化事业公司，1986年。

32. 欧阳渐：《〈楞伽〉疏决》六卷，南京：金陵刻经处刻本，1925年。

33. 欧阳渐：《唯识研究次第 唯识抉择谈》，南京：金陵刻经处刻本，1925年。

34. 任继愈主编：《中国佛教史》（1—3卷），北京：中国社会科学出版社，1981、1985、1988 年。

35. 任继愈：《汉唐佛教思想论集》，北京：人民出版社，1994 年。

36. 释太虚：《太虚大师选集》（上、中、下册），台北：正闻出版社，1993 年。

37. 释太虚：《法相唯识学》（上、下册），北京：商务印书馆，2002 年。

38. 释法尊：《法尊法师论文集》，北京：宗教文化研究所，1990 年。

39. 释印顺：《无诤之辩》，台北：正闻出版社，1995 年。

40. 释印顺：《如来藏之研究》，台北：正闻出版社，1992 年。

41. 释印顺：《〈中观论颂〉讲记》，台北：正闻出版社，1992 年。

42. 释印顺：《〈大乘起信论〉讲记》，台北：正闻出版社，1992 年。

43. 释印顺：《〈胜鬘经〉讲记》，台北：正闻出版社，1991 年。

44. 释印顺讲述，释印海记：《〈楞伽阿跋多罗宝经〉亲闻记》，台湾：佛陀教育基金会，1985 年。

45. 释印顺：《初期大乘佛教的起源与开展》，台北：正闻出版社，1994 年。

46. 释印顺：《印度佛教思想史》，台北：正闻出版社，1988 年。

47. 释印顺：《〈摄大乘论〉讲记》，台北：正闻出版社，1992 年。

48. 释印顺：《唯识学探源》，台北：正闻出版社，1992 年。

49. 释印顺：《以佛法研究佛法》，台北：正闻出版社，1992 年。

50. 释印顺：《佛法概论》，台北：正闻出版社，1992 年。

51. 释印顺：《成佛之道》，台北：正闻出版社，1994 年。

52. 释印顺：《华雨集》第 4 册，台北：正闻出版社，1993 年。

53. 释印顺：《平凡的一生》（增订本），台北：印顺文教基金会，1994 年。

54. 释印顺：《佛教史地考论》，台北：正闻出版社，1992 年。

55. 释法舫：《唯识史观及其哲学》，台北：正闻出版社，1993 年。

56. 释恒清：《佛性思想》，台北：东大图书股份有限公司，1997 年。

57. 释如石：《现代大乘起信论》（增订版），台湾南投：南林出版社，2002 年。

58. 石峻等主编：《中国佛教思想资料选编》第三卷第四册，北京：中华书局，1990 年。

59. 苏晋仁、萧炼子点校：《出三藏记集》，北京：中华书局，1995 年。

60. 汤用彤：《汉魏两晋南北朝佛教史》，上海：上海书店出版社，1991 年。

61. 汤用彤：《隋唐佛教史稿》，北京：中华书局，1982 年。

62. 汤用彤：《汤用彤全集》（1—7 卷），石家庄：河北人民出版社，2000 年。

63. 王雷泉编选：《欧阳渐文选》，上海：上海远东出版社，1996 年。

64. 魏道儒：《中国华严宗通史》，南京：江苏古籍出版社，1998 年。

65. 吴汝钧：《佛学研究方法论》（上、下册），台北：学生书局，1995 年。

66. 熊十力、吕澂：《辨佛学根本问题》，《中国哲学》第 11 辑，北京：人民出版社，1984 年。

67. 熊十力：《佛家名相通释》，北京：中国大百科全书出版社，1985 年。

68. 严耀中：《江南佛教史》，上海：上海人民出版社，2000 年。

69. 张曼涛主编：《现代佛教学术丛刊》第 35 册（《〈大乘起信论〉与〈楞严经〉考辨》），台北：大乘文化出版社，1978 年。

70. 张曼涛：《涅槃思想研究》，台北：大乘文化出版社，1981 年。

71.〔日〕望月信亨著，释印海译：《中国净土教理史》，新竹：福严精舍，1974 年。

72.〔日〕汤次了荣著，丰子恺译：《〈大乘起信论〉新释》，台北：天华出版事业股份有限公司，1981年。

73.〔日〕高崎直道等著，李世杰译：《唯识思想》，台湾：华宇出版社，1985年。

74.〔日〕高崎直道等著，李世杰译：《如来藏思想》，台湾：华宇出版社，1986年。

75.〔日〕川田熊太郎等著，李世杰译：《华严思想》，台湾：法尔出版社，1988年。

76.〔日〕木村清孝著，李惠英译：《中国华严思想史》，台北：东大图书股份有限公司，1996年。

77.〔日〕松本史朗著，萧平、杨金萍译：《缘起与空——如来藏思想批判》，香港：经要文化出版有限公司，2002年。

C. 基督宗教著述

1.（托名）狄奥尼修斯著，包利民译：《神秘神学》，北京：生活·读书·新知三联书店，1998年。

2. 尼古拉·库萨著，李秋零译：《论隐秘的上帝》，北京：生活·读书·新知三联书店，1996年。

D. 哲学与哲学史著述

1. 冯达文：《中国哲学的本源—本体论》，广州：广东人民出版社，2001年。

2. 傅伟勋：《从西方哲学到禅佛教》，北京：生活·读书·新知三联书店，1989年。

3. 金岳霖：《中国哲学》，《哲学研究》，1985年第9期。

4. 景海峰、郭齐勇整理：《熊十力全集》第五卷，武汉：湖北教育出版社，2001年。

5. 梁漱溟：《梁漱溟全集》第一卷，济南：山东人民出版社，1989年。

6. 李泽厚：《中国古代思想史论》，合肥：安徽文艺出版社，1994年。

7. 刘梦溪主编，陈平原编校：《中国现代学术经典·章太炎卷》，石家庄：河北教育出版社，1996年。

8. 牟宗三：《智的直觉与中国哲学》，台北：台湾商务印书馆股份有限公司，1971年。

9. 牟宗三：《圆善论》，台北：学生书局，1985年。

10. 牟宗三：《现象与物自身》，台北：学生书局，1996年。

11. 牟宗三：《中国哲学十九讲》，上海：上海古籍出版社，1997年。

12. 章太炎：《论佛法与宗教、哲学以及现实之关系》，《中国哲学》第6辑，北京：生活·读书·新知三联书店，1981年。

13. 张志林、陈少明：《反本质主义与知识问题》，广州：广东人民出版社，1995年。

14. 〔英〕维特根斯坦著，郭因译：《逻辑哲学论》，北京：商务印书馆，1962年。

15. 〔英〕维特根斯坦著，汤潮、范光棣译：《哲学研究》，北京：生活·读书·新知三联书店，1992年。

16. 〔美〕托马斯·S.库恩著，纪树立、范岱年、罗慧生等译：《必要的张力》，福州：福建人民出版社，1981年。

17. 〔德〕胡塞尔著，倪梁康译：《现象学的方法》，上海：上海译文出版社，1994年。

18. 〔德〕胡塞尔著，倪梁康选编：《胡塞尔选集》（上、下册），上海：上海三联书店，1997年。

19. 〔德〕海德格尔著，孙周兴选编：《海德格尔选集》（上、下册），上海：上海三联书店，1996年。

20. 〔德〕海德格尔著，陈嘉映、王庆节合译，熊伟校，陈嘉映修订：《存在与时间》，北京：生活·读书·新知三联书店，1999年。

21. 〔德〕伽达默尔著，洪汉鼎译：《真理与方法》（下册），上海：上海译文出版社，1999年。

22. 〔德〕马克斯·韦伯著，韩水法、莫茜译：《社会科学方法论》，北京：中央编译出版社，1999年。

E. 历史学著述

1. 陈寅恪：《金明馆丛稿二编》，上海：上海古籍出版社，1980年。

2. 姜伯勤：《敦煌艺术宗教与礼乐文明》，北京：中国社会科学出版社，1996年。

3. 梁启超：《饮冰室合集》第二册，北京：中华书局，1989年。

4. 梁启超：《梁启超史学论著三种》，香港：三联书店（香港）有限公司，1980年。

5. 刘汝霖：《东晋南北朝学术编年》，上海：上海书店，1992年。

6. 荣新江：《敦煌学十八讲》，北京：北京大学出版社，2001年。

7. 王仲荦：《魏晋南北朝史》（上、下册），上海：上海人民出版社，1979年。

8. 张弓：《汉唐佛寺文化史》（上、下册），北京：中国社会科学出版社，1997年。

9. 〔美〕唐德刚译注：《胡适口述自传》，上海：华东师范大学出版社，1993年。

（二）日文

1. 常盘大定：《佛性の研究》，明治书院，1944年。

2. 水谷幸正：《佛性について》，《印度学佛教学研究》第4卷第2号，1956年。

3. 篠田正成：《佛性とその原语》，《印度学佛教学研究》第11卷第2号，1963年。

4. 藤隆生：《摄论学派けおける阿摩罗（Amala）识の问题》，《龙谷纪要》第4集，1965年。

5. 键主良敬：《〈大乘义章〉に关ける虚妄识について》，《印度学佛教学研究》第14卷第2号，1966年。

6. 山本启量：《〈大乘义章〉に於ける认识论的考察》，《印度学佛教学研究》第 18 卷第 1 号，1969 年。

7. 日置孝彦：《八识に关する慧远の解释》，《印度学佛教学研究》第 19 卷第 1 号，1970 年。

8. 吉津宜英：《〈大乘义章〉"八识义"について》，《印度学佛教学研究》第 20 卷第 1 号，1971 年。

10. 吉津宜英：《净影寺慧远の〈起信论疏〉について》，《印度学佛教学研究》第 21 卷第 1 号，1972 年。

11. 牧哲义：《二谛说の一断面——慧远と吉藏》，《印度学佛教学研究》第 22 卷第 2 号，1973 年。

12. 吉津宜英：《净影寺慧远の"真识"考》，《印度学佛教学研究》第 22 卷第 2 号，1974 年。

13. 吉津宜英：《净影寺慧远の涅槃义》，《印度学佛教学研究》第 23 卷第 1 号，1974 年。

14. 胜又俊教：《佛教における心识说の研究》，东京：山喜房佛书林，1974 年。

15. 高崎直道：《如来藏思想の形成》，东京：春秋社，1974 年。

16. 小川弘贯：《中国如来藏思想研究》，东京：中山书房，1976 年。

17. 坂本幸男：《华严教学の研究》，京都：平乐寺书店，1976 年。

18. 木村清孝：《初期中国华严思想の研究》，东京：春秋社，1977 年。

19. 佐藤哲英：《净影寺慧远とその无我义》，《佛教学研究》第 32—33 号，1977 年。

20. 富贵原章信：《净影慧远の佛性说》，横超慧日编：《北魏佛教の研究》，京都：平乐寺书店，1978 年。

21. 藤井孝雄：《慧远と吉藏の〈胜鬘经〉如来藏说の解释めをぐって》，《印度学佛教学研究》第 27 卷第 2 号，1979 年。

22. 藤井教公：《〈涅槃经〉ズれんペ一、二问题：净影寺慧远と吉藏ズれんペ佛性の理解》，《印度学佛教学研究》第 28 卷第 2 号，1980 年。

23. 藤井教公：《北朝における涅槃研究——慧远の〈涅槃经〉理解の特征》，《印度学佛教学研究》第 29 卷第 2 号，1981 年。

24. 深贝慈孝：《诸师净土の研究——净影寺慧远の身土观》，《佛教大学研究纪要》通卷第 66 号，1982 年。

25. 松本史朗：《缘起と空—如来藏思想批判》，东京：大藏出版社，1989 年。

26. 松本史朗：《禅思想の研究批判》，东京：大藏出版社，1989 年。

27. 袴谷宪昭：《本觉思想批判》，东京：春秋社，1989 年。

28. 田村芳郎：《本觉思想论》，东京：春秋社，1990 年。

29. 伊藤隆寿：《中国佛教の批判的研究》，东京：大藏出版社，1992 年。

30. 袴谷宪昭：《批判佛教》，东京：大藏出版社，1993 年。

31. 小林正美：《六朝佛教思想の研究》，东京：创文社，1993 年。

32. 吉津宜英：《净影寺慧远の〈起信论〉引用について》，《印度学佛教学研究》第 49 卷第 1 号，2001 年。

（三）英文

1.Brain Edward Brown, *The Buddha Nature: A Study of the Tathagatagarbha and Alayavijbana*, Motilal Banarsidass Publishers Private Limited, First Edition, 1991.

2.Caroline A. F. Rhys Davids, *Buddhist Psychology: An Inquiry into the Analysis and Theory of Mind in Pali Literature*, Oriental Books Reprint Corporation, 1975.

3.Daisetz Teitaro Suzuki, *Studies in the Lavkavatara Sutra*, Routledge

& Kegan Paul Ltd., 1930.

4.David Seyfort Ruegg, *Buddha-nature, Mind and the Problem of Gradualism in a Comparative Perspective*, School of Oriental and African Studies, 1989.

5.Diana Y. Paul, "The Concept of Tathāgatagarbha in the Śrīmālādevī Sūtra (Sheng-Man Ching)," *Journal of the American Oriental Society*, vol. 99, no. 2, 1979.

6.Diana Y. Paul, *Philosophy of Mind in Sixth-Century China*, Stanford University Press, 1984.

7.Heng-Ching Shih, "The Significance of Tathagatagarbha: A Positive Expression of Sunyata," *Philosophical Review*, vol. 11, 1990.

8.Heng-Ching Shih, "T'ien-T'ai Chih-I's Theory of Buddha Nature—A Realistic and Humanistic Understanding of Buddha," in *Buddha Nature*, edited by Paul Griffiths and John Keenan, Buddhist Books International, 1990.

9.Heng-Cing Shih, "The Theory of Evil in Buddha Nature," *Philosophical Review*, vol. 13, 1990.

10.Jamgon Kongtrul Lodro Taye, *Buddhist Ethics*, Snow Lion Publications Ithaca, 1998.

11.Jamie Hubbard and Paul L. Swanson, ed., *Pruning the Bodhi Tree: The Storm over Critical Buddhism*, University of Hawaii Press, 1997.

12.Lambert Schmithausen, *Ālayavijbana*, Printed in Japan by Fuji Printing Company, 1987.

13.Martin Heidegger, *The Basic Problems of Phenomenology*, Translated by Albert Hofstadter, First Midland Book Edition, 1988.

14.Ming-Wood Liu, "The Mind-Only Teaching of Ching-ying Hui-yuan: An Early Interpretation of Yogacara Thought in China," *Philosophy*

East and West, vol. 35, no. 4, 1985.

15.Ming-Wood Liu, "The Yogacara and Madhyamika Interpretation of the Buddha—Nature Concept in Chinese Buddhism," *Philosophy East and West*, vol. 35, no. 2, 1985.

16.Ming-Wood Liu, "The Doctrine of Buddha-Nature in the Mahayana Mahaparinirvana Sutra," *The Journal of the International Association of Buddhist Studies*, vol. 5, 1982.

17.Ming-Wood Liu, "The Problem of the Icchantika in the Mahaparinirvana Sutra," *Journal of the International Association of Buddhist Studies*, vol. 12, 1985.

18.Ming-Wood Liu, "The Early Development of the Buddha-nature Doctrine in China," *Journal of Chinese Philosophy*, vol. 16, no. 61, 1989.

19.Paul J. Griffiths and John P. Keenan, ed., *Buddha Nature*, Kenkyusha Printed Co., 1990.

20.Paul Williams, *Mahayana Buddhism*, Routledge, 1989.

21.Peter N. Gregory, ed., *Sudden and Gradual*, Kuroda Institute, 1987.

22.Robert M. Gimello, "Chih-Yen and the Foundations of Hua-Yen Buddhism," Columbia University, Ph.D., 1976.

23.Robert M. Gimello and Peter N. Gregory, ed., *Studies in Ch'an and Hua-yen*, Kuroda Institute, 1983.

24.Rupert Gethin, *The Foundations of Buddhism*, Oxford University Press, 1998.

25.S. K. Hookham, *The Buddha Within*, State University of New York Press, 1991.

26.Sallie B. King, *Buddha Nature*, State University of New York, 1991.

27.Sallie B. King, "Buddha-Nature and the Concept of Person," *Philosophy East and West*, vol. 39, no. 2, 1989.

28.Kenneth K. Tanaka, *The Dawn of Chinese Pure Land Buddhist Doctrine: Ching-Ying Huiyuan's Commentary on the Visualization Sutra*, State University of New York Press, 1990.

29.Whalen Wai-Lai, *A Study of the Unfolding of Sinitic Mahayana Motifs*, A thesis presented to The Committee on Higher Degrees in the Study of Religion in partial fulfillment of the requirements for the degree of Doctor of Philosophy in the subject of Comparative Religion, Harvard University, August, 1975.

30.Whalen W. Lai, "Sinitic Speculation on Buddha-Nature: The Nirvana School (420-589)," *Philosophy East and West*, vol. 32, no. 2, April, 1982.

31.Whalen W. Lai, "A Clue to the Authorship of the Awakening of Faith 'Ciksananda's' Reduction of the Word 'Nien'," *Journal of the International Association of Buddhist Studies*, vol. 3, no. 1, 1980.

32.Whalen W. Lai, "Hu-Jan Nien-Ch'i (Suddenly a Thought Rose): Chinese Understanding of Mind and Consciousness," *Journal of the International Association of Buddhist Studies*, vol. 3, no. 2, 1980.

33.William Grosnick, "Cittaprakrti and Ayonicomanaskara in the Ratnagotravibhaga: A Precedent for the Hsin-Nien Distinction of The Awakening of Faith," *Journal of the International Association of Buddhist Studies*, vol. 6, no. 2, 1983.

34.William H. Grosnick, "The Categories of T'i, Hsiang, and Yung: Evidence that Paramartha Composed the Awakening of Faity," *Journal of the International Association of Buddhist Studies*, vol. 12, no. 1, 1989.

（四）韩文

1.青木隆、荒牧典俊、池田将则、金天鹏、李相旻、山口弘江编纂：《藏外地论宗文献集成续集》，首尔：图书出版 CIR，2013 年。

2. 金刚大学佛教文化研究所编：《地论宗研究》，东京：株式会社国书刊行会，2017 年。

六、工具书

1. （唐）释慧琳：《一切经音义》一百卷，《大正藏》本。

2. （五代）释可洪：《新集藏经音义随函录》三十卷，高丽藏本。

3. 《汉小学四种》，成都：巴蜀书社影印本，2001 年。

4. 释慈怡主编：《佛光大词典》，台北：佛光文化事业有限公司，1988 年。

5. 释禅叡：《〈敦煌宝藏〉遗书索引》，台北：法鼓文化事业股份有限公司，1996 年。

6. 荻原云来编纂，辻直四郎监修：《汉译对照梵和大辞典》，台北：新文丰出版公司，1988 年。

7. Akira Hirakawa, *Buddhist Chinese-Sanskrit Dictionary*, Toppan Printing Co., Ltd., 1997.

8. M. Monier-Williams, *A Sanskrit English Dictionary*, Motilal Banarsidass Publishers Private Limited, 1997.

附录 《华严经》之开示节录

菩萨在家，当愿众生，舍离家难，入空法中；孝事父母，当愿众生，一切护养，永得大安；妻子集会，当愿众生，令出爱狱，无恋慕心；若得五欲，当愿众生，舍离贪惑，功德具足；若在妓乐，当愿众生，悉得法乐，见法如幻；若在房室，当愿众生，入贤圣地，永离欲秽；着宝璎珞，当愿众生，舍离重担，度有无岸；若上楼阁，当愿众生，升佛法堂，得微妙法；布施所珍，当愿众生，悉舍一切，心无贪著；若在聚会，当愿众生，究竟解脱，到如来处；若在危难，当愿众生，随意自在，无所罣碍；以信舍家，当愿众生，弃舍世业，心无所著；若入僧坊，当愿众生，一切和合，心无限碍；诣大小师，当愿众生，开方便门，深入法要；求出家法，当愿众生，得不退转，心无障碍；脱去俗服，当愿众生，解道修德，无复懈怠；除剃须发，当愿众生，断除烦恼，究竟寂灭；受着袈裟，当愿众生，舍离三毒，心得欢喜；受出家法，当愿众生，如佛出家，开导一切；自归于佛，当愿众生，体解大道，发无上意；自归于法，当愿众生，深入经藏，智慧如海；自归于僧，当愿众生，统理大众，一切无碍；受持净戒，当愿众生，具足修习，学一切戒；受行道禁，当愿众生，具足道戒，修如实业；始请和尚，当愿众生，得无生智，到于彼岸；受具足戒，当愿众生，得胜妙法，成就方便；若入房舍，当愿众生，升无上堂，得不退法；若敷床座，当愿众生，敷善法座，见真实相；正身端坐，当愿众生，坐佛道树，心无所倚；结跏趺坐，当愿众生，善根坚固，得不动地；
三昧正受，当愿众生，向三昧门，得究竟定；观察诸法，当愿众生，
见法真实，无所罣碍；舍跏趺坐，当愿众生，知诸行性，悉归散灭；
下床安足，当愿众生，履践圣迹，不动解脱；始举足时，当愿众生，
越度生死，善法满足；被着衣裳，当愿众生，服诸善根，每知惭愧；
整服结带，当愿众生，自检修道，不坏善法；次着上衣，当愿众生，
得上善根，究竟胜法；着僧伽梨，当愿众生，大慈覆护，得不动法；
手执杨枝，当愿众生，心得正法，自然清净；晨嚼杨枝，当愿众生，
得调伏牙，噬诸烦恼；左右便利，当愿众生，蠲除污秽，无淫怒痴；
已而就水，当愿众生，向无上道，得出世法；以水涤秽，当愿众生，
具足净忍，毕竟无垢；以水盥掌，当愿众生，得上妙手，受持佛法；
澡漱口齿，当愿众生，向净法门，究竟解脱；手执锡杖，当愿众生，
设净施会，见道如实；擎持应器，当愿众生，成就法器，受天人供；
发趾向道，当愿众生，趣佛菩提，究竟解脱；若已在道，当愿众生，
成就佛道，无余所行；涉路而行，当愿众生，履净法界，心无障碍；
见趣高路，当愿众生，升无上道，超出三界；见趣下路，当愿众生，
谦下柔软，入佛深法；若见险路，当愿众生，弃捐恶道，灭除邪见；
若见直路，当愿众生，得中正意，身口无曲；见道扬尘，当愿众生，
永离尘秽，毕竟清净；见道无尘，当愿众生，大悲所熏，心意柔润；
见深坑涧，当愿众生，向正法界，灭除诸难；见听讼堂，当愿众生，
说甚深法，一切和合；若见大树，当愿众生，离我诤心，无有忿恨；
若见丛林，当愿众生，一切敬礼，天人师仰；若见高山，当愿众生，
得无上善，莫能见顶；若见刺棘，当愿众生，拔三毒刺，无贼害心；
见树茂叶，当愿众生，以道自荫，入禅三昧；见树好华，当愿众生，
开净如华，相好满具；见树丰果，当愿众生，起道树行，成无上果；
见诸流水，当愿众生，得正法流，入佛智海；若见陂水，当愿众生，
悉得诸佛，不坏正法；若见浴池，当愿众生，入佛海智，问答无穷；

见人汲井，当愿众生，得如来辩，不可穷尽；若见泉水，当愿众生，善根无尽，境界无上；见山涧水，当愿众生，洗濯尘垢，意解清净；若见桥梁，当愿众生，兴造法桥，度人不休；见修园圃，当愿众生，耘除秽恶，不生欲根；见无忧林，当愿众生，心得欢喜，永除忧恼；见好园池，当愿众生，勤修众善，具足菩提；见严饰人，当愿众生，三十二相，而自庄严；见素服人，当愿众生，究竟得到，头陀彼岸；见志乐人，当愿众生，清净法乐，以道自娱；见愁忧人，当愿众生，于有为法，心生厌离；见欢乐人，当愿众生，得无上乐，淡泊无患；见苦恼人，当愿众生，灭除众苦，得佛智慧；见强健人，当愿众生，得金刚身，无有衰耄；见疾病人，当愿众生，知身空寂，解脱众苦；见端正人，当愿众生，欢喜恭敬，诸佛菩萨；见丑陋人，当愿众生，远离鄙恶，以善自严；见报恩人，当愿众生，常念诸佛，菩萨恩德；见背恩人，当愿众生，常见贤圣，不作众恶；若见沙门，当愿众生，寂静调伏，究竟无余；见婆罗门，当愿众生，得真清净，离一切恶；若见仙人，当愿众生，向正真道，究竟解脱；见苦行人，当愿众生，坚固精勤，不退佛道；见着甲胄，当愿众生，誓服法铠，得无师法；见无铠仗，当愿众生，远离众恶，亲近善法；见论议人，当愿众生，得无上辩，摧伏外道；见正命人，当愿众生，得清净命，威仪不异；若见帝王，当愿众生，逮得法王，转无碍轮；见帝王子，当愿众生，履佛子行，化生法中；若见长者，当愿众生，永离爱欲，深解佛法；若见大臣，当愿众生，常得正念，修行众善；若见城郭，当愿众生，得金刚身，心不可沮，若见王都，当愿众生，明达远照，功德自在；若见妙色，当愿众生，得上妙色，天人赞叹；入里乞食，当愿众生，入深法界，心无障碍；到人门户，当愿众生，入总持门，见诸佛法；入人堂室，当愿众生，入一佛乘，明达三世；遇难持戒，当愿众生，不舍众善，永度彼岸；见舍戒人，当愿众生，超出众难，度三恶道；若见空钵，当愿众生，其心清净，空无烦恼；若见满钵，当愿众生，具足成满，一切善法；若得食时，当愿众生，为法供养，志在佛道；若不得食，当愿众生，远离一切，诸不善行；见惭愧人，当愿众生，惭愧正行，调伏诸根；见无惭愧，当愿众生，离无惭愧，普行大慈；得香美食，当愿众生，知节少欲，情无所著；得不美食，当愿众生，具足成满，无愿三昧；得柔软食，当愿众生，大悲所熏，心意柔软；得粗涩食，当愿众生，永得远离，世间爱味；若咽食时，当愿众生，禅悦为食，法喜充满；所食杂味，当愿众生，得佛上味，化成甘露；饭食已讫，当愿众生，德行充盈，成十种力；若说法时，当愿众生，得无尽辩，深达佛法；退坐出堂，当愿众生，深入佛智，永出三界；若入水时，当愿众生，深入佛道，等达三世；澡浴身体，当愿众生，身心无垢，光明无量；盛暑炎炽，当愿众生，离烦恼热，得清凉定；隆寒冰结，当愿众生，究竟解脱，无上清凉；讽诵经典，当愿众生，得总持门，摄一切法；若见如来，当愿众生，悉得佛眼，见诸最胜；谛观如来，当愿众生，悉睹十方，端正如佛；见佛塔庙，当愿众生，尊重如塔，受天人敬；敬心观塔，当愿众生，尊重如佛，天人宗仰；顶礼佛塔，当愿众生，得道如佛，无能见顶；右绕塔庙，当愿众生，履行正路，究畅道意；绕塔三匝，当愿众生，得一向意，勤求佛道；赞咏如来，当愿众生，度功德岸，叹无穷尽；赞佛相好，当愿众生，光明神德，如佛法身；若洗足时，当愿众生，得四神足，究竟解脱；昏夜寝息，当愿众生，休息诸行，心净无秽；晨朝觉悟，当愿众生，一切智觉，不舍十方。①

---

① （东晋）佛陀跋陀罗译：《大方广佛华严经》卷六《净行品》，《大正藏》第 9 册，第 430 页下至 432 页下；实叉难陀译本译文参见《大正藏》第 10 册，第 70 页上至 72 页上。

后 记

摆在读者面前的这本书，是以笔者的博士学位论文《净影寺慧远的真识心缘起思想研究》为基础稍经修改补充而成的。本书现以"回归本觉"为正题，而将原来的论文正题作为副题，部分原因在于本书的目的之一是要回应古今中外种种批判如来藏学者的观点，但更根本的理由还在于慧远的思想本身就是以本觉的真识心为起点和归趣的。

古人说："文章千古事，得失寸心知。"这是过高估计了作者的能力。"文章千古事"不假，"得失寸心知"则未必，否则，人们也就不会有"觉今是而昨非"之叹了。尽管笔者力求以同情的态度走近慧远、以经学的方法理解慧远、以切己的领悟表达慧远，有时甚至因过分小心而显得有些拘谨，但这是否就意味着切实地走近、理解和表达了慧远呢？平心而论，这并非笔者所能妄测。知我罪我，敬俟来哲。

这样一个摸象之篇，虽然文责要自负，但从构思、成熟到面世，都有赖于许多师友的指教和帮助。冯达文先生作为笔者的导师，既是本书的第一个读者，也是对本书提出严厉批评的第一人，如果没有先生的细心教诲和倾力提持，就连本书的基础也不会如期达成。攻读博士学位期间，台湾中华佛学研究所所长李志夫教授特意为笔者提供了赴该所学习两个月的机会，借此机会笔者不但开阔了眼界，而且搜集到了大量充实本书的资料。本书进入修订阶段，又得到了素中法师、圣凯法师、恒清法师和杨曾文（中国社会科学院）、方立天（中国人民大学)、楼宇烈(北京大学)、李富华(中国社会科学院)、徐小跃(南京大学)、黄夏年(中国社会科学院)、廖明活(香港大学)、张琼夫(台湾中华佛学研究所)以及本系陈少明、黎红雷、龚隽、倪梁康、刘小枫、陈立胜、张宪等先生的关心和指教。当然,要是没有上海真如寺方丈妙灵法师的慈悲布施和俯身摄受,没有圣凯法师、黄夏年与刘元春先生(上海市社会科学院)的真诚关爱和辛勤张罗,没有中国社会科学出版社编辑冯春凤小姐的仁心慧眼和仔细梳理,本书恐怕还要在抽屉里沉睡一段时间。对他们为本书付出的心血,谨在此表示由衷的谢意。

本书的部分内容曾先后刊于《世界宗教研究》《佛学研究中心学报》《中华佛学学报》《中华佛学研究》《戒幢佛学》《学术研究》等杂志,对各位杂志的审稿人与编辑的辛勤劳动,在此一并致谢。

笔者还要感谢几位虽未直接指导本书写作却对本人精神生命的成长有着重要影响的老师,他们是佛源老和尚、明向法师、明选法师、张尚德先生和张连顺(顺真)先生,感谢他们对笔者的慈悲摄受和教示。

今年适值慈母古稀寿庆,谨以此书为老人贺寿。

乙酉年五月二十五日
作者识于中山大学梵音阁

修订版跋

拙作出版后，从没想到还有再版机会，当系主任张伟先生希望将本书纳入"中大哲学文库"时，笔者心怀欢喜与感恩，于是伏案进行修订。

十多年来，本书所持立场、所用研究方法和主要观点并无改变，而其中有些内容则有所调整。于今既毕其功，所做工作，宜有交代：（一）依有关新成果，对慧远佚文《〈地持〉义记》进行更详密考证；（二）借黄宝生先生《梵汉对勘〈入楞伽经〉》，就吕澂先生否定魏译《楞伽经》之说作出更有力驳正；（三）第七章"净土寻义"一目，部分内容有所修改；（四）"原始佛教"等名相，虽为学界常用，而实非当实称谓，概行芟除；（五）改正各别注释疏漏，并依"中大哲学文库"要求改动调整格式；（六）参考文献有少量增加，其排列顺序也有所变动。此外，行文欠简洁处，亦尽量删削。修订过程中，商务印书馆编辑黄显深先生，既提出了中肯的修改意见，也付出了辛苦的编辑劳动，谨致谢忱。

佛曰："人命无常，喻如朝露，出息虽存，入息难保，云何以此而不忏悔？"笔者每睹此训，伏念才疏学浅，倍感戒慎恐惧，不敢辄有所述，深恐塞人慧门。今此旧作，虽然力加改补，终究不免失察，敢祈群贤宽宥。

冯焕珍
戊戌晚秋于广州客村梵音